REVISTA TRIMESTRAL DE DIREITO PÚBLICO

40/2002

MALHEIROS EDITORES

Revista Trimestral de Direito Público

Órgão do

INSTITUTO GERALDO ATALIBA
IDEPE — INSTITUTO INTERNACIONAL
DE DIREITO PÚBLICO E EMPRESARIAL

INSTITUTO DE DIREITO ADMINISTRATIVO PAULISTA
IDAP

RTDP
Publicação trimestral de
MALHEIROS EDITORES LTDA.
Rua Paes de Araújo, 29, cj. 171
CEP 04531-940 - São Paulo, SP - Brasil
Tel.: (011) 3078-7205 - Fax.: (011) 3168-5495

Diretor responsável: Álvaro Malheiros
Diretora: Suzana Fleury Malheiros

Assinaturas e comercialização:
CATAVENTO DISTRIBUIDORA DE
LIVROS S.A.
Rua Conselheiro Ramalho, 928
CEP 01325-000 - São Paulo, SP - Brasil
Tel.: (011) 3289-0811 - Fax.: (011) 3251-3756

Supervisão Gráfica: Vânia Lúcia Amato
Editoração Eletrônica: Letra por Letra Studio

SUMÁRIO

DOUTRINA

ALTERAÇÕES DOS CONTRATOS ADMINISTRATIVOS — ECONOMICIDADE, RAZOABILIDADE E EFICIÊNCIA 5
— ADILSON ABREU DALLARI
COMPETÊNCIA PARA JULGAMENTO DE AGENTES POLÍTICOS POR OFENSA À LEI DE IMPROBIDADE ADMINISTRATIVA (LEI n. 8.429, de 2.6.1992) 13
— CELSO ANTÔNIO BANDEIRA DE MELLO
IMPROBIDADE ADMINISTRATIVA DE DIRIGENTE DE EMPRESA ESTATAL 17
— CARLOS ARI SUNDFELD E JACINTHO ARRUDA CÂMARA
OS CONSÓRCIOS EMPRESARIAIS E AS LICITAÇÕES PÚBLICAS (Considerações em torno do art. 33 da Lei 8.666/1993) 35
— EGON BOCKMANN MOREIRA
REPÚBLICA E DEMOCRACIA: ÓBVIOS ULULANTES E NÃO ULULANTES 49
— JOSÉ ROBERTO VIEIRA
A RESPONSABILIDADE PATRIMONIAL DO ESTADO NA ATUAL JURISPRUDÊNCIA DO SUPREMO TRIBUNAL FEDERAL 62
— JOSÉ SÉRGIO MONTE ALEGRE
A LICITUDE DA CESSÃO DE CONTRATO ADMINISTRATIVO E OPERAÇÕES SIMILARES E O MITO DO PERSONALISMO DOS CONTRATOS ADMINISTRATIVOS 69
— FÁBIO BARBALHO LEITE
A SUPERVISÃO BANCÁRIA, EM GERAL E NO DIREITO PORTUGUÊS 91
— JOSÉ SIMÕES PATRÍCIO
A ESTRUTURA NORMATIVA DOS PRINCÍPIOS 113
— RICARDO MARCONDES MARTINS

PARECER

LICITAÇÃO: TÉCNICA E PREÇO — CRITÉRIO DE AVALIAÇÃO DA FASE DE PRÉ-QUALIFICAÇÃO DISTINTO DO EDITAL DA LICITAÇÃO — MINIMIZAÇÃO EXTREMA DO FATOR PREÇO — NULIDADE 146
— CELSO ANTÔNIO BANDEIRA DE MELLO

DESVIO DE PODER NA ANULAÇÃO DE ATO ADMINISTRATIVO 157
— Adilson Abreu Dallari

ESTUDOS E COMENTÁRIOS

ALGUMAS NOTAS SOBRE A CONCESSÃO DE RODOVIAS 167
— Floriano de Azevedo Marques

DISCRICIONARIEDADE, VINCULAÇÃO E SANÇÃO APLICÁVEL A SERVIDOR PÚBLICO 182
— Celso Antônio Bandeira de Mello

O DESVIO DE PODER 186
— Rafael Munhoz de Mello

ATO ADMINISTRATIVO COMPLEXO 215
— Wallace Paiva Martins Junior

A REPÚBLICA DE WEIMAR E A CONSTITUIÇÃO: LIÇÕES DE LIMITAÇÕES 226
— Bruno de Souza Vichi

ALTERAÇÕES DOS CONTRATOS ADMINISTRATIVOS — ECONOMICIDADE, RAZOABILIDADE E EFICIÊNCIA

ADILSON ABREU DALLARI

Professor Titular de Direito Administrativo da Pontifícia Universidade Católica de São Paulo

É totalmente manso e pacífico o entendimento doutrinário a respeito da alterabilidade dos contratos administrativos. Sem dúvida, a doutrina já se firmou no sentido de que a instabilidade do vínculo é uma característica peculiar e identificadora de um tipo de contrato que pode ser designado como administrativo.

Sem entrar em maiores considerações, sem que se faça uma análise completa do regime jurídico dos contratos administrativos, mas para dar uma idéia dos traços fundamentais desse instituto, seja permitido transcrever a conceituação dada por Celso Antônio Bandeira de Mello (*Curso de Direito Administrativo*, 17ª ed., Malheiros Editores, 2004, p. 573): "é um tipo de avença travada entre a Administração e terceiros na qual, por força de lei, de cláusulas pactuadas ou do tipo de objeto, a permanência do vínculo e as condições preestabelecidas assujeitam-se a cambiáveis imposições de interesse público, ressalvados os interesses patrimoniais do contratante privado".

Em magnífica síntese estão afirmadas as prerrogativas da Administração, compensadas pelas garantias econômicas do particular.

Como regra geral, os contratos administrativos são precedidos de licitação. O edital, o conteúdo da proposta vencedora e os termos da adjudicação condicionam o contrato, mas não impedem sua alteração. Mesmo o contrato feito diretamente, sem licitação, deve ser fielmente cumprido, mas também pode sofrer alterações.

É preciso deixar bem claro que qualquer alteração é uma exceção à regra geral no sentido de que o contrato administrativo, em princípio, deve ser fielmente cumprido, tal como celebrado: *pacta sunt servanda*. Por isso mesmo é que o contrato não pode ser alterado sem que, para isso, sejam formalmente expostas as devidas justificativas, entendendo-se como tal a demonstração clara, objetiva e aferível da ocorrência concreta dos motivos ensejadores de cada específica alteração. Não basta que as partes queiram alterar; é preciso que a alteração decorra de um dos motivos que a autorizam e se atenha aos limites estabelecidos pela lei e pelo sistema jurídico.

Na verdade, as possibilidades de alterações são bastante amplas. Pode-se alterar o contrato por decisão unilateral da administração (apenas no tocante às chamadas cláusulas de serviço — por expressa determinação contida no § 1º, do art. 58, da Lei n. 8.666/1993, não se admite alteração unilateral nas cláusulas econômico-financeiras e monetárias), por acordo entre as partes, e, também, por iniciativa do contratante particular, mas, neste caso, não havendo acordo, será preciso recorrer ao Poder Judiciário.

As alterações podem se referir tanto ao regime de execução, quanto à forma de pagamento, ao próprio objeto e, inclusive, ao preço, em circunstâncias muito especiais relativas ou decorrentes de alterações na ordem econômica, com repercussões, no crédito, na disponibilidade de bens e serviços e, conseqüentemente, nos respectivos preços.

As possibilidades de alteração não são iguais em todos os contratos administrativos. Contratos de execução imediata ou de curta duração são menos suscetíveis a alterações. Contratos de fornecimento de bens existentes em estoque são muito menos sujeitos a alterações do que o fornecimento de equipamentos feitos sob encomenda. A alterabilidade dos contratos de prestação de serviços depende sempre da complexidade do objeto. Os problemas de aditamento contratual, decorrente de alteração nos termos contratados, aparecem com maior freqüência nos contratos de obras públicas e de concessão de serviços públicos.

Destes últimos, o contrato de obra pública, mais especificamente, o contrato de empreitada global para a execução de obra pública, que é uma modalidade de contrato administrativo, sujeitando-se, portanto, aos princípios e normas que regem os contratos administrativos, especialmente a Lei n. 8.666/1993, tem ensejado uma série de dúvidas no tocante a possibilidades e limites quanto a alterações:

Na maioria dos casos de alteração de contrato de obra pública, a raiz do problema está na licitação feita exatamente para a escolha do futuro contratante. A Lei n. 8.666/1993, em seu art. 7º, § 2º, I, estabelece que as licitações para obras e serviços de engenharia estão condicionadas à existência apenas de projeto básico, que não se confunde com o projeto completo ou projeto de engenharia, ou projeto executivo.

O projeto básico deve ser suficiente para permitir a perfeita identificação do objeto licitado, de maneira a possibilitar uma estimativa do custo global e, principalmente, a elaboração das propostas pelos interessados. Sua função principal é a de assegurar o princípio da isonomia, na medida em que todos os interessados apresentem propostas para executar a mesma coisa, os mesmos serviços, as mesmas obras, possibilitando, assim, um cotejo objetivo entre elas.

Já o projeto executivo deve conter todos os elementos, todos os detalhamentos necessários e suficientes para a execução completa da obra ou serviço de engenharia.

É certo, portanto, que o projeto que serve para a licitação não é o mesmo projeto necessário para a execução das obras.

Antônio Carlos Cintra do Amaral, em seu *Ato Administrativo, Licitações e Contratos Administrativos* (Malheiros Editores, 1995, pp. 126 a 128), discorrendo sobre os princípios básicos dos contratos administrativos, destaca o *princípio da mutabilidade*, apontado pela Doutrina como o principal elemento caracterizador do contrato administrativo, e que justifica alterações no objeto do contrato quando necessário para a melhor realização de seus fins. Demonstra ele a essencialidade desse princípio, exemplificando exatamente com o contrato de obra pública celebrado mediante licitação:

"As licitações para construção de obras públicas devem ser precedidas de projeto básico (art. 7º, § 2º, da Lei 8.666/1993).

"Na execução do objeto contratual, o projeto vai sendo detalhado e desse detalhamento decorrem modificações (alterações, adaptações ou complementações) do projeto inicial, que muitas vezes elevam substancialmente o custo de sua execução.

"Surgida uma necessidade, o contrato pode ser estendido, a fim de adequar-se o projeto à realidade. Essa extensão tem por limite o 'interesse coletivo primário'. Vale dizer: somente são admissíveis modificações do projeto que visem ao melhor entendimento do interesse da parcela da sociedade afetada pela obra a ser construída."

Na passagem do projeto básico para o projeto executivo podem ocorrer variações, tanto no que diz respeito a novos serviços e obras a executar, quanto simplesmente à forma de execução de serviços e obras já previstos, seja por imperfeições ou inadequações do projeto básico, seja por exigências de ordem técnica, inclusive decorrentes de evolução tecnológica (não faz sentido a utilização de uma tecnologia superada, quando possível valer-se de outra mais moderna, mais segura, mais durável, de menor risco etc.).

A mesma coisa pode acontecer durante a execução do projeto (básico ou executivo). Circunstâncias supervenientes, interferências ou outros fatores podem determinar a necessária alteração do projeto.

É certo que o art. 65 da Lei n. 8.666/1993 autoriza alterações, mas ao mesmo tempo, estabelece limites para determinadas alterações. Mas não contém uma proibição absoluta e universal de ultrapassagem dos limites estabelecidos para os correspondentes aditamentos.

Em seu *caput* ele diz que os contratos podem ser alterados de duas formas: unilateralmente, pela Administração contratante, e bilateralmente, por mútuo acordo. Obviamente, o que pode ser feito unilateralmente também pode sê-lo consensualmente, mediante a assinatura de termo aditivo ao contrato.

Cabe destacar que, as hipóteses nas quais se admite a alteração até unilateralmente, pela Administração, desde que haja interesse público devidamente justificado, são as seguintes:

"a) quando houver modificação do projeto ou das especificações, para melhor adequação técnica aos seus objetivos;

"b) quando necessária a modificação do valor contratual em decorrência de acréscimo ou diminuição quantitativa de seu objeto, nos limites permitidos por esta Lei;"

Na hipótese da letra *a* não se fala em qualquer limite. Na hipótese da letra *b* é que existe menção a limites. De plano já se pode observar que a proibição se refere à "modificação do valor contratual em decorrência de acréscimo ou diminuição quantitativa" do objeto do contrato, pois somente quanto a essa hipótese a Lei se refere aos limites por ela permitidos.

Em apoio a essa posição, como que sumariando tudo quanto foi dito sobre isso até agora, cabe transcrever a seguinte passagem de autoria do não menos renomado Caio Tácito:

"Por último, podem sobrevir, no curso de execução do contrato, situações imprevistas, alheias à vontade das partes, que imponham para o cumprimento do objeto do contrato a prestação de serviços complementares, não previstos no esquema original, mas essenciais ao atendimento da obra ou serviço contratado.

"Em hipótese dessa natureza, a própria fidelidade ao objeto do contrato pode levar a um agravamento físico da obrigação, que se não confunde, no entanto, com a simples alteração quantitativa em que apenas opera a vontade da Administração e para a qual a lei ditou limite percentual, em correspondência ao custo inicial previsto no projeto.

"As alterações qualitativas, precisamente porque são, de regra, imprevisíveis, senão mesmo inevitáveis, não têm limite pré-estabelecido, sujeitando-se a critérios de razoabilidade, de modo a não se desvirtuar a integridade do objeto do contrato" ("Contrato administrativo — Alteração quantitativa e qualitativa — Limites de valor", *Revista de Direito Administrativo* 198/366, Rio de Janeiro, out.-dez. 1994).

O legislador não foi insensível à realidade. Com rara felicidade percebeu que, em certas circunstâncias, a melhor satisfação do interesse público determina a alteração do contrato "quando houver modificações do projeto ou das especificações, para melhor adequação técnica aos seus objetivos" conforme consta no art. 65, I, *a*, da Lei n. 8.666/1993.

Salta aos olhos que essa específica autorização, prevista na letra "a" é substancialmente diferente do previsto na letra "b", que fala em "modificação do valor contratual em decorrência de acréscimo ou diminuição quantitativa de seu objeto, nos limites permitidos nesta Lei".

O problema está em, diante de cada caso concreto, identificar se a alteração pretendida é quantitativa ou qualitativa. Marçal Justen Filho enfrentou esse específico problema da caracterização da alteração qualitativa do projeto com extrema objetividade, adentrando, inclusive na questão dos limites:

"A melhor adequação técnica supõe a descoberta ou a revelação de circunstâncias desconhecidas acerca da execução da prestação ou a constatação de que a solução técnica anteriormente adotada não era a mais adequada. Os contratos de longo prazo ou de grande especialização são mais suscetíveis a essa modalidade de alteração. Não há muito cabimento para essa hipótese em contratos de execução instantânea ou cujo objeto seja simples e sumário.

"A lei não estabelece limites qualitativos para essa modalidade de modificação contratual. Não se pode presumir, no entanto, existir liberdade ilimitada. Não se caracteriza a hipótese quando a modificação tiver tamanha dimensão que altere radicalmente o objeto contratado. Não se alude a uma modificação quantitativa, mas a alteração qualitativa. No entanto, a modificação unilateral introduzida pela Administração não pode transfigurar o objeto licitado em outro, qualitativamente distinto."

Está dito, em síntese, que a pretexto de alterar o projeto inicial, para melhor adequação às suas finalidades, não se pode chegar a um novo projeto e, conseqüentemente, à execução de uma obra diferente daquela cuja contratação foi licitada.

Em resumo: é possível alterar o contrato para agregar a ele obras novas, não previstas nem orçadas, desde que sejam conformes com o projeto original e não transtornem a economia do contrato.

Não pode o intérprete ignorar que a Lei dá tratamento diferenciado, de um lado, às hipóteses de alteração de valor decorrente de alteração quantitativa e, de outro lado, "quando houver modificação do projeto ou das especificações, para melhor adequação técnica aos seus objetivos". Nestes casos, também existem limites, que não estão expressos na Lei, mas decorrem do sistema jurídico, a partir da Constituição Federal.

O que realmente não se pode fazer é contratar, mediante aditamento contratual, algo diferente daquilo que foi licitado, pois isso não fere apenas a lei, mas, sim, o inciso XXI, do art. 37 da Constituição Federal, cujo teor é o seguinte:

> XXI — ressalvados os casos especificados na legislação, as obras, serviços, compras e alienações serão contratados mediante processo de licitação pública que assegure igualdade de condições a todos os concorrentes, com cláusulas que estabeleçam obrigações de pagamento, *mantidas as condições efetivas da proposta*, nos termos da lei, o qual somente permitirá as exigências de qualificação técnica e econômica indispensáveis à garantia do cumprimento das obrigações (destacamos).

A expressão em destaque não significa uma rigidez absoluta, pois isso seria contra a própria natureza do contrato administrativo, mas também não pode significar o contrário. A correta e fiel interpretação desse dispositivo depende da aplicação dos princípios da economicidade, da razoabilidade e da eficiência, que serão comentados mais adiante.

Por enquanto, seja permitido transcrever o que dissemos em texto já publicado:

"Modificação lícita, em princípio, é aquela decorrente de circunstâncias supervenientes que, caso conhecidas anteriormente, teriam feito com que a licitação e o contrato original já se pautassem por aquilo que se pretende modificar.

"É preciso evidenciar que não existe *animus* de burla ou fraude, que não se licitou uma coisa para se obter outra, pois a presença do requisito da boa-fé é elementar nas relações contratuais.

"Somente o estudo cuidadoso da evolução dos fatos, em cada caso, poderá demonstrar se há ou não há intenção de contornar a lei, lesar alguém ou auferir vantagem indevida. As dificuldades e os riscos dessa tarefa não devem levar à alternativa fácil de deixar as coisas como estão, sacrificando o interesse público, apenas para evitar possíveis ou até prováveis problemas" (Adilson Abreu Dallari, "Limites à alterabilidade do contrato de obra pública", *RDA* 201/60 e 64, Rio de Janeiro, Renovar, 1995).

De qualquer maneira, é evidente que o propósito legal não é criar empecilhos artificiais à perfeita e correta satisfação do interesse público específico que animou a celebração do contrato.

O direito sempre tem por finalidade obter a ordenação de uma determinada situação, uma determinada realidade fática. Por isso mesmo é que não há a satisfação real da regra de direito quando não atendida a finalidade legal. O critério norteador da correta aplicação reside precisamente no identificar o objetivo almejado pela norma.

Uma das finalidades legais certamente sempre será a execução do objeto contratado com a melhor relação custo-benefício, sempre será a aplicação ótima dos recursos públicos, o que pode ser traduzido como a concretização, em cada caso específico, do princípio constitucional da economicidade.

Juarez Freitas, em seu *O Controle dos Atos Administrativos e os Princípios Fundamentais* (São Paulo, Malheiros Editores, 1997, pp. 85-86), explicita o significado do princípio da economicidade e demonstra a viabilidade de seu controle, inclusive no âmbito judicial:

"No tocante ao princípio da economicidade ou da otimização da ação estatal, urge rememorar que o administrador público está obrigado a obrar tendo como parâmetro o ótimo. Em outro dizer, tem o compromisso indeclinável de encontrar a solução mais adequada economicamente na gestão da coisa pública. A violação manifesta do princípio dar-se-á quando constatado vício de escolha assaz imperfeita dos meios ou dos parâmetros voltados para a obtenção de determinados fins administrativos. Não aparecerá, no controle à luz da economicidade, nenhum traço de invasão da discricionariedade, porém se é certo que esta precisa ser preservada, não é menos certo que qualquer discricionariedade legítima somente o será se guardar vinculação com os imperativos de adequação e sensatez. Com base nisso, não se está a pedir, em especial ao Poder Judiciário, o controle de juízos políticos, mas o exercício, nos limites do sistema, da vigilância quanto a aspectos que dizem respeito não ao merecimento em si, mas à compatibilidade plena do ato administrativo com o ordenamento (...)."

O controle da economicidade, na verdade, é um dever elementar dos Tribunais de Contas, expressamente previsto no art. 70 da Constituição Federal, ao cuidar da fiscalização contábil, financeira e orçamentária, conforme ressalta a melhor doutrina:

"O controle da economicidade entende com o exame e fiscalização material da execução orçamentária, em contraponto com o formal, que é o da legalidade. Aparece pela primeira vez na Constituição do Brasil, embora já fosse reclamado há muito tempo pela doutrina. A Constituição alemã (art. 114, 2) utiliza o termo *Wirtschaftlichkeit*, que se traduz exatamente por economicidade.

O conceito de economicidade, originário da linguagem dos economistas, corresponde, no discurso jurídico, ao de justiça.

"Controle da economicidade significa controle da eficiência na gestão financeira e na execução orçamentária, consubstanciada na minimização de custos e gastos públicos e na maximização da receita e da arrecadação" (Ricardo Lobo Torres, "O Tribunal de Contas e o controle da legalidade, economicidade e legitimidade", in *RIL* 121/26).

Há um preconceito largamente difundido na sociedade de que o Tribunal de Contas seria um órgão auxiliar do Poder Legislativo no controle da legalidade dos gastos públicos. Na verdade, o Tribunal de Contas é um órgão independente, que exerce, sim, uma função auxiliar no tocante ao controle contábil, financeiro, orçamentário e operacional da gestão pública, cuja competência é expressamente conferida pela Constituição Federal ao Poder Legislativo.

Mas o grande erro está em pensar que a missão do Tribunal de Contas se encerra na verificação da legalidade. O art. 70 da Constituição Federal menciona o controle da legalidade, da legitimidade, da economicidade e ainda outros, deixando fora de qualquer dúvida que o campo de atuação do Tribunal de Contas é muito mais amplo do que o simples controle formal da legalidade.

Isso está dito de maneira perfeitamente concisa e com muita objetividade por um dos mais destacados monografistas do tema:

"O exame realizado pelas Cortes de Contas ultrapassa a análise meramente burocrática. Verifica não só os elementos formais que norteiam o processo de despesa, como também a relação custo/benefício, a aferição da atuação ótima das ações administrativas, a mais rentável possível em se considerando o interesse público envolvido (...)" (Edgar Guimarães, *Controle das Licitações Públicas*, São Paulo, Dialética, 2002, p. 89).

A aplicação do direito exige cultura jurídica, conhecimento das demais regras e princípios existentes no ordenamento, bom senso e razoabilidade para o manejo de técnicas interpretativas para, por fim, obter a melhor solução para o caso.

Celso Antônio Bandeira de Mello confere especial relevo ao princípio da razoabilidade e, com a agudez de espírito que lhe caracteriza a análise, ensina:

"Enuncia-se com este princípio que a Administração, ao atuar no exercício de discrição, terá de obedecer a critérios aceitáveis do ponto de vista racional, em sintonia com o senso normal de pessoas equilibradas e respeitosas das finalidades que presidiram a outorga da competência exercida. Vale dizer: pretende-se colocar em claro que não serão apenas inconvenientes, mas também ilegítimas — e, portanto, jurisdicionalmente invalidáveis —, as condutas desarrazoadas, bizarras, incoerentes ou praticadas com desconsideração às situações e circunstâncias que seriam atendidas por quem tivesse atributos normais de prudência, sensatez e disposição de acatamento às finalidades da lei atributiva da discrição manejada" (*Curso de Direito Administrativo*, 17ª ed., Malheiros Editores, 2004, p. 99).

Situações existem que levam o intérprete a uma intersecção de princípios, como, por exemplo, do princípio da legalidade com os princípios da razoabilidade e da eficiência. Este último ganhou especial relevo com a sua expressa consignação na letra do texto constitucional.

A Emenda Constitucional n. 19, de 4.6.1998, conhecida como Emenda da Reforma Administrativa, trouxe profundas modificações na Administração Pública brasileira. O propósito fundamental dessa reforma era a substituição do antigo modelo burocrático, caracterizado pelo controle rigoroso dos procedimentos, pelo novo modelo gerencial, no qual são abrandados os controles de procedimentos e incrementados os controles de resultados. Essa linha de pensamento, esse novo valor afirmado pela Constituição, não pode ser ignorado pelo intérprete e aplicador da lei.

Atualmente, além de acatar o princípio da legalidade, é preciso dar atendimento também ao princípio da eficiência, introduzido no cenário jurídico nacional pela Emenda Constitucional da Reforma Administrativa, sobre o qual, em obra escrita em parceria com Sérgio Ferraz, já fizemos algumas ponderações:

"A Emenda Constitucional 19, de 4.6.1998, conhecida como 'Emenda da Reforma Administrativa', trouxe profundas modificações na Administração Pública brasileira. O propósito fundamental dessa reforma era a substituição do antigo modelo burocrático, caracterizado pelo controle rigoroso dos procedimentos, pelo novo modelo gerencial, no qual são abrandados os controles de procedimentos e incrementados os controles de resultados. Essa linha de pensamento, esse novo valor afirmado pela Constituição, não pode ser ignorado pelo intérprete e aplicador da lei.

"Não por acaso, aos princípios já previstos na redação original do art. 37, foi acrescentado o princípio da eficiência. É obvio que esse princípio já estava implícito. Ao torná-lo explícito, ao afirmá-lo expressamente, o que se pretendeu foi demonstrar a redobrada importância que ele passou a ter. Em termos práticos, deve-se considerar que, quando mera formalidade burocrática for um empecilho à realização do interesse público, o formalismo deve ceder diante da eficiência.

"Isso significa que é preciso superar concepções puramente burocráticas ou meramente formalísticas, dando-se maior ênfase ao exame da legitimidade, da economicidade e da razoabilidade, em benefício da eficiência. Não basta ao administrador demonstrar que agiu bem, em estrita conformidade com a lei; sem se divorciar da legalidade (que não se confunde com a estrita legalidade), cabe a ele evidenciar que caminhou no sentido da obtenção dos melhores resultados" (Sérgio Ferraz e Adilson Abreu Dallari, *Processo Administrativo*, Malheiros Editores, 2000, pp. 77 e 78).

Não basta atuar de maneira conforme a lei. Não faz sentido emperrar a Administração para dar estrito cumprimento à literalidade da lei. Agora é preciso mais: a Administração deve buscar a forma mais eficiente de cumprir a lei, deve buscar, entre as soluções teoricamente possíveis, aquela que, diante das circunstâncias do caso concreto, permita atingir os resultados necessários à satisfação do interesse público.

Não basta ao administrador demonstrar que agiu bem, em estrita conformidade com a lei; sem se divorciar da legalidade (que não se confunde com a estrita legalidade), cabe a ele evidenciar que caminhou no sentido da obtenção dos melhores resultados.

Essa verificação somente é possível no entrecruzamento dos valores consagrados pelos princípios, com as normas legais aplicáveis ao caso em exame e, muito especialmente, com as circunstâncias em função das quais a legalidade ou ilegalidade do comportamento adotado deve ser aferida.

É de rara felicidade o escolho jurisprudencial que aqui se transcreve:

"A norma geral pode ser entendida, é claro, pelo sentido abstrato das palavras por ela utilizadas. Trata-se, porém, de mero entendimento prévio. Esse entendimento não exaure o âmbito da incidência normativa, pois ele só se consuma perante os fatos concretos da vida" (voto do Desembargador Federal Newton De Lucca no MS n. 94.03.093099-3-SP, TRF 3ª Região, publicado no *Boletim AASP* 2.043/473).

Em resumo. Não há um limite de valor para alterações qualitativas, destinadas à melhor adequação do objeto do contrato aos seus objetivos. Limites existem, mas não são automáticos ou previamente determinados de maneira genérica. Tais limites terão que ser aferidos em cada caso concreto.

Em cada específico contrato de execução de obra pública será necessário verificar, inicialmente, a consistência do projeto básico, para que se possa ter certeza de que ele era efetivamente exeqüível e não serviu como simples simulação para afastar pretendentes indesejáveis.

Em cada obra será necessário examinar as circunstâncias que ensejaram a necessidade da alteração do objeto e a verossimilhança do eventual acréscimo de valor. Não basta simplesmente constatar, aritmeticamente, que houve ou poderá haver um efetivo aumento no preço da obra. Sempre será necessário proceder a uma série de verificações que vão muito além da mera legalidade formal. Nestas verificações terão que ser aplicados critérios de economicidade, de razoabilidade e de eficiência, para se saber se efetivamente existirão ganhos de produtividade, se haverá uma melhoria na relação custo-benefício, se a alteração pretendida proporciona maior rapidez na execução do objeto, se existem ou não ganhos urbanísticos e ambientais e se, ao final, o impacto social será ou não vantajoso.

COMPETÊNCIA PARA JULGAMENTO DE AGENTES POLÍTICOS POR OFENSA À LEI DE IMPROBIDADE ADMINISTRATIVA (Lei n. 8.429, de 2.6.1992)

CELSO ANTÔNIO BANDEIRA DE MELLO

Professor Titular de Direito Administrativo da Faculdade de Direito da PUC/SP

1. Dispõe o art. 1º da Lei n. 8.429, de 2 de junho de 1992:

> Os atos de improbidade praticados *por qualquer agente público, servidor ou não*, contra a administração direta, indireta ou fundacional de qualquer dos Poderes da União, dos Estados, do Distrito Federal, dos Municípios, de Território, de empresa incorporada ao patrimônio público ou de entidade para cuja criação ou custeio o erário haja concorrido ou concorra com mais de cinqüenta por cento do patrimônio ou da receita anual, serão punidos na forma desta lei.

De seu turno, o art. 2º, aclara de maneira cabal e irretorquível o que na referida lei se entende por agente público. São estes seus dizeres:

> Reputa-se agente público, para os efeitos desta lei, todo aquele que exerce, ainda que transitoriamente ou sem remuneração, *por eleição, nomeação, designação, contratação ou qualquer outra forma de investidura ou vínculo, mandato, cargo, emprego ou função* nas entidades mencionadas no artigo anterior.

2. Como se percebe, o âmbito de abrangência da noção de agente público adotada pela lei a fim de qualificar os agentes alcançados por suas disposições é o mais genérico e amplo possível. Demais disto, ante o teor da linguagem normativa, não padece dúvida alguma de que a norma revela *o mais explícito, consciente e deliberado intento de colocar sob seu âmbito de regência tanto os sujeitos relacionados ao Poder Público ou a suas entidades auxiliares por vínculos de trabalho profissional quanto os que a eles se vinculam por liames de caráter político*. É que falou também em "*eleição, mandato, designação*". Espancou, dessarte, qualquer possibilidade de acrobacia ou malabarismo exegético que pudesse ser forjicado para restringir a noção (já por si mesmo ampla) de agente público e permitir aos agentes políticos que escapulissem dos rigores da lei.

Aliás, diga-se de passo, seria despropositado se o diploma em causa os houvera deixado ao largo de sua incidência. É que são eles, justamente, os que desfrutam das condições mais propícias à pratica de atos de improbidade administrativa e os que dispõem dos melhores meios para se evadirem à conseqüente responsabilidade. Donde, o máximo temor há de ser o de que a probidade administrativa seja afrontada pelos referidos agentes, pois são os que comandam todo o aparelho administrativo do Estado. Se a lei veio para coibir atos de improbidade, conforme seu explícito objeto, é óbvio que de seu alvo jamais poderiam estar excluídos os agentes políticos, aos quais, de resto, se ajustaria bem o papel de centro de mira (a mosca).

3. Fixados estes pontos relativos ao campo de abrangência da expressão *agentes públicos* na Lei n. 8.429, segundo a conceituação que ela própria forneceu para os efeitos de qualificar o universo dos que seriam colhidos por suas disposições, a primeira coisa a ser feita para saber-se se ela é ou não aplicável a Ministro de Estado, é propor a seguinte óbvia indagação: Ministro de Estado exerce, "*ainda que transitoriamente ou sem remuneração, por eleição, nomeação, designação, contratação ou qualquer outra forma de investidura ou vínculo, mandato, cargo, emprego ou função*" (art. 2º da Lei)?

A este questionamento qualquer pessoa, ou, ao menos qualquer pessoa da área jurídica, responderia sem a menor hesitação ou dúvida possível:

Sim, Ministro de Estado exerce, em virtude de *nomeação*, *cargo* de confiança na Administração direta da União.

Eis, pois, que ao lume das disposições residentes na lei que define os casos de improbidade administrativa é livre de qualquer dúvida ou entredúvida que Ministros de Estado, tal como quaisquer outros agentes políticos, são colhidos pelos preceitos ali estabelecidos em defesa da probidade administrativa, nada se podendo dela extrair que proporcionasse a tais sujeitos escusas que lhes permitissem esgueirar-se para fora do campo de incidência da referida lei.

4. Do que foi visto resulta, então, que alguma escapatória só lhes poderia surgir como tábua de salvação se fosse encontrável alguma contrariedade entre o que a lei dispõe e preceitos constitucionais que regulassem a matéria de forma diversa, caso em que, obviamente, estes últimos prevaleceriam dada a supremacia absoluta da Constituição.

É dizer: a única hipótese de considerar-se Ministro de Estado exonerado das malhas da Lei n. 8.429 seria a de ser reconhecida como *inconstitucional* no que respeita ao seu propósito de submeter os agentes políticos à órbita de sua *integral* aplicação. É este ponto, então, que deve ser examinado.

Especificamente, trata-se de saber se o disposto no art. 102, I, "c" da Constituição Federal, no qual se prevê competência do Supremo Tribunal Federal para julgar crimes comuns e de responsabilidade imputáveis a certos agentes — entre os quais se incluem os Ministros de Estado — leva a concluir que os atos de improbidade a eles atribuídos só podem ser objeto de ação por crime de responsabilidade (donde não se subsumiriam à Lei n. 8.429) e que, naturalmente, só pelo Supremo Tribunal Federal poderiam ser julgados em virtude de conduta ímproba.

5. Como se sabe o reconhecimento da procedência da ação por crime de responsabilidade tem como conseqüência primordial a decretação da perda do cargo e a inabilitação para o exercício de função pública, sanções estas que também estão previstas na Lei n. 8.429. Sendo assim, a submissão das autoridades em causa à esta última lei implicaria admitir-se que poderiam ser afastados do cargo, além de sofrerem suspensão de direitos políticos *por uma via diversa daquela que a Constituição previu* para tanto e *por decisão tomada em escalão jurisdicional inferior àquele que a Lei Magna estipulou para a adoção das sobreditas sanções*. De fato, haveria nisto uma incongruência.

São estes argumentos, aliás, os únicos consistentes, que podem ser aduzidos em prol do entendimento de que o disposto no art. 102, I, "c" da Constituição Federal colide, em seu espírito, com disposições da Lei n. 8.429. *Ocorre que o reconhecimento da procedência deles não postula lógica ou juridicamente a inaplicabilidade da so-*

bredita lei aos Ministros de Estado. Postula, isto sim, coisa diversa, a saber: tão só inaplicabilidade, no âmbito daquela lei, das referidas sanções aos sobreditos agentes, visto que só lhes poderiam ser impostas na conformidade do art. 102, I, "c" da Lei Maior. Sem embargo, a existência e o fundamento de tal limitação em nada, absolutamente nada, concorrem para considerar que os Ministros de Estado ficam ao largo da Lei n. 8.429, *porquanto nela se contemplam inúmeras outras sanções além daquelas duas privativamente imponíveis pelo Supremo Tribunal Federal* no caso de procedência de ações por crime de responsabilidade.

6. Uma vez que, a teor do art. 102, I, "c", da Constituição, o que foi reservado à competência originária do Supremo Tribunal Federal foram apenas as *ações por infrações penais comuns ou por crime de responsabilidade de Ministros não conexo ao do Presidente da República* e — por inferência — também reservadas a ele a imposição das sanções de perda do cargo e inabilitação para função pública, não há justificativa de espécie alguma para autorizar o gratuito entendimento de que a *ação civil de improbidade administrativa* não possa ser processada e julgada perante o juiz de primeiro grau ou que a este faleça o poder de aplicar sanções cuja imposição *não foi reservada ao Supremo Tribunal Federal.* Donde, defender o ponto de vista profligado, "data maxima venia", não é interpretar; é deixar-se levar mais por um desejo do que pela diretriz do Direito, postergando a sábia lição de Carlos Maximiliano, o príncipe de nossos mestres de interpretação, segundo quem:

"Cumpre evitar, não só o demasiado apêgo à letra dos dispositivos, como também o excesso contrário, o de *forçar a exegese* e deste modo encaixar na regra escrita, graças à fantasia do hermeneuta, as teses pelas quais se apaixonou, de sorte que vislumbra no texto idéias apenas existentes no próprio cérebro, ou no sentir individual, desvairado por ojerizas e pendores, entusiasmos e preconceitos" (*Hermenêutica e Aplicação do Direito*, 2ª ed., Ed. da Livraria do Globo, 1933, p. 118).

Com efeito, se a competência originária da Corte Suprema é para ações penais contra Ministros de Estado seria abusivo e despropositado pretender estendê-la para uma ação civil, a de improbidade administrativa ou, ainda pior que isto, sustentar que, por estarem eles resguardados por foro especial no caso de ações penais, ficariam, em nome de tal resguardo, imunizados contra a ação civil de improbidade administrativa. É óbvio que não haveria nexo lógico algum para passar de uma tal premissa para uma tal conclusão.

7. Finalmente, caberia dizer que, de fato, a Lei n. 8.429, em sua pretensão de alcançar em sua integralidade (logo, na aplicabilidade de todas as sanções) os agentes políticos, excedeu as possibilidades que constitucionalmente poderia preencher. Ou seja: *quanto a este excesso* incorreu em inconstitucionalidade. Mas só quanto a este excesso, ou seja, só no que atina à aplicação da sanção perda de mandato e da suspensão de direitos políticos.

Ora, é sabido e ressabido que, sendo possível mais de uma interpretação, não se adota aquela que conduz a irrogar inconstitucionalidade à norma interpretanda, mas, pelo contrário, tem-se de assumir aquel'outra que lhe atribui conformação aos ditames da Lei Maior. Em seu monumental tratado de interpretação das leis e da Constituição, Black assim expressou este cânone exegético: "Unconstitutionality will be avoided, if possible, by putting such a construction on the statute as will make it conform to the constitution".

A seguir desenvolve esta orientação nos seguintes termos: "The courts will not so construe the law as to make it conflict with the constitution, but will rather put such an interpretation upon it as will avoid conflict with the constitution and give it the force of law, if this can be done without extravagance. They may disregard the natural and usual import of the words used, if it is possible to adopted another construction, sustaining the statute, which shall not be strained or fantastic" (Henry Campbell Black, *Handbook of American Constitutional Law*, 2ª ed., St. Paul, Minn., West Publishing Co., 1897, p. 60).

Black ensina ainda: "Every act of the legislature is presumed to be valid and constitutional until the contrary is shown. All doubts are resolved in favor of the validity for the act. If it is fairly and reasonably open to more than one construction, that construction will be adopted which will reconcile the statute with the constitution and avoid the consequence of unconstitutionality" (Henry Campbell Black, *Handbook on the Construction and Interpretation of Laws*, St. Paul, Minn., West Publishing, 1896, p. 93).

O precitado Carlos Maximiliano, reportando-se a lições de Willoughby, anotou: "Sempre que for possível sem fazer demasiada violência às palavras, interprete-se a linguagem da lei com reservas tais que se torne constitucional a medida que ela institui ou disciplina" (ob. cit., p. 317).

Ora, se assim é, por equivalentes e ainda mais fortes razões, não se extrapola o âmbito de inconstitucionalidade reconhecível para estendê-la ao que não possui qualquer eiva de inconstitucionalidade, que isto seria uma atrevida afronta ao direito, pois corresponderia a extrair inconstitucionalidade do nada para violentar decisão legislativa legítima estampada na norma censurada, incorrendo, pois, a pretexto de controle de constitucionalidade, em violação da tripartição do exercício do Poder.

8. Isto tudo posto e considerado, procede concluir que é equivocado o entendimento de que aos agentes políticos não se aplicam as regras comuns da lei de improbidade. A atribuição constitucional de competência originária ao Supremo Tribunal Federal para o julgamento de Ministros de Estado em razão de crimes de responsabilidade, significa tão-só que dentre as várias sanções a que estão sujeitos no âmbito da ação civil de improbidade (Lei n. 8.429, 2.6.1992) não lhes são aplicáveis as de perda do cargo e suspensão de direitos políticos, que estas só lhes podem ser impostas pela Corte Suprema em julgamento de ação por crime de responsabilidade.

IMPROBIDADE ADMINISTRATIVA DE DIRIGENTE DE EMPRESA ESTATAL

CARLOS ARI SUNDFELD

JACINTHO ARRUDA CÂMARA

Professores da Faculdade de Direito da PUC/SP
e Coordenadores da Especialização em Direito Administrativo na Escola de Direito da FGV-SP

1. Introdução. 2. Os regimes jurídicos de responsabilização de dirigente de estatal. 3. A relação entre ilegalidade e improbidade. 4. Responsabilidade por decisão colegiada. 5. Conclusões.

1. Introdução

A idéia de *pessoa jurídica* é uma construção fascinante do espírito humano. Muitos e complexos têm sido os nós de sua inserção no mundo do Direito. Uma questão instiga particularmente: a das relações entre a instituição (a pessoa jurídica) e os seres humanos que a representam.

Em certa medida, a pessoa jurídica é como a marionete, pois não tem voz própria, assume a de outrem; não se move só, é movida. Nesse prisma, a instituição confunde-se com o indivíduo (chamemo-lo *agente*) que a encarna: a decisão dele é dela, e assim os erros e responsabilidades.

Essa confusão é apenas parcial. O indivíduo não é agente todo o tempo, pois mantém "outra vida", particular — com seus interesses, vínculos e responsabilidades. Nessa perspectiva, o agente é como uma personagem, a criação de um ator. Também a pessoa jurídica mantém sua identidade frente ao agente, a qual é limite ao poder, que a ele se confere, de encarnar a instituição.

Pela privilegiada posição que ocupa, o agente é quem mais tem facilidades para lesar a instituição, e quem pode fazê-lo mais profundamente. Em uma espécie de paradoxo, um ser e outro, ao mesmo tempo, se confundem e contrapõem. Há, sempre, permanente e delicada, uma tensão fluindo entre a instituição e o seu agente.

O Direito desenvolveu um complexo sistema para proteger a pessoa jurídica (a instituição) de seus agentes. Em linhas gerais, o objetivo é fazer com que os agentes exerçam de modo efetivo suas missões, bem como impedi-los de agir contra a instituição e aproveitar-se pessoalmente dos poderes conferidos. Duas das técnicas mais tradicionais do Direito — a punição criminal e a responsabilização civil — colocaram-se a serviço desse objetivo.

Essa tensão, típica da "pessoa jurídica", não é, contudo, exclusividade sua. O problema é o mesmo sempre que alguém é posto em situação de cuidar de coisas e de interesses de terceiros. Exemplos muito tradicionais são os do mandatário, do comodatário, do depositário e do gestor de negócios.

O mandatário recebe poderes para praticar atos ou administrar interesses em nome de outrem (Código Civil de 1916, art. 1.288), devendo "aplicar toda a sua diligência habitual na execução do mandato" (art. 1.300). Em não o fazendo, agirá com "culpa", devendo indenizar qualquer prejuízo causado (art. 1.300). Também "o comodatário é obrigado a conservar, como se sua fora, a coisa emprestada (...) sob pena de responder por perdas e danos" (art. 1.251). Da mesma forma, "o depositário é obrigado a ter na guarda e conservação de coisa depositada o cuidado e diligência que costuma com o que lhe pertence (...)" (art. 1.266). De outro lado, diz o art. 1.275: "sob pena de responder por perdas e danos, não poderá o depositário, sem licença expressa do depositante, servir-se da coisa depositada" sob pena de responder por perdas e danos. O gestor de negócios, por sua vez, quando assume a gestão do negócio alheio sem autorização do interessado, se obriga a dirigi-lo "segundo o interesse presumível de seu dono, ficando responsável a este e às pessoas com quem tratar" (art. 1.331).

Como se vê, é comum a existência de normas de proteção dos titulares de bens ou direitos contra a má atuação de seus gestores, o que se reflete nas normas de proteção da pessoa jurídica em face de seus agentes. Porém, isso não significa que a pessoa jurídica não possua responsabilidade autônoma sobre seus atos (ou, melhor dizendo, pelos atos praticados em seu nome).

Em determinados casos, é possível que atos praticados em nome de pessoa jurídica tenham repercussão negativa e os ônus decorrentes desse ato não sejam atribuídos ao agente diretamente responsável por sua prática. Tanto é assim que, nos exemplos acima citados, a responsabilidade somente recai sobre o agente ou mandatário quando este age mal, de acordo com o comportamento padrão, que dele é razoável esperar.

Tomemos um exemplo para ilustrar o que se afirma. Uma empresa profere várias decisões de índole econômico-financeira no seu dia a dia. Na verdade, seus executivos decidem em seu nome. Se nesse processo decisório, atos nocivos aos investimentos da empresa forem praticados por erro grave ou má-fé de seus dirigentes, estes serão responsabilizados perante a empresa. Porém, se as decisões foram balizadas numa política empresarial razoável, que, porém, mostrou-se mal sucedida na prática, os prejuízos daí decorrentes são suportados exclusivamente pela empresa. O ônus, neste último caso, faz parte do risco inerente à atividade desempenhada, não podendo ser imputado ao agente ou administrador.

Outro ponto a ser destacado diz respeito à identificação do agente responsável — no caso de prática de ato que assim o exija — dentro da própria estrutura interna da pessoa jurídica. Como se sabe, a estruturação de pessoas jurídicas pode ser bastante complexa, admitindo diversos níveis de hierarquia e várias formas de composição de suas unidades. Assim, é possível vislumbrar, quanto ao tipo de competência exercida, órgãos de consultoria, de instrução, de fiscalização, de apoio técnico ou de deliberação. Quanto à forma de decisão, existem os órgãos que decidem de maneira colegiada e os de decisão unitária. Dependendo do tipo de organização da pessoa jurídica, do procedimento realizado para a tomada de decisão, do número de agentes envolvidos nesse processo, entre muitas outras circunstâncias, pode variar o grau de dificuldade na identificação dos agentes responsáveis pela prática de cada ato.

Há ainda que se levar em conta mais um fator relevante no plexo de relações que envolvem uma pessoa jurídica e seus agentes. É possível que sobre um mesmo ato, praticado em nome de pessoa jurídica, incidam tipos distintos de responsabilidade. Vejamos mais um exemplo. Na hipótese da prática de ato danoso a terceiros, pode se vislumbrar: 1) a responsabilização civil (patrimonial) do agente perante os terceiros atingidos (uma vez que ele pode ser solidariamente responsável nesses casos, junto com a pessoa jurídica); 2) a responsabilização patrimonial do agente perante a própria empresa que ele representa (numa possível ação regressiva); 3) a responsabilização penal do agente, se o ato danoso for tipificado como crime (nesse caso, o agente responderá perante a sociedade); 4) a responsabilização funcional do agente, na hipótese de sanção a ser aplicada por eventual desobediência a normas internas de atuação (de aplicação possível tanto no âmbito público como privado). Nesse aspecto, é interessante notar que cada espécie de responsabilidade aplicável merece análise isolada. Existe tipificação própria para cada uma delas, requisitos autônomos a serem preenchidos, circunstâncias próprias a sopesar. Deveras, um ato ilícito pode causar a responsabilização penal (se houver caracterização de crime), sem qualquer reflexo na esfera patrimonial (se, por exemplo, o ilícito não tiver causado dano indenizável), ou vice-versa, dependendo das circunstâncias próprias que circundarem o caso.

Esta é a temática a ser enfrentada no presente estudo. Para tanto, o primeiro ponto a ser desenvolvido diz respeito aos possíveis regimes jurídicos de responsabilização de dirigente de empresa estatal.

2. *Os regimes jurídicos de responsabilização de dirigente de estatal*

O dirigente de empresa estatal está envolvido, basicamente, em dois sistemas jurídicos. O primeiro, corresponde ao conjunto de regras que disciplina o funcionamento da empresa enquanto tal; faz parte do Direito Societário. O outro, é derivado da característica especial de seu acionista controlador: o Estado. São regras que integram o Direito Administrativo.

Sobre esses dois sistemas (que marcam, por assim dizer, a atuação rotineira do dirigente de empresa estatal) incide um terceiro, que reflete a proteção da sociedade contra a prática de ilícitos criminais: é o Direito Penal. Deveras, para determinadas condutas realizadas no âmbito de atuação de um dirigente de empresa, é possível que incida sanção de natureza penal. Assim ocorre, por exemplo, quando são punidos os chamados "crimes do colarinho branco" ou, em virtude da natureza própria da empresa estatal, quando se trata de crimes contra a Administração Pública.

Para cada um dos sistemas acima descritos existe um modo próprio de responsabilização. É relevante notar que a diferenciação não atende apenas a fins terminológicos ou acadêmicos. Há diversas peculiaridades de natureza prática entre eles, que justificam o tratamento autônomo a ser dado.

É possível apontar, como exemplo marcante de diferenciação, as conseqüências imputáveis às espécies de responsabilidade em tela. No âmbito penal, a responsabilidade enseja, no mais das vezes, a imputação de penas privativas de liberdade (sem embargo da aplicação de penas restritivas de direitos e de multas — art. 32 do Código Penal). No campo societário, a responsabilidade é basicamente aquiliana e visa a recomposição do patrimônio da empresa por atos culposos praticados por seu administrador. A responsabilidade derivada das normas de direito administrativo pode ensejar a reparação do dano ao Poder Público, sanções pecuniárias de cunho reparatório e não-reparatório, sanções funcionais (relacionadas ao exercício do cargo ou emprego público) e até a perda de direitos políticos.

Mas as diferenças entre os tipos de responsabilização não elidem a possibilidade de identificação entre eles, pelo menos em determinados aspectos. No que diz respeito à forma de imputabilidade, tanto é possível encontrar peculiaridades inerentes a apenas um tipo de responsabilidade como semelhanças envolvendo todos. Assim, uma mesma conduta pode ensejar a aplicação simultânea de todas as espécies de responsabilidade ou não, dependendo das características que venham a apresentar.

Como característica distintiva de uma das responsabilidades, é possível destacar a rígida tipicidade, própria da responsabilidade penal. Noutros aspectos, porém, há inconteste aproximação das espécies. Entre os pontos semelhantes, merece especial relevo, no contexto deste estudo, o papel atribuído à subjetividade na aplicação das sanções (vinculação da responsabilidade à violação de um dever atribuído ao agente). Isto é, como a participação direta do agente (em muitos casos de maneira intencional), na prática do ato, está prevista como requisito indispensável à aplicação das diversas espécies de responsabilidade.

No caso de responsabilidade decorrente de aplicação do Direito Societário, a Lei das Sociedades Anônimas prevê regra em que o aspecto subjetivo aparece em destaque. De uma maneira geral, a responsabilidade do administrador de empresas só decorre da prática de atos irregulares, como frisa o *caput* do art. 158 da Lei das Sociedades Anônimas (Lei das S/A), Lei 6.404, de 15 de dezembro de 1976:

> Art. 158. O administrador não é pessoalmente responsável pelas obrigações que contrair em nome da sociedade e em virtude de ato regular de gestão; responde, porém, civilmente, pelos prejuízos que causar, quando proceder:
>
> I — dentro de suas atribuições ou poderes, com culpa ou dolo;
>
> II — com violação da lei ou do estatuto.

A necessária caracterização do comportamento culposo na imputação de responsabilidade no campo do direito societário também está presente quando da caracterização da chamada responsabilidade solidária entre os dirigentes. É o que prevê o § 1º do referido art. 158:

> § 1º. O administrador não é responsável por atos ilícitos de outros administradores, salvo se com eles for conivente, se negligenciar em descobri-los ou se, deles tendo conhecimento, deixar de agir para impedir a sua prática.
>
> (...)

A regra é a de que o dirigente não se responsabiliza por ato de competência de outro agente, a menos que tenha sido conivente com o erro. A Lei excetua, porém, situações específicas em que se define expressamente a incidência de responsabilidade solidária. Nestes casos, na verdade, a lei cria para o administrador um dever especial de cuidado sobre uma dada categoria de assuntos, dever este que afeta, inclusive, competências estatutariamente atribuídas a terceiros. Tal previsão vem contida no § 2º do art. 158:

> § 2º. Os administradores são solidariamente responsáveis pelos prejuízos causados em virtude do não-cumprimento dos deveres impostos por lei para assegurar o funcionamento normal da companhia, ainda que, pelo estatuto, tais deveres não caibam a todos eles.

Noutras situações (inclusive as que envolvam companhias abertas), a Lei retoma a regra geral de somente imputar responsabilidade a quem tenha participado diretamente da realização do ato lesivo ou que, podendo evitá-lo, não o fez. É o que prescrevem os §§ 3º e 4º do art. 158:

> § 3º. Nas companhias abertas, a responsabilidade de que trata o § 2º ficará restrita, ressalvado o disposto no § 4º, aos administradores que, por disposição do estatuto, tenham atribuição específica de dar cumprimento àqueles deveres.
>
> § 4º. O administrador que, tendo conhecimento do não-cumprimento desses deveres por seu predecessor, ou pelo administrador competente nos termos do § 3º, deixar de comunicar o fato à assembléia geral, tornar-se-á por ele solidariamente responsável.

Vale ressaltar, por fim, que a culpabilidade em tais casos se constata tanto por meio de análise comparativa da conduta do administrador em relação ao comportamento que legitimamente seria de se esperar dele (a exemplo do que ocorre nos casos de mandato, gestão de negócios ou comodato),[1] como através da caracterização do dolo (intenção) do agente na produção do ato lesivo. É o que atesta Modesto Carvalhosa, reconhecido comentador da Lei de Sociedades Anônimas:

"Disso resulta que nas relações extracontratuais entre o administrador e a companhia contam os padrões de conduta geralmente aceitos em tais circunstâncias, fazendo-se a combinação destes com os subjetivos, visando, assim, à equidade e à justa reparação do dano sofrido. E dessa evolução necessária para se alcançar a reparação concreta surge o conceito de culpa sem a prevalência da imputabilidade moral.

"Não se trata, portanto, da adoção pura e simples da teoria do risco, afastando a culpa, mas a caracterização da responsabilidade civil não mais ostentando o dado moral como o seu principal fundamento.

"Prevalece o critério da análise da conduta, em relação ao que os usos e costumes da administração societária geralmente admitem, sendo o dado moral considerado como *ultimum subsidium*, como ensina Ripert, ou seja, desde que a responsabilidade não possa ser apurada pelo jogo de outra regra.

"Na relação de poder que ostenta o administrador diante da companhia seria, com efeito, impossível buscar a responsabilidade subjetiva clássica, uma vez que a prova deveria reunir diversos elementos específicos que tornariam o preceito de nenhuma eficácia. Ao negligenciar, ao agir com deslealdade ou imprudência, ao abusar de seu poder ou desviá-lo, o administrador assume a responsabilidade por sua ação ou negligente omissão em face do cumprimento da lei e a defesa dos interesses sociais e institucionais da companhia. Será subsidiária, nesses casos, a imputabilidade moral de sua conduta. Conta em primeiro lugar, em todas essas hipóteses de má conduta, a relação de causalidade entre o dano jurídico (com violação da lei ou do estatuto) ou material sofrido pela companhia e a ação ou omissão do administrador. Desse nexo surge o dever do agente de indenizar a companhia, por culpa presumida."[2]

No campo penal, a subjetividade da conduta é, indiscutivelmente, um requisito para a responsabilização do agente.[3] Esta é a regra instituída na Parte Geral do Código Penal:

> Art. 13. O resultado, de que depende a existência do crime, somente é imputável a quem lhe deu causa. Considera-se causa a ação ou omissão sem a qual o resultado não teria ocorrido.
>
> § 1º. A superveniência de causa relativamente independente exclui a imputação quando, por si só, produziu o resultado; os fatores anteriores, entretanto, imputam-se a quem os praticou.
>
> § 2º. A omissão é penalmente relevante quando o omitente devia e podia

1. O dever de diligência também está previsto expressamente na Lei das S/A, no seu art. 153. Confira-se: "O administrador da companhia deve empregar, no exercício de suas funções, o cuidado e diligência que todo homem ativo e probo costuma empregar na administração dos seus próprios negócios".

2. *Comentários à Lei de Sociedades Anônimas*, v. 3, São Paulo, Saraiva, 1997, pp. 312-313.

3. A discussão a respeito da caracterização da subjetividade no campo penal é clássica. Um dos temas que fazem parte dessa problemática é a de saber até que ponto o erro na realização de uma conduta exime o agente de responsabilização penal. Sobre este assunto discorreu profundamente Jorge de Figueiredo Dias, cuja abordagem central do problema se transcreve: "Esse sentido só pode ser, para o direito penal, o de que o erro de direito é em princípio (regula este, diz a sentença de Paulo) irrelevante *porque, também em princípio, ele é indesculpável*. Com a regra ter-se-á pretendido coisa bem diferente do que distinguir dois tipos de erro segundo a sua natureza intrínseca: o ser *de* facto ou *de* direito; o que se pretendeu fundamentalmente foi regular, de forma unitária, o âmbito do erro desculpável de uma parte e do indesculpável de outra parte, e portanto afirmar, em via de princípio, *a relação entre erro e culpa do agente na actuação*" (*O Problema da Consciência da Ilicitude em Direito Penal*, 5ª ed., Coimbra, Coimbra Editora, 2000, p. 35).

agir para evitar o resultado. O dever de agir incumbe a quem:

a) tenha por lei obrigação de cuidado, proteção ou vigilância;

b) de outra forma, assumiu a responsabilidade de impedir o resultado;

c) com seu comportamento anterior, criou o risco da ocorrência do resultado.

Esse posicionamento é firme na jurisprudência, que rejeita a noção de responsabilidade objetiva no âmbito penal. Confira-se uma série de julgados do Superior Tribunal de Justiça envolvendo a responsabilidade penal de agentes públicos:

RESP. PENAL. PREFEITO MUNICIPAL. CONTRIBUIÇÃO PREVIDENCIÁRIA. OMISSÃO. NÃO RECOLHIMENTO. O FATO CRIME RECLAMA CONDUTA E RESULTADO. *Analisada do ponto de vista normativo a responsabilidade penal (Constituição da República e Código Penal) é subjetiva. Não há espaço para a responsabilidade objetiva, muito menos para a responsabilidade por fato de terceiro.* A conclusão aplica-se a qualquer infração penal. "Não recolhimento de contribuição previdenciária" caracteriza crime omisso próprio. A omissão não é simples não fazer, ou fazer coisa diversa, e não fazer o que a norma jurídica determina. O prefeito municipal, como regra, não tem a obrigação (sentido normativo) de efetuar os pagamentos do município; por isso, no arco de suas atribuições legais, não lhe cumpre praticar atos burocráticos, dentre os quais, elaborar a folha e efetuar pagamentos. Logo, recolher as contribuições previdenciárias. O pormenor é importante, necessário por ser indicado na denúncia. Diz respeito a elemento essencial da infração penal a ausência acarreta nulidade da denúncia. Não há notícia ainda de hipótese do concurso de pessoas (CP, art. 29) (STJ, REsp 63986-PR, 6ª T., rel. Min. Luiz Vicente Cernicchiaro, v.u., j. 30.5.1995) (sem destaques no original).

Neste mesmo sentido, v. agravo regimental no agravo de instrumento 96746-PR, 6ª T., rel. Min. Luiz Vicente Cernicchiaro, v.u., j. 4.6.1996.

PENA. CRIME PREVIDENCIÁRIO. FALTA DE RECOLHIMENTO DE CONTRIBUIÇÃO DESCONTADAS DE SEGURADOS. DIRETORES DE ECONOMIA MISTA. RESPONSABILIDADE PENAL OBJETIVA. IMPOSSIBILIDADE. INTELIGÊNCIA DA NORMA (LOPS, ART. 86, PARÁGRAFO ÚNICO). RECURSO ESPECIAL NÃO CONHECIDO.

I — Sociedade de Economia Mista deixou de recolher contribuições previdenciárias descontadas de segurados. Três diretores, indicados pelo governo estadual, que tinham passado sucessivamente pela direção da companhia, foram denunciados por apropriação indébita (CP, art. 168; Lei 3.807/1960, art. 86). Impetrou-se HC em favor deles. O TRF trancou a ação penal. Inconformado, o Ministério Público interpôs Recurso Especial (alínea *a*), ao argumento de que o art. 86 da LOPS e o art. 168 do CP não distinguem entre diretores da entidade privada, estatal ou mista.

II — *Não se admite responsabilidade penal objetiva.* O parágrafo único do art. 86 da Lei 3.807/1960 (LOPS) deve ser inteligentemente interpretado. De seu conteúdo se dessume que o *diretor da entidade, para ser apenado, deve ter proveito, ainda que indireto, com o ilícito.* Ora, no caso concreto, foram três diretores que, por indicação do governo do Estado, passaram transitória e sucessivamente pela direção da sociedade de economia mista. *Não há nenhuma prova de proveito, ainda que longínquo, por parte dos pacientes/recorridos.*

III — Recurso especial não conhecido (STJ, REsp 19925-MT, 6ª T., rel. Min. Adhemar Maciel, m.v., j. 15.12.1993) (sem destaques no original).

PENAL. APROPRIAÇÃO INDÉBITA. CONTRIBUIÇÕES PREVIDENCIÁRIAS. PREFEITO MUNICIPAL. ATIPICIDADE DA CONDUTA. TRANCAMENTO DA AÇÃO PENAL. DEPOSITÁRIO INFIEL. "ABOLITIO CRIMINIS". INOCORRÊNCIA.

- Inexiste a alegada "abolitio criminis" pela superveniência da Lei 8.866/94, que dispõe sobre a prisão do depositário infiel de valores pertencentes à Fazenda Pública posto que, dando, supostamente, tratamento mais benéfico que a lei penal. Tal dispositivo não discriminalizou a conduta prevista no art. 95, "d", da Lei 8.212/91.

- *O prefeito municipal não pode ser sujeito ativo do crime de apropriação indébita, pelo não recolhimento de contribuições previdenciárias descontadas dos servidores.*

- *A responsabilidade de prefeito municipal só se caracteriza se comprovado o desvio da verba para proveito pessoal.*

- Atipicidade da conduta.

- Precedentes.

- Recurso não conhecido (STJ, REsp 118050-RN, 5ª T., rel. Min. Cid Flaquer Scartezzini, v.u., j. 27.10.1997).

Em matéria de Direito Administrativo, principalmente no que toca à proteção do patrimônio público, também não se pode cogitar em responsabilização sem que o agente tenha violado um dever jurídico, ou seja, sem que tenha havido sua participação culposa (em sentido amplo) na produção da irregularidade.[4]

Muito embora no direito brasileiro seja pacífico o reconhecimento da incidência da responsabilidade objetiva sobre pessoas jurídicas de direito público e as de direito privado que prestem serviços públicos (art. 37, § 6º, da Constituição Federal), é igualmente indiscutível que esta responsabilidade somente recai sobre o agente responsável pela prática do ato se este tiver agido com dolo ou culpa.[5] A ressalva está presente no próprio Texto Constitucional (art. 37, § 6º), ao circunscrever o direito de regresso do Estado perante seu agente nos casos de dolo ou culpa ("assegurado o direito de regresso contra o responsável nos casos de dolo ou culpa").

Bem ilustra essa regra a fundamentada decisão do Tribunal de Justiça do Estado de São Paulo. Confira-se:

PREFEITO. Responsabilidade civil. Medida governamental lesiva ao patrimônio público. Impossibilidade. Inexistência de prova de conduta abusiva ou de desvio de poder. Recurso oficial provido. Recurso do Ministério Público parcialmente provido para outro fim. Recurso da ré improvido. ***Como agente político, o chefe do Executivo local só responde civilmente por seus atos funcionais se os praticar com dolo, culpa manifesta, abuso ou desvio de poder. O só fato de o ato ser lesivo não lhe acarreta a obrigação de indenizar***

4. A regra vale inclusive quando o dano decorre de comportamento contrário à ética e pode também significar a responsabilidade do agente perante terceiros. É o que nos lembra Jesús Gonzáles Pérez: "Los servidores públicos, como cualquier otra persona, vendrán obligados a reparar patrimonialmente los daños que con su actuación por infracción de los deberes éticos hubiesen ocasionado a la Administración pública a que sirven o a terceros. Por lo general, las acciones u omisiones culposas que constituyen infracción de los deberes éticos lesionarán el patrimonio de la Administración pública; pero pueden ocasionar también daño patrimonial a los particulares" (*La Ética en la Administración Pública*, 2ª ed., Madri, Civitas, 2000, p. 141).

5. Para uma visão acurada da responsabilidade dos servidores públicos no direito brasileiro, veja-se a excelente obra de Oswaldo Aranha Bandeira de Mello, *Princípios Gerais de Direito Administrativo*, v. II, Rio de Janeiro, Forense, 1974, especialmente as pp. 475 e ss. Mas a necessidade de culpa para a imposição de responsabilidade ao agente público não é exclusiva do direito brasileiro. Veja o que diz o notável jurista argentino Agostín Gordillo: "Por otra parte, toda vez que el servidor público cumple regularmente sus obligaciones legales, existe prácticamente una eximiente de culpa. En tales casos el hecho es atribuido a la función o servicio mismo, es decir al Estado y corresponde por lo tanto aplicar la responsabilidad directa de éste, si la misma es pertinente, en forma exclusiva. De esta manera, el cumplimiento regular de las obligaciones legales impuestas al funcionario excluye su responsabilidad, pero el cumplimiento irregular no origina responsabilidad personal del agente público a menos que ese irregular cumplimiento sea culpable" (Agustín Gordillo, *Tratado de Derecho Administrativo*, t. 2, 4ª ed., Buenos Aires, Fundación de Derecho Administrativo, 2000, pp. XIX-18).

(TJSP, apelação cível 92.510-5-Presidente Prudente, 8ª Câm. de Direito Público, rel. Des. Celso Bonilha, v.u., j. 11.8.1999).

É possível ainda destacar algumas peculiaridades existentes na responsabilidade decorrente do direito administrativo. Tais peculiaridades dizem respeito, principalmente, ao rigoroso sistema que foi instituído pela Lei de Improbidade Administrativa. O uso de conceitos vagos e indeterminados, redundando numa grande abrangência dos tipos legais que causam a incidência dessa responsabilidade específica, poderia, numa primeira leitura, induzir o intérprete a entender que, para estes casos, o legislador teria prescindido do aspecto subjetivo para imputar a responsabilidade. A inferência, porém, seria equivocada. Tendo em vista a importância do assunto para o presente estudo, a demonstração de que o aspecto subjetivo também está presente na responsabilidade decorrente da Lei de Improbidade será feita em tópico específico.

3. A relação entre ilegalidade e improbidade

Esse assunto propõe como preliminar o debate quanto à definição, no Direito pátrio, da *improbidade administrativa*. Deveras, a Lei 8.429, de 2 de junho de 1992 — instrumento legal básico da matéria —, não a conceitua. O que ela faz é prever as conseqüências do *ato de improbidade*, estabelecendo modalidades, impondo sanções, definindo os sujeitos passivos etc. O conceito genérico de *ato de improbidade administrativa*, porém, não é, em momento algum, precisado, nem mesmo de maneira vaga ou indeterminada. Sendo assim, a referida noção há de ser retirada de uma interpretação sistemática do ordenamento jurídico;[6] para tanto, o ponto de partida deve ser o Texto Constitucional, que cuida expressamente da matéria.

A Constituição, ao tratar da Administração Pública, implicitamente delimitou o conceito de improbidade administrativa. De um lado, estabelecendo uma relação entre ela e o princípio da moralidade; de outro, indicando que o ato de improbidade constitui conduta *especialmente* contrária ao Direito (sendo passível, inclusive, de ação penal — CF, art. 37, § 4º, *in fine*), de maneira a gerar como conseqüências a suspensão dos direitos políticos, a perda da função pública, a indisponibilidade dos bens e o ressarcimento ao erário (CF, art. 37, § 4º).

Sustenta posição semelhante o ex-Procurador Geral da República Aristides Junqueira. Confira-se:

"Pode-se, pois, conceituar *improbidade administrativa* como espécie do gênero *imoralidade administrativa*, qualificada pela desonestidade de conduta do agente público, mediante a qual este se enriquece ilicitamente, obtém vantagem indevida, para si ou para outrem, ou causa dano ao erário.

"É essa qualificadora da imoralidade administrativa que aproxima a improbidade administrativa do conceito de crime, não tanto pelo resultado, mas principalmente pela conduta, cuja índole de desonestidade manifesta a devassidão do agente.

"É também de José Afonso da Silva a afirmação de que 'todo ato lesivo ao patrimônio agride a moralidade administrativa', mas nem sempre a lesão ao patrimônio público pode ser caracterizada com ato de improbidade administrativa, por não estar a conduta do agente, causador da lesão, marcada pela desonestidade."[7]

6. Sobre o assunto, ver o estudo monográfico do Professor Juarez Freitas, "Do princípio da probidade administrativa e de sua máxima efetivação" (em *Boletim de Direito Administrativo*, jul. 1996, São Paulo, Ed. NDJ, pp. 433-447).

7. "Reflexões sobre improbidade administrativa no Direito brasileiro", em *Improbidade Administrativa — Questões Polêmicas e Atuais*, coord. Cássio Scarpinella Bueno e Pedro Paulo de Rezende Porto Filho, São Paulo, Malheiros Editores e Sociedade Brasileira de Direito Público — *sbdp*, 2001, p. 88.

Já por aí se percebe que a mera ação em desacordo com a lei não pode, só por só, configurar ato de improbidade administrativa. Classificar toda conduta ilegal como improbidade seria generalizar indevidamente as conseqüências que a própria Constituição restringiu a uma espécie qualificada de comportamentos. Seria, portanto, incidir em inconstitucionalidade.

O ato de improbidade, por disposição constitucional, deve ser caracterizado levando-se em conta a *intenção* em praticar a ilegalidade ou qualquer outra conduta contrária aos princípios básicos da Administração. Há, portanto, um *aspecto subjetivo* inafastável na composição da hipótese do ato de improbidade administrativa.[8]

O agente público que, em virtude de mera interpretação equivocada da lei, pratica ato inválido, mas o faz com a convicção de estar dando fiel cumprimento à regra de competência, obviamente não pratica ato de improbidade. É ímprobo o agente que viola o ordenamento jurídico de modo desonesto; que busca, com o exercício de sua autoridade, deliberadamente desviar-se dos fins traçados na lei.[9]

Desta forma, a simples ação em desacordo com a lei não implica a prática de conduta ímproba.[10] Esta só se faz presente quando houver, por assim dizer, uma nulidade *qualificada* pela má-fé do agente.

Contudo, dúvida poderá persistir em razão da amplitude de tratamento dado à matéria pela Lei 8.429/1992. Deveras, a Lei instituiu três classes diferentes de ato de improbidade — sem jamais defini-la, repita-se —, todas elas bastante amplas. No art. 9º, cuidou dos atos de improbidade que im-

8. Esse aspecto subjetivo também é acentuado pelo ilustre Professor gaúcho Juarez Freitas ao definir o princípio da probidade administrativa: "o princípio da probidade administrativa consiste na proibição de atos *desonestos* ou *desleais* para com a Administração Pública, praticados por agentes seus ou terceiros" (ob. cit., p. 437 — destacou-se).

9. Consulte-se Juarez Freitas: "De outra parte, numa adequada e percuciente intelecção, em especial do art. 11 do diploma em exame, não se devem aplicar as sanções cominadas às condutas culposas leves ou levíssimas, *exatamente em função do 'telos' em pauta e por não se evidenciar, em situações semelhantes, a improbidade, sequer por violação aos princípios*. Postula-se, mais do que coibir o dano material, inibir a infringência, por si mesma nefasta, do princípio da moralidade, seja pelo agente público ou por terceiro, punindo-os com a imposição de penalidades severas, incompatíveis com a culpa leve ou levíssima" (ob. e p. anteriormente cit[illegible] o original não está destacado).

10. A dicção do art. 11, pela sua amplitude, pode levar, numa primeira análise, à impressão de que todo e qualquer ato nulo — *por ser contrário ao princípio da legalidade*, que é protegido expressamente pelo referido dispositivo — seria um ato de improbidade administrativa. Essa interpretação, porém, é equivocada. Entender o dispositivo dessa maneira conduziria a situações absurdas. Basta lembrar que, se assim fosse, o uso pelo administrador da competência de anular seus próprios atos implicaria a confissão de conduta de improbidade, sujeita às gravíssimas penas na Lei 8.429/1992. Isto, na prática, eliminaria a possibilidade de o administrador atuar como revisor de seus próprios atos; os pedidos de reconsideração fundados em questões de legalidade seriam inócuos, pois não haveria quem assumisse espontaneamente o ônus de uma conduta ímproba; e assim por diante, causando uma cadeia de conseqüências que desmancharia o sistema de atuação dos agentes públicos, de controle interno da Administração Pública etc. Na verdade, quando o art. 11 da Lei 8.429/1992 prevê a ofensa ao princípio da legalidade, como hipótese de conduta ímproba, não se referiu à prática de qualquer ato ilegal, mas a uma espécie deles. O tipo descrito se dirige contra os atos *deliberadamente* ilegais.

Neste sentido: "Deve ser enfatizado que as condutas enumeradas nos sete incisos do art. 11 não autorizam cogitar do elemento subjetivo que as motiva, sendo todas presumidamente dolosas. Aliás, pela redação dos tipos já se evidencia que tais atitudes *pressupõem a consciência da ilicitude e a vontade de realizar o ato anti-jurídico*" (Marino Passaglini Filho, Márcio Fernando Elias Rosa e Waldo Fazzio Júnior, *Improbidade Administrativa — Aspectos Jurídicos da Defesa do Patrimônio Público*, São Paulo, Atlas, 1996, p. 112, destaques nossos).

portam enriquecimento ilícito; no art. 10, dos atos que causam prejuízo ao erário; por fim, no art. 11, estabeleceu a classe mais abrangente de todas, a dos atos que atentam contra os princípios da Administração Pública (dentre estes, o da legalidade).

Seguindo cada artigo, a Lei traz um rol de situações em que as respectivas hipóteses de improbidade estariam *notadamente* configuradas. A dúvida que a norma propõe é a de saber se os incisos que completam os referidos artigos constituem, por si só, tipos completos e autônomos de improbidade administrativa ou se eles só se perfazem com a conjunção de outras circunstâncias exteriores (contidas no *caput* dos artigos ou no próprio conceito de improbidade administrativa, extraído do ordenamento).

A questão ganha relevo em face da falta de técnica na elaboração legislativa no presente caso. A Lei mistura situações em que um determinado inciso esgota perfeitamente o tipo, com outras em que a hipótese mencionada visivelmente exige complemento.

O inciso I, do art. 9º é exaustivo: "receber, para si ou para outrem, dinheiro, bem móvel ou imóvel, ou qualquer outra vantagem econômica, direta ou indireta, a título de comissão, percentagem, gratificação ou presente de quem tenha interesse, direto ou indireto, que possa ser atingido ou amparado por ação ou omissão decorrente das atribuições do agente público". O preceito apresenta hipótese completa do tipo "improbidade administrativa que importa enriquecimento ilícito"; pois receber vantagens de terceiros para fazer ou deixar de fazer algo de sua competência é ato frontalmente contrário à moral administrativa e propicia, ao mesmo tempo, enriquecimento ilícito do agente público infrator.

De outro modo, o inciso V, do art. 11, diz apenas: "frustar a licitude de concurso"; deixando a configuração do restante do tipo (atos que atentam contra os Princípios da Administração Pública), para o *caput* do artigo e para o próprio conceito de improbidade administrativa. Assim, nem todo ató que frustre a licitude de um concurso será ato de improbidade administrativa; mas só aquele que, frustrando-a, também viola princípios da Administração Pública, tornando-se, por essa conjunção de fatores, ato ímprobo.[11]

Neste sentido já se pronunciou o Superior Tribunal de Justiça, em decisão que firma jurisprudência. Confira-se:

> ADMINISTRATIVO. RESPONSABILIDADE DE PREFEITO. CONTRATAÇÃO DE PESSOAL SEM CONCURSO PÚBLICO. AUSÊNCIA DE PREJUÍZO. Não havendo enriquecimento ilícito e nem prejuízo ao erário municipal, mas inabilidade do administrador, não cabem as punições previstas na *Lei 8.429/1992. A lei alcança o administrador desonesto, não o inábil.* Recurso improvido (STJ, REsp 213994-MG, 1ª T., rel. Min. Garcia Vieira, v.u., j. 17.8.1999) (sem destaques no original).

Em virtude dessas circunstâncias, o intérprete, ao se deparar com uma situação concreta, necessita verificar não apenas a realização da hipótese constante de um dos incisos da referida Lei, mas também, e principalmente, se o caso concreto se enquadra no *tipo completo* do ato de improbidade em questão.

11. Raciocínio semelhante foi desenvolvido por Benedicto Porto Neto e Pedro Paulo de Rezende Porto Filho, no artigo "Violação ao dever de licitar e a improbidade administrativa" (em *Improbidade Administrativa — Questões Polêmicas e Atuais*, coord. Cássio Scarpinella Bueno e Pedro Paulo de Rezende Porto Filho, Malheiros Editores e Sociedade Brasileira de Direito Público — *sbdp*, São Paulo, 2001, pp. 93-97), no qual defendem que não é a mera desobediência ao dever de licitar que conduz à improbidade, mas somente a desobediência ocasionada pela má-fé do agente. Na mesma linha, Vera Scarpinella Bueno sustenta que o uso indevido da imagem em publicidade oficial somente caracteriza ato de improbidade se for comprovada a má-fé do agente ("O art. 37, § 1º, da Constituição Federal e a Lei de Improbidade Administrativa", artigo constante da obra conjunta já citada, *Improbidade Administrativa — Questões Polêmicas e Atuais*, pp. 387-394).

Como já foi dito, são três as classes de atos de improbidade administrativa determinados pela Lei 8.429/1992: a dos que importam enriquecimento ilícito (art. 9º); a dos que causam prejuízo ao erário (art. 10); e a dos que atentam contra os princípios da Administração Pública (art. 11).

Quanto aos dois primeiros tipos, sua aplicação está adstrita, além de à improbidade em si, a condicionantes mais objetivos: (a) haver um enriquecimento ilícito e (b) haver prejuízo ao erário. No último caso, todavia, a questão é mais complexa, pois os condicionantes da improbidade também são vagos; a saber, a hipótese da norma está caracterizada como "a ação ou omissão que viole os deveres de honestidade, imparcialidade, legalidade e lealdade às instituições".

O ponto comum que os une é justamente o fato de todos demandarem a prática de um *ato de improbidade*. Não basta tratar-se de ato que provoque um enriquecimento ilícito, ou um prejuízo ao erário, ou que atente contra os princípios da Administração Pública. Necessário se faz que seja um *ato de improbidade* a provocar tais conseqüências.

No caso de decisão colegiada, cada diretor pode assumir um, de dois possíveis papéis. Pode ser que lhe seja atribuída a responsabilidade pela matéria objeto de deliberação e, por isso, assuma maiores deveres quanto ao conteúdo das informações que balizarão a decisão dos demais. Ou, caso não seja o responsável direto pela matéria, passa a ter postura de análise e verificação em relação ao tema exposto, decidindo com base na convicção formada em torno das informações fornecidas por intermédio do órgão incumbido da matéria.

Numa ou noutra situação, há necessidade de o comportamento do agente ser *analisado individualmente*, para avaliar se houve improbidade. Não é porque se trata de decisão colegiada, que a imputação de improbidade deva, necessariamente, ser aplicada a todos os participantes da decisão. A imputação de improbidade deve ser feita, mesmo nesses casos, levando em conta a conduta individualizada de cada agente público envolvido.

Sendo assim, a questão primeira e central para a análise da presente situação é saber se, numa decisão concreta, houve ou não prática de *ato de improbidade* por parte dos agentes envolvidos.[12]

Conforme já foi dito, para que um ato seja considerado ímprobo precisa apresentar mais do que a objetiva desconformidade com a lei. É necessário que o agente, ao praticá-lo, tenha apresentado o *ânimo* de violar a lei ou assumido conscientemente o risco de fazê-lo; a *intenção* de desatender aos princípios norteadores da atividade administrativa; tenha, enfim, praticado *ato de má-fé*, especialmente repugnado pelo Direito. ***A improbidade se constata na análise subjetiva do móvel do agente e não no simples confronto objetivo do ato com a lei***.

É certo que, na maioria das vezes, *a intenção do agente* é um dado de difícil verificação. Não obstante isso, a caracterização da improbidade exige seu exame. É injurídico, por violar o próprio conceito constitucional de improbidade, tentar caracterizá-la de modo puramente objetivo.

A solução para contornar essa dificuldade é verificar aspectos do ato praticado que possam ter relação com o *móvel* do agente, ou, quando menos, que possam servir de indício forte e seguro para inferi-lo. Saber se a decisão foi motivada; quais as razões invocadas para a decisão; se o procedimento de instrução seguiu o rito previsto; se a matéria sob apreciação era razoável do ponto de vista operacional e legal; se a decisão, independentemente das cir-

12. Os qualificativos dados pela Lei — ato *que importa enriquecimento ilícito*; ato que *causa prejuízo ao erário*; e ato que *atenta contra princípios da Administração Pública* — só podem ser verificados após essa análise preliminar. Sem que esteja presente essa condição necessária — existir um ato de improbidade —, obviamente não se cogita de verificar a presença dos qualificativos.

cunstâncias, implicaria benefício indevido a terceiros; se a Administração realmente necessitava deliberar a matéria em questão; todos esses são caminhos para revelar o *móvel* do agente na prática de ato submetido à deliberação colegiada. Esses, aliás, são dados que se esperam disponíveis em processo administrativo ou judicial, destinado à verificação de improbidade.

Sendo assim, cumpre identificar em que situações o diretor de empresa estatal pode ser responsabilizado por decisões colegiadas das quais tenha participado. É o que será visto no tópico a seguir.

4. Responsabilidade por decisão colegiada

Em que medida um diretor, que aprova relatório ou parecer, é responsável pelo conteúdo das informações que lhe foram dadas? Ao decidir com base em informação, que posteriormente se constata equivocada, o diretor assume a responsabilidade pelo erro? Tais indagações não admitem respostas simplistas ou reducionistas, do tipo: — *Os diretores, nesses casos, são **sempre** responsáveis, em virtude da natureza do cargo que ocupam.* Ou, o que implicaria do mesmo modo uma redução do problema posto, defender: — ***Nunca** os diretores poderão ser responsabilizados por atos praticados por terceiros.*

Não são cabíveis respostas absolutas em matéria de responsabilização de diretor, principalmente aquelas derivadas de decisão colegiada. Isto se dá em virtude do caráter subjetivo que qualquer tipo de responsabilidade a ser aplicada a agente de empresa estatal tem de apresentar.

Deveras, como já foi demonstrado em tópico anterior, a responsabilização de agente público decorre necessariamente de um comportamento culposo (culpa em sentido amplo, envolvendo o dolo, a imperícia, a imprudência e a negligência); ou seja, somente com a violação de um dever jurídico um agente poderá ser responsabilizado. Sendo assim, não é possível, *a priori*, excluir ou aplicar a responsabilidade ao agente que participa de decisão colegiada. Faz-se necessário, portanto, uma verificação individualizada de cada caso para saber se, naquele episódio específico, houve comportamento culposo do agente (ensejador de sua responsabilização).

Alguns critérios podem ser destacados para a identificação dessa culpabilidade.

Um primeiro aspecto relevante diz respeito à natureza do dever jurídico imposto ao diretor em relação à matéria específica a ser analisada. Determinados assuntos, por previsão legal ou estatutária, podem assumir um alto grau de importância no plexo de atribuições do agente, demandando sua responsabilidade integral sobre tal matéria. São casos excepcionais, em que se cria dever jurídico específico de zelar pela prática de determinados atos, tidos como essenciais. Assim ocorre com o dispositivo da Lei das S/A que atribui responsabilidade solidária aos administradores pelos prejuízos decorrentes do descumprimento de normas legais impostas para assegurar o regular funcionamento da companhia (art. 158, § 2º, já mencionado em tópico anterior). Neste caso, considerou-se especial o dever de zelar pelo regular funcionamento da companhia e, sob tal assunto, surgiu responsabilidade mais intensa. Na hipótese de descumprimento, independentemente da participação direta do agente, ele há de ser responsabilizado por sua omissão em zelar pela observância de tais regras.

Na maioria dos assuntos, porém, o nível de exigência legal e estatutariamente estabelecido é outro. Quer-se, nas matérias comuns de deliberação da companhia, que o diretor decida diligentemente as questões que lhe são levadas, mas não se impõe o mesmo dever (responsabilidade) presente naquelas matérias especiais.

Para aferir o papel dos diretores na deliberação sobre tais matérias, ditas comuns, é fundamental levar em consideração a divisão interna de competências existente em qualquer estrutura burocrática, inclusive a empresarial.

Não se concebe que, em complexas estruturas funcionais, um só agente ou um grupo seleto de agentes (no caso, diretores), seja responsável diretamente por todos os atos praticados em nome da pessoa jurídica representada (empresa). Torna-se praticamente imprescindível uma divisão interna de competências, abarcando as diversas atribuições vinculadas à entidade.

Seja em função da matéria a ser tratada, seja em função de posições hierárquicas, são criadas unidades de competência, nas quais pessoas físicas (agentes) serão incumbidas de agir em nome da empresa. Assim, surgem divisões para tratar dos mais variados assuntos: recursos humanos, finanças, contabilidade, direito, contratos etc. Dentro de cada estrutura funcional, por sua vez, também é factível a existência de subdivisões, muitas delas obedecendo escala hierárquica, com cargos de chefia (superintendentes, gerentes, entre outras denominações que podem ser usadas) e outros de natureza operacional (secretários, auxiliares de escritório etc.).[13]

A cada unidade de competência corresponde, para o agente que a ocupa, uma responsabilidade própria derivada do exercício dessa função específica. Não obstante essa correlação básica, é possível vislumbrar responsabilidades sobrepostas em decorrência do nível hierárquico: o agente de unidade superior respondendo por atos praticados por agentes que lhes são subordinados. Essa última forma de responsabilização, porém, não é a regra, dependendo de expressa fixação, legal ou estatutária, para que exista. O mesmo ocorre quando se trata de decisão colegiada tomada com base em instrução a cargo de outros órgãos. É possível que os agentes integrantes do colegiado respondam indiretamente pelos equívocos produzidos por terceiros, mas esta não é regra.

A título de exemplo, imagine-se o caso de deliberações de diretoria tomadas em reunião, em cuja pauta se insira a análise de processos, já instruídos com os documentos relativos ao assunto em pauta, o seu detalhado exame pelo setor competente, bem como o relatório do diretor da área, a ser submetido a discussão e deliberação. Em casos tais seria inconcebível que cada diretor fosse obrigado a aferir pessoalmente a exatidão de todas as informações que lhe foram fornecidas pelos órgãos de instrução competentes. Isto é, seria inviável impor ao diretor de uma instituição o dever de revisar toda e qualquer matéria que lhe

13. A divisão de competência entre órgãos dentro de uma mesma entidade está presente em qualquer modelo de organização administrativa e envolve tanto órgãos de composição individual quanto coletivas. Assim funciona a divisão de competências numa mesma entidade, segundo a lição do Professor Paulo Otero, da Faculdade de Direito de Lisboa: "A circunstâncias de as entidades integrantes da Administração serem pessoas coletivas significa que as mesmas apenas são susceptíveis de manifestar a sua vontade através *de órgãos*. Cada órgão, ao expressar uma vontade juridicamente imputável à pessoa colectiva onde se encontra integrado, exerce um conjunto de poderes jurídicos tendentes à realização das atribuições da respectiva entidade pública. Esse conjunto de faculdades jurídicas confiadas a cada órgão constitui a sua *competência*. Configurada a competência como fracção da capacidade da pessoa colectiva atribuída a cada órgão, a norma legal através da qual a referida atribuição é efectuada traduz-se, simultaneamente, numa autorização para a produção de actos jurídicos e num limite à actividade do órgão. A função limitativa da norma de competência assume um caráter biforntal: *a)* determina em que medida a actividade do órgão se insere nas atribuições da respectiva pessoa colectiva; *b)* delimita a esfera de acção de cada órgão face aos demais do mesmo ente. A existência de uma pluralidade de órgãos no âmbito de qualquer ente público determina a distribuição e delimitação de áreas de competência. Paralelamente, coloca questões respeitantes ao posicionamento e relacionamento dos órgãos entre si" (*Conceito e Fundamento da Hierarquia Administrativa*, Coimbra, Coimbra Editora, 1992, pp. 29-33).

fosse submetida. Seria o mesmo que neutralizar qualquer efeito prático de uma desconcentração administrativa, de uma divisão de competências, pois se tal responsabilidade existisse, a cúpula da estrutura burocrática voltaria a concentrar todas as atividades a cargo de seus subalternos.

Se matéria de índole ordinária — como, por exemplo, a aferição de preços no mercado para reajustamento de contratos — for competência de uma dada diretoria, que se serve de órgão técnico para instruir o processo e depois aprova os dados ali fornecidos, submetendo-os à deliberação colegiada; não há como responsabilizar os demais integrantes da diretoria pela comprovação das informações prestadas pelo órgão técnico competente e submetidas à apreciação colegiada com a aprovação da diretoria especificamente responsável. Em casos tais, a atuação dos demais integrantes da diretoria se limita a verificar a observância formal do procedimento exigido, cabendo-lhe responsabilidade pelo conteúdo das informações prestadas, apenas na hipótese de comprovação de conluio.

Sendo assim, parece possível afirmar que a responsabilidade do diretor por atos de terceiros somente seria aplicável se este tivesse agido com culpa na aceitação de informações equivocadas.[14] Sustentar o oposto significaria transformar o diretor de uma empresa em seu segurador universal. Criar-se-ia um ônus extraordinário e incompatível com o exercício de qualquer função dentro de uma administração descentralizada.

Mas isso tudo não significa dizer, por outro lado, que os órgãos de direção e seus agentes estejam isentos de qualquer espécie de responsabilidade por aprovarem atos incorretos ou deliberarem com base em informações equivocadas de órgãos inferiores. Há o dever de exame acurado das informações apresentadas. Assim, caso erro crasso seja cometido, ou regras básicas de procedimento não sejam atendidas, ou tenha havido conluio entre a direção e os órgãos de instrução na armação de uma fraude, os diretores envolvidos seriam passíveis de responsabilização (que pode ser, conforme o caso, patrimonial, administrativa — incluindo os efeitos da Lei de Improbidade — ou até mesmo penal).

A responsabilização de diretores, nesses casos, se mostra análoga à responsabilização de agentes do Conselho de Administração numa Sociedade por Ações. É o que se percebe nos precisos comentários de Modesto Carvalhosa:

"Aplica-se ao órgão e a seus membros o princípio dispositivo processual, ou seja, de que as deliberações do Conselho de Administração têm por base os fatos, atos e negócios constantes dos relatórios, informações e comunicações fornecidos pelos diretores, valendo, na espécie, o princípio: 'Quod non est in actis nos est in mundo'.

"Os elementos para a convicção do Conselho são aqueles que constam dos documentos e informes verbais dados pelos próprios diretores ou membros do Conselho Fiscal ou consultivo da companhia, sem embargo dos que advierem de acionistas ou de terceiros com legítimo interesse nos negócios da sociedade. Nenhuma responsabilidade terão os conselheiros por atos, fatos ou negócios praticados pelos diretores com abuso de poder ou infringência da lei ou do estatuto, que sejam sonegados ao conhecimento formal do órgão colegiado.

"Em conseqüência, prevalece para os efeitos da responsabilidade coletiva dos membros do Conselho de Administração o preceito contido na primeira parte do § 1º da norma, ou seja: os membros do Conselho não são responsáveis por atos ilícitos dos diretores, salvo se com eles forem coniventes, se negligenciarem em descobri-los

14. Ressalte-se que esta é a noção prevista no art. 158, § 1º, da Lei das S/A: "O administrador não é responsável por atos ilícitos de outros administradores, salvo se com eles for conivente, se negligenciar em descobri-los ou se, deles tendo conhecimento, deixar de agir para impedir a sua prática. (...)".

ou se, deles tendo conhecimento, deixarem de agir para impedir sua prática.

"Entender-se de outra forma significaria o estabelecimento de iniqüidade permanente, representada pela responsabilidade solidária dos membros de um órgão — o Conselho de Administração — por atos de outro órgão — a diretoria. Ora, a diretoria constitui órgão distinto da administração, com funções diversas das que cabem ao Conselho. Atribuir-se a este órgão responsabilidade por atos praticados individualmente pelos diretores, a não ser que se configure conivência ou negligência, seria totalmente injusto e antijurídico."[15]

Mais uma vez é útil ilustrar o que se afirma. Imagine-se deliberação a ser tomada com base em perícia técnica (seja ela contábil, financeira, mercadológica ou qualquer outra). O diretor incumbido de decidir tal matéria tem por obrigação verificar as informações que lhe foram fornecidas e, com base em sua avaliação, decidir o caso concreto. Não lhe cabe refazer perícias, verificar materialmente a ocorrência ou não dos fatos relatados, posto que tal incumbência constitui atribuição dos órgãos de instrução competentes. Isso, porém, não o exime de verificar a coerência e a plausibilidade das informações constantes da instrução e, na hipótese de erro evidente, determinar sua correção, sob pena de ser responsabilizado por agir de modo negligente.[16] São exemplos de erros evidentes, a ausência de um laudo necessário ao processo de instrução, a cotação de um produto distinto do solicitado (sem justificativa), a proposta de solução esdrúxula para um caso concreto.

O mesmo pode se afirmar em relação ao exame de pareceres jurídicos. O diretor não tem o dever de contestar ou contra-argumentar pareceres jurídicos elaborados pelo departamento competente, mesmo que, eventualmente, possua alguma formação jurídica. A análise, também nesse caso, é transferida a órgão de natureza técnica: a consultoria jurídica (ou órgão similar). Apenas situações em que houvesse evidente equívoco no posicionamento jurídico sugerido, seja em decorrência de erro fático explícito e notável, seja em decorrência de interpretação da legislação que, mesmo ao olhar leigo, possa ser taxada de absurda, caberia exigir do integrante de diretoria contestar um parecer jurídico apresentado pelo órgão competente.

Sobre o tema, merece transcrição trecho de parecer do ilustre Professor Celso Antônio Bandeira de Mello, no qual examina questão semelhante:

"Cifrando-nos ao tema dos *pareceres técnicos* (nos quais se incluem, pois, os jurídicos), restará saber quais as conseqüências, para o agente da administração ativa, se, afinal, o ato decisório vier a ser considerado inválido: (a) no caso de haver-se afastado das conclusões do parecer obrigatório e (b) no caso de haver atuado em sua conformidade.

"Parece-nos fora de dúvida que, na primeira hipótese, vindo a ser considerado inválido o ato praticado em *desconformidade com parecer técnico* (e cujo vício se relacione com questão ou aspecto objeto da manifestação do parecer) caberá responsabilização do agente que expediu o ato decisório, pois, em tal caso, *ficará evidenciado que agiu (pelo menos) com culpa*, porquanto terá desatendido conclusões em relação às quais não tinha habilitação *funcional* para contender com conhecimento de causa. É óbvio, de outra parte, que se o ato deci-

15. *Comentários à Lei de Sociedades Anônimas*, v. 3, São Paulo, Saraiva, 1997, p. 308.

16. Neste sentido é a ponderação de Welzel (concebida para o âmbito penal, mas perfeitamente aplicável à problemática em exame), segundo o qual a culpa estaria caracterizada "a partir do instante em que não se tenha manifestado o cuidado necessário nas relações com outrem, ou seja, a partir do instante em que não corresponda ao comportamento que teria adotado uma pessoa dotada de discernimento e prudência, colocada nas mesmas circunstâncias que o agente" (*apud* Damásio E. de Jesus, *Direito Penal*, 1º v. — *Parte Geral*, 14ª ed., São Paulo, Saraiva, 1990, p. 253).

sório for considerado válido, não terá por que ser responsabilizado.

"Se, diversamente, houver atuado na conformidade do parecer técnico, entendemos também fora de dúvida que *descaberá responsabilizar o agente* que praticou o ato decisório, se, a final, dito ato vier a ser considerado inválido por razões relacionadas com tópico objeto das conclusões do parecer. É que, em tal caso, seu comportamento terá sido estribado em conclusões *a respeito das quais não tinha, funcionalmente ou sequer de fato, conhecimento de causa para decidir e que foram fornecidas por quem as possuía.* Logo, não se poderá derivar diretamente daí *imprudência, negligência ou imperícia*, vale dizer culpa. (...)

"Solução diversa conduziria ao absurdo. Deveras, implicaria responsabilizar alguém que, adstrito a agir com base em noções *estranhas à sua área funcional de conhecimentos e, demais disto, obrigado a buscar socorro nelas*, decidiu-se na exata conformidade das conclusões *legalmente previstas como instrumentais de sua ação.* Bem se vê, então, que admitir responsabilização por ato decisório praticado em tais termos, implicaria responsabilizar dado sujeito por conclusões alheias que haviam sido previamente supostas na lei como necessárias para iluminação da conduta administrativa"[17] (os destaques constam do original).

Parece conveniente, por fim, separar a responsabilização decorrente do mau desempenho de função por integrante de órgão colegiado, com outro tipo de responsabilidade que pode incidir em virtude da natureza jurídica da empresa em questão (estatal): a derivada da Lei de Improbidade Administrativa.

No primeiro caso, tem-se unicamente responsabilidade patrimonial, derivada do mau desempenho da função de administrador de empresa. A responsabilização decorre da aplicação de leis e normas (inclusive estatutárias) de natureza civil, por assim dizer. São regras construídas no sistema de direito privado e visam à proteção da pessoa jurídica em face das pessoas físicas (agentes) que atuam em seu nome. Para que ocorra a incidência de tal responsabilidade, basta que haja culpa (em sentido amplo, incluindo a imprudência, a imperícia e a negligência) do agente na tomada de uma determinada decisão.

Situação distinta é a da responsabilidade derivada da Lei de Improbidade Administrativa. Neste caso, como salientado no tópico anterior, é imprescindível a comprovação da intenção do agente em praticar ato ilícito para que seja caracterizado o ato de improbidade. Se for caracterizada a improbidade, além de sanções de índole patrimonial, é possível que outras sejam impostas, como, por exemplo, a perda de direitos políticos, de cargo ou de emprego público. Nesta linha, é importante frisar que a aplicação da primeira espécie (a responsabilidade puramente patrimonial) não implica necessariamente a incidência desta última (a responsabilidade derivada da Lei de Improbidade Administrativa).

Tendo em vista o exposto, é possível afirmar que, numa decisão colegiada, o agente participante da deliberação conjunta somente será responsabilizado se houver comprovação de conduta culposa de sua parte.[18] Nos casos em que tais decisões forem tomadas com base em informações, posteriormente tidas como equivocadas, a necessidade de comprovação de culpa do agente integrante do órgão colegiado persiste. Em tais casos a culpabilidade é caracterizada apenas se o erro de informação fosse

17. "Atos administrativos — Responsabilidade de autoridade pública", em *Revista Jurídica de Osasco* 4/211-212, 1999.

18. "A culpa deve ficar provada acima de qualquer dúvida, não se aceitando presunções ou deduções que não se alicercem em prova concreta e induvidosa (TACrSP, ap. 152.137 e 114.761, *RT* 504/381)", *apud* Celso Delmanto, *Código Penal Comentado*, 1ª ed., São Paulo, Renovar, 1986, p. 32.

possível de ser detectado apenas com a verificação dos dados fornecidos (realizada conforme *padrão médio do homem comum*), ou, de outra forma, se fosse comprovado conluio entre o agente do órgão superior e os agentes incumbidos da instrução.

Sendo assim, não se pode ter como exigível o dever de revisão geral, por parte do diretor, das informações prestadas por órgãos de instrução. O diretor é competente, em suma, para apreciar as informações prestadas e com base nelas decidir. Os erros ocultos porventura existentes são imputáveis aos agentes diretamente incumbidos de desempenhar a atividade de instrução. Exceção é feita quando se trata de erros evidentes e passíveis de detecção por exame de pessoa diligente (padrão normal de conduta exigível). Neste último caso, seria possível imputar responsabilidade a diretores com base na culpa (negligência no exame da matéria). A outra hipótese de responsabilização decorreria da intenção de agir ilicitamente (dolo), o que poderia ocorrer na hipótese de haver deliberado intuito de ocultar erro ou participação direta, através de conluio, na produção da informação equivocada.

5. Conclusões

1. Analisando em abstrato a situação de um dirigente de empresa estatal, é possível antever a incidência de três formas distintas de responsabilização. Duas decorrem dos sistemas jurídicos principais de regulação da atividade de um dirigente de empresa estatal: o Direito Societário e o Direito Administrativo. Em virtude da aplicação de um, tem-se a responsabilidade civil (aquiliana) do administrador perante a empresa que representa; pela aplicação do outro sistema (o direito administrativo), é possível vislumbrar, sobre o agente público, incidência de responsabilidade funcional, patrimonial e outras decorrentes do regime de proteção do patrimônio e moralidade públicos (como a aplicação de multa e a perda de direitos políticos, sanções previstas na Lei de Improbidade). Sem embargo da aplicação das duas espécies de responsabilidade anteriores, é possível que incida ainda a responsabilidade penal, na hipótese de conduta tipificada como crime pelo ordenamento jurídico (crimes do colarinho branco, ou contra o patrimônio público, por exemplo).

Vale ressaltar que as três espécies de responsabilidade possuem uma característica comum: dependem da identificação de culpa (no sentido amplo, abarcando o dolo e a culpa em sentido estrito) na conduta do agente para que sejam aplicadas. Constituem, nestes termos, responsabilidade do tipo subjetiva.

2. A improbidade não decorre da mera invalidação de atos jurídicos. Para caracterizá-la, é indispensável que se analise a conduta do agente e se constate atitude dolosa de sua parte. O simples erro na atuação de agente público não é punível pela Lei de Improbidade.

3. O integrante de Diretoria não é responsável pela instrução dos processos que lhes são submetidos. Sua atribuição restringe-se à verificação e análise das informações que lhe são passadas pelos órgãos competentes. Neste contexto, só lhe seria atribuída responsabilidade, por incorreção dos elementos de fato fornecidos, se:

(a) os erros fossem identificáveis por meio do regular exame que a função exige (o que não significa realizar verificação material dos fatos, efetuar novas diligências ou perícias, nem tampouco proceder a exame minucioso baseado em conhecimentos técnicos específicos); ou

(b) houvesse participação direta do diretor na formulação da instrução equivocada ou deliberada intenção em ocultar os erros.

4. A análise jurídica não apresenta diferença, quanto a esse aspecto, das demais matérias de índole técnica submetidas a instrução. Neste caso, o integrante da Diretoria é passível de responsabilização apenas se a interpretação jurídica submetida à aprovação contrariasse frontalmente o Direito (fosse completamente desarrazoada, de modo a causar espécie até mesmo ao senso comum de pessoas não especializadas no conhecimento jurídico) ou se fosse comprovada ingerência deste agente na determinação do conteúdo do parecer jurídico (o que poderia caracterizar sua culpa em relação ao resultado proposto no parecer).

OS CONSÓRCIOS EMPRESARIAIS E AS LICITAÇÕES PÚBLICAS (Considerações em torno do art. 33 da Lei 8.666/1993)

EGON BOCKMANN MOREIRA

Mestre e Doutor em Direito do Estado pela UFPR.
Pós-Graduado em Regulação Pública pela Faculdade de Direito da Universidade de Coimbra.
Advogado e Consultor em Curitiba

1. Introdução. 2. O conceito de consórcio. 3. Os consórcios e a Lei de Licitações. 4. A possibilidade da participação através de consórcios: interpretação restrita. 5. O termo de compromisso de constituição do consórcio. 6. Forma societária dos consorciados. 7. Consórcios "homogêneos" e consórcios "heterogêneos". 8. A "empresa líder" do consórcio. 9. Consórcio entre empresas brasileiras e estrangeiras: a liderança. 10. Legitimidade do consórcio em Juízo: a capacidade de ser parte. 11. Qualificação técnica e econômico-financeira do consórcio. 12. A licitação, os consórcios e empresas do mesmo grupo econômico: 12.1 Consórcio entre empresas de um mesmo grupo econômico: o caso das "holdings" e controladas; 12.2 Consórcio entre empresas de um mesmo grupo econômico: o caso das coligadas; 12.3 Consórcio entre empresas de um mesmo grupo econômico e a licitação "por lotes". 13. Responsabilidade solidária dos consorciados. 14. Constituição e registro do consórcio prévios à assinatura do contrato. 15. Ressalva final: os consórcios e o risco da cartelização.

1. Introdução

Já há muito tempo a doutrina do Direito Administrativo discorre acerca do fenômeno apelidado de "fuga" para o Direito Privado.[1] Esse acontecimento envolveria uma atenuação dos limites (normativos, estruturais, orgânicos etc.) da Administração Pública, com o fito de conferir maior agilidade e flexibilidade à tutela do interesse pú-

1. A expressão remonta a Fritz Fleiner, ao descrever a intensificação da atividade econômica do Estado alemão depois da I Guerra Mundial: "Esta huída del Estado y el Municipio al Derecho privado lleva consigo la reglamentación del aprovechamiento según este Derecho" (*Instituciones de Derecho Administrativo*, trad. Sabino A. Gendin, Barcelona, Ed. Labor, 1933, p. 263). Aprofundar em Almiro do Couto e Silva ("Os indivíduos e o Estado na realização de tarefas públicas", in Celso Antônio Bandeira de Mello (coord.), *Estudos em Homenagem a Geraldo Ataliba*, v. 2, São Paulo, Malheiros Editores, 1997, pp. 74 ss.) e Maria João Estorninho (*A Fuga para o Direito Privado*, Coimbra, Almedina, 1999).

blico. Isso porque as fronteiras ortodoxas do Direito Público não permitiriam um desempenho eficiente da ampla gama de tarefas sócio-econômicas atribuídas ao Estado-Administração.

Essa escapadela normativa tem lugar tanto na criação de pessoas empresariais da Administração indireta (sociedades de economia mista e empresas públicas), como na própria privatização *lato sensu*, passando pelo acolhimento e prestígio a modelos empresariais desenvolvidos pelos empresários privados, quando da celebração de contratos administrativos. Esta terceira hipótese dá-se não só através da celebração de contratos administrativos outrora típicos do direito privado (franquia e terceirizações, p. ex.), mas mediante a interação contratual com figuras societárias *sui generis*, como é o caso do consórcio empresarial.

Mas frise-se a ressalva de que permanece íntegra a racionalidade da *res publica* a orientar a atividade administrativa do Estado. As mudanças funcionais (e mesmo estruturais) não têm o condão de macular tal compreensão. Devem estar presentes as exigências consolidadas ao longo do tempo para a administração da coisa pública, no sentido de se firmar um paradigma ótimo da ação estatal em benefício do cidadão.

Logo, tais instrumentos de Direito Privado devem ser concebidos como *subordinados* ao regime de Direito Público (quando menos à respectiva *rationale*), o qual incide com força de *norma especial*, a disciplinar de forma específica e peculiar a interação daquilo que foi desenvolvido pelos particulares ao interno das suas relações mercantis.

O consórcio é uma dessas formas societárias peculiares desenvolvidas pelo Direito Mercantil e acolhidas pelo Direito Administrativo com ressalvas e uma específica compreensão. Isso porque o consórcio envolve uma associação entre empresas, disciplinada em lei, porém despojada das características próprias das pessoas jurídicas (vez que pessoa jurídica não é).

Interessa ao presente estudo as previsões da Lei de Licitações (art. 33) e da Lei de Concessões (art. 20), as quais permitem que consórcios participem de licitações e depois firmem contratos administrativos. A fim de aprofundar o tema, este ensaio pretende integrar a compreensão de Direito Privado do consórcio ao regime jurídico de Direito Público das Leis de Licitação e de Concessões.

2. O conceito de consórcio

O consórcio é o modo de organização empresarial disciplinado pelos arts. 278 e ss. da Lei 6.404/1976 (Lei de Sociedades Anônimas). Trata-se de uma integração horizontal entre empresas, a estabelecer uma relação de coordenação de interesses autônomos, visando a um fim específico e comum. Não envolve a constituição de uma pessoa jurídica distinta dos consorciados (o consórcio não tem personalidade jurídica). Destina-se a um objetivo certo e dirigido, na busca de benefícios individuais às pessoas que o constituem.

No consórcio, como a origem etimológica do nome dá a entender (*consortium*, participação e comunhão de várias pessoas numa *mesma sorte*), os consorciados e suas vontades estão num primeiro plano. Melhor dizendo: *todos* os consorciados estão num primeiro plano. A essência do instituto está na autonomia recíproca daqueles que se associam e compartilham de um mesmo objetivo empresarial (sem que isso implique qualquer desprezo ao patrimônio e aos custos envolvidos).

Através do contrato de consórcio (também conhecido por *contrato consorcial* ou *ato consorcial*), determinado número de pessoas formaliza uma associação de interesses, visando a criar obrigações recíprocas e específicas condições que possibilitem o atingir de determinada finalidade empresarial comum (que provavelmente não seria alcançada através da capacidade individual de cada uma delas — seja por motivos de ordem técnica, seja devido a razões econômico-financeiras).

Não há subordinação entre as empresas que constituem o consórcio, mas conjugação de esforços e cooperação administrativa. O contrato de consórcio deve estabelecer uma forma específica quanto às deliberações coletivas (*quorum*, distribuição de receitas, aporte de investimentos, atribuições, administração etc.) — mas isso não significa a definição de uma hierarquia entre as empresas componentes. O que se dá é a definição do modo de operar o empreendimento consorcial.

Segundo o conceito de Modesto Carvalhosa, o consórcio constitui "uma *comunhão de interesses e de atividades* que atende a específicos objetivos empresariais, que se originam nas sociedades consorciadas e delas se destacam".[2] Na pena de Waldirio Bulgarelli, consórcio é a "união de empresas para determinados fins, conservando cada uma a sua personalidade jurídica e autonomia patrimonial".[3]

3. Os consórcios e a Lei de Licitações

A fim de incrementar a competitividade, o art. 33 da Lei de Licitações permite que o edital admita a oferta de propostas através de consórcios. Assim, torna-se possível que empresas diversas, detentoras de atributos específicos, conjuguem interesses e formulem uma proposta unitária para a Administração.

Os consórcios que participam de licitações são, na classificação de Carvalhosa, *consórcios instrumentais*: o objetivo de sua constituição é o de "habilitar as consorciadas — com a soma de seus recursos e aptidões — a contratarem com terceiros serviços e obras".[4] É o meio através do qual as empresas potencializam reciprocamente os seus atributos, somando esforços a fim de atingir o objetivo comum (a contratação administrativa e a execução da obra, serviços ou mesmo a concessão de serviço público).

Com definiu Celso Antônio Bandeira de Mello, é uma "associação de empresas que conjugam recursos humanos, técnicos e materiais para a execução do objeto a ser licitado. Tem lugar quando o vulto, complexidade ou custo do empreendimento supera ou seria dificultoso para as pessoas isoladamente consideradas".[5]

Em vista a crescente complexidade das licitações (em especial aquelas que envolvem concessões), tem sido usual nos editais a possibilidade da associação consorcial. Porém, fato é que a participação em licitações através de consórcios permanece a suscitar dúvidas. Algumas delas serão examinadas a seguir.

4. A possibilidade da participação através de consórcios: interpretação restrita

O *caput* do art. 33 é claro ao estabelecer o caráter condicional da participação de consórcios: "*Quando permitida* na licitação a participação de empresas em consórcio (...)". Isto é, apenas ao se implementar o antecedente necessário previsto na norma (a permissão) será possível apresentação da proposta através de um consórcio. Condição que se revelará no ato convocatório: o edital tem que autorizar expressamente a constituição de consórcios específicos para o objeto licitado.

A autorização para a participação de consórcio reveste-se de natureza discricio-

2. Modesto Carvalhosa, *Comentários à Lei de Sociedades Anônimas*, 4º v., t. II, 2ª ed., São Paulo, Saraiva, 2003, p. 386.

3. Waldirio Bulgarelli, *Manual das Sociedades Anônimas*, 3ª ed., São Paulo, Atlas, 1984, p. 266.

4. *Comentários à Lei de Sociedades Anônimas*, 4º v., t. II, cit., p. 386.

5. *Curso de Direito Administrativo*, 17ª ed., São Paulo, Malheiros Editores, 2004, pp. 545-546.

nária: cabe à Administração, em vista das peculiaridades do certame, decidir acerca da matéria. O que se dará, por óbvio, no momento interno da criação e definição do edital. Carlos Ari Sundfeld[6] e Marçal Justen Filho[7] alertam para casos nos quais, tendo em vista o prestígio à competitividade, torna-se necessária a autorização. Ou seja, os característicos do certame (técnicos ou financeiros) podem impor a participação via consórcios. Caso contrário, frustrar-se-ia o objetivo primaz do certame.

Na medida em que é imprescindível que a participação de empresas em consórcio seja literalmente prevista no edital, não é preciso que a negativa venha expressa no ato convocatório. Basta que o edital silencie a respeito dessa hipótese e omita-se no que diz respeito à exigência do inciso II do art. 33 (indicação da empresa líder e condições de liderança fixadas no edital). Mesmo porque o edital deve, obrigatoriamente, discriminar as condições de liderança dos consórcios: caso não o faça, é nula a previsão.

Caso a Administração admitisse a participação em certames através de consórcio de empresas sem previsão expressa no edital, haveria uma discriminação, restritiva à competitividade, e uma violação à isonomia. Isto é, apenas algumas empresas formariam, *sponte propria*, os respectivos consórcios (assumindo o risco por eventual indeferimento). As demais, que da leitura do edital concluíssem pela impossibilidade devido à ausência de autorização administrativa, veriam suprimidas alternativas empresariais e correspondentes vantagens na competição.

Porém, é importante ressaltar que tal compreensão não é pacífica. Em sentido contrário, Carlos Pinto Coelho Motta (com lastro na doutrina de Eliana Leão) reputa que "entendimento defensável é o de que o *silêncio* do edital quanto à admissibilidade de consórcio *não pode ser entendido como vedação ou impedimento*".[8] Segundo os autores, haveria a necessidade de proibição expressa vedando a participação através de consórcios.

De qualquer forma, a ausência poderia ser transposta através de esclarecimentos ao edital? Isto é, caso o edital seja omisso e o interessado formule um pedido relativo à participação de consórcios, a Administração poderia agregar tal condição ao certame? Tal nos parece possível apenas se for republicado o edital e reabertos todos os prazos. O permissivo do art. 40, VIII, deve ser compreendido em consonância ao art. 21, § 4º: qualquer modificação no edital exige a sua republicação, "exceto quando, inquestionavelmente, a alteração não afetar a formulação das propostas".[9] A toda evidência, a possibilidade (ou não) da participação de consórcios afeta a formulação das propostas. Logo, a republicação é imperiosa.

5. O termo de compromisso de constituição do consórcio

O inciso I do art. 33 permite a participação na licitação através da comprovação do *termo de compromisso de consórcio*. Trata-se de acordo formal lavrado em instrumento público ou privado, através do qual as empresas signatárias obrigam-se reciprocamente (e perante a Administração, uma vez apresentado o termo na licitação) a, caso sagrada vencedora a respectiva proposta, constituir o consórcio nos termos ali estabelecidos. É um contrato preliminar, uma promessa de constituição e registro futuros de um consórcio, caso a proposta seja

6. *Licitação e Contrato Administrativo*, São Paulo, Malheiros Editores, 1994, p. 131.

7. *Comentários à Lei de Licitações e Contratos Administrativos*, 10ª ed., São Paulo, Dialética, 2004, p. 354.

8. *Eficácia nas Licitações e Contratos*, 9ª ed., Belo Horizonte, Del Rey, 2002, p. 315.

9. V. o nosso "O Edital e os 'esclarecimentos relativos à licitação' (Lei 8.666/1993, art. 40, VIII)", *RTDP* 32/101-106, São Paulo, Malheiros Editores, 2000.

adjudicada. As empresas signatárias assumem a condição de *promitente-consorciadas*.

A subscrição do termo de compromisso deverá ser realizada pelo diretor da respectiva empresa (ou sócio-gerente), detentor de poderes específicos quanto à prática desse ato. No caso das sociedades anônimas, a Lei 6.404/1976 exige que o ato seja praticado através do "órgão competente para autorizar a alienação de bens do ativo permanente" (art. 279, *caput*). Nas demais espécies societárias, a análise dependerá da previsão do respectivo contrato social. Por isso que a proposta deverá ser acompanhada do respectivo "ato constitutivo, estatuto ou contrato social em vigor" (Lei 8.666/1993, art. 28, II) de todas as empresas participantes, no qual conste a definição da pessoa (órgão) competente para a prática do ato consorcial.

O termo de compromisso é documento que deverá acompanhar a proposta e ser submetido ao conhecimento dos demais licitantes. Não é, nem pode ser, uma peça sigilosa.

Além disso, o termo não poderá ser singelo documento de promessa, despido das regras básicas que conformarão o futuro consórcio. Quando menos, deverá prever: o nome do consórcio; as empresas participantes e a respectiva "empresa líder"; a licitação que lhe deu origem; a duração e o endereço do consórcio; as obrigações e responsabilidades a serem assumidas pelo futuro consórcio (e as relativas a cada uma das consorciadas); a forma de administração do consórcio, bem de repartição das futuras despesas e resultados; a representatividade social de cada uma das empresas consorciadas e o modo de deliberação dos interesses comuns (Lei 6.404/1976, art. 279).

Nesse sentido, há previsão expressa no art. 462 do Código Civil.[10] Há de ser observada não apenas a indicação da empresa líder, mas também os requisitos do art. 279 da Lei 6.404/1976 e o art. 32 da Lei 8.934/1994.

6. Forma societária dos consorciados

A Lei de Licitações e a Lei de Sociedades Anônimas não restringem a constituição de consórcios para empresas com determinada forma societária. Qualquer que seja a respectiva natureza jurídica, elas podem integrar-se reciprocamente numa associação consorcial (sociedades limitadas, sociedades anônimas, empresas públicas, sociedades de economia mista, sociedades em comandita etc.).

Carlos Ari Sundfeld vai além e sustenta a viabilidade de o consórcio ser constituído entre pessoas físicas, pois, apesar de o art. 33 mencionar "apenas o consórcio de empresas", "isso não descarta o consórcio de pessoas físicas, quando o objeto o admita, como nos concursos".[11] Segundo Carvalhosa, a peculiaridade residiria em que "tais consórcios serão de *natureza civil*, pelo caráter eminentemente profissional de que se revestem".[12]

Porém, Carvalhosa reputa que "poderá o Poder Público, em caso de licitação, exigir que todas as consorciadas, para se matricularem no certame, revistam a forma anônima".[13] Com a devida *venia*, divergimos dessa compreensão: a exigência, sobre ser restritiva à competitividade e não ter fundamento normativo adequado, careceria de razoabilidade. Qual o motivo de fato que autorizaria a Administração a restringir de forma tão radical a competitividade num certame? Por que apenas sociedades anônimas? Por que excluir a participa-

10. "Art. 462. O contrato preliminar, exceto quanto à forma, deve conter todos os requisitos essenciais ao contrato a ser celebrado."

11. *Licitação e Contrato Administrativo*, cit., p. 131, nota 43.

12. *Comentários à Lei de Sociedades Anônimas*, 4º v., t. II, cit., p. 403.

13. Idem, p. 403.

ção de todas as demais empresas interessadas, com lastro unicamente na forma societária adotada? Haveria agressão aos arts. 37, XXI, da Constituição, e 3º, da Lei de Licitações: a previsão limitadora seria nula.

O consórcio formado entre sociedades de economia mista ou empresas públicas e outras empresas privadas tende a gerar uma nova ordem de reflexões. Isso porque as empresas estatais devem obediência à Lei de Licitações (ou ao respectivo ato normativo interno), a fim de associar-se com terceiros. Mais do que isso: haveria uma potencial futura contratação. Constatação que se agrava se cogitarmos de concessões públicas, cuja lei autoriza o edital a exigir a constituição de uma sociedade específica (o que deflagraria os efeitos do art. 37, XX, da Constituição).

7. Consórcios "homogêneos" e consórcios "heterogêneos"

Marçal Justen Filho elaborou uma classificação que visa a aclarar a ampliação dos limites de composição dos consórcios. Na medida em que as licitações podem reportar-se a exigências complexas, que envolvam capacidade técnica unida a aportes significativos de recursos e peculiaridades logístico-operacionais diferenciadas, é possível que os consórcios sejam constituídos por empresas de setores econômicos e empresariais diversos entre si.

Ou seja, não é necessário que todos os componentes de um consórcio façam parte de uma mesma categoria empresarial, nem que tenham objeto empresarial idêntico (ou sequer semelhante). Trata-se da distinção entre "consórcios homogêneos" e "consórcios heterogêneos": "A diferença não consta do direito posto, mas é útil para compreender melhor a função dos consórcios. Em alguns casos, os consórcios reúnem empresas de objeto similar, que se associam para conjugação de recursos ou experiências equivalentes — homogêneas. Já em outras hipóteses, cada empresa atua em determinado segmento de atividade e o consorciamento objetiva propiciar a união de qualificações distintas e inconfundíveis — heterogêneas".[14]

A previsão quanto à forma de composição dos consórcios não precisa estar prevista no edital. Se estiver, só será válida caso diga o óbvio, admitindo a participação dos consórcios homogêneos e dos heterogêneos. Contudo, se autorizar apenas a formação de consórcios homogêneos, será nula: a uma, porque não há previsão legal que autorize tal discriminação; a duas, porque a liberdade empresarial não poderia ser coarctada através de ato administrativo dessa ordem (que operaria em violação aos arts. 1º, IV, e 170 da Constituição).

8. A "empresa líder" do consórcio

O inciso II do art. 33 fala em "empresa responsável" pelo consórcio e respectivas "condições de liderança", enquanto que o § 1º do mesmo artigo trata da "liderança" do consórcio. Porém, do que se trata essa "liderança" e quais os poderes e deveres da "empresa líder"?

A previsão não diz respeito à necessidade de ser estabelecida uma relação de subordinação entre as empresas consorciadas — o que seria antagônico à própria *ratio* dos consórcios. Nem "liderança" nem a "responsabilidade" dizem respeito à definição de um controle interno ao consórcio. A norma vale-se dos termos no sentido de *representação* do consórcio frente à Administração.

A exigência relaciona-se com a previsão do art. 279 da Lei 6.404/1976, significando uma "personalidade judicial e negocial, que se expressa pela existência de uma representação e de uma administração, com

14. *Comentários à Lei de Licitações e Contratos Administrativos*, cit., p. 354.

capacidade negocial e processual, ativa e passiva".[15] À empresa líder é outorgado um mandato por todas as consorciadas, com específicos poderes de administração e representação do consórcio perante terceiros. O *consórcio* (e não as empresas consorciadas) é representado pela empresa líder.

Ou seja, a Lei de Licitações exige que os consorciados indiquem qual pessoa representará o grupo frente ao órgão licitante, bem como frente a terceiros (e mesmo frente ao Judiciário). Na medida em que é da essência dos consórcios a ausência de personalidade jurídica, não se poderia cogitar de uma solução que dificultasse a interação administrativa com os licitantes. A previsão do art. 33, II e § 1º, dirige-se à definição de quem será a pessoa responsável pelo contacto formal do consórcio com a Administração e com os demais licitantes.

A Lei de Licitações prevê, ainda, que as "condições de liderança" deverão ser expressamente fixadas no edital. Assim, se e quando o edital permitir a participação através de consórcio, deverá prever com minúcias quais os direitos, deveres e atribuições que deverão ser concentrados na e exigidos da empresa líder. Trata-se de exigência legal que se irradia inclusive quanto à validade da respectiva cláusula do edital.

Mas é importante a ressalva de que se trata de condições administrativas, negociais e processuais. Não é possível ao edital criar exigências suplementares ou exclusivas para a empresa líder do consórcio. Não é viável que o edital fixe o dever de ser estabelecida uma relação de subordinação interna ao consórcio, nem é juridicamente válido que o edital limite o exercício da liderança a empresas com qualificações extraordinárias.

Na medida em que o consórcio é uma relação horizontal, sem hierarquia ou ascendência, e na medida em que as pessoas dele integrantes aportam qualidades autônomas e específicas a fim de serem conjugadas e apreciadas em conjunto, não pode o edital fixar deveres ou atributos (técnicos ou financeiros) extraordinários a serem preenchidos com exclusividade pela empresa líder. Exigências dessa ordem desvirtuariam a razão de ser do próprio art. 33 da Lei de Licitações e revestir-se-iam de nulidade.

9. Consórcio entre empresas brasileiras e estrangeiras: a liderança

O § 1º do art. 33 prevê que, na hipótese de haver um consórcio constituído por empresas brasileiras e estrangeiras, será obrigatória que a liderança seja outorgada e exercida por uma empresa brasileira.

Marçal Justen Filho reputa inconstitucional tal exigência, pois violaria o princípio da livre empresa e a respectiva liberdade comercial. A regra teria criado uma exigência incompatível não só com a liberdade de empresa celebrada constitucionalmente (arts. 1º, IV, e 170), mas igualmente ofensiva ao espírito da Lei de Licitações. "Afinal, se a Administração é autorizada a contratar com empresa estrangeira, nas licitações internacionais, não há fundamento para vedar-se de modo absoluto a liderança de empresas estrangeiras em hipóteses de contratação de consórcios".[16]

Outros autores reputam que essa previsão foi derrogada pela extinção dos privilégios para a empresa brasileira, derivada da supressão do art. 171 da Constituição através da Emenda 6/1995.[17]

15. Modesto Carvalhosa, *Comentários à Lei de Sociedades Anônimas*, 4º v., t. II, cit., p. 385.

16. *Comentários à Lei de Licitações e Contratos Administrativos*, cit., p. 355.

17. Hely Lopes Meirelles, *Licitação e Contrato Administrativo*, 12ª ed., São Paulo, Malheiros Editores, 1999, p. 85, nota 19, e Jessé Torres Pereira Júnior, *Comentários à Lei das Licitações e Contratações da Administração Pública*, 6ª ed., Rio de Janeiro, Renovar, 2003, p. 393.

10. Legitimidade do consórcio em Juízo: a capacidade de ser parte

O art. 12 do Código de Processo Civil disciplina o "comparecimento em juízo das pessoas jurídicas e dos grupos de pessoas ou massas de bens que, embora sem personalidade jurídica, estão equiparadas às pessoas jurídicas".[18] E o inciso VII desse dispositivo prevê que "as sociedades sem personalidade jurídica" serão representadas em juízo (ativa e passivamente) "pela pessoa a quem couber a administração de seus bens".

Ou seja, e na doutrina de Cândido Rangel Dinamarco, a lei "confere mera *personalidade judicial* a alguns outros entes que, sem serem pessoas físicas ou jurídicas em sentido integral, são admitidas no processo como parte".[19]

Frise-se que o CPC não disciplina apenas a legitimidade processual das sociedades irregulares e/ou a daquelas de fato. A legislação processual refere-se apenas a "sociedades sem personalidade jurídica", sem nenhum qualificativo. Ora, uma vez constituído e devidamente registrado na respectiva Junta Comercial, o consórcio torna-se "de direito" (não de fato) e "regular" (não é irregular). Mesmo o contrato preliminar consubstanciado no termo de constituição "juridiciza" o consórcio. Não é uma "sociedade" (mas sim um "consórcio") e, por disposição legal expressa, é constituído sem personalidade jurídica. Existe juridicamente de forma regular e pode interagir em processos judiciais, pois se encontra albergado pela previsão do art. 12, VII, do CPC.

Na lição de Carvalhosa: "o consórcio tem legitimidade ativa e passiva, podendo acionar e ser acionado. O pressuposto é que o consórcio representa em juízo as empresas que o constituem, naquilo que é objeto do respectivo contrato associativo".[20]

A representação do consórcio é atribuída, por força do próprio termo de compromisso ou instrumento constitutivo (Código Civil, art. 462, Lei 6.404/1976, art. 279, IV c/c Lei 8.666/1993, art. 33, II), à empresa líder. É razoável que a indicação da empresa líder seja acompanhada de cláusula que outorgue com clareza os termos do mandato atribuído ao representante do consórcio (o que pode vir previsto desde o edital, quando da definição das "condições de liderança").

11. Qualificação técnica e econômico-financeira do consórcio

O inciso III do art. 33 autoriza, para efeitos de qualificação técnica, "o somatório dos quantitativos de cada consorciado" e, no que diz respeito à qualificação econômico-financeira, "o somatório dos valores de cada consorciado". Aliás, esse preceito está na razão de ser do consórcio: a adição dos quantitativos permite que as empresas unam esforços em torno de um objetivo comum — agregando reciprocamente os respectivos atributos pessoais.

Na qualificação técnica os atestados individuais assumem valor absoluto: a qualificação do consórcio advirá da soma simples dos atestados de cada um dos consorciados (independentemente da sua cota de participação). O que deve ser compreendido de forma ponderada, nos exatos limites da razão de ser da exigência (e da autorização ao somatório). Não se pode imaginar que a soma de muitos atestados de pequenas obras resulte numa capacidade técnico-operacional equivalente à capacidade de execução de uma obra grandiosa. A soma de muitas piscinas jamais resultaria numa hidrelétrica.

18. Hélio Tornaghi, *Comentários ao Código de Processo Civil*, v. I, 2ª ed., São Paulo, Ed. RT, 1976, p. 123.

19. *Instituições de Direito Processual Civil*, v. II, São Paulo, Malheiros Editores, 2001, p. 281.

20. *Comentários à Lei de Sociedades Anônimas*, 4º v., t. II, cit., p. 405.

Já a qualificação econômico-financeira exige que o somatório tenha por base os valores de cada um dos consorciados, considerados de forma proporcional à respectiva participação no consórcio. Não envolve uma soma simples, mas guardadas as proporções expressamente definidas no ato consorcial (ou termo de compromisso). A lei refere-se a "somatório dos valores", expressão que remete ao conceito de quantidade monetária (ou outra determinação quantitativa) consignada numericamente nos documentos requeridos pelo art. 31 da Lei.

Apenas no caso da qualificação econômico-financeira a Lei 8.666/1993 autoriza que a Administração exija, "para o consórcio, um acréscimo de até 30% (trinta por cento) dos valores exigidos para licitante individual" (art. 33, III). Isto é, o edital poderá estabelecer que o *consórcio* como um todo represente, na média ponderada da participação dos respectivos componentes, acréscimo nos valores relativos à qualificação econômico-financeira de *até 30%* daquilo exigido para cada um dos licitantes individuais. Ao se referir a "valores exigidos", a Lei limita a possibilidade da imposição ao somatório dos índices e números oriundos da qualificação econômico-financeira. O que se pretende é atenuar o risco da Administração quando da contratação de consórcios formados por pessoas que porventura não apresentem os índices adequados para, individualmente, executar o contrato (apesar da regra da solidariedade).

Em sentido contrário, Marçal Justen Filho reputa que a autorização do acréscimo se aplica a ambas as qualificações: técnica e econômico-financeira.[21]

Note-se que o acréscimo é proibido nos casos de consórcios formados, em sua totalidade, por micro e pequenas empresas (a Lei 9.317/1996 define as microempresas e empresas de pequeno porte, para fins fiscais).

Além disso, e uma vez que os participantes do consórcio mantêm a respectiva personalidade jurídica, é necessária a apresentação de todos os demais documentos ordinários pertinentes à habilitação, previstos nos arts. 27 e ss. da Lei 8.666/1993.

Por fim, uma pequena ressalva: a Lei utiliza o termo "admitindo-se", quanto aos somatórios. Isso poderia significar que o edital estaria autorizado a suprimi-los? Não nos parece possível essa leitura. Trata-se antes de uma prerrogativa atribuída aos licitantes. A Lei diz que os consórcios devem ser aceitos contemplando a possibilidade da soma dos quantitativos de cada consorciado, observadas as peculiaridades quanto à qualificação técnica e aquelas quanto à qualificação econômico-financeira. Essa é a regra que deve ser obedecida pelos atos convocatórios.

12. A licitação, os consórcios e empresas do mesmo grupo econômico

A Lei proíbe a participação de uma empresa consorciada, "na mesma licitação, através de mais de um consórcio ou isoladamente" (art. 33, IV). Por óbvio, incertezas não há quanto à hipótese literal da previsão: uma empresa a concorrer consigo mesma, apresentando duas (ou mais) propostas — quer compondo mais de um consórcio, quer sozinha e num consórcio.

Nesse caso, haveria uma clara violação à competitividade. Se uma determinada empresa tem o interesse (e a capacidade) de apresentar duas propostas, sozinha e/ou em mais de uma associação (unindo-se a empresários diversos), a sua intenção somente pode ser a de frustrar a formulação de propostas mais vantajosas para a Administração — neutralizando a concorrência. Os custos de transação envolvidos na constituição de mais de um consórcio e na formulação de mais de uma proposta afastam razoabilidade à competição consigo mesmo (ainda que indireta).

21. *Comentários à Lei de Licitações e Contratos Administrativos*, cit., p. 355.

Porém, a proibição tem outros desdobramentos. Isso porque a organização empresarial em grupos econômicos envolve várias alternativas, dentre as quais avultam de importância para as licitações as *holdings* e as sociedades coligadas.

12.1 Consórcio entre empresas de um mesmo grupo econômico: o caso das "holdings" e controladas

A *holding* é a forma de organização do poder de controle empresarial através de um instrumento legal que permite a constituição de uma pessoa externa (a controladora) à controlada. Em termos simplistas, é a organização vertical do controle de várias empresas numa só. O que pode se desdobrar no processo qualificado por Berle e Means como *pyramiding*: ser controlador de uma empresa que, ao seu tempo, controla uma outra, que controlará outra — num processo que pode ser repetido por muitas vezes, criando uma estrutura empresarial ampla e complexa.[22] Segundo os autores, nas *holdings* o controle das subsidiárias, sobre ser absoluto, é objeto de informações escassas — "até a informação descoberta pode vir a ser tão cega que será ininteligível".[23]

A *holding* pode ser *pura* ou *mista*. "Há *holding pura* quando o seu único escopo é exercitar a atividade de *holding* (participação e controle), ainda que parte do patrimônio venha a ser investido em bens que não ações ou participação social. Fala-se em *holding mista* quando, ao lado da atividade de participação financeira e de controle, a sociedade exerce uma atividade industrial, sem que a primeira deva institucionalmente prevalecer".[24]

O *caput* do art. 278 da Lei de Sociedades Anônimas admitiu que o consórcio seja constituído por sociedades sob o mesmo controle ou não. É permitido que a constituição do consórcio dê-se entre empresas do mesmo grupo econômico e/ou entre controlador e controlado. Fato esse que levou à conclusão de Bulgarelli, no sentido de que "a lei afasta o consórcio brasileiro da figura de coordenação clássica, que em geral é formado por sociedades sem subordinação, com o fito de colaboração econômica, com duração não eventual".[25]

Modesto Carvalhosa é incisivo: "O controle acionário comum (art. 265) será inteiramente irrelevante. Serão idênticos quanto à natureza, função e características os consórcios entre as sociedades sob controle comum e as independentes".[26]

Logo, a lei societária brasileira admite o consórcio que se caracterize pela relação hierárquica, com subordinação entre as empresas consorciadas (o que, no caso de uma *holding*, envolveria a modalidade *mista*). Nada demais frente ao Direito Comercial e, quanto a isso, não há problemas frente à Lei de Licitações: controlador e controlado podem formar um só consórcio a fim de participar do certame licitatório. A discussão residirá caso controlador e controlado pretendam formar consórcios diferentes e concorrer entre si, mediante a apresentação de propostas diversas.

Nesse caso, em vista da previsão do inciso IV do art. 33 parece-nos impossível que empresas que desfrutem de uma integração vertical subordinante participem numa mesma licitação através da formulação de propostas diversas. O titular do poder de controle (a *holding*) não concorre com a empresa controlada. Ao contrário: esta se subordina aos desígnios daquele.

22. Adolf A. Berle e Gardiner C. Means, *The Modern Corporation & Private Property*, 5ª impr., New Brunswick, Transaction Publishers, 2003, p. 69.

23. Idem, p. 183.

24. Luiz Gastão de Barros Leães, *Direito Comercial*, São Paulo, J. Bushatsky, 1976, p. 131.

25. *Manual das Sociedades Anônimas*, cit., p. 266.

26. *Comentários à Lei de Sociedades Anônimas*, 4º v., t. II, cit., p. 404.

Acentua-se a falha de mercado conhecida como "assimetria de informações": a dificuldade de a Administração (e demais licitantes) terem acesso fidedigno não só aos dados das concorrentes, mas em especial às informações internas ao relacionamento entre *holding* e controladas. O que envolve a definição das propostas e o porquê da competição entre duas empresas de um mesmo grupo econômico (o que multiplica os custos internos à participação numa mesma licitação). Ora, uma empresa controladora tem um conhecimento profundo das atividades da controlada, etapas de produção e estrutura dos custos — ao mesmo tempo em que a Administração e demais licitantes não dispõem dessas informações: subordinam-se aos limites da proposta. Portanto, desde logo se desenha o vício de compartilhamento de informações entre licitantes.

Assim, e quando menos, é próximo do impossível que não ocorra troca de informações entre *holding* e controlada. O que importa violação ao art. 94 da Lei de Licitações: onde está a garantia do sigilo da proposta feita por uma empresa controlada em face da controladora?

12.2 Consórcio entre empresas de um mesmo grupo econômico: o caso das coligadas

Outra dimensão assume a participação através de propostas diversas (em consórcios ou individualmente) de empresas coligadas, pertencentes ao mesmo grupo econômico. Nas coligadas existe um vínculo *de capital* entre as empresas, sem a dependência ou hierarquia que caracterizam as relações de controle. O art. 243, § 1º, da Lei 6.404/1976 dispõe que são coligadas "as sociedades quando uma participa, com 10% ou mais, do capital da outra, sem controlá-la".

A riqueza da imaginação da atividade de planejamento empresarial é tão grande que se torna próximo do impossível uma avaliação, *in abstracto* e exaustiva, quanto à concorrência entre empresas coligadas. Porém, certo é que haverá hipóteses de organização horizontal de empresas em que não tenha incidência o inciso IV do art. 33.

Para Adilson Dallari, "não há identidade de situações na participação de uma empresa com duas propostas e na participação de duas empresas de um mesmo grupo econômico", pois "se duas empresas de um mesmo grupo econômico fazem propostas distintas, isso pode decorrer das peculiaridades de cada uma delas". Afinal de contas, "cada empresa integrante de um grupo econômico tem personalidade jurídica própria".[27]

12.3 Consórcios entre empresas de um mesmo grupo econômico e a licitação "por lotes"

Renato Mendes faz uma importante advertência quanto à previsão em comento: "a proibição normativa não tem aplicação se o objeto for dividido em itens ou lotes e o julgamento for cindido".[28]

A licitação por lotes envolve a aglutinação de vários certames sob a regência de um só ato convocatório, envolvendo a formulação de propostas, diversas e autônomas, para cada um dos itens que compõem o edital (Lei 8.666/1993, art. 23, § 1º). Isso pode se dar por motivos de economia ou em razão da dimensão da obra, ou mesmo para estimular a concorrência *ex ante*. Por exemplo, uma licitação para a construção de uma rodovia com grande extensão deve ser desdobrada em vários lotes, de molde a ampliar a participação e a competitividade, bem como a fim de possibilitar a perfeita execução do total da obra em curto espaço de tempo.

Nesse caso, o que se dá é a junção formal de várias licitações num só edital, que comporta propostas diversas para lotes diversos e julgamentos específicos (muitas

27. *Aspectos Jurídicos da Licitação*, 5ª ed., São Paulo, Saraiva, 2000, p. 10.

28. *Lei de Licitações e Contratos Anotada*, 3ª ed., Curitiba, Znt, 1998, p. 94, nota 592.

vezes envolvendo a impossibilidade de o licitante vencedor prosseguir no certame, depois de sagrado vencedor num dos lotes). Não se pode dizer, *a priori*, que haverá quebra do sigilo das propostas, nem tampouco que será inviabilizada a competitividade.

Desta forma, é viável a participação de uma mesma empresa em mais de um consórcio numa mesma licitação, desde que em lotes (ou itens) diferentes e observados os limites expressos do edital.

13. Responsabilidade solidária dos consorciados

A Lei de Licitações e Contratos Administrativos constitui uma *lei especial* em relação à Lei de Sociedades Anônimas. O que importa a definição de peculiaridades na regência específica dos consórcios, extraordinárias em face da legislação comercial (e civil). O legislador alterou o modo de regular os consórcios apenas quanto ao objetivo restrito e especial da sua participação em licitações públicas.

Aliás, esta é a previsão do § 2º do art. 2º da Lei de Introdução ao Código Civil, como esclarece a doutrina de Maria Helena Diniz: "O *critério da especialidade* (*lex specialis derogat legi generali*) visa a consideração da matéria normada, com o recurso aos meios interpretativos. Entre a *lex specialis* e a *lex generalis* há um *quid specie* ou uma *genus au speci*. Uma norma é especial se possuir em sua definição legal todos os elementos típicos da norma geral e mais alguns de natureza objetiva ou subjetiva, denominados *especializantes*. A norma especial acresce um elemento próprio à descrição legal do tipo previsto na norma geral, tendo prevalência sobre esta, afastando-se assim o *bis in idem*, pois o comportamento só se enquadrará na norma especial, embora também previsto na geral (*RJTJSP* 29/303)".[29]

Nessa medida, o inciso V do art. 33 da Lei 8.666/1993 prevê uma garantia superlativa à Administração, através da "responsabilidade solidária dos integrantes pelos atos praticados em consórcio, tanto na fase de licitação quanto na de execução do contrato". Isto é, e ao contrário do previsto na Lei 6.404/1976, existe regra de plena solidariedade entre os consorciados. Mais do que isso: norma de ordem pública que é, essa solidariedade não é derrogável pela vontade das partes e a Administração não pode a ela renunciar (através do edital, *v.g.*).

Ora, a solidariedade existe "quando, na mesma obrigação, concorre mais de um credor, ou mais de um devedor, cada um com direito, ou obrigado, à dívida toda" (Código Civil, art. 264). Lendo-se o dispositivo nos termos da Lei de Licitações: a apresentação da proposta através de um consórcio de empresas implica a responsabilidade de todas e de cada uma delas por todos os atos praticados na licitação e na futura execução do contrato.

Por exemplo, imagine-se um consórcio heterogêneo, formado por uma instituição financeira, uma empreiteira e uma empresa de TI — Tecnologia de Informação. Os danos porventura causados pela empresa de TI à execução do contrato serão integralmente apuráveis diretamente frente a qualquer um dos consorciados, de forma direta (excluindo-se a responsabilidade subsidiária).

No caso do inciso V do art. 33, a solidariedade emana diretamente da Lei, em consonância à previsão do art. 265 do Código Civil.[30] No mais, aplicam-se as regras civis quanto ao pagamento e exigibilidade interna aos consorciados (arts. 277 e 283).

14. Constituição e registro do consórcio prévios à assinatura do contrato

Caso vença a proposta apresentada por consórcio que havia celebrado apenas um

29. *Lei de Introdução ao Código Civil Brasileiro Interpretada*, São Paulo, Saraiva, 1994, p. 72.

30. "Art. 265. A solidariedade não se presume, resulta da lei ou da vontade das partes."

termo de compromisso, ele fica obrigado a constituir o consórcio antes da celebração do contrato (art. 33, § 2º).

O consórcio a ser constituído assemelha-se a uma *joint venture* ou a uma Sociedade de Propósito Específico — SPE: trata-se da conjugação de esforços empresariais comuns, com o fito de desempenhar uma determinada tarefa, usualmente num prazo certo. Ou seja, envolve a coordenação de interesses não duradouros.

Nada impede que o consórcio vencedor venha a se transformar numa SPE *sponte propria* dos consorciados: extingue-se o consórcio, que é imediatamente sucedido em direitos e obrigações pela SPE (desde que mantidas as mesmas garantias, responsabilidades e condições técnicas da proposta vencedora). Altera-se o modo de constituição societária, mas permanece íntegro o resultado da licitação.

Porém, o edital não poderá exigir que o consórcio licitante constitua-se numa empresa, a fim de firmar o contrato. A Lei de Licitações não autoriza esse *plus*, que violaria o princípio da legalidade. Os consorciados não podem ser obrigados, exclusivamente pelo edital, a ir além da forma consorcial e formar uma nova empresa (pouco importa a forma societária). A exceção (a confirmar a regra) está na Lei de Concessões.

O art. 20 da Lei de Concessões (Lei 8.987/1995) prevê de modo expresso a possibilidade de o ato convocatório impor a obrigatoriedade da constituição de empresa específica para a execução do serviço. Com lastro no edital, o poder concedente determina que o consórcio vencedor se constitua numa empresa (personalidade jurídica, patrimônio, sede, administração etc. próprios). Isso se explica devido ao fato de que as concessões, de ordinário, envolvem contratos com prazos muito longos: são investimentos de longa maturação, a exigir uma estabilidade subjetiva e objetiva durante décadas (p. ex., o art. 19 da Lei 9.074/1995 dispõe acerca da *prorrogação* das concessões de energia elétrica então vigentes pelo prazo de até 20 anos). O que seria antitético ao conceito clássico de consórcio, que envolve a conjugação de interesses em curto ou, quando muito, em médio prazo — sem a permanência duradoura que caracteriza uma concessão de serviços públicos.

O consórcio vencedor deverá ser formalmente constituído e registrado *antes* da assinatura do contrato administrativo. O registro deverá ser feito na respectiva Junta Comercial, nos termos da Lei de Registros Públicos de Empresas Mercantis (Lei 8.934/1994, art. 32, II, *b*, regulamentada pela Instrução Normativa 74/1998, do Departamento Nacional de Registro do Comércio — DNRC).

Daí a necessidade de um lapso razoável entre a divulgação do resultado da licitação e a celebração do respectivo contrato, a fim de que o consórcio tenha condições operacionais de promover a respectiva constituição e registro. De qualquer forma, caso se dê eventual atraso em decorrência de fato de terceiro (procedimento burocrático frente à Junta Comercial, p. ex.), o consórcio vencedor não poderá ser penalizado por isso — cabendo a proporcional dilação do prazo para a celebração do contrato administrativo.

Note-se que o termo de compromisso tem a natureza jurídica de um contrato preliminar, submetido a condição específica (a vitória na licitação). O que gera desdobramentos quanto aos deveres e obrigações dos promitente-consorciados e da Administração.

Em relação à Administração, incide uma *proibição legal*: ela está impedida de assinar o contrato caso o consórcio não seja constituído e registrado (ou a SPE superveniente). Há o dever de apenas assinar o contrato com o grupo horizontal de empresas, observados os estreitos limites do termo de compromisso, da proposta e do edital. Não há alternativa discricionária: a não-constituição e registro equivale à recusa em assinar o contrato, incidindo o art. 81 da Lei 8.666/1993.

Quanto às empresas promitente-consorciadas, a vitória na licitação tem a natureza jurídica de uma condição, com incidência não só do art. 121 do Código Civil.[31] Internamente para os licitantes, a implementação da condição instaura a possibilidade de exigência recíproca do termo de compromisso, com aplicação do princípio da boa-fé objetiva. Isto é, *inter partes*, torna-se possível exigir que seja firmado o documento constitutivo do consórcio. Caso haja recusa, incide o art. 465 do Código Civil (perdas e danos). Não parece possível a incidência do art. 464 do mesmo diploma (o juiz suprindo a vontade da parte inadimplente), pois a isso se opõe a natureza da obrigação.

15. Ressalva final: os consórcios e o risco da cartelização

Não há dúvidas de que os consórcios envolvem o aumento do risco da cartelização de interesses econômicos: empresas que se associam visando a estabelecer óbices impróprios à legítima concorrência. Esse é um dilema que de há muito atormenta a doutrina e a jurisprudência. O que emerge com clareza da doutrina de Ascarelli, trazida à colação por Luiz Gastão de Barros Leães, para quem "os consórcios visam a disciplinar a *recíproca concorrência* dos empresários que deles participam".[32]

Como alerta Carvalhosa, "o consórcio constitui a principal modalidade de *cartelização* de atividades setoriais. Diferentemente dos monopólios individuais — trustes — o consórcio pode objetivar a constituição de um monopólio *coletivo*. Este se constitui pela regulamentação associativa da *conduta* mercadológica das empresas até então concorrentes".[33]

Alerta que deve ser compreendido sem qualquer preconceito, pois nem todas as associações comerciais implicarão a construção de estruturas econômicas desviantes, violadoras da livre concorrência. Ao contrário, exige-se o "reconhecimento do óbvio" apontado por Calixto Salomão Filho: "Nem todas as formas de cooperação econômica entre empresas implicam limitação da concorrência entre seus membros. Existem casos em que certas limitações são apenas coadjuvantes necessários para a obtenção de resultados economicamente positivos, como o progresso tecnológico ou mesmo a melhor eficiência das empresas".[34]

Por outro lado, nem sempre os consórcios em licitações envolvem empresas representantes de um mesmo setor econômico (reitere-se a classificação quanto aos consórcios homogêneos e heterogêneos). Por exemplo, é usual a associação entre empresas do setor financeiro (ou equivalente) com empresas de alta tecnologia e empresas do setor de obras públicas. Mesmo quando o consórcio se dá entre empresas de um mesmo setor econômico, pode envolver conhecimentos técnicos específicos e não-compartilhados (mediante a conjugação e potencialização recíproca de acervos técnicos).

Mais do que isso: há determinadas obras e serviços que *exigem* tal associação, a fim de minorar os custos para a Administração e possibilitar a escorreita execução do contrato num prazo adequado ao interesse público posto em jogo.

31. "Art. 121. Considera-se condição a cláusula que, derivando exclusivamente da vontade das partes, subordina o efeito do negócio jurídico a um fato futuro e incerto."

32. *Direito Comercial*, cit., p. 128.

33. *Comentários à Lei de Sociedades Anônimas*, 4º vol., t. II, cit., p. 393.

34. *Direito Concorrencial — As Estruturas*, 2ª ed., São Paulo, Malheiros Editores, 2002, p. 318.

REPÚBLICA E DEMOCRACIA: ÓBVIOS ULULANTES E NÃO ULULANTES

JOSÉ ROBERTO VIEIRA

Professor de Direito Tributário da Universidade Federal do Paraná (UFPR) e da Faculdade de Direito das Faculdades Integradas Curitiba (Graduação, Especialização, Mestrado e Doutorado). Mestre e Doutor em Direito do Estado — Direito Tributário (PUC/SP). Estudos Pós-Graduados no Instituto de Estudios Fiscales (Madri, Espanha). Auditor da Receita Federal. Membro Julgador do Conselho de Contribuintes do Ministério da Fazenda (Brasília, DF)

1. Óbvios ululantes e não ululantes. 2. República e Democracia. 3. República. 4. Democracia. 5. Metáforas, prosopopéias e a invisibilidade do óbvio.

1. Óbvios ululantes e não ululantes

Os temas da República e da Democracia estão, indubitavelmente, entre alguns dos mais comuns, correntes, batidos, triviais, do nosso Direito Público; sempre e sempre visitados e revisitados, explorados e reexplorados por nossos publicistas. Corremos, pois o risco de, ao sobre eles nos debruçarmos, talvez trafegar monotonamente pelo já sabido, quiçá navegar fastidiosamente pelo demasiado conhecido ou até mesmo enveredar enfadonhamente pelo insípido domínio das obviedades.

Óbvio, do latim *obvius*,[1] significa aquilo que é claro, manifesto, patente, axiomático, evidente, incontestável; aquilo que não se pode pôr em dúvida, que salta aos olhos, que rebenta à vista, como confirmam os bons léxicos.[2] Nesse sentido, tão freqüente é o exame da República e da Democracia pelos nossos juristas, que se pudesse talvez classificá-los como conceitos "óbvios". Quem sabe até estejamos diante de noções tão evidentemente evidentes, tão obviamente óbvias, que caberia ainda maior ênfase. Para esses casos exatamente, a originalidade literária de Nelson Rodrigues, o admirável teatrólogo e jornalista, cunhou a metáfora do "*óbvio ululante*".[3]

1. Antônio Geraldo da Cunha, *Dicionário Etimológico Nova Fronteira da Língua Portuguesa*, 2ª ed., Rio de Janeiro, Nova Fronteira, 1996, p. 556.

2. Caldas Aulete, *Dicionário Contemporâneo da Língua Portuguesa*, v. IV, 5ª ed., Rio de Janeiro, Delta, 1964, p. 2.828; Antenor Nascentes, *Dicionário da Língua Portuguesa da Academia Brasileira de Letras*, Rio de Janeiro, Bloch, 1988, p. 445; Antônio Houaiss e Mauro de Salles Villar, *Dicionário Houaiss da Língua Portuguesa*, Rio de Janeiro, Objetiva, 2001, p. 2.046.

3. Esse foi o título dado pelo escritor a uma seleção de crônicas, originalmente publicadas como *Confissões*, nas páginas do jornal *O Globo*,

Ululante, do latim *ululans*, adjetivo derivado do verbo ulular — do latim *ululare*, que quer dizer ganir, uivar, berrar, bradar, vociferar — significa aquele que berra como animal, que ulula ou uiva como cão ou lobo. Assim, o óbvio ululante é aquele que é claríssimo, gritante, clamoroso, insofismável.[4]

Nítida aqui a criatividade do verbo privilegiado do cronista, particularmente no adjetivar, tão decantado pelos seus apreciadores: "Nelson adjetiva a vida e os homens com uma audácia exemplar" (Armando Nogueira[5]); "Insuperável no adjetivo" (José Lino Grünewald[6]). Criatividade irrecusavelmente presente também na obra do romancista lusitano José Maria Eça de Queirós, em quem encontramos um notável ponto de contato com Nelson Rodrigues, pois, no seu *O Primo Basílio*, de 1878, legou-nos a personagem inesquecível do *Conselheiro Acácio, supremo modelo daqueles que cultivam diligentemente o óbvio ululante*[7]

entre novembro de 1967 e agosto de 1968, como esclarece Ruy Castro, na introdução a uma reedição dessa obra — Nelson Rodrigues, *O Óbvio Ululante: Primeiras Confissões (Crônicas)*, org. Ruy Castro, São Paulo, Cia. das Letras, 1993 (*Obras de Nelson Rodrigues*, 3), p. 11.

4. Antônio Geraldo da Cunha, *Dicionário...*, ob. cit., p. 802; Caldas Aulete, *Dicionário...*, ob. cit., v. V, p. 4.122; Antenor Nascentes, *Dicionário...*, ob. cit., p. 643; Antônio Houaiss e Mauro de Salles Villar, *Dicionário...*, ob. cit., p. 2.801; Aurélio Buarque de Holanda Ferreira, *Novo Aurélio Século XXI: o Dicionário da Língua Portuguesa*, 3ª ed., Rio de Janeiro, Nova Fronteira, 1999, p. 2.026; e Francisco Fernandes, *Dicionário de Sinônimos e Antônimos da Língua Portuguesa*, 38ª ed., rev. Celso Pedro Luft, São Paulo, Globo, 1999, p. 842.

5. In Nelson Rodrigues, *À Sombra das Chuteiras Imortais: Crônicas de Futebol*, org. Ruy Castro, São Paulo, Cia. das Letras, 1993 (*Obras de Nelson Rodrigues*, 4), primeira orelha.

6. In Nelson Rodrigues, *O Óbvio...*, ob. cit., primeira orelha.

7. Eça de Queirós, *O Primo Basílio*, São Paulo, Abril Cultural, 1979.

Dessa forma, ao retomarmos tão sovados temas, não estaríamos nós fadados a lavrar tão-somente afirmações acacianas? Não estaríamos nós irremediavelmente condenados ao óbvio ululante? E disso *não nos deveríamos vexar*? Afinal, em certo momento, o próprio Nelson Rodrigues declarou: "(...) envergonha-me estar aqui proclamando o óbvio".[8]

Definitivamente não. Primeiro, porque o ser acaciano é inerente à condição humana; e disse-o também Nelson Rodrigues: "Não há ninguém, vivo ou morto, que não faça suas concessões ao Conselheiro Acácio. Impossível nascer, envelhecer ou morrer sem ser acaciano muitas e muitas vezes".[9] Segundo, porque pomos em dúvida que a reflexão acerca da República e da Democracia necessariamente nos arraste para o óbvio; pois embora assuntos reiterados entre os publicistas, eles são prenhes de minúcias e complexidades que aí estão a justificar a sua renovada consideração. Terceiro, porque, mesmo admitindo, *ad argumentandum tantum*, que estaremos percorrendo trilhas da obviedade, temos plena convicção de que não será, de modo algum, uma obviedade ululante, mesmo lembrando a igualmente rodriguiana asserção, cujo repensar estamos a propor, de que "Todo óbvio é ululante",[10] uma vez que, mesmo teoricamente já investigados à saciedade absoluta — no que não cremos — sempre restará a distância, muitas vezes significativa e mesmo abismal, entre esses princípios e a sua prática no quotidiano de um estado qualquer, inclusive e principalmente do nosso. E aqui sim, numa curiosa inversão de sentido, *em virtude da falta flagrante de efetivação desses conceitos* tão insistentemente analisados, *estamos inegavelmente diante de um óbvio, e de um óbvio inapela-*

8. *Flor de Obsessão*, org. Ruy Castro, São Paulo, Cia. das Letras, 1997 (*Obras de Nelson Rodrigues*, 12), p. 19.

9. *O Óbvio...*, ob. cit., p. 148.

10. *Flor...*, ob. cit., p. 120.

velmente ululante, que clama e reclama por urgente denúncia.

Não se trata aqui de fazer eco à procedente reivindicação de Fernando Savater, o filósofo da Universidade Complutense de Madri: "Hay que cambiar las metáforas anticuadas".[11] Longe de antiquadas, *essas metáforas nunca foram tão adequadas a um tempo quanto a esse que atravessamos*, mercê da pobreza filosófica que o invade, da carência de expressão que o assola e da míngua de imaginação que o devasta. Trata-se apenas de sopesar, ponderar e matizar, no plano filosófico, a figura de linguagem rodriguiana, que habita o plano literário — é o óbvio ululante!

2. República e Democracia

Uma palavra inicial quanto à importância desses temas, essenciais à Política e ao Direito Público, irônica e saborosamente ilustrada por Fernando Savater, quando nos lembra que os antigos gregos chamavam aos desinteressados na Política de *idiotés*, significando pessoa isolada, que nada tinha a oferecer aos demais. E completa: "Desse '*idiotés*' grego deriva nosso *idiota* atual, que não preciso explicar o que significa". Parafraseando Savater, e de forma até "(...) um pouco agressiva e irreverente (...)", como ele a define, mas perfeitamente lógica e etimológica, diríamos que *só não se interessam por esses temas aqueles que se aproximam da idiotice*![12]

Embora falando da República, Régis Debray, o professor e filósofo da França, enuncia idéia plenamente aplicável também à Democracia: "(...) nunca se realiza. Seguramente es irrealizable. *Todas las repúblicas que existen son esbozos* relativos, inferiores a sus principios" (destacamos).[13] Trata-se de certeza antiga. Já em meados do século XVIII, afirmava Jean-Jacques Rousseau, aqui se referindo à democracia, mas novamente numa idéia comum a ambas: "(...) no rigor da acepção, jamais existiu, jamais existirá uma democracia verdadeira", cuja força o filósofo bem exprime pela hipérbole de reservá-la a uma eventual sociedade divina: "Se existisse um povo de deuses, governar-se-ia democraticamente".[14] Por isso Juan Ramón Capella, o catedrático de Barcelona, entre outros, observa que "(...) os processos de democratização são ainda embrionários nas sociedades contemporâneas (...)".[15] Aqui, aliás, presente já a noção de *democracia* (*república também, diríamos*) *como processo*, sublinhada

11. Juan Arias, *Fernando Savater: el Arte de Vivir*, México, Planeta, 1998, pp. 151-158.

12. *Política para Meu Filho*, trad. Eduardo Brandão, São Paulo, Martins Fontes, 1996, pp. 16-17. Nessa interessante obra, o autor escreve a seu filho, Amador, então adolescente, explicando-lhe o que é política (no original espanhol: *Política para Amador*, Barcelona, Ariel, 1992); e que vem, aliás, na esteira de outro trabalho de Savater, este ainda mais admirável, fazendo o mesmo com a noção de ética: *Ética para Meu filho*, trad. Monica Stahel, São Paulo, Martins Fontes, 1993 (no original espanhol: *Ética para Amador*, Barcelona, Ariel, 1991), do qual há reedição recente, acrescida de um apêndice (*Ética para Amador*, 3ª ed., Buenos Aires, Ariel, 2001).

13. *La República Explicada a mi Hija*, trad. Sandra Garzonio, Buenos Aires, Fondo de Cultura Económica, 1999, p. 81. No que tange ao título, preferimos a versão argentina à espanhola — *El Civismo Explicado a mi Hija*, trad. Manuel Serrat Crespo, Barcelona, Muchnik, 2000 — por uma questão de precisão, que principia pelo título original — *La République Expliquée à ma Fille*, Paris, Seuil, 1998 — e encontra definitiva razão de ser no seu conteúdo, que, embora igualmente "cívico", é caracteristicamente "republicano". Trata-se de obra curiosamente semelhante, em sua concepção, às de Savater, por último citadas, em que o autor explica à sua filha, também adolescente, o que é uma República.

14. *Do Contrato Social ou Princípios do Direito Político*, in Rousseau, trad. Lourdes Santos Machado, São Paulo, Abril Cultural, 1973 (*Os Pensadores*, XXIV), pp. 90 e 92.

15. *Os Cidadãos Servos*, trad. Lédio Rosa de Andrade e Têmis Correia Soares, Porto Alegre, Fabris, 1998, p. 69.

por José Afonso da Silva, que revela certa impaciência com a "(...) tese pessimista, se não de fundo elitista, segundo a qual a democracia nunca fora realizada em sua pureza em lugar algum", assentando: "Os que assim pensam não concebem que a democracia seja um processo (...). Como tal a democracia nunca se realizará inteiramente (...)".[16]

Com efeito, República e Democracia são noções que indubitavelmente funcionam como "*ideais-limites*", na expressão confiável de Norberto Bobbio.[17] E ideais-limites nitidamente perseguidos pelo movimento jurídico e político dos homens e seus Estados, mas num compasso assim descrito, em 1886, por Friedrich Nietzsche, cujo verbo filosoficamente profundo e estilisticamente belo era certamente livre, solto e ousado como o de poucos: "(...) o seu ritmo é demasiado vagaroso e sonolento para os mais impacientes (...) atestam os uivos cada vez mais raivosos, o ranger de dentes cada vez mais ostensivo dos cães anarquistas (...)".[18] Aliás, já em 1878, referindo-se a um sistema político em que o governo fosse um órgão do povo, Nietzsche afirmava tratar-se, num vaticínio que o tempo demonstraria demasiado otimista, de um novíssimo conceito que se apoderaria de todas as cabeças, acrescentando, porém: "(...) para o que, no entanto, talvez necessite de mais um século".[19]

Em termos republicanos e democráticos encontramo-nos também nós, brasileiros, em tenra idade, pois, na palavra inspirada de Cármen Lúcia Antunes Rocha, nossa República (e Democracia, agregaríamos) foi "(...) proclamada, conquanto não efetiva, nem definitivamente (...) realizada (...)"; pior, trata-se de "(...) uma República ainda muito mal praticada (...)"; e pior ainda, confessemos possuir uma "(...) parca República vivida pelo Brasil".[20] Daí sermos arrebatados pela desconfiança de que, entre nós, esses conceitos quiçá não sejam óbvios; e sobretudo, pela certeza de que eles terminantemente não são ululantes. Por outro lado, é precisamente essa pálida e esmaecida vivência republicano-democrática, em face de noções tão obstinadamente pensadas e repensadas, que nos dá certeza de, paradoxalmente, estarmos perante uma obviedade que por certo ulula.

3. República

Perante nossa infância republicano-democrática, nada mais adequado do que olhar para a primeira dessas noções com intuitos minimamente conceptuais. *República*, do latim *res publica*, significa "coisa pública", "coisa comum", como esclarece o etimologista (Antônio Geraldo da Cunha)[21] e confirma o filósofo (Régis Debray), adicionando este: "Es el término genérico que empleaban los antiguos filósofos (...) para designar a cualquier 'Estado regido por leyes'".[22] Tal confirmação já é secular, como se vê em Rousseau: "Chamo pois de *república* todo o Estado regido por leis (...)"; que aditava elucidativamente "(...) pois só nesse caso *governa o interesse público e a coisa pública* (...)" (destacamos).[23] Tamanha a importância da idéia que não admira que Emmanuel Kant, o velho filósofo de Königsberg, a tenha anunciado como

16. *Poder Constituinte e Poder Popular (Estudos sobre a Constituição)*, São Paulo, Malheiros Editores, 2000, p. 45.

17. *Igualdade e Liberdade*, trad. Carlos Nelson Coutinho, 3ª ed., Rio de Janeiro, Ediouro, 1997, p. 8.

18. *Além do Bem e do Mal: Prelúdio a uma Filosofia do Futuro*, trad. Paulo César de Souza, 2ª ed., São Paulo, Cia. das Letras, 2000, p. 102.

19. *Humano, Demasiado Humano: um Livro para Espíritos Livres*, trad. Paulo César de Souza, São Paulo, Cia. das Letras, 2000, p. 243.

20. *República e Federação no Brasil: Traços Constitucionais da Organização Política Brasileira*, Belo Horizonte, Del Rey, 1997, pp. 17, 73 e 85.

21. *Dicionário...*, ob. cit., p. 677.

22. *La República*, ob. cit., p. 19.

23. *Do Contrato Social...*, ob. cit., p. 61.

primeiro artigo de um eventual acordo pela paz perpétua: "(...) a constituição de cada estado deve ser republicana";[24] e não admira que Fernando Savater, o filósofo contemporâneo de Madri, tenha registrado que "(...) o mínimo que um país no século XX merece é um regime republicano".[25]

Voltemo-nos para a realidade nacional. Nosso Estatuto Magno não só afirma, logo no primeiro momento do texto, o Princípio da República (art. 1º), mas também erige seu núcleo essencial em *cláusula imutável* (art. 60, § 4º, II), apenando sua inobservância com a severidade da *intervenção federal nos estados* (art. 34, VII, *a*).

Conquanto a doutrina constitucional brasileira, após o advento do texto de 1988, numa lamentável tendência literal, incline-se no sentido de que a República não mais constitui *cláusula intocável*, é evidente que, vencida, em 21 de abril de 1993, a possibilidade de revisão constitucional a respeito (art. 2º do Ato das Disposições Constitucionais Transitórias), a sua idéia nuclear de representação (voto direto, secreto e universal — art. 60, § 4º, II) segue presente, assim como a de temporariedade (voto periódico — art. 60, § 4º, II), e até mesmo a de igualdade, para aqueles que a entendem integrante da noção republicana (entre os direitos individuais — art. 60, § 4º, IV). Donde crermos que, se a razão não se encontra com Geraldo Ataliba ("O Autor entende que o princípio republicano, muito embora não expresso diretamente (...) foi mantido na Constituição de 1988 como 'cláusula pétrea' [dependente apenas do resultado do plebiscito], eis que está ele consagrado nos demais princípios estabelecidos no § 4º do art. 60 (...)"[26]), certamente encontrar-se-á com Pinto Ferreira ("A essência da república está no voto direto, secreto, universal e periódico (...)"[27]). Para Cármen Lúcia Antunes Rocha, cuja posição se nos afigura sensata, entre a promulgação constitucional e o plebiscito de 1993, a república não foi cláusula pétrea, pela possibilidade de sua modificação pela via revisional, após o quê, recobrou sua condição de imodificável, como limite material implícito.[28] Roque Antonio Carrazza prefere ver, no dispositivo constitucional, a petrificação dos reflexos republicanos.[29]

É este "(...) o princípio mais importante e decisivo do nosso direito público", "(...) a síntese de todas as nossas instituições", na apreciação de Geraldo Ataliba, insuperável na acuidade com que mergulhou em todos os meandros e escaninhos da complexa noção.[30]

Define-o a pena do mestre como "(...) o regime político em que os exercentes de funções políticas (executivas e legislativas) representam o povo e decidem em seu nome, fazendo-o com responsabilidade, eletivamente e mediante mandatos renováveis periodicamente". Não obstante pôr friso na idéia de igualdade, não é discrepante a visão de Roque Antonio Carrazza, para quem "República é o tipo de governo, fundado na igualdade formal das pessoas, em que os detentores do poder político exercem-no em caráter eletivo, representativo (de regra), transitório e com responsabilidade".[31]

24. *Apud* Norberto Bobbio, *O Futuro da Democracia: uma Defesa das Regras do Jogo*, trad. Marco Aurélio Nogueira, 3ª ed., Rio de Janeiro, Paz e Terra, 1986, p. 38.

25. *Política...*, ob. cit., p. 199.

26. *República e Constituição*, atualização Rosolea Miranda Folgosi, 2ª ed., São Paulo, Malheiros Editores, 1998, p. 39, n.a. l.

27. *Comentários à Constituição Brasileira*, v. 3, São Paulo, Saraiva, 1992, p. 212.

28. *República e Federação...*, ob. cit., pp. 70, 86 e 88-89.

29. *Curso de Direito Constitucional Tributário*, 16ª ed., São Paulo, Malheiros Editores, 2001, pp. 68-70.

30. *República e Constituição*, São Paulo, Ed. RT, 1985, pp. XI e XIV; na 2ª ed., ob. cit., pp. 15 e 18.

31. Geraldo Ataliba, ibidem, p. IX; na edição atualizada, ibidem, p. 13. Roque Antonio Carrazza, *Curso...*, ob. cit., p. 40.

Dessarte, pode-se inferir que *caracterizam a República*: a *representatividade*, decorrente da eletividade, a *transitoriedade* e a *responsabilidade*. Traços entre os quais cumpre conceder relevo ao primeiro deles, pois a República é, antes e acima de tudo, aquele regime de governo em que as autoridades são meros administradores da coisa pública — *res publica* — a título de mandatários do povo, que detém a sua propriedade.

Daí assistir integral razão a Geraldo Ataliba quando coloca a *idéia de mandato* como "Pedra de toque do sistema (...) ponto de referência dos demais institutos informadores da República (...)", localizando-o "(...) *no centro de toda construção jurídica da República*".[32]

Os poderes atribuídos aos mandatários do povo só descobrem sentido na idéia de função, na idéia de meios para a realização do interesse público. A ênfase em tais poderes, marco de uma época que já deixamos para trás, deve ceder espaço ao acento posto nos seus *deveres* em relação às *finalidades* consagradas na lei. Somente para cumpri-los e para atingi-las é que se lhes outorgam *poderes*. Daí a inclinação de muitos autores modernos, recorda Marcelo Caetano, denominando-os *poderes-deveres*, nomenclatura que ganhou divulgação a partir de Santi Romano, como lembra Celso Antônio Bandeira de Mello.[33] Nenhum, porém, meditando à luz da noção funcional, logrou projetar tão longe suas conseqüências, como o fez Celso Antônio, chegando a propor *uma inversão do binômio:* ***deveres-poderes*** *mais do que* ***poderes-deveres***.[34] Não obstante a questionabilidade dessas expressões híbridas perante a Lógica Jurídica,[35] é forçoso reconhecer a irrecusável coerência da proposta desse eminente publicista, uma vez que os *poderes* não passam de simples instrumentos conferidos ao administrador público, de sorte a equipá-lo na incessante procura do atender às finalidades legais. Aí seus *deveres* inafastáveis.

Este é o momento e o local para aduzirmos ao tema *a teoria da* ***Relação de Administração***, que, a despeito de formulada no âmbito do Direito Administrativo, exprime com precisão a representatividade republicana, opondo o dono da coisa pública (o povo) ao seu administrador (governante, representante, mandatário).[36] Essa teorização foi virtuosamente urdida e composta por aquele que os mestres apresentam como seu mestre. Não é prudente mais do que transcrever com respeito as asserções geniais que faz, ao opor as idéias de propriedade e de administração, esta típica do Direito Público, aquela característica do Direito Privado, o grande Ruy Cirne Lima, jurista dos

32. Ibidem, pp. 64-65; na edição atualizada, ibidem, pp. 90-91.

33. Marcelo Caetano, *Princípios Fundamentais do Direito Administrativo*, Rio de Janeiro, Forense, 1977, p. 141. Celso Antônio Bandeira de Mello, *Elementos de Direito Administrativo*, 2ª ed., São Paulo, Ed. RT, 1990, p. 53; e *Curso de Direito Administrativo*, 12ª ed., São Paulo, Malheiros Editores, 2000, p. 69.

34. "Controle judicial dos atos administrativos", *Revista de Direito Público* 65/31, São Paulo, Ed. RT, jan./mar. 1983; "Princípios fundamentais de Direito Administrativo", in Celso Antônio Bandeira de Mello (coord.), *Curso de Direito Administrativo*, São Paulo, Ed. RT, 1986, p. 22; "Legalidade, motivo e motivação do ato administrativo", *Revista de Direito Público* 90/60, São Paulo, Ed. RT, abr./jun. 1989; *Elementos...*, ob. cit., pp. 23 e 52-55; e *Curso...*, ob. cit., pp. 32 e 68-70.

35. São questionáveis, perante a Lógica Jurídica, essas expressões, *poderes-deveres* ou *deveres-poderes*, uma vez que, nas normas jurídicas, ocorre a tripartição do universo da conduta nos chamados modais deônticos, *obrigatório*, *permitido* e *proibido*, na lição de Lourival Vilanova (*Lógica Jurídica*, São Paulo, Bushatsky, 1976, pp. 124-126; *As Estruturas Lógicas e o Sistema do Direito Positivo*, São Paulo, Ed. RT/EDUC, 1977, pp. 37-38). Em verdade, cremos que, na versão tradicional (poderes-deveres), concede-se destaque ao primeiro membro do binômio, e estamos em presença do modal *permitido*; enquanto na versão mais recente (deveres-poderes), o friso posto nos *deveres* revela o modal *obrigatório*.

36. Geraldo Ataliba, *República...*, ob. cit., pp. 64 e 68; na edição atualizada, ob. cit.: pp. 90 e 94.

pampas e do Brasil, para o nosso justo orgulho: "A palavra *administração* (...) designa geralmente a *atividade do que não é proprietário — do que não é senhor absoluto* (...). Administração, segundo o nosso modo de ver, é a atividade (...) do que não tem a disposição da cousa ou do negócio administrado (...). *Na administração, o dever e a finalidade são predominantes*; no domínio, a vontade (...). *O fim* — e não a vontade —, *domina tôdas as formas de administração* (...). Supõe, destarte, a atividade administrativa a preexistência de uma regra jurídica, reconhecendo-lhe uma finalidade própria (...). À *relação jurídica que se estrutura ao influxo de uma finalidade cogente*, chama-se relação de administração (...)" (*sic*) (destacamos).[37]

Em lugar de nossa avaliação pessoal, de pouco significado, lançamos mão das palavras daquele publicista que, com tanto brilho, versou o tema da República, e cujo depoimento acerca da relação de administração, tal como vista por Cirne Lima, é dos mais expressivos: "Na verdade, a *idéia de representação e o instituto do mandato, como fulcros da concepção republicano-democrática* — do ponto de vista jurídico — *explicam-se pela relação de administração*, que entre nós encontrou seu expositor máximo em Ruy Cirne Lima (...)" (destacamos) (Geraldo Ataliba).[38]

4. Democracia

Apertemos agora o olhar para a idéia de representação, ainda navegando em águas republicanas, e no centro delas, mas já lhes reconhecendo aqui o influxo da correnteza democrática.

A *aproximação entre as noções de República e de Democracia* data dos antigos, como se pode ver em Cícero (Nicola Matteucci e Cármen Lúcia Antunes Rocha).[39] Considere-se, por exemplo, do século XVIII, a referência de James Madison, nos célebres comentários à Constituição norte-americana — *O Federalista*: "(...) *la confusión de los conceptos de república y democracia* (...)".[40] E considere-se também, dos nossos dias, a conclusão de Cármen Lúcia Antunes Rocha, voltada para o nosso caso: "Os princípios republicano e democrático modelam-se e condicionam-se reciprocamente (...). Os dois princípios estão fundidos e condenados a serem tomados como uma expressão única e indissociável enquanto vigorar o atual sistema: República Democrática".[41]

Antes de nos debruçarmos sobre a segunda dessas noções, registremos que, a exemplo do que ocorreu com a filosofia, como já tivemos oportunidade de consignar, *também a democracia constitui uma invenção dos gregos*.[42] Fernando Savater recorre a um episódio da Guerra de Tróia, quando Aquiles, o grande guerreiro grego, afasta-se dos combates, por zangar-se com Agamenon, que chefiava o famoso cerco, como rei e cunhado da bela Helena, a quem os gregos buscavam recuperar dos troianos. Estabelecida a discussão entre os chefes aqueus, com a participação de Ulisses, para acolher a decisão da maioria; assinala Savater que, nessa passagem da *Ilíada*, "(...)

37. *Princípios de Direito Administrativo*, 6ª ed., São Paulo, Ed. RT, 1987, pp. 20, 22, 52, 22 e 51.

38. *República...*, ob. cit., p. 64; na edição atualizada, ob. cit., p. 90.

39. Nicola Matteucci, "República", in Norberto Bobbio, Nicola Matteucci e Gianfranco Pasquino, *Dicionário de Política*, v. 2, 3ª ed., trad. Carmen C. Varrialle *et al.*, Brasília, UnB/Linha Gráfica, 1991, pp. 1.107 e 1.108. Cármen Lúcia Antunes Rocha, *República...*, ob. cit., p. 22.

40. *El Federalista — XIV*, in Alexander Hamilton, James Madison e John Jay, *El Federalista*, México, Fondo de Cultura Económica, 2000, p. 53.

41. *República...*, ob. cit., p. 69

42. Quanto à precedência grega na filosofia, invocamos, para defendê-la, as reflexões insuspeitas de Friedrich Nietzsche, de Guillermo Fraile e de Marilena Chauí — "A noção de sistema no Direito", *Revista da Faculdade de Direito da UFPR* 33/55, Porto Alegre, Síntese, 2000.

o que no fundo Homero está contando são os albores da democracia (...)".[43] Nada mais do que uma experiência incipiente e muito restrita, a dos gregos, pois, entre eles, ficavam de fora das decisões as mulheres, os escravos e os estrangeiros residentes, anota o autor em outra obra; "Lo cual en nada disminuye la importancia radical, incomparable, del primer paso";[44] que exigiu nada menos que uma "(...) certa loucura (...)" — "Felizmente, os gregos eram meio loucos e de sua genial loucura ainda agora nos alimentamos".[45]

Curioso que, seja qual for o posicionamento ou matiz ideológico, dentro do mais largo espectro imaginável, todos, sem exceção, tendem hoje a proclamar-se democráticos. E não raro, diante do seu estranho fascínio (Ignácio da Silva Telles[46]), "(...) se entredevoram pela democracia", como depõe Manoel Gonçalves Ferreira Filho.[47] Tão elevado é o *grau de polissemia do termo*, como confirmam Lourival Vilanova e Misabel de Abreu Machado Derzi;[48] a ponto de Luís Alberto Warat dizê-lo contaminado por uma "anemia significativa"[49] ou "anemia semântica".[50]

Mais do que nunca, pois, abre-se espaço para o "*processo de elucidação*" que pregava Rudolf Carnap, integrante do Círculo de Viena e ex-professor da Universidade de Chicago.[51] Processo em que, numa primeira etapa, surpreendemos, na origem grega de democracia, o significado etimológico de *governo ou poder do povo*;[52] confirmado pela investigação filosófico-política do século XX, desde Hans Kelsen[53] até Régis Debray e Juan Ramón Capella.[54] Um passo adiante, Norberto Bobbio aponta-a como a forma de governo em que "(...) o poder não está nas mãos de um só ou de poucos, mas de todos, ou melhor, da maior parte (...) da maioria (...)".[55]

No que diz respeito à *evolução histórica desse conceito*, fiquemos com este mesmo eminente teórico geral do direito e filósofo político italiano, que distingue a democracia dos antigos (direta) da democracia dos modernos (representativa);[56] no que é seguido por vasta doutrina, da qual citamos, exemplificativamente, Francisco Rubio Llorente, o constitucionalista da Universidade Complutense de Madri.[57] Pouco diversa é a visão de Manoel Gonçalves Ferreira

43. *Política...*, ob. cit., pp. 71-73.

44. *Diccionario Filosófico*, México, Planeta, 1999, pp. 80-81.

45. *Política...*, ob. cit., pp. 74-84.

46. *A Experiência da Democracia Liberal*, São Paulo, Ed. RT, 1977, p. 75.

47. *Curso de Direito Constitucional*, 17ª ed., São Paulo, Saraiva, 1989, p. 84.

48. Lourival Vilanova, "Novo Poder Executivo para o Brasil", in Aurélio Wander Bastos *et al.*, *Uma Nova Organização Político-Constitucional para o Brasil de Hoje*, Fortaleza, UFC, 1982, p. 115. Misabel Derzi, "Nota de atualização n. 2 ao art. 96", in Aliomar Baleeiro, *Direito Tributário Brasileiro*, 11ª ed., Rio de Janeiro, Forense, 1999, p. 610.

49. *Apud* Lenio Luiz Streck e José Luiz Bolzan de Morais, *Ciência Política e Teoria Geral do Estado*, Porto Alegre, Livraria do Advogado, 2000, p. 97.

50. *Apud* Eurico Marcos Diniz de Santi, *Decadência e Prescrição no Direito Tributário*, São Paulo, Max Limonad, 2000, p. 71.

51. *Apud* Luís Alberto Warat, *O Direito e sua Linguagem*, Porto Alegre, Fabris, 1984, p. 57.

52. Antônio Geraldo da Cunha, *Dicionário...*, ob. cit., pp. 246 e 224-225.

53. *A Democracia*, trad. Ivone Castilho Benedetti *et al.*, São Paulo, Martins Fontes, 1993, p. 140; *Escritos sobre la Democracía y el Socialismo*, trad. Juan Ruiz Manero *et al.*, Madri, Debate, 1988, p. 208.

54. Régis Debray, *La República...*, ob. cit., p. 19. Juan Ramón Capella, *Os Cidadãos...*, ob. cit., p. 68; que cogita de "(...) autogoverno das populações pelas populações mesmas (...)".

55. *Liberalismo e Democracia*, trad. Marco Aurélio Nogueira, 3ª ed., São Paulo, Brasiliense, 1990, pp. 7 e 31.

56. Ibidem, pp. 31-36.

57. "Estado e democracia na construção da Europa", trad. Fernando Aurelio Zilveti e Ana Marta C. de Barros Zilveti, in Sérgio Resende de Barros e Fernando Aurelio Zilveti (coord.), *Direito Constitucional: Estudos em Homenagem a Ma-*

Filho, que aponta três fases diversas: Democracia Antiga (direta), Democracia Moderna (representativa) e Democracia Contemporânea (participativa), fase esta última para a qual o constitucionalista do Largo São Francisco prefere a denominação de Poliarquia, no sentido de "o governo de muitos", acatando sugestão de Robert Dahl.[58]

Em face, contudo, dos limites estreitos do presente trabalho, contentemo-nos com a identificação do *mínimo semântico da voz Democracia*. E o fazemos, uma vez mais, em honrosa companhia: "(...) forma pela qual o poder (cuja suprema manifestação está em fazer leis) é exercido pelo povo ou por seus representantes eleitos" (Misabel Derzi); "(...) democracia existirá (...) ali onde a vontade estatal (...) contenha mediata ou imediatamente a participação do povo" (Lourival Vilanova).[59]

Ora, é no procedimento legislativo, nos atos da produção legislativa que, indiscutivelmente, se surpreende a realização por excelência dessa dimensão participativa popular. Eis que, nessa porção mínima da noção conceptual de Democracia, identifica-se uma indefectível *conexão com o princípio da legalidade*; e evidente que, se não o bastante para o desabrochar democrático em sua plenitude, mais do que o suficiente para reconhecer-lhe u'a manifestação efetivamente substancial.

Afinal, entre as decisões democráticas cuja tomada cabe originariamente ao povo, via representação política, ergue-se magnífica e soberana a *decisão primordial da elaboração legislativa*, nas palavras de Savater, "(...) antes privilegio inamovible de los dioses o capricho indiscutible de los tiranos"; consubstanciadora da autonomia política pela qual se recusam inapelavelmente todas as leis cuja promulgação não advenha dos representantes legitimamente habilitados.[60] Com efeito, como proclamou Victor Hugo, o literato de *Os Miseráveis*, "*Quem vota reina*!".[61]

E complete-se a referência a essa noção mínima de Democracia invocando, de conformidade com as lições kelsenianas, o *princípio da maioria* na determinação da ordem social. Trata-se, no dizer de Bobbio, de "(...) regra fundamental da democracia (...)".[62] Entretanto, regra majoritária que convive com o *direito da minoria*: "A maioria pressupõe (...) a existência de uma minoria (...). Se a minoria não for eliminada do procedimento no qual é criada a ordem social, sempre existe uma possibilidade de que a minoria influencie a vontade da maioria" (Hans Kelsen[63]). Direito da minoria este que deve seguir inatacável e intocável, sob pena de inconsistência democrática, porque a *regra majoritária sozinha não faz democracia*: "Las decisiones democráticas son mayoritarias, pero no toda decisión mayoritaria es democrática. Ninguna mayoría tiene derecho democrático a votar a favor de la sumisión sin derechos de las minorías (...)" (Fernando Savater[64]); "La democracia no es el reino de la mayoría. Hay democracia cuando la minoría conserva sus derechos de expresión y de organización" (Régis Debray[65]).

Sem enveredar pelo aprofundamento do conceito democrático, tarefa que extravasaria as nossas, no particular, pouco ambiciosas fronteiras, limitemo-nos ao registro da convicção que partilhamos com Misabel Derzi, no sentido de que a democra-

noel Gonçalves Ferreira Filho, São Paulo, Dialética, 1999, p. 127.

58. *A Democracia no Limiar do Século XXI*, São Paulo, Saraiva, 2001, pp. 1-36.

59. Misabel Derzi, "Nota de atualização n. 2 ao art. 96", *Direito...*, ob. cit., p. 611; Lourival Vilanova, *Novo Poder...*, ob. cit., pp. 113-114.

60. *Diccionario...*, ob. cit., pp. 80 e 89.

61. No original francês: "Qui vote règne", *apud* Juan Ramón Capella, *Os Cidadãos...*, ob. cit., p. 135, nota n. 184.

62. *O Futuro...*, ob. cit., p. 19.

63. *Teoria Geral do Direito e do Estado*, trad. Luís Carlos Borges, São Paulo e Brasília, Martins Fontes/UnB, 1990, pp. 280-281.

64. *Diccionario...*, ob. cit., p. 95; e *Política...*, ob. cit., p. 183.

65. *La República...*, ob. cit., p. 23.

cia, que o legislador da Carta de 1988 nela consagrou, vai além desse miolo significativo mínimo, ultrapassando a legalidade formal, e firmando *compromisso de ordem material com a liberdade e a igualdade.*[66] Cogita-se aqui da realização mais radical desses valores — fundamentos irrecusáveis da democracia (Norberto Bobbio[67]) — de forma a transcender a mera liberdade assegurada pela igual participação na gestão pública, mediante, principalmente, o exercício da liberdade da igual participação nas decisões legislativas; para galgar patamar substancialmente superior, em que a todos seja assegurada a possibilidade de realização de suas capacidades, através de uma efetiva igualdade de oportunidades, de modo que a ninguém seja recusado o exercício de sua cidadania por força das amarras econômicas que o mantenham refém de suas necessidades vitais básicas.[68]

Ponhamos friso, ainda, em uma idéia que já sobressai nesse mínimo essencial da democracia, valendo-nos da voz privilegiada de Octavio Paz, o soberbo escritor mexicano, Prêmio Nobel de Literatura de 1990, para quem "(...) *la democracia (...) es un método de convivencia civilizada* (...) pide que cada uno sea capaz de convivir con su vecino, que la minoría acepte la voluntad de la mayoría, que la mayoría respete a la minoría y que todos preserven y defiendan los derechos de los individuos" (destacamos).[69] De fato, democrático é, sem dúvida, o convívio pacífico das discordâncias e a convivência serena das divergências. Não por outra razão, Marilena Chauí apresenta a democracia como "(...) a única sociedade e o único regime político que *considera o conflito legítimo*";[70] e diverso não calharia ser, porque o conflito é intimamente próprio do humano.

Ao fim do segmento, a sábia eloqüência do filósofo espanhol do vitalismo, que encontra *um índice seguro de vida civilizada já nessa noção menor de democracia,* tão admirável que lhe parece beirar a incompreensão. Com a palavra Ortega y Gasset:

"Civilização é, antes de tudo, vontade de convivência. É-se incivil e bárbaro na medida em que não se conte com os demais. A barbárie é tendência à dissociação (...).

"A forma que na política representou a mais alta vontade de convivência é a democracia liberal (...) o Poder público, não obstante ser onipotente, limita-se a sí mesmo e procura, ainda a sua custa, deixar espaço no Estado que êle impera para que possam viver os que nem pensam nem sentem como êle, quer dizer, como os mais fortes, como a maioria (...) é a suprema generosidade: é o direito que a maioria outorga à minoria e é, portanto, o mais nobre grito que soou no planêta. Proclama a decisão de conviver com o inimigo; mais ainda, com o inimigo débil. Era inverossímil que a espécie humana houvesse chegado a uma coisa tão bonita, tão paradoxal, tão elegante, tão acrobática (...).

"Conviver com o inimigo! Governar com a oposição! Não começa a ser já incompreensível semelhante ternura?" (*sic*).[71]

5. *Metáforas, prosopopéias e a invisibilidade do óbvio*

Ninguém põe em dúvida a *enorme relevância da linguagem para o homem e para o mundo, inclusive para o Direito.* Quando São João inicia seu evangelho, registra, numa clara alusão ao Gênesis: "No princí-

66. "Nota de atualização n. 2 ao art. 96", *Direito...*, ob. cit., p. 611.

67. *Igualdade e Liberdade*, ob. cit., p. 8.

68. Fernando Savater, *Diccionario...*, ob. cit., pp. 86-91; Régis Debray, *La República...*, ob. cit., p. 78.

69. *Apud* Fernando Savater, *Diccionario...*, ob. cit., p. 94.

70. *Convite à Filosofia*, 4ª ed., São Paulo, Ática, 1995, p. 433.

71. *A Rebelião das Massas*, trad. Herrera Filho, Rio de Janeiro, Ibero-Americano, 1959, pp. 120-121.

pio era o Verbo, e o Verbo estava com Deus, e o Verbo era Deus" (Jo. 1, 1). O evangelista ilustra aí vigorosamente o poder da palavra, não só realçando a "(...) força (...)" e a "(...) onipresença da linguagem", como assinala Gabriel Chalita,[72] mas além, destacando que "(...) el Verbo pone en orden el caos (...)", que "(...) la regulación de las cosas sólo se realiza en y con la palabra", como adverte Raúl Carrancá y Rivas, jurista e filósofo do direito mexicano.[73]

Ao preparar-nos para empreender nossas considerações acerca da República e da Democracia, *começamos por invocar metáforas confluentes* como a do Conselheiro Acácio e seus truísmos (de Eça de Queirós) e principalmente a do óbvio ululante (de Nelson Rodrigues). No que diz respeito ao recurso a essas figuras de linguagem, façamos dois esclarecimentos. Primeiro, que cogitamos de metáfora no sentido amplo de "(...) uma comparação abreviada (...)", sem distinguir entre os diversos grupos de figuras de linguagem (Hélio de Seixas Guimarães e Ana Cecília Lessa[74]). Segundo, que, descendo às especificidades, estaríamos, por exemplo, no caso do óbvio ululante, diante de uma figura de pensamento do tipo *prosopopéia*, "(...) que consiste no emprestar vida aos seres inanimados, fictícios, ausentes ou mortos" (Sebastião Cherubim[75]) ou "(...) em pensar seres inanimados ou irracionais como se eles fossem humanos (ou animais), atribuindo-lhes linguagem, sentimentos e ações típicos dos seres humanos (ou dos animais)" (adicionamos, entre parênteses) (Hélio de Seixas Guimarães e Ana Cecília Lessa[76]). O "óbvio" é o ser inanimado ao qual se atribui vida, linguagem, ações, na prosopopéia em tela, mais especificamente, se atribui a capacidade de ulular ou uivar.

Sabemos que na linguagem estritamente científica, como a da Ciência do Direito, impera a *lógica clássica* (alética ou apofântica), enquanto na linguagem metafórica reina aquela que os especialistas em linguagem denominam de "(...) *lógica da sensibilidade*" (Hélio de Seixas Guimarães e Ana Cecília Lessa[77]). Lógica esta para a qual apelamos, ao invocar metáforas e prosopopéias, na tentativa de responder convenientemente ao que Fernando Savater chama de "La exigencia de avivar la imaginación adormecida (...)",[78] necessidade tão maior no âmbito jurídico quanto mais hermético e profundo é o sono que enclausura e mantêm cativos os operadores do direito, reconhecidamente dados e afeitos aos formalismos e academicismos, com freqüência ocos e vazios, precisamente do tipo dos do Conselheiro Acácio de Eça. Afinal, o dilema que nos apresenta Savater é radical e inquietante: "Imaginación o barbarie".[79]

Se no momento primeiro deste texto, considerando que *República* e *Democracia* são conceitos tão assiduamente versados pela doutrina publicista, cogitamos de talvez encará-los como óbvios, embora pondo em dúvida tal condição, não nos incomoda *ao fim admitir, só para argumentar, essa obviedade*; *desde que não se lhe adjetive de "ululante"*, compondo a imagem rodriguiana completa. E isso porque, se no patamar exclusivamente da teoria pode-se tolerar a eventual conotação de evidência dessas noções, tal não se dá, com clareza resplandecente e fulgurante, no nível da prática, pois o modo pelo qual elas se concretizam na experiência dos estados

72. *A Sedução do Discurso: o Poder da Linguagem nos Tribunais do Júri*, São Paulo, Max Limonad, 1998, p. 68.

73. *El Derecho y la Palabra ("Ius Semper Loquitur")*, México, Porrúa, 1998, p. 1.

74. *Figuras de Linguagem: Teoria e Prática*, São Paulo, Atual, 1988, p. 9.

75. *Dicionário de Figuras de Linguagem*, São Paulo, Pioneira, 1989, p. 55.

76. *Figuras...*, ob. cit., p. 54.

77. Ibidem, p. 15.

78. *Despierta y Lee*, 4ª ed., Madri, Alfaguara, 1998, p. 78.

79. Ibidem, p. 75.

contemporâneos, especialmente na nossa particular, fica a incomensuráveis distâncias da elevada altitude de suas especulações abstratas. Afastamento teórico-prático que, num giro inverso, constitui, este sim, inevitável óbvio, a reclamar urgente acusação. Em outras palavras, mesmo que não sejam óbvios os conceitos, e muito menos ululantes, *de inegável obviedade, até mesmo ululante, é o desleixo na sua concretização*, a negligência na sua materialização, a escassez da sua execução, a ausência de sua realização.

Voltemos uma vez mais a Nelson Rodrigues, para atentar para o sonho curioso que ele descreve:

"Sonhei que Deus chegava perto de mim e perguntava: — 'O que é que você fez na vida?'. Tratei de vasculhar todas as províncias do meu passado (...). E a verdade, a lamentável verdade, é que eu não encontrava, em toda a minha biografia, nada que surpreendesse o Altíssimo e merecesse o Seu espanto. Eis senão quando, de repente, baixa em mim uma luz genial. Alço a fronte e digo: — *'Eu promovi, eu consagrei o óbvio!'. Aí está o grande feito de toda a minha vida* (...) arranquei-o da obscuridade, da insignificância. Hoje, o óbvio tem trânsito em todas as áreas (...)" (destacamos).[80]

Com efeito, *o apontar imaginativamente o óbvio pode verdadeiramente constituir a realização e a tarefa de toda uma vida*, como a do inspirado escritor, enchendo-a e preenchendo-a, recheando-a e saturando-a à mais completa integralidade, à mais acabada inteireza, à mais absoluta plenitude!

Por isso se trata de *missão superior*, assim explicitada pelo mesmo sublime cronista: "Muitas vezes esbarramos, tropeçamos no óbvio. Pedimos desculpas e passamos adiante, sem desconfiar de que o óbvio é o óbvio. Só o profeta, com sua espantosa vidência, olha o óbvio e diz: — 'Ali está o óbvio' (...). Toda a história humana ensina que *só os profetas enxergam o óbvio*" (destacamos).[81]

O *profeta*, a quem cabe descortinar e revelar imaginosamente o óbvio, é aquele que, numa evolução gradual do semanticamente pobre e indigente para o rico e opulento, significa: primeiro, "indivíduo que prediz o futuro" (Antônio Geraldo da Cunha[82]); segundo, "(...) aquele que fala em nome de (...)" Deus ou da verdade (Hugo Schlesinger e Humberto Porto, e Carlos Mesters[83]); terceiro e último, profetas são aqueles que "(...) criticam comportamentos e estruturas (...)" (Carlos Mesters[84]), aqueles que exercem por inteiro "(...) o falar com soberania e coragem, dizer a verdade sem compromissos, anunciar e denunciar mesmo correndo riscos de ordem pessoal" (Leonardo Boff[85]).

Profeta é aquele que, identificando e diagnosticando com imaginação os óbvios, tais como os conceitos mínimos essenciais de República e Democracia, e tais como o escandaloso intervalo que os afasta e aparta de sua prática no quotidiano da vida pública, aqui além de óbvio também ululante, assume consciente e conseqüente a *missão da denúncia*; no verbo magnífico de Friedrich Nietzsche, o comportamento do homem do amanhã, "(...) em contradição com o seu hoje (...)", autêntico ponto de interrogação, titular de tarefa "(...) dura, indesejada, inescapável (...)", mas sobretudo grande, na medida em que lhe cabe agir como "consciência do seu tempo".[86] No que tan-

80. *Flor...*, ob. cit., p. 121.

81. Ibidem, p. 120.

82. *Dicionário Etimológico...*, ob. cit., p. 637.

83. Hugo Schlesinger e Humberto Porto, *As Religiões Ontem e Hoje*, São Paulo, Paulinas, 1982, p. 217. Carlos Mesters, *Deus, Onde Estás?*, 5ª ed., Belo Horizonte, Veja, 1976, p. 48.

84. Ibidem, p. 58.

85. *E a Igreja se Fez Povo — Eclesiogênese: a Igreja que Nasce da Fé do Povo*, São Paulo, Círculo do Livro, 1986, p. 216.

86. *Além do Bem...*, ob. cit., pp. 118-119.

ge à República e à Democracia, é a tarefa que Rui Barbosa e Geraldo Ataliba, ontem, e tantos outros, hoje, com superna estatura intelectual e dignidade jurídica de excelência, levaram e levam a cabo em seu tempo, lugar e circunstância.

E todo o desmedido impedimento que perturba e obsta o sucesso da missão profética de denúncia imaginativa do óbvio, todo o desmesurado óbice, todo o imenso embaraço, todo o colossal estorvo, reside simplesmente naquilo que o mesmo Nelson Rodrigues, noutro rasgo de genialidade filosófico-literária, precisamente classificou como "*A Invisibilidade do Óbvio*"![87]

Itapoá-SC, 30 de março de 2002 — Dia de São João Clímaco.

87. *À Sombra...*, ob. cit., pp. 135-136.

A RESPONSABILIDADE PATRIMONIAL DO ESTADO NA ATUAL JURISPRUDÊNCIA DO SUPREMO TRIBUNAL FEDERAL

José Sérgio Monte Alegre

Professor de Direito Administrativo na UNIT e ex-Professor da UFS/SE.
Presidente do Instituto Sergipano de Direito Administrativo e Vice-Presidente do Instituto Sergipano de Estudos da Constituição. Atual Procurador-Geral do Ministério Público Especial Junto ao TCE/SE

1. Desde que deu testemunho de que se houvera firmado no Brasil a *tendência doutrinária e jurisprudencial* de situar o problema da responsabilidade civil do Estado no campo do *direito público*, para além e acima da noção civilista de culpa — em caso de motim revolucionário com depredação do prédio do jornal *A Tarde*, na noite de 4 de outubro de 1930 (RE 8.572, 1ª T., Rel. Ministro Aníbal Freire, de 3.1.1946), nada obstante guarnecido por policiais que, no entanto, se mantiveram inertes diante dos amotinados — o *Supremo Tribunal Federal*, em expressiva maioria de decisões, tem revelado acentuada inclinação para definir que essa responsabilidade, pertinente à atividade administrativa, *é conseqüência lógica inevitável da noção do Estado de Direito* (RE 176.564-0-SP, 2ª T., Rel. Ministro Marco Aurélio, *DJU* 1999, citando Celso Antônio Bandeira de Mello) *e sua natureza é*:

1.1 objetiva, quando se trata de ações positivas, e que se aperfeiçoa com a concorrência dos requisitos do dano, da ação administrativa e do nexo de causa e efeito entre uma e outro (RE 113.587, 2ª T., Rel. Ministro Carlos Velloso, *RDA* 190/194-195, e *RTJ* 140/637, e RE 179.147-SP, 2ª T., Rel. Ministro Carlos Velloso, *RTJ* 179/791-792), ou então pressupõe nexo de causalidade entre o fato e o serviço que lhe seja próprio e a ausência de dolo ou mesmo culpa por parte da vítima (RE 176.564-0-SP, 2ª T., Rel. Ministro Marco Aurélio, *RTDP* 25/213), ou, enfim, com a conjugação (*a*) da alteridade do dano, (*b*) da causalidade material entre o *eventus damni* e o comportamento positivo do agente público, (*c*) da oficialidade da atividade causal e lesiva, imputável a agente do Poder Público, que tenha, nesta condição funcional, incidido em conduta comissiva, independentemente da licitude, ou não, do comportamento funcional, e (*d*) e da ausência de causa excludente da responsabilidade estatal (RE 109.615-2-RJ, 1ª T., Rel. Ministro Celso de Mello, *DJU* 2.8.1996); e

1.2 subjetiva, articulada em derredor da idéia da culpa *não* individualizada no agente e sim *anônima* do serviço, em suas vertentes da imprudência, da imperícia e da negligência, isso nos casos de omissões, ou insuficiências do serviço, inclusive de polícia administrativa, constatado o nexo de causalidade entre a omissão culposa e o dano, e desde que esta tenha sido cumpridamente demonstrada pela vítima, dado que pode ser atribuída ao serviço público, de forma genérica, a *faute de service* dos franceses (Ag.Reg. no RE 190.772, *DJU* 29.5.1998; e no RE 130.764-PR, *RTJ* 143/270; e RE 172.025-RJ, *DJU* 19.12.1996; RE 179.147-SP, 2ª T., Rel. Ministro Carlos Velloso, *RTJ* 179/791-792; RE 258.726-5-AL, 1ª T., Rel. Ministro Sepúlveda Pertence, *RTJ* 179/221; RE 237.561-0-RS, 1ª T., Rel. Ministro Sepúlveda Pertence; e RE 140.270-9-MG, Rel. Ministro Marco Aurélio, *DJU* 18.10.1996) ademais de pressuposta a ausência de culpa ou dolo da vítima, como no caso de homicídio praticado por preso em regime semi-aberto, que há meses deixara de responder à conferência (RREE 130.764 e 172.025).

2. Isso nada obstante, em algumas ocasiões, sugerindo que o tema ainda não se acha definitivamente equacionado, no âmbito do Pretório Excelso, que a tal respeito pode muito bem estar ainda influenciado pelo entendimento do antigo Tribunal Federal de Recursos ("A Constituição, art. 107, adota o princípio da responsabilidade *objetiva*, com base na teoria do risco administrativo ou da *falta do serviço*, que admite o abrandamento ou exclusão, conforme o grau de culpa da vítima" — Rel. Ministro Carlos Mário Velloso, na apelação cível 33.552, *RDA* 137/233, sem o destaque no original), registram-se decisões que perfilham tese mais avançada, a traduzir-se na *inserção* da conduta *omissiva*, ou *culpa objetiva*, na *responsabilidade objetiva*, dependente, pois de prova unicamente da relação de causa e efeito entre a omissão e o dano, além da ausência de excludentes em favor do Poder Público, assim como demonstram as seguintes transcrições:

2.1 "(...) Responde o Estado por dano decorrente de diligência policial em que o servidor policial militar haja atuado com negligência, vindo a ser baleado por agente que deveria estar sob vigilância de colega de serviço (...)" (RE 176.564-0-SP, 2ª T., em 14.12.1998, *RTDP* 25/213).

2.2 "A responsabilidade do Estado, embora objetiva por força do disposto no art. 107 da Emenda Constitucional 1/1969 e, atualmente, no § 6º do art. 37 da Carta Magna, não dispensa, obviamente, o requisito, também *objetivo*, do nexo de causalidade entre a ação ou a *omissão* atribuída a seus agentes e o dano causado a terceiros (...)" (RE 130.764-PR, *RTJ* 143/270, sem o destaque no original).

2.3 "A teoria do risco administrativo, consagrada em sucessivos documentos constitucionais brasileiros desde a Carta Política de 1946, confere fundamento doutrinário à responsabilidade civil objetiva do Poder Público pelos danos a que os agentes públicos houverem dado causa, por ação ou *omissão*. Essa concepção teórica que informa o princípio constitucional da responsabilidade civil objetiva do Poder Público, faz emergir, da mera ocorrência do ato lesivo causado à vitima pelo Estado, o dever de indenizá-lo pelo dano pessoal e/ou patrimonial sofrido, *independentemente de caracterização de culpa dos agentes estatais ou de demonstração de falta do serviço público*. Os elementos que compõem a estrutura e delineiam o perfil da responsabilidade objetiva do Poder Público compreendem a) a alteridade do dano; b) a causalidade material entre o *eventus damni* e o comportamento positivo (ação) ou negativo (*omissão*) do agente público; c) a oficialidade da atividade causal e lesiva, imputável a agente do Poder Público, que tenha, nessa condição funcional, incidido em conduta comissiva ou omissiva, *independente da licitude, ou não, do comportamento funcional* (RE 109.615-2-RJ, Rel. Ministro Celso de Mello, *DJU* 2.8.1996; *RTJ* 140/636) e d) a ausência de causa excludente da responsabilidade funcional estatal (*RTJ* 55/503; *RTJ* 71/99; *RTJ* 99/1.155; *RTJ* 131/417)."

2.4 "(...) No caso presente, restou plenamente evidenciado que o Tribunal *a quo* proferiu decisão que interpretou, *com abso-*

luta fidelidade, a norma constitucional que consagra, em nosso sistema jurídico, a responsabilidade civil objetiva do Poder Público. O acórdão impugnado nesta sede de recurso extraordinário, ao fazer aplicação do preceito constitucional em referência, reconheceu, *com inteiro acerto*, no caso em exame, a *cumulativa ocorrência* dos requisitos concernentes (1) à consumação do dano, (2) à omissão administrativa, (3) ao vínculo causal entre o evento danoso e o comportamento estatal e (4) à ausência de qualquer causa excludente de que pudesse eventualmente decorrer a exoneração da responsabilidade civil do Município" (RE 109.615-2-RJ, 1ª T., Rel. Ministro Celso de Mello, *Serviço de Jurisprudência do STF*, pp. 95-96, *DJU* 2.8.1996).

2.5 "Não ofende o § 6º do art. 37 da CF (...) acórdão que reconhece o direito de indenização à mãe de preso assassinado dentro da própria cela por outro detento. Com base nesse entendimento e afirmando a responsabilidade objetiva do Estado ante a omissão do serviço de vigilância dos presos, a Turma não conheceu do recurso extraordinário interposto pelo Estado de São Paulo, afastando a alegação de que o dano não teria sido causado por agente estatal" (RE 170.014, Rel. Ministro Ilmar Galvão, *Informativo STF* 90/97, citando o precedente do RE 109.615-2-RJ, *DJU* 2.8.1996).

2.6 "Correto o parecer da Procuradoria-Geral da República, ao acentuar que a *responsabilidade objetiva* do Estado só cobre o risco administrativo da atuação ou *inação* de servidor público, ou que, segundo o acórdão recorrido, não ocorreu no caso, pois Hamilton Bocchi não era funcionário do cartório (...)" (sem o destaque no original, Ag.Inst. 128.968-6-PR, Rel. Ministro Moreira Alves, *DJU* 28.4.1997).

2.7 "Responsabilidade do Estado. Animais em vias públicas. Colisão. A responsabilidade do Estado (gênero), prevista no § 6º do art. 37 da Constituição Federal é objetiva. O dolo e a culpa nele previstos dizem respeito à ação de regresso. Responde o Município pelos danos causados a terceiros em virtude da insuficiência de serviço de fiscalização visando à retirada, de vias urbanas, de animais" (RE 180.602-8-SP, 2ª T., Rel. Ministro Marco Aurélio, *BDM* agosto 1999/119).

2.8 "Responsabilidade do Estado. Interpretação do art. 194 da CF de 1946. Não aplicação do princípio constitucional da responsabilidade do Estado. Cabimento do recurso extraordinário. Culpa da Administração. Inércia. Não cumprimento de obrigações incluídas entre os deveres da Administração. *Faute de service*. Interpretação do preceito constitucional" (RE 61.387-SP, Rel. para o acórdão o Ministro Themistocles Cavalcanti, *RTJ* 47/37-384).

3. Nessa responsabilidade objetiva, fundada no art. 37, § 6º, que tem como *fundamento* a teoria do risco administrativo naqueles casos em que uma ação ou *omissão* do Poder Público cause dano a terceiro (RE 109.615-2-RJ, Rel. Ministro Celso de Mello, *DJU* 2.8.1996), admite-se a pesquisa de *causas liberatórias ou atenuadoras* da responsabilidade das pessoas de direito público ou de direito privado prestadoras de serviços públicos, tais como a incomprovação da relação de causa e efeito entre a alegada omissão do serviço público e o dano a terceiro, culpa exclusiva ou concorrente da vítima, assim como a do *caso fortuito*, ou a *força maior — inundação provocada pela elevação das águas de rio* — e, ainda, a *legítima defesa*, por configurar exercício regular de um direito (RE 179.147-SP, 2ª T., Rel. Ministro Carlos Velloso *RTJ* 179/792; RE 109.615-2-RJ, 1ª T., Rel. Ministro Celso de Mello, *DJU* 2.8.1996; RE 81.751, *RDA* 128/554; e RE 74.554-PR, *RTJ* 71/79), posto que assentado o inacolhimento entre nós da teoria do risco integral (RE 116.658, *RDA* 179/180-193; RE 78.569-PR, *RTJ* 99/1.155; RE 74.554-PR, *RTJ* 71/99). Neste ponto, cumpre averbar que nada interessa a licitude da ação administrativa como excludente da responsabilidade objetiva, pois o que importa é a ocorrência de dano em razão de comportamento estatal regular ou irregular, desenvolvido no interesse da coletividade, como ocorre na construção de viaduto (RE 113.587, *RDA* 190/194-195). O que significa dizer que foi superado o entendimento anteriormente firmado pelo STF de que não bastava a simples ausência da culpa, mas era, sim, necessária a ocorrência de motivo de força maior a ser cumpridamente provada pela Administração, em inversão do ônus da prova (Arnoldo Wald, *RDA* 124/305). *Não tendo importância a lisura da ação*, o que confere fundamento doutrinário à responsabilidade civil objetiva do Poder Público pelos danos a que seus agentes houverem dado causa é a *teoria do risco administrativo*, que faz disseminar entre os membros da coletividade a justa distribuição dos ônus e encargos sociais, pois que não seria justo e nem jurídico que uma atividade desenvolvida em proveito do interesse geral recaísse unicamente sobre a esfera jurídica de algum ou alguns dos membros da sociedade (RE 113.587-SP, rel. Min Carlos Velloso, j. 18.2.1992, *RDA* 190/194-195). E se à responsabilidade objetiva é *irrelevante* a licitude ou ilicitude, o dano há de apresentar-se com características de *anormalidade e especialidade*: anormal no sentido de exceder os incômodos ordinários da vida compartilhada; e especial, por recair em alguns membros da coletividade, ainda que os de um bairro inteiro (RE 113.587, *RDA* 190/196-197). Registre-se, por igual, que, descaracterizada a força maior, responde o Município por culpa no caso de prejuízos causados por inundações (Ag.Inst. 58.561, 1ª T., Rel. Ministro Aliomar Baleeiro, *RDA* 122/169).

4. Quanto a quem seja *agente público*, não se tem como tal apenas o agente administrativo, não se aplicando a propósito a restrição da exigência estatutária do pagamento pelos cofres públicos, no que o Excelso Pretório manteve-se na trilha já alargada pelo antigo Tribunal Federal de Recursos, para o qual o "Estado responde pelos atos de quaisquer agentes públicos e não somente pelos de funcionários públicos", isso em caso em que isentou de responsabilização regressiva cadete da Aeronáutica que, em vôo de treinamento, causou acidente com avião comercial, em virtude de insuficiência de orientação no aprendizado (apelação civil 46.671, 4ª T., un., Rel. Ministro Carlos Madeira, em 13.6.1980); nem se vai ao limite de exigir que tenha agido no exercício das suas atribuições, durante o serviço, sendo suficiente que o tenha feito nesta qualidade (RE 160.401-SP, Rel. Ministro Carlos Velloso, *DJU* 4.6.1999). Nesta qualidade, a de agente público, estão, por exemplo, os agentes notariais, cujos cargos são criados por lei, providos mediante concurso público e os seus atos sujeitos à fiscalização estatal, ademais de dotados de fé pública, prerrogativa esta inerente à idéia de poder delegado pelo Estado (RE 212.724-8-MG, 2ª T., Rel. Ministro Maurício Corrêa, *DJU* 6.8.1999; RE 187.753-7-PR, 1ª T., Rel. Ministro Ilmar Galvão, *DJU* 13.8.1999; Ag.Inst. 194.136-1-PR, Rel. Ministro Carlos Velloso, *DJU* 30.9.1997; RE 75.280-GB, Rel. Ministro Thompson Flores, *RDP* 27/144). Também tem sido assim considerado o Governador de Estado (Ag.Reg. em Ag.Inst. 167.659-1, *DJU* 14.11.1996); o policial de folga que, admitido em um posto policial, disparou acidentalmente arma da corporação enquanto a limpava, causando a morte de outrem (Ag.Inst. 194.951-1, *DJU* 16.6.1997); o depositário nomeado *ad hoc* (RE 8.545, *RDA* 13/123). Contudo, não se tem tolerado a responsabilidade estatal por ato opinativo de membro do Ministério Público, posto que não vincula o Judiciário ao seu acatamento, cuidando da matéria o art. 5º do CPC, que afirma em casos dessa compostura a responsabilidade pessoal desse agente público, por dolo ou fraude (Ag.Inst. 102.251, *Revista Forense* 294/189).

5. E *terceiro*, no art. 37, § 6º, quem se entende como tal? Aquele que suportou o dano ou, no caso de morte, os que viviam sob a sua dependência. Terceiro pode ser inclusive o servidor público a quem outro servidor cause dano. Excluída, pois, a idéia de que o vocábulo terceiro se refira necessariamente a particular, pessoa que não mantenha vínculo com a Administração Pública (RE 176.564-0-SP, 2ª T., Rel. Ministro Marco Aurélio, em 14.12.1998, *RTDP* 25/213-217, citando o RE 140.270-9-MG). Todavia, em causa ainda pendente de julgamento, ônibus de empresa concessionária de serviço público de transporte coletivo de passageiros colidiu com veículo automotor dirigido por particular, causando-lhe dano. Quem seria(m) o(s) terceiro(s)? Os transportados, somente estes? Os transportados e quem dirigia o carro particular? Ou apenas este último? Esta questão ainda hoje pende de decisão (Ag.Reg. no Ag.Inst. 209.782-5-SP, apensado ao RE 262.651).

6. E a expressão *serviço público*, qual o alcance que se deve emprestar à cláusula constitucional? Trata-se de questão delicada. Isso, porque a Constituição Federal irroga ao Estado não só a prestação de serviços públicos (art. 175), mas também o exercício da polícia administrativa (art. 145, II), a realização de obras públicas (art. 145, III), a exploração direta de atividade econômica (art. 173), de parelha com a atividade de fomento (arts. 174, § 2º; 215; 217; 218). Apegar-se à literalidade do art. 37, § 6º, significa reservar a garantia da reparação unicamente aos agravos decorrentes de uma dessas atividades — o serviço público. Entretanto, não tem sido esta a tendência do STF. Assim é que o Excelso Pretório já condenou Município a reparar danos provocados em razão da permanência de animais em via de circulação, por insuficiência do serviço de fiscalização, configurado como *polícia administrativa*, tomada como compreendida na expressão *serviço público*, ao qual imputou falha (RE 180.602-8-SP, em 15.12.1998, *BDM* agosto 1999/463). Identicamente aconteceu com a responsabilidade objetiva resultante de *obra pública* (RE 85.079, *RDA* 136/161; RE 19.452, *RF* 147/105; RE 113.587, *RDA* 190/194) e até a responsabilidade pelo transporte de empregados da Casa da Moeda por empresa privada (Ag.Reg. 203.387-RJ, Rel. Ministro Moreira Alves, *Informativo STF* 90/97), com o que esboça a Corte um amplo espectro da noção de serviço público, para o fim da responsabilidade objetiva. Mas, e no tocante à segurança pública que a Constituição diz ser dever do Estado (art. 144)? Isso significa que o Estado pode ser responsabilizado pela ocorrência de qualquer crime? A esta questão, o STF respondeu negativamente. É do acórdão o seguinte excerto: "Pelo fato de a segurança pública ser dever do Estado, isso não quer dizer que a ocorrência de qualquer crime acarrete a responsabilidade objetiva dele, máxime quando a realização deste é propiciada, como no caso entendeu o acórdão recorrido, pela ocorrência de culpa do estabelecimento bancário, o que conseqüentemente ensejou a responsabilidade deste com base no art. 159 do Código Civil" (Ag.Reg. no Ag.Inst. ou de Petição, 1ª T., Rel. Ministro Moreira Alves, em 19.10.1999, *DJU* 12.11.1999).

7. Indo mais além, o STF, desde muito tempo, tem estendido a responsabilidade civil do Poder Público a casos de *atos praticados com base em leis declaradas inconstitucionais ou pelo exercício inconstitucional da função de legislar* (RE 21.504-PE, 1ª T., Rel. Ministro Cândido Motta, *DJU* 30.09.1957; RE 158.962, Rel. Ministro Celso de Mello, *RDA* 191; RE 153.464, Rel. Ministro Celso de Mello, *RDA* 189). Entretanto, *já não se dá o mesmo com o ato judicial*. Quanto a estes, o STF firmou-se no entendimento de que a responsabilidade objetiva do Estado não se lhe aplica, a não ser nos casos expressamente declarados em lei, porque a administração da justiça é um dos privilégios da soberania. Chegou-se mesmo a afirmar: "No direito brasileiro, a tese é a da irresponsabilidade do Estado pelos atos do Poder Judiciário" (RE 70.121-MG, Pleno, *RTJ* 64/689; RE 219.117-PR, Rel. Ministro Ilmar Galvão, em 3.8.1999, citando os precedentes RE 32.519-RS, RTJ 39/190; e RE 69.568-SP, RTJ 56/273; RE 111.609, Rel. Ministro Moreira Alves, *RDA* 193; e RE 70.121, Rel. Ministro Djaci Falcão, *RDA* 114; RE 32.518, *RTJ* 39/1; RE 219.117, *BDA* novembro 2000; RE 35.500, Rel. Ministro Vilas-Boas, *RDA* 59/335; ERE 69.568-SP, Pleno, *RTJ* 59/782). Isso nada obstante, essa firme orientação restou excepcionada em caso em que por atos supostamente ofensivos praticados por autoridade judiciária no exercício de suas funções, o STF deu pela ilegitimidade passiva do magistrado demandado juntamente com o Estado, para afirmar que somente este é que deveria ser levado a juízo. Na espécie, cuidou-se de reparação por danos morais ajuizada por prefeito contra juiz, com base em termos usados em decisão prolatada em ação popular e em discurso proferido publicamente (RE 228.977-SP, Rel. Ministro Néri da Silveira, *Informativo STF* 289/2002).

8. Consumado o dano por quem esteja fazendo às vezes do Poder Público, a *vítima* tanto pode agir *diretamente* contra quem o causou — empreiteiro de obra pública, por exemplo — quanto contra o Poder Público, ou contra ambos, em regime de litisconsórcio facultativo (RE 99.214-RJ, *RTJ* 106/1.182-1.186; RE 85.079, *RDA* 136/161; RE 106.483 e RE 90.071-SC, *RTJ* 96/237; e RE 80.873-SP, *RTJ* 75/927). Para aceitar-se que o terceiro agravado possa acionar diretamente o agente tem-se em conta a finalidade do dispositivo, que é protetiva da vítima, favorecendo-lhe a composição da dívida com um patrimônio sempre solvente, sem prejuízo de que esta possa preferir arcar com o ônus da demonstração da culpa em troca da vantagem de livrar-se dos incômodos da execução contra a Fazenda Pública (RE 99.214, *RTJ* 106/1.182-1.186).

9. Acionada a pessoa jurídica de direito público ou a de direito privado prestadora de serviço público, *não* se aplica a *obrigatória* denunciação da lide prevista no art. 70, III, do CPC (RE 93.880-RJ, *RTJ* 100/1.355; RE 95.091-RJ, *RTJ* 106/1.054; RE 80.873-SP, *RTJ* 75/927; e *RTJ* 100/1.352).

10. Quanto ao "*dies a quo*" *de incidência do prazo prescricional* para a ação regressiva, a pesquisa nada encontrou no STF. Contrariamente, no Superior Tribunal de Justiça, em sessão plenária, ficou assentado que este prazo começa a fluir do concreto e efetivo pagamento pelo Estado do valor a que foi condenado não bastando a sentença condenatória ainda que trânsita em julgado (REsp 318.391-DF, p. 198).

11. E quanto ao *cabimento* da responsabilidade objetiva do Estado por *ato nulo*, assim reconhecido pela própria Administração no exercício da autotutela, o STF rechaçou para o caso concreto "(...) a simplória aplicação do princípio de que os atos nulos não produzem efeitos jurídicos ou de que do ato nulo não pode resultar direito para os que foram por ele indevidamente beneficiados", com o que, afastou a ortodoxia da Súmula 473, precedentes do Superior Tribunal de Justiça e doutrina de Hely Lopes Meirelles, todos no sentido de que "o ato nulo não pode gerar direito subjetivo para os seus beneficiários", e, assim, *reformou* o acórdão recorrido, e a sentença por ele confirmada, que houvera dado pela improcedência da ação, *condenando subseqüentemente* o recorrido à reparação de danos morais e materiais a serem apurados em liquidação por arbitramento e artigos (RE 330.834-MA, Rel. Ministro Ilmar Galvão, *Informativo* de 25.9.2002). A questão envolvia a nomeação sem concurso para o cargo de Capitão do Corpo de Bombeiros Militar do Estado do Maranhão de que exercia o mesmo posto no Corpo de Bombeiros do Estado do Rio de Janeiro, em que já contava com dezesseis anos de serviço e do qual, com a anulação, houvera sido privado e, à míngua de soldo, do seu sustento pessoal e familiar.

12. Pertinentemente à Deputados, Senadores e Vereadores, em obséquio à imunidade material de uns e de outros, o STF os têm imunizado contra a responsabilidade civil por atos praticados no exercício de suas funções, embora com a ressalva expressa da necessidade de "(...) analisar-se caso a caso as circunstâncias dos atos questionados para verificar a relação de pertinência com a atividade parlamentar" (RE 210.907, Rel. Ministro Sepúlveda Pertence, *Informativo* 118/98 e RE 220.687-MG, Rel. Ministro Carlos Velloso, *Informativo* 145/99).

13. Enfim, admite-se hoje o que se negara no passado: a composição do dano patrimonial *cumulativamente* com o dano moral (*RDA* 165/228-230; RE 71.465, *RTJ* 65/400; RE 59.358, *RTJ* 47/276; RE 84.718, *RTJ* 86/560; ERE 53.404, *RTJ* 42/378; e no RE 88.407, *RTJ* 96/1.201). E quanto à *comunicabilidade* das responsabilidades criminal e civil, o STF, desde pelo menos o ano de 1969, assentou a tese de que, nos termos do art. 1.525 do (antigo) Código Civil, a responsabilidade civil independe da criminal, mas não se poderá questionar mais sobre a existência do fato ou de quem seja o seu autor, quando essas questões se acharem decididas no crime (RE 67.484, *RTJ* 52/136).

A LICITUDE DA CESSÃO DE CONTRATO ADMINISTRATIVO E OPERAÇÕES SIMILARES E O MITO DO PERSONALISMO DOS CONTRATOS ADMINISTRATIVOS

FÁBIO BARBALHO LEITE*

Mestre em Direito do Estado pela PUC/SP. Professor de Direito Administrativo. Advogado

1. A questão. 2. A polêmica: 2.1 O tratamento doutrinário; 2.2 O tratamento jurisprudencial. 3. A letra da Lei. 4. O mito do personalismo dos contratos administrativos, a regra da licitação, o princípio da isonomia e o interesse público: 4.1 O mito do personalismo dos contratos administrativos e a regra da licitação; 4.2 O mito do personalismo dos contratos administrativos e o princípio da isonomia (cont.): a vitória na licitação como fator discriminatório justificador de tratamento jurídico desigual para o licitante vitorioso em relação aos demais licitantes derrotados ou administrados que não participaram da licitação; 4.3 O mito do personalismo nos contratos administrativos e a proteção do interesse público (cont.): derrogações do regime contratual comum. 5. A licitude da cessão de contrato administrativo e operações aproximadas (cessão parcial, associação do contratado com outrem, transferência do contrato). 6. Personalismo nos contratos privados e nos contratos administrativos: negativa desse atributo como caractere conceitual dos contratos administrativos. 7. Conclusões.

1. A questão

Considerável e tradicional doutrina propugna para o contrato administrativo o atributo do *personalismo*.[1] Não poucos doutrinadores afirmam ser o contrato administrativo por natureza personalíssimo ou pro-

* <fabiobl@manesco.com.br>.

1. O personalismo nos contratos é assim definido por Orlando Gomes (*Contratos*, 12ª ed., Rio de Janeiro, Forense, 1990, p. 89):

"Um contrato é *intuitu personae* quando a consideração da pessoa de um dos contraentes é, para o outro, o elemento determinante de sua conclusão. A uma das partes convém contratar somente com determinada pessoa, porque seu interesse é de que as obrigações contratuais sejam cumpridas por essa pessoa. Por isso, a pessoa do contratante passa a ser elemento causal do contrato.

"(...) Geralmente, originam uma obrigação de fazer, cujo objeto é um serviço infungível, isto é, que não pode ser executado por outra pessoa, ou porque só aquela seja capaz de prestá-lo, ou porque à outra parte interessa que seja executado tão-somente por ela.

duzido *intuito personae*[2] e, daí, atribuem-lhe as conseqüências relevantes para a distinção desse caractere nos contratos, notadamente a interdição de operações como cessão, consórcio do contratado — obrigado a uma prestação *intuitu personae* — com terceiro para fins de execução contratual, bem como a subcontratação integral ou qualquer outro negócio jurídico que, em alguma medida, enseje a transferência do contrato.

Nesse sentido, o entendimento de ninguém menos que Diogo Figueiredo Moreira Neto, segundo quem: "(...) a capacidade civil não basta para a contratação com as pessoas jurídicas de direito público. Duas condições subjetivas, uma negativa, outra positiva, poderão ser exigidas. A condição negativa será o não estar impedido, o administrado, por inidoneidade, de contratar com a Administração. A condição positiva será o estar habilitado em licitação pública ou procedimento análogo, como estudaremos adiante. (...) *Daí decorre ser, o contrato administrativo, personalíssimo, realizado 'intuitu personae', e vedada, em conseqüência a sub-rogação subjetiva*".[3]

Mutatis mutandi, pela mesma trilha conceitual, chega-se também a asserir que: "A possibilidade de subcontratação total deve ser excluída, pois que o contrato administrativo, mormente o decorrente de licitação, é sempre *intuitu personae*".[4]

Essa linha doutrinária atribui, assim, ao contrato administrativo conseqüências símiles às indicadas pela contratualística civil acerca dos contratos personalistas, consoante se nota com o cotejo do seguinte trecho de Orlando Gomes:

"A distinção entre contratos pessoais e impessoais reveste-se de importância prática em razão das conseqüências lógicas e intuitivas que decorrem da natureza personalíssima da obrigação, característica dos contratos pertencentes à primeira categoria.

"De fato. Uma vez que essa obrigação é intransmissível, não pode ser cumprida por outrem. Por conseguinte, a morte do devedor é causa extintiva do contrato, pois os sucessores não poderiam executar pres-

"Os contratos *intuitu personae* têm essa qualidade por sua própria natureza, ou circunstancialmente. Contrato pessoal por sua própria natureza é aquele em que a pessoa dos contraentes, ou de um deles, tem de ser levada em conta, havendo sempre uma relação de causalidade. A necessidade de considerar a pessoa do outro contraente apresenta-se nessas condições quando, para a execução do contrato, entra o fator subjetivo de confiança ou a habilidade particular da pessoa que deve cumprir a obrigação de fazer. O contrato é acidentalmente pessoal quando, embora seja indiferente a pessoa de um dos contratantes, determinadas circunstâncias induzem as partes a transformá-lo num contrato *intuitu personae*."

2. Nas palavras de Edmir Netto de Araújo (*Contrato Administrativo*, São Paulo, Ed. RT, 1987, p. 51; destaque acrescido): "*Contrato administrativo é o acordo de vontades opostas, realizado 'intuitu personae',* consensual, comutativo e sinalagmático, do qual participa a Administração Pública, para a produção de obrigações que envolvam finalidade pública, ou não contrariem o interesse público, contendo explícita ou implicitamente cláusulas de privilégio que o submetem a regime jurídico de direito administrativo, informado por princípios publicísticos". Também em Marcos Chaves ("Contrato administrativo e suas características", in *Revista de Direito Público* 78/110-115, São Paulo, Ed. RT, abr.-jun. 1986, citação à p. 111; destaque acrescido): "O contrato administrativo é sempre bilateral, e, em regra, foral, oneroso, comutativo e realizado *intuitu personae*. Ele é bilateral, pois, não é um ato impositivo da Administração; formal, pois se expressa por escrito e com requisitos especiais; oneroso, porquanto remunerado na forma convencionada; comutativo, pois estabelece compensações recíprocas e equivalentes para as partes; *intuitu personae, uma vez que exige a pessoa do contratante para sua execução*".

3. Diogo de Figueiredo Moreira Neto, *Curso de Direito Administrativo*, 11ª ed., Rio de Janeiro, Forense, p. 119.

4. Roberto Ribeiro Bazilli, *Contratos Administrativos*, São Paulo, Malheiros Editores, 1996, p. 104.

tação que era personalíssima. Pela mesma razão, o contrato *intuitu personae* não pode ser cedido. A substituição do devedor importaria celebração de novo contrato. É claro que essas conseqüências só se afirmam em relação ao contratante cuja atividade pessoal é elemento determinante do contrato."[5]

Na defesa da tese tradicional[6] que se vem de expor, usa-se ainda a remissão à Lei Federal n. 8.666/1993, art. 78, VI, aferrando-se ao texto legal como se o mesmo lhe desse fundamento jurídico positivo. A propósito, é o teor do referido dispositivo legal:

> Art. 78. Constituem motivo para rescisão do contrato:
>
> (...);
>
> VI — a subcontratação total ou parcial do seu objeto, a associação do contratado com outrem, a cessão ou transferência, total ou parcial, bem como a fusão, cisão ou incorporação, não admitidas no edital e no contrato;

Todavia, com respeitável *venia*, é de se desconfiar da sustentabilidade dessa posição. Desde já não parece claro que o art. 78, VI, da Lei n. 8.666/1993 a secunda. Antes o contrário: o que uma primeira leitura do dispositivo em tela evidencia é restar ensejado (não imposto) ao agente público competente rescindir contrato administrativo em que o contratado efetue uma das operações ali arroladas, caso a mesma não tenha sido admitida no instrumento convocatório e no contrato pertinentes.

A exegese gramatical isolada, entretanto, não é sustento para nenhuma opinião consistente sobre o assunto. É o caso adiante de pôr a questão em face de contexto argumentativo mais amplo e substancial. Haverá, então, oportunidade de ver que o *personalismo* do contrato administrativo, pelo menos nos moldes em que considerável parcela da doutrina o vê, corresponde mais a um desvio de perspectiva ou a uma hipertrofia conceitual. Certamente, vale afirmar o personalismo contratual para algumas avenças administrativas, mas, *refletindo-se dentro em breve sobre o tema, não há como estendê-lo a um caractere genérico e imanente a todos os contratos administrativos*.

Cabe, entretanto, já deixar lançada a tese que, logo, logo, pretende-se ver devidamente fundamentada: *a cessão de contrato administrativo, a associação do contratado com outrem na execução de uma avença administrativa, a transferência contratual e operações símiles são negócios jurídicos lícitos, conquanto obviamente constrangidos à observância de certos requisitos (como, aliás, a generalidade dos atos jurídicos)*.

A demonstração disso é adiante feita a partir de uma operação paradigmática — a cessão de contrato administrativo —, a qual, por qualificar-se com conseqüências mais radicais (quando comparada aos demais negócios jurídicos elencados no art. 78, VI, da Lei de Contratos Administrativos) no que atina com a identidade do pólo contratual ocupado pelo particular em avenças administrativas, ensejará que, uma vez cabalmente fundamentada sua licitude, possa-se concluir o mesmo em relação a outros negócios símiles que tenham repercussões mais estreitas. A esses, portanto, a conclusão partirá do argumento *a majori ad minus*, sintetizado na oração "*quem pode o mais, pode o menos*", o qual certamente precisará, ele próprio, de devida justificação para ser operado.

Foquemos, então, o debate acerca da licitude da cessão de contrato administrativo.

2. A polêmica

Oportuno um aclaramento do que seja *cessão de contrato* e seus requisitos de vali-

5. *Contratos*, 12ª ed., cit., pp. 89-90. Nesse sentido conquanto mais breves, entre outros, Caio Mário da Silva Pereira, *Instituições de Direito Civil*, v. I, 3ª ed., Rio de Janeiro, Forense, 1992, p. 291; Sílvio Rodrigues, *Direito Civil*, v. 2, 24ª ed., São Paulo, Saraiva, 1996, pp. 35-36.

6. O qualificativo "tradicional" não tem aqui nenhuma referência negativa ou de qualquer modo depreciativa, serve apenas para identificar a tese que se considera mais difundida a respeito do personalismo dos contratos administrativos.

dade no Regime Jurídico Geral dos Contratos (aplicável supletivamente aos contratos administrativos, cf. Lei n. 8.666/1993, art. 54, *caput*[7]). Valhamo-nos para tanto da exposição de Maria Helena Diniz, Titular da Cátedra de Direito Civil da Pontifícia Universidade Católica de São Paulo:

"A cessão de contrato é, segundo Sílvio Rodrigues, a transferência da inteira posição ativa e passiva, do conjunto de direitos e obrigações de que é titular uma pessoa, derivados de contrato bilateral já ultimado, mas de execução ainda não concluída.

"A cessão de contrato possibilita a circulação do contrato em sua integralidade, permitindo que um estranho ingresse na relação contratual, substituindo um dos contratantes primitivos, assumindo todos os seus direitos e deveres.

"(...).

"Efetivar-se-á a cessão de contrato somente e se:

"1º) O contrato transferido for bilateral, isto é, de prestações correspectivas (...);

"2º) O contrato for suscetível de ser cedido de maneira global (...);

"3º) Houver transferência ao cessionário não dos direitos como também dos deveres do cedente;

"4º) O cedido consentir, prévia ou posteriormente, pois uma vez que a cessão de contrato implica, concomitantemente, uma cessão de crédito e uma cessão de débito, a anuência do cedido será indispensável para a eficácia desse negócio, sob pena de nulidade.[8] (...) Isto é assim porque para o cedido é muito importante a pessoa do cessionário, que passará a ser seu devedor.

"5º) Se observarem os requisitos do negócio jurídico, ou seja, capacidade das partes, objeto lícito e forma legal."[9]

Definido o instituto da cessão de contrato, tem-se que a questão imediatamente em causa versa sobre sua licitude ou não quanto ao contrato administrativo.

2.1 O tratamento doutrinário

Sobre o tema incide acalorada polêmica doutrinária. Uns a têm como inadmissível.[10] Em venerável doutrina, há ambigüidade (não afastada má compreensão do subscritor deste trabalho).[11] Entre os que a admitem, uns, mais restritamente, condicionam-

7. "Os contratos administrativos de que trata esta Lei regulam-se pelas suas cláusulas e pelos preceitos de direito público, aplicando-se-lhe, supletivamente, os princípios da teoria geral dos contratos e as disposições de direito privado."

8. Logo, dir-se-ia melhor *validade do negócio*.

9. *Curso de Direito Civil Brasileiro*, v. 2, 8ª ed., São Paulo, Saraiva, 1994, pp. 356-357.

10. Diogo de Figueiredo Moreira Neto, *Curso...*, cit., 11ª ed., p. 119; Jessé Torres Pereira Júnior, *Comentários à Lei das Licitações e Contratações da Administração Pública*, Rio de Janeiro, Renovar, p. 459. Conquanto focado na hipótese de concessão de serviço público, por manejar argumentação extensível a outros contratos administrativos, essa também parece ser a posição de Celso Antônio Bandeira de Mello, *Curso de Direito Administrativo*, 13ª ed., São Paulo, Malheiros Editores, 2001, pp. 640-641, posição que se repete na 14ª ed. de seu *Curso*, pp. 649-650.

11. Caio Tácito ("Contratos administrativos", in *Temas de Direito Público*, v. I, Rio de Janeiro, Renovar, 1997, pp. 617-635, especialmente p. 634), ao defender que "O contrato administrativo é realizado *intuitu personae, importando obrigação pessoal a ser cumprida pelo próprio contratante*", parece inscrever-se no coro dos contrários à licitude da cessão de contrato administrativo, entretanto, no período imediatamente seguinte ao anteriormente citado, afirma: "Qualquer subcontrato deverá estar previsto no contrato ou termo aditivo, como no caderno de encargos ou instrução de serviço". Ora, as afirmações parecem contradizer-se, pois, a subcontratação importa necessariamente na execução do escopo contratual por terceiro ainda que mantida a responsabilidade integral do contratado principal. A subcontratação, uma vez admitida, nega o personalismo da avença administrativa. É ambígua, portanto, a posição do emérito professor.

na à previsão autorizativa editalícia e contratual,[12] outros, mais permissivos, condicionam-na à autorização presente no ato de cessão, geralmente mediante anuência aposta no instrumento de cessão[13] ou ainda à necessidade de alguma razão específica bastante no caso concreto,[14] outros, bem mais permissivos, vêem como requisito específico apenas a ausência de vedação editalícia e contratual.[15] Todos os que são favoráveis à licitude da operação concordam com a necessidade da anuência da Administração para o ato e condicionam essa anuência ao atendimento das exigências editalícias de habilitação ou pré-qualificação pelo candidato a cessionário.[16]

12. Diógenes Gasparini, *Direito* Administrativo, 5ª ed., São Paulo, Saraiva, pp. 545-546; Maria Sylvia Zanella Di Pietro, *Direito Administrativo*, 14ª ed., São Paulo, p. 255; Marçal Justen Filho, *Comentários à Lei de Licitações e Contratos Administrativos*, 6ª ed., São Paulo, Dialética, p. 562; Odete Medauar, *Direito Administrativo Moderno*, 4ª ed., São Paulo, Ed. RT, 2000, p. 265; Edimur Ferreira de Faria, *Curso de Direito Administrativo Positivo*, 3ª ed., Belo Horizonte, 2000, p. 336; Leon Frejda Szklarowsky, "Subcontratação e cessão de contrato administrativo", *Revista de Direito Administrativo* 214/145-158, Rio de Janeiro, Renovar/FGV, out.-dez. 1998, especialmente conclusões ns. 6 e 7, p. 157.

13. Manoel de Oliveira Franco Sobrinho (*Contratos Administrativos*, São Paulo, Saraiva, 1981, pp. 51-52), o qual condiciona a cessão apenas à autorização expressa da Administração Pública para o ato; Carlos S. de Barros Júnior (*Contratos Administrativos*, São Paulo, Saraiva, 1986, p. 50), o qual condiciona a cessão à anuência explícita da Administração contratante e à permanência da responsabilidade solidária integral do cedente quanto ao escopo contratual. Conforme anota Leon Frejda Szklarowsky (ob. cit., p. 148), essa também seria a posição de Adilson Abreu Dallari, *mas em face do Decreto 73.140, de 9.11.1973*: "'desde que haja prévia aquiescência da Administração, não há por que impedir-se a transferência de contrato realizado com esta, mesmo que com dispensa de licitação, pois, *in casu*, nem se propõe a questão da licitação' (cf. *Cadernos FUNDAP*, publicação da Fundação do Desenvolvimento Administrativo, n. 11, de julho de 1985, pp. 27 a 38)".

14. Lúcia Valle Figueiredo, *Extinção dos Contratos Administrativos*, São Paulo, Ed. RT, 1986, pp. 33-34.

15. Floriano de Azevedo Marques Neto, in "A cessão de contrato administrativo entre Estado e Município como alternativa para evitar a interrupção de obras públicas", in *Boletim de Licitações e Contratos* 3/146-147, São Paulo, NDJ, ano XIII, mar. 2000.

16. Marcos Augusto Perez ("Contrato administrativo. Cessão de contrato. Possibilidade", in *Genesis, Revista de Direito Administrativo Aplicado* 12/93-105, Curitiba, Genesis, jun.-mar. 1997) sugere a origem da inspiração da doutrina administrativa brasileira em propugnar pela natureza personalíssima do contrato administrativo, creditando tal entendimento a uma importação ligeira das manifestações da doutrina administrativa francesa (as quais, de seu lado, constituem em sua maior parte em uma tentativa de sistematização das decisões do Conselho de Estado francês). Nas palavras do publicista (excerto extraído à p. 97 do texto referido):

"Pois nos parece que a caracterização dos contratos administrativos que em regra faz a doutrina nacional enquanto contratos *intuitu personae*, seja mais um dos itens desse 'pacote' importado quase que irrefletidamente do Direito Administrativo francês que não se coaduna totalmente com o Direito Positivo brasileiro.

"Ora, é comum que a contratualística administrativa francesa exponha o tema ressalvando o 'poder' excepcional, exorbitante do direito comum, que a Administração Pública possui de exigir que a execução do contrato se dê pessoalmente pelo contratado. Dessa forma o escólio de Jean-Claude Ricci: 'L'administration détient (...) le pouvoir d'exiger l'exécution personnelle du contrat par le cocontractant. Le cocontractant choisi doit exécuter personnellement le contrat' (cf. *Droit Administratif*, Paris, Hachette, 1996, p. 78).

"Entretanto, como veremos a seguir, no Brasil o direito positivo e mais precisamente os diplomas legais reitores da contratação em tela (...) evidenciam senão a inexistência desta característica — o caráter *intuitu personae* dos contratos administrativos — uma grande flexibilização de seu conteúdo e restrição de seu alcance.

"Justifica-se, dessa forma, a parca ou quase inexistente abordagem da doutrina brasileira acerca da cessão de contrato administrativo empresta-

2.2 O tratamento jurisprudencial

O tema é de escasso tratamento pela jurisprudência — ao menos, pelo que se pôde constatar por pesquisa própria. Dessa escassez, decorre não se poder identificar uma segura tendência exegética neste ou naquele sentido. Sem embargo, nas manifestações encontradas não se deparou com nenhuma posição *apriorística* contra a licitude da cessão de contrato administrativo.

Dois julgados do Tribunal Regional Federal da 4ª Região admitem a licitude da cessão de contrato administrativo. Um, *a contrario sensu*, ao julgar legítima a rescisão de contrato administrativo face a sua cessão pelo contratado sem anuência da Administração e estando essa hipótese prevista contratualmente como ensejadora da rescisão.[17] Outro, sem expressar restrição, toma como lícita e atribui-lhe cabíveis efeitos no caso concreto (cessão de contrato administrativo em que cedente e cessionários são entes administrativos federais e o cedido ente federativo).[18]

Um terceiro, julgado do Tribunal de Justiça do Estado de São Paulo, é interessante por circunscrever em torno de contrato administrativo (tendo como objeto cessão de uso de bem público) cuja *cessibilidade* jamais espantou e sempre foi, inclusive, considerada inscrita como direito patrimonial do particular contratante (no julgado, é justamente repreendida atuação, consistente no impedimento de cessão do contrato pelo particular, por parte de estatal prestadora do que, à época, ninguém duvidava ser o serviço público de telefonia fixa): tratam-se dos contratos de cessão de direi-

da do direito alienígena, sem grande reflexão sobre as regras do direito interno (...), a noção do contrato administrativo como pacto *intuitu personae* afastou-nos como que por atavismo do tema da cessão do contrato administrativo, tida de maneira simplista como possibilidade distante do regime jurídico administrativo."

Merecendo confirmação por pesquisa doutrinária mais extensa (trabalho o qual, sendo próprio de estudo monográfico de maior fôlego, é aqui contornado, visto ademais não ser necessário à reflexão adiante expendida e, em rigor, prescindível enquanto fundamento das conclusões deste estudo), a hipótese é interessante e faz sentido.

17. "*Agravo de instrumento. Direito de permanência e uso de área pública. Hangar. Infraero. Indeferimento de medida liminar. Concessão.* 1. É cabível a rescisão de contrato de concessão de uso se o instrumento assinalar esta possibilidade no caso de cedência ou transferência a terceiros de direitos ou obrigações ajustadas. 2. Inaplicabilidade ao caso do disposto no art. 27 da Lei 8.987/1995, específico ao regime de concessão e permissão da prestação de serviços públicos previstos no art. 175 da Constituição Federal. 3. Invalidade do instrumento particular de cessão de contrato de concessão de uso de bem pertencente ao patrimônio público. 4. Ausência do requisito *fumus boni iuris*. Agravo improvido" (TRF 4ª R., 3ª T., Ag. Inst. 199804010510488-PR, Rel. Juíza Maria de Fátima Freitas Labarrère, *DJ* 28.7.1999, p. 249; <www.cjf.gov.br>).

18. "*Administrativo e processual civil. Contrato de prestação de serviços. Atraso no pagamento das faturas. Legitimidade passiva. Correção monetária. Incidência.* 1. Tanto a União como o Estado de Santa Catarina são entes legítimos para figurar no pólo passivo da demanda, pois a primeira foi sucessora do INAMPS, sendo da sua responsabilidade o repasse das verbas necessárias ao adimplemento das obrigações assumidas com a autora, nos termos do Convênio SUDS 01/88 — fl. 633 e, por outro lado, as guias de autorização e pagamento foram emitidas pelo MPAS. Quanto ao Estado de Santa Catarina, sua legitimidade está no fato de haver termos de sub-rogação de contrato de fls. 656, 676 e 688. Deve, por isso, responder pelo ônus pactuado inicialmente, tendo em vista a cessão realizada pelo extinto INAMPS em seu favor. 2. Mantida a sentença que julgou procedente o pedido da inicial, pois mesmo não havendo previsão contratual, deve ser paga correção monetária quando do atraso no pagamento de faturas de prestação de serviços face a desvalorização ocorrida na moeda devida ao fenômeno inflacionário. 3. Apelações e remessa oficial improvidas" (TRF 4ª R., 3ª T., Apelação Cível 9604573195-SC, Rel. Juíza Marga Inge Barth Tessler, *DJ* 23.6.1999, p. 827; <www.cjf.gov.br>).

to de uso de linha telefônica ao tempo da total estatalidade do setor.[19]

No Tribunal de Justiça do Estado do Rio Grande do Sul, foram encontrados dois julgados. Um, reconhecendo validade à restrição expressa de companhia telefônica à transferência de contrato de telefonia celular, enseja concluir, *a contrario sensu*, que, não fosse a vedação expressa, a transferência do contrato considerado como administrativo seria lícita.[20] Outro, expressamente admitindo a cessão de contrato de concessão, em hipótese de objeto inusitado: concessão de exploração de serviço de automóveis para aluguel.[21]

Na jurisprudência do Tribunal de Contas do Estado de São Paulo, o posicionamento é incerto, havendo notícia de julgados favoráveis à licitude da cessão de contrato administrativo, desde que admitida no edital e no contrato sua possibilidade,[22] bem como contrários à licitude da operação.[23]

Em rigor, é lícita a cessão de contrato administrativo, observadas certas condições que pouco adiante são expostas. Nada obstante, face à polêmica doutrinária registrada, cumpre lobrigar sobre as razões subjacentes ao seu difundido caráter personalíssimo. Por essa análise, veremos que a opinião doutrinária desfavorável assenta-se mais em hipertrofia conceitual sobre esse caractere.

3. A letra da Lei

Fosse o caso de se preferir pelo açodamento e poder-se-ia dar à questão quase que imediata resposta. Bastaria uma compreensão literal, *a contrario sensu* do texto legal, especificamente o art. 78, VI, da Lei n. 8.666/1993:

> Art. 78. Constituem motivo para rescisão do contrato:
>
> (...);

19. "*Cessão de crédito. Uso de linha telefônica. Transferência negada pela concessionária. Negativa fundada em portaria do Ministério das Comunicações. Inadmissibilidade. Edição posterior ao contrato administrativo firmado com o assinante, com disposição expressa admitindo a transferência do uso do terminal telefônico. Ofensa a direito adquirido que contém inegável cunho econômico vinculado ao patrimônio do titular. Cominatória visando à efetivação da transferência procedente*" (TJSP, 9ª Câm. Cível, Apelação Cível 123.944-2, Rel. Des. Lair Loureiro, in *Revista dos Tribunais* 638/96, São Paulo, Ed. RT, dez. 1988).

20. "*Linha telefônica. Celular. Cessão e transferência do contrato. Tratando de concessão de serviço público, pode a concessionária impedir, por cláusula contratual, a livre cessão e transferência do contrato, principalmente sendo cessionária empresa que explora mercado paralelo de venda e revenda de linhas telefônicas. Esgotamento de matéria de mérito. A liminar que esgota matéria objeto da ação ajuizada esta inadmitida expressamente em lei (art. 1º, § 3, da Lei n. 8.437/1992). Agravo provido*" (TJRS, 1ª C. Cível, Ag. Inst. 596245530, Rel. Des. Tupinambá Miguel Castro do Nascimento, j. 5.3.1997, <www.tj.rs.gov.br>).

21. "*Mandado de segurança. Reexame necessário. Extinção de concessão pública. Exegese dos arts. 4º e 5º do Decreto Executivo 440/1984 que disciplinou a exploração do serviço de automóveis de aluguel. Atendidos os requisitos legais para a transferência da concessão, impede-se reconhecer a ilegalidade do ato da municipalidade que extinguiu o contrato administrativo. Mantida a sentença em reexame necessário*" (TJRS, 1ª C. de Férias Cível, Reexame Necessário 599477700, Rel. Des. Paulo de Tarso Vieira Sanseverino, j. 21.10.1999, <www.tj.rs.gov.br>).

22. Nesse sentido, registra Leon Frejda Szklarowsky (ob. cit., p. 155), seriam os julgados exarados nos TC 56480/033/88, 23495/026/92 e 67764/033/88.

23. TC-783/003/96. Do voto condutor do Conselheiro Relator Antônio Roque Citadini, é representativo o seguinte excerto (fl. 142 dos autos): "Não menos relevante a questão relativa à cessão parcial de direitos e obrigações da obra feita pela Coesa Ltda., com a anuência da Prefeitura, a empresas estranhas ao procedimento licitatório e às exigências lá estipuladas, configurando verdadeiras contratações diretas em total afronta às normas legais". Que normas legais seriam essas, entretanto, não é informado pelo i. Conselheiro.

VI — a subcontratação total ou parcial do seu objeto, *a associação do contratado com outrem*, a cessão ou transferência, total ou parcial, bem como a fusão, cisão ou incorporação, *não admitidas no edital e no contrato*;

Inexistentes quer disposições do instrumento convocatório do certame precedente ao contrato, quer cláusulas contratuais proibitivas da cessão contratual ou da associação do contratado com outrem, segue-se, em face da disposição legal *supra*, a conclusão da licitude dessas operações, *as quais ficam condicionadas, especialmente, ao explícito acordo do cedido — a Administração contratante —, o qual, de seu lado, pressupõe a avaliação satisfatória da condição do candidato a cessionário perante as exigências editalícias de habilitação*. E mais: beira o *nonsense* tomar-se isoladamente esse dispositivo como fundamento oposto à operação em casos em que ausente vedação editalícia e contratual.

Essa resposta, entretanto e como avisado, ressente-se de uma fundamentação frágil, vez que lastrada em método exegético reconhecidamente limitado (interpretação literal *a contrario sensu*), donde ser insatisfatória. Contudo, seja permitida a ousadia de dizer que várias opiniões doutrinárias desfavoráveis, chegando à conclusão oposta a deste trabalho, partem de premissa exegética semelhante, senão mais frágil.

De fato, muitos daqueles refratários à licitude das operações em causa o mais das vezes indicam como sustento juspositivo de sua opinião o mesmo dispositivo legal *supra* transcrito — como explicitamente outrora o fazia Marçal Justen Filho[24] —, sem, entretanto, sequer dar mais detida atenção para o fato de que a prescrição legal mais facilmente aparenta ser permissiva e, portanto, justamente contrária à tese da vedação absoluta da cessão contratual ou da associação do contratado com outrem, entre outras, no ensejo da execução contratual.

In medius, virtus. O sábio brocardo parece ainda avisar: desconfiai sempre das respostas absolutas, vazadas em afirmações categóricas, quando mais emitidas a passo ligeiro.

Investiguemos melhor o problema.

4. O mito do personalismo dos contratos administrativos, a regra da licitação, o princípio da isonomia e o interesse público

Os que advogam a impossibilidade jurídica da cessão de contrato administrativo e outras operações aproximadas sustentam sua tese precipuamente sobre o que entendem ser um caractere conceitual dessa espécie de ato jurídico: seu personalismo ou sua natureza *intuito personae*.[25]

24. "O inciso VI arrola diversas situações, que possuem alguma proximidade entre si. Como exposto, o contrato administrativo tem natureza personalíssima, que não pode ser frustrada através da transferência total ou parcial da execução dos deveres impostos ao contratado. (...) Também se apanha a associação provisória ou temporária, como se passa no caso de consórcio. Ainda quando o consórcio seja admitido, as empresas consorciadas deverão comparecer à licitação já nessa condição (art. 33). Não se admite o consórcio subseqüente, em hipótese alguma" (in *Comentários*..., 6ª ed., cit., p. 561. Mais adiante, haverá oportunidade de conferir o entendimento *atual* — 9ª ed. — do festejado autor).

25. "O contrato administrativo é sempre bilateral, e, em regra, formal, oneroso, comutativo, e realizado *intuito personae*. Com isto se afirma que (...) é *intuito personae* porque exige a pessoa do contratado para sua execução. Dentre desses princípios, o contrato administrativo requer (...) cumprimento pessoal da obrigação assumida pelo contratado para com a Administração" (Hely Lopes Meirelles, *Licitação e Contrato Administrativo*, 12ª ed., São Paulo, Malheiros Editores, p. 1999, p. 173). Sem embargo de nossa admiração pelo saudoso administrativa, fosse sustentável nos categóricos termos em que colocada essa posição e ficaria sem explicação a usual possibilidade da subcontratação, a qual, ainda que permanecendo

Sendo o personalismo do contrato administrativo exposto como decorrência do fato do contratado ter sido escolhido mediante procedimento licitatório, fica oportunizado vislumbrar as razões mais fundas consideráveis como lastro para essa opinião. Por ela, o contrato administrativo teria natureza personalíssima para que assim restassem garantidos o atingimento daqueles mesmos fins que dão a *ratio* do procedimento licitatório:

(i) a satisfação do interesse público instrumentado por um dado contrato administrativo, o que requereria (a) a permanência daquela empresa que, tendo sido minuciosamente auditada no certame precedente ao contrato, comprovou perante a Administração ter aptidão para executar (garantia da exeqüibilidade contratual) o escopo contratado, bem como (b) interditaria que parcela ou a integralidade do escopo fosse cedida ou de alguma forma tivesse sua execução transferida a outrem;[26]

(ii) a observância do princípio da isonomia, impedindo-se que venha a contratar com a Administração Pública alguém que não participou do processo administrativo instituído para ensejar equânimes oportunidades de contratar com o Estado.[27]

o contratado original na avença, permite *a execução do escopo diretamente por terceiro*. E sobre a licitude da subcontratação, ninguém atina de pô-la em dúvida em face dos explícitos termos autorizadores da Lei n. 8.666/1993, art. 72 ("O contratado, na execução do contrato, sem prejuízo das responsabilidades contratuais e legais, poderá subcontratar partes da obra, serviço ou fornecimento, até o limite admitido, em cada caso, pela Administração."). Verdade, todavia, que o próprio Hely mitiga essa posição ao admitir a cessão contratual da avença administrativa condicionada à anuência da Administração contratante que deve aferir a capacidade do cessionário (cf. excerto adiante citado).

26. Nesse sentido, aponta o comentário de Carlos S. de Barros Júnior (*Contratos...*, cit., p. 51): "A condição de contrato *intuitu personae* é da natureza do contrato administrativo. O contratante privado é escolhido em razão de suas qualidades pessoais (capacidade, honorabilidade, solvabilidade), em regra devidamente apuradas em processo de licitação". Em mesma linha, José dos Santos Carvalho Filho (*Manual de Direito Administrativo*, 9ª ed., Rio de Janeiro, Lumen Juris, 2002, p. 151): "Possui a relação jurídica do contrato administrativo algumas peculiaridades próprias de sua natureza. Assim é que esse tipo de contrato se reveste das seguintes características: (...); 3) *confiança recíproca* (*intuitu personae*), porque o contratado é, em tese, o que melhor comprovou condições de contratar com a Administração, fato que, inclusive, levou o legislador a só admitir a subcontratação de obra, serviço ou fornecimento até o limite consentido, em cada caso, pela Administração, isso sem prejuízo de sua responsabilidade legal e contratual (art. 72, do Estatuto)". Também José Augusto Delgado: "O fato do pacto ser *intuitu personae* é decorrente do processo seletivo que, em regra, adota a Administração. Quando escolhe a parte, o faz sobre critérios de capacidade e de idoneidade, por ser a ela confiado interesse público de alta relevância. Na execução, portanto, a fidelidade a tal característica encerra confiabilidade da Administração no contratado" ("Execução e extinção dos contratos administrativos", in *Revista de Direito Público* 62/122-131, São Paulo, Ed. RT, abr.-jun. 1982, citação encontrada à p. 122). De seu lado, Arruda Alvim ("Sucessão em contrato administrativo", in *Mandado de Segurança e Direito Público*, São Paulo, Ed. RT, 1995, pp. 311-322, excerto à p. 317), correlacionando a precedência de licitação e a alegada natureza *intuitu personae* dos contratos administrativos, aceita a cessão contratual nesse gênero de avença em hipóteses excepcionais: "Inegável que os procedimentos licitatórios têm em vista criar condições para a realização de um contrato nas melhores condições possíveis, do ponto de vista do interesse público. Portanto, inafastável é a regra de que o caráter 'intuitu personae' apareça de forma nítida nos contratos realizados com a Administração. Assim é evidente o caráter absolutamente excepcional das cessões no âmbito dos contratos administrativos, tendo em vista justamente o caráter 'intuito personae' de que nitidamente se revestem. Por isso, tem-se que as hipóteses em que podem ocorrer são razoavelmente restritas e bastante especiais".

27. *Mutatis mutandi*, esse fundamento encontra-se subjacente ao seguinte excerto de Roberto Ribeiro Bazilli (*Contratos...*, cit., p. 104): "Ademais, admitir-se a subcontratação total seria institucionalizar a burla à exigência da licitação, na medida em que pessoas não participantes do

Se assim o é e em nenhum momento é diminuída em nada a relevância de se curar e homenagear esses bens/valores/fins jurídicos, reconheça-se, a partir de uma apreensão teleológica do Direito,[28] ser mais razoável considerar que, se em uma dada hipótese, tais bens jurídicos não se encontram minimamente desprestigiados, a cessão contratual, a associação do contratado com outrem no seio da relação contratual da avença administrativa e outros negócios afins constituem operações lícitas.

Essa conclusão requer primeiramente o conserto de um desvio de perspectiva. Tal desvio está em conceber que a cessão de um dado contrato administrativo a um terceiro que não teria participado do procedimento licitatório respectivo seria um atentado ao princípio da isonomia.

Em rigor, não é. Vejamos por que.

4.1 O mito do personalismo dos contratos administrativos e a regra da licitação

Antes de mais nada, esclareça-se um mal-entendido. Não se pode afirmar se mais nem menos que a contratação feita pelo Poder Público, ao se preceder de certame, opera-se considerando-se, *como aspecto prevalecente*, condições *pessoais* do contratado. Isso não é verdade ao menos para grande número de contratos administrativos, *notadamente aqueles originados de licitações do tipo menor preço* (Lei n. 8.666/1993, art. 45, § 1º, I). Ora, nesses certames, é mui comum que, *objetivamente* verificadas as condições de cada licitante em face de exigências *impessoais* postas no instrumento convocatório, *vários* licitantes sejam considerados habilitados (e, portanto, considerados como aptos a dar exeqüibilidade para o escopo contratual e concernente interesse público) e, passando-se à fase de proposição e julgamento das propostas, será vence-

certame executariam o contrato pelo total, deixando a condição de coadjuvantes do contratado vencedor". O admirável Celso Antônio Bandeira de Mello (*Curso*..., cit., 13ª ed., pp. 640-641, posição mantida na 14ª ed.), tratando da cessão de contrato de concessão, expõe argumentos extensíveis (nas suas implicações objetivas, sem que com eles concorde este trabalho) à generalidade dos contratos administrativos: "Tendo sido visto que a concessão depende de licitação — até mesmo por imposição constitucional — e como o que está em causa, ademais, é um serviço público, não se compreenderia que o concessionário pudesse repassá-la a outrem, com ou sem a concordância da Administração. Com efeito, quem venceu o certame foi o concessionário, e não um terceiro — sujeito, este, pois, que de direito, não se credenciou, ao cabo de uma disputa aberta com quaisquer interessados, ao exercício da atividade em pauta. Logo, admitir transferência da concessão seria uma burla ao princípio licitatório, enfaticamente consagrado na *Lei Magna em tema de concessão, e feriria o princípio da isonomia, igualmente encarecido na Constituição*". Também focado no contrato de concessão, mas argumentando com suposta afronta ao "princípio da licitação", Benedicto Porto Neto (*Concessão de Serviço Público no Regime da Lei n. 8.987/1995. Conceitos e Princípios*, São Paulo, Malheiros Editores, 1998, p. 134) é contrário à licitude da cessão do contrato de concessão, salvo na hipótese do cessionário ser uma Sociedade de Propósito Específico criada pelo licitante vencedor do prévio certame. Lúcia Valle Figueiredo (*Curso de Direito Administrativo*, 2ª ed., São Paulo, Malheiros Editores, 1995, p. 347), conquanto algo ambígua em considerar os contratos administrativos por natureza *intuito personae* ou não, correlaciona o atributo do *personalismo* com a regra da licitação.

28. Será atendida assim a lição hermenêutica de Carlos Maximiliano (*Hermenêutica e Aplicação do Direito*, 18ª ed., Rio de Janeiro, Forense, 1999, pp. 151-152), segundo quem "Considera-se o Direito como uma ciência primariamente normativa ou finalística; por isso mesmo a sua interpretação há de ser, na essência, teleológica. O hermeneuta sempre terá em vista o fim da lei, o resultado que a mesma precisa atingir em sua atuação prática. A norma enfeixa um conjunto de providências, protetoras, julgadas necessárias para satisfazer a certas exigências econômicas e sociais; será interpretada de modo que melhor corresponda àquela finalidade e assegure plenamente a tutela de interesse para a qual foi regida".

dor e terá a si adjudicado o objeto licitado aquele que tiver ofertado *a melhor proposta* (melhor preço, no exemplo aventado).

Daí, a *identificação* daquele que será contratado pela Administração mediante prévio certame — no caso da licitação do tipo menor preço — *não se dá exatamente* devido a caracteres *pessoais* do licitante vencedor, *mas, **sim**, pelo **objetivo e impessoal discrímen** consistente no fato de sua **proposta comercial** ter sido **a melhor***. Vale uma ilustração. Num certame do tipo menor preço, ultrapassada a fase de habilitação com, imaginemos, dez licitantes habilitados, entre eles, para a Administração licitante, *não* haverá qualquer preferência ou distinção quanto aos seus caracteres individuais ou pessoais; *quanto a esse aspecto eles são **entre si indiferentes ou idênticos para a Administração***. A essa, se o edital exigia, entre outros requisitos, p. ex., a comprovação de *expertise* na construção de *um* conjunto habitacional popular com 500 unidades residenciais, atendido esse requisito por todos os licitantes habilitados *é-lhe insignificante* se um licitante cumpriu tal exigência editalícia com um conjunto habitacional popular de 502 unidades e outro o fez com um conjunto de 1.500 unidades. Nos tipos de certame em consideração (menor preço), atendidos os requisitos editalícios pelos licitantes habilitados, diferençá-los-á *apenas sua proposta, a qual é um dado **objetivo** e **impessoal**: contratada, pode preservar-se independentemente da identidade subjetiva do contratante particular.*

Isso não infirma que a identidade da pessoa do contratado — na medida em que sobre ele incide a responsabilidade pela execução do escopo contratual — é de grande relevância, mas, daí não decorre ser ela sempre *a causa*[29] do próprio contrato. Naqueles contratos firmados com escolha da proposta pelo crivo do *menor preço*, a *causa* — o principal elemento considerado para a escolha da proposta a ser contratada — é a vantagem para a Administração contratante que *singulariza uma proposta **como ótima** em face das demais.*

*O contrato administrativo atrela-se, pois, **não** propriamente à pessoa do contratado (o qual, o mais das vezes em certames do tipo menor preço, não é considerado o único capaz de dar exeqüibilidade ao escopo contratual: todos os licitantes habilitados o são), mas, **sim**, à **objetividade** da proposta vencedora.* E sobre esta é que a Constituição (CF, art. 37, XXI) e a Legislação (Lei n. 8.666/1993, art. 65) constroem mais estreitos limites a sua alteração.

Daí em diante (sempre tendo em mente como paradigma os contratos em que a técnica não tenha sido fator elementar de escolha da proposta), mantidas as garantias de exeqüibilidade do escopo contratado (as quais — sendo objetivas — não são apanágio exclusivo de um único sujeito de direito), mais relevante a preservação das condições substanciais originalmente firmadas na proposta vencedora.

Por conseguinte, não é porque produzidos ao cabo de certame que os contratos administrativos são firmados tendo como *causa prevalecente* a individualidade do contratado. O requisito da precedência de licitação, como regra genérica, não rende aos contratos administrativos em geral o atributo do *personalismo*. Render-lhes-ia o princípio da igualdade?

4.2 O mito do personalismo dos contratos administrativos e o princípio da isonomia (cont.): a vitória na licitação como fator discriminatório justificador de tratamento jurídico desigual para o licitante vitorioso em relação aos demais licitantes derrotados ou administrados que não participaram da licitação

É certo que se poderia falar em afronta à isonomia, se as operações em tela (cessão contratual e símiles) ocorressem sem a

29. No sentido empregado por Orlando Gomes, citação *supra*.

Administração contratante averiguar se o pretendente a cessionário satisfaz as exigências de qualificação previstas no instrumento convocatório do certame precedente ou, em caso de contratação direta ou quejando, no instrumento de convocação do contratado. Ainda que, nesse caso, mais do que afronta à isonomia, mais flagrante enquanto vício jurídico ensejador da invalidação do negócio dessarte havido, seria a afronta ao cânone da indisponibilidade do interesse público, *visto não se encontrar na órbita de disposição do agente administrativo a opção por omitir esse crivo imprescindível para salvaguarda mínima da exeqüibilidade do escopo contratual e, assim, do interesse público instrumentado pela contratação.*

Todavia, ressalvada essa hipótese, em verdade, nada há que impeça considerar que, mediante um certame, põe-se em disputa entre os interessados o ingresso em uma situação jurídica presumivelmente[30] favorável: a saber, a de contratante com a Administração Pública. Nesse diapasão, *o vencedor de um certame, ao ter para si adjudicado o contrato licitado e formalizado o respectivo instrumento, conquista para si — tem ingresso em seu patrimônio jurídico — uma situação jurídica específica*: a de contratado com o Poder Público em uma específica avença e, de conseguinte, a titularidade dos direitos e deveres concernentes. Dessa forma, *o vencedor de um certame adquire, mediante um procedimento isonômico (a licitação), o direito a se desigualar dos demais*: ter para si adjudicado o objeto licitado e, uma vez contratado pela Administração Pública, beneficiar-se com a situação jurídica favorável, síntese dos direitos e deveres que lhe cabem enquanto titular de um dos pólos contratuais em uma certa avença administrativa.

Oportuna, aqui, a magistral lição de Celso Antônio Bandeira de Mello, que, em obra das mais luminosas da doutrina publicista nacional — *O Conteúdo Jurídico do Princípio da Igualdade* —, ao dissertar sobre parâmetros para o crivo de constitucionalidade da legislação perante o princípio da igualdade, indica como um dos requisitos para observância do referido cânone a existência de uma correlação lógica (poderíamos falar em correlação razoável) entre o tratamento diferenciado atribuído a dados sujeitos e o fator considerado para discriminá-los. São as irretorquíveis palavras do Titular de Direito Administrativo da Pontifícia Universidade Católica de São Paulo, as quais sem dificuldades podem ser estendidas ao tema sob análise:

"O ponto nodular para exame da correção de uma regra em face do princípio isonômico reside na existência ou não de uma correlação lógica entre o fato erigido em critério de discrímen e a discriminação legal decidida em função dele.

"(...) Com efeito, há espontâneo e até inconsciente reconhecimento da juridicidade de uma norma diferençadora quando é perceptível a congruência entre a distinção de regimes estabelecida e a desigualdade de situações correspondentes.

"(...).

"Esclarecendo melhor: tem-se que investigar, de um lado, aquilo que é erigido em critério discriminatório e, de outro lado, se há justificativa racional para, à vista do traço desigualador adotado, atribuir o específico tratamento jurídico construído em função da desigualdade afirmada."[31]

30. A razão do advérbio está no risco ínsito, ainda que em mínimas proporções, a todos os contratos bilaterais onerosos. Esse risco pode ser minimizado, mas jamais completamente afastado. As regras de proteção da equação econômico-financeira do contrato administrativo se constituem forte garantia contra a eventualidade de prejuízo ao particular contratado, também não afastam o risco desse prejuízo, dado depender de decisões, administrativas ou judiciais, cujo conteúdo pode ser antecipadamente expectado em dado sentido (a partir das expectativas ofertadas pelos textos constitucionais e legal), mas não precisamente conhecido.

31. *O Conteúdo Jurídico do Princípio da Igualdade*, 2ª ed., São Paulo, Ed. RT, 1984, pp. 47-48.

Ora, a situação de vencedor de um certame é, ela própria, situação jurídica peculiar, diferenciada, justificando-se racional e juridicamente o tratamento normativo específico para mesma em face do prévio procedimento (licitação) desenvolvido para a ela se chegar. Esse procedimento garantiu a observância do princípio da isonomia e, findo, ensejou o tratamento discriminatório: obviamente não se tratam de forma assemelhada, no que atina com a contratação licitada, aquele licitante vencedor do certame e aqueles outros que não na ganharam ou sequer dela participaram.

Alcançada por idôneo processo jurídico essa situação de desigualdade a que corresponde a posição de contratado com a Administração Pública em uma dada avença administrativa, *o direito dela* (que iniludivelmente é um bem jurídico) *dispor* — p. ex., alienando-a ou atraindo outrem (empresa a que se consorcia o particular contratado) ao mesmo pólo contratual que ocupa — *constitui apanágio direto desse mesmo "status" de desigualdade.* Consubstancia-se ainda aí a observância da igualdade, uma vez que se tratam os desiguais (o contratado original e seus concorrentes que perderam no certame precedente à contratação) desigualmente na medida de suas desigualdades (um adquiriu lídima e isonomamente a situação jurídica correspondente a um pólo contratual em uma avença com a Administração; outros, não).

Se não serve o princípio da isonomia como fundamento para considerar vedadas a cessão de contrato administrativo e outras operações aproximadas (ao contrário, essas operações podem bem ser consideradas implementações da isonomia à medida que constituem disposição negocial de quem isonomamente — mediante certame — teve ingressado em seu patrimônio a situação jurídica de contratante da Administração em uma determinada avença), há que se procurar outro fundamento, desta feita idôneo, para sustentar uma restrição ao que, doutro modo, deveria ser entendido como direito de disposição patrimonial do particular contratado pela Administração.

4.3 O mito do personalismo nos contratos administrativos e a proteção do interesse público (cont.):derrogações do regime contratual comum

Não fosse aí um contrato administrativo e a alienação desse bem jurídico (a situação jurídica de titular de direitos e deveres economicamente apreciáveis constituídos mediante contrato) ou sua disposição contratual (a exemplo do ocorrente em hipótese de cessão contratual) — à exceção de hipótese de personalismo do escopo[32] ou restrição a sua transferência clausulada por acordo mútuo[33] —, seriam tidas como implicações normais do direito de disposição do próprio patrimônio por seu titular, condicionado unicamente à aceitação do possível cedido.[34]

Seriam. Porém, tratando-se de um contrato administrativo, certamente podem e surgem derrogações do regime contratual comum impostas pelo interesse público — o mesmo princípio/valor/bem jurídico que fundamenta a própria existência de um regime jurídico peculiar para os contratos administrativos em geral.[35]

32. Isto é, aqueles escopos contratuais que são avençados, considerando-se precipuamente *a autoria* da execução contratual, como tipicamente o são contratos de encomenda de obras de arte ou de serviços advocatícios em que subjacente relação de confiança.

33. A bilateralidade contratual certamente ainda impõe que o ingresso de um terceiro na relação contratual se dê dependente de consenso entre as partes originais da avença.

34. Tal como se passa no regime comum do instituto, consoante requisitos arrolados por Maria Helena Diniz (v. nota *supra*). Ver também Sílvio Rodrigues, ob. cit., pp. 311-319.

35. Como ilustração, vale por todos Carlos Ari Sundfeld (*Licitação e Contrato Administrativo*, São Paulo, Malheiros Editores, 1994, p. 204):

Sendo o regime jurídico definidor dos contratos administrativos informado pela necessidade de se atribuir a esse gênero contratual peculiaridades jurídicas que garantam a consecução do interesse público instrumentado mediante tais avenças,[36] cabe perguntar se a transferência do contrato administrativo poderia pôr este último em risco. Caso não, impossível usar-se o interesse público instrumentado pelo contrato administrativo como fundamento para impedir ou condicionar a cessão de contrato administrativo.[37] Caso sim, há que se verificar ainda se o risco ao interesse público ocorrerá sempre e não poderá ser afastado senão pela vedação peremptória do ato; ou, ainda que sempre existente o risco (mesmo porque o risco de inexecução contratual não é anulado pelo crivo de aptidão feito no certame, mas apenas consideravelmente diminuído), se o mesmo pode ser afastado e como. Se tal for viável, claramente a transferência de contrato administrativo ou sua cessão ou o consórcio do contratado com outrem serão atos de licitude condicionada ao atendimento de certos requisitos.

5. A licitude da cessão de contrato administrativo e operações aproximadas (cessão parcial, associação do contratado com outrem, transferência do contrato)

A resposta objetiva soa como única: sim, a entrada de uma nova pessoa jurídica na posição de particular contratado em uma avença administrativa (mediante cessão contratual ou associação do contratado com outrem etc.) pode pôr em risco a consecução do interesse público instrumentado por tal contrato. *Mas não sempre, nem necessa-*

"Os contratos administrativos em sentido estrito estão marcados, portanto, pela autoridade de que desfruta a Administração nas suas relações com os particulares, como instrumento para a persecução do interesse público. Ela se expressa, segundo terminologia consagrada no direito francês, onde o tema se desenvolveu, nas cláusulas exorbitantes ou derrogatórias do direito comum, assim entendidas as estipulações que, se inseridas em contratos privados, seriam impossíveis, inválidas ou ao menos impróprias".

36. Ensina Caio Tácito ("Contrato administrativo", in *Temas de Direito Público*, v. I, cit., pp. 617-635, excerto extraído à p. 619): "Nos contratos administrativos, prevalece o interesse público (pressuposto da utilidade pública do objeto do contrato) sobre o interesse privado. O princípio da igualdade entre as partes, que importa na regra da imutabilidade dos contratos, cede passo ao da desigualdade, ao predomínio da vontade da Administração sobre a do outro contratante, ou seja, o poder de modificação unilateral da obrigação (regra da mutabilidade do contrato). (...) A peculiaridade da prerrogativa consiste em que o agravamento da obrigação de fazer, dentro da escala do contrato, independe, em princípio do consentimento do contratante privado, entendendo-se como cláusula implícita do ajuste. Por esta forma, a obrigação pactuada adquire um teor dinâmico e flexível, dentro do âmbito e da finalidade do contrato administrativo, de forma a garantir a continuidade do serviço público e a plena satisfação do interesse coletivo".

37. É assim operado o princípio da proporcionalidade, sobre o qual, com precisão e estilo costumeiros, ensina Celso Antônio Bandeira de Mello (*Curso...*, 14ª ed., cit., p. 93): "Este princípio enuncia a idéia — singela, aliás, conquanto freqüentemente desconsiderada — de que as competências administrativas só podem ser validamente exercidas na extensão e intensidade proporcionais ao que seja realmente demandado para cumprimento da finalidade de interesse público a que estão atreladas. Segue-se que os atos cujos conteúdos ultrapassem o necessário para alcançar o objetivo que justifica o uso da competência ficam maculados de ilegitimidade, porquanto desbordam do âmbito da competência; ou seja, superam os limites que naquele caso lhes corresponderiam. *Sobremodo quando a Administração restringe situação jurídica dos administrados além do que caberia, por imprimir às medidas tomadas uma intensidade ou extensão supérfluas, prescindendas, ressalta a ilegalidade de sua conduta. É que ninguém deve estar obrigado a suportar constrições em sua liberdade ou propriedade que não sejam indispensáveis à satisfação do interesse público*".

riamente. O risco ao interesse público é afastável, aferindo-se se o candidato a cessionário ou a eventual composição consorcial produzida ao cabo da operação de associação satisfazem exigências (jurídicas, fiscais, técnicas e econômicas) exigidas no edital do certame que precedera a contratação.

Sendo positiva a resposta, há que se concluir que a eventual nova composição do pólo contratado pela Administração, sendo tão ou mais qualificada que aquela originalmente contratada, dá à Administração Pública, tutora do interesse público instrumentado por um dado contrato, a mesma garantia de exeqüibilidade contratual e consecução do interesse público ofertada pelo contratante original.

Obviamente aqueles contratos com escopos de execução personalíssima — por exemplo, contratos de serviços advocatícios ou apreciações técnicas especializadas, apresentações artísticas, encomendas de obras de arte e, a princípio, contratos decorrentes de certames do tipo *melhor técnica* (no qual a especialidade da técnica contratada e apropriada pelo contratado é nota central[38] para a avença administrativa) — não ensejam substituição do contratado ou mesmo subcontratação (no que atina com a execução do escopo *personalíssimo*), dado que tais operações importariam na própria frustração do objeto contratual. (Possível, todavia, excepcionalmente haver a cessão com contratos frutos de licitações do tipo *melhor técnica*, imaginando-se a viabilidade da operação desde que o candidato à cessionário adquira — por negócio jurídico comum — a técnica de propriedade do original contratado, o que tanto mais restará facilitado se responsáveis técnicos do original contratado ingressam, por qualquer instrumento jurídico lícito, no quadro de pessoal *lato* do candidato a cessionário. Nessa situação imaginária, bem se vê, há garantia para a Administração contratante que a solução técnica por ela contratada será a empregada, restando protegida assim a exeqüibilidade do escopo *original*.)

Desde já inexiste qualquer risco se o cedente, mantendo-se em estado de perfeita satisfação aos requisitos habilitatórios exigidos no edital, permanece no pólo que originalmente ocupava (consorciando-se com um terceiro) ou, de qualquer modo, mantém-se responsável solidário pela integralidade do escopo contratual. Aqui, não comparece risco algum ao interesse público, pois, a garantia de que o mesmo originalmente se valia pelo contrato, no mínimo (caso em nada contribua o cessionário ou a empresa que se associou ao original contratado), inalterada.

Outra hipótese em que o risco é também afastado está no caso do candidato a cessionário ofertar condições de satisfação das exigências habilitatórias, e assim de exeqüibilidade do escopo contratual, tão boas ou melhores que aquelas dispostas pelo contratado original.

Donde juntarem-se ao argumento literal *a contrario sensu* retirado da leitura do art. 78, VI, da Lei n. 8.666/1993, razões substanciais de maior tomo para considerar que, se não vedada pelo edital e pelo contrato administrativo concernente, nem for o caso de personalismo na execução do escopo,[39] a cessão de contrato administrativo e outras operações assemelhadas são negócios jurídicos lícitos. A propósito, em favor da licitude de cessão de contrato administrativo, Floriano de Azevedo Marques Neto, louvado na doutrina de Marcello Caetano, já teve oportunidade de averbar:

"(...) a cessão do contrato, mesmo que no pólo do contratado particular é possível desde que conte com a expressa anuência

38. Com melhor precisão técnico-jurídica: *causa*, conforme anotado por Orlando Gomes, consoante nota de rodapé *supra*.

39. O que se daria em hipóteses de contratação direta por inexigibilidade face à especialização técnica ou singularidade do objeto, cf. Lúcia Valle Figueiredo, ob. cit., pp. 33-34.

da Administração contratante. E esta anuência, como todo ato administrativo, deverá ser motivada.

"Ou seja, para concordar com a cessão de um contrato, a Administração terá que observar se: i) inexiste norma legal vedando a cessão para aquele contrato em especial; ii) se o objeto do contrato permite a cessão; iii) se o certame licitatório que antecedeu a contratação não oferece óbice; iv) se o cessionário reúne as condições pessoais para assegurar a continuidade e a ultimação da execução; e finalmente v) se as cláusulas contratuais não proíbem expressamente a cessão.

"(...) esposamos a tese de que a cessão nos contratos administrativos é plenamente possível, desde que não colida com qualquer uma das condições supra expostas. E o fazemos com grande tranqüilidade, na medida em que encontramos alicerce no sólido conhecimento de Marcello Caetano. O célebre administrativista português nos ensina que:

"'Os contratos administrativos são concluídos *intuito personae*, isto é, tendo em atenção as qualidades, idoneidade e garantias de certo e determinando indivíduo ou empresa.

"'Por isso, é uma regra consagrada na nossa legislação administrativa e sancionada pela jurisprudência a de que os contratos devem ser executados pela própria pessoa com quem foram concluídos.

"'Esta regra é, porém, completada por outra: a execução do contrato pode prosseguir por outra pessoa diferente daquela com quem inicialmente foi estipulado quando as prestações não tiverem por objecto serviços de caráter pessoal e a Administração consinta na substituição'."[40]

Reforça essa opinião, a explícita possibilidade de cessão direta de concessão, exemplo consabidamente dos mais clássicos de contrato administrativo, nos termos do que reza a Lei n. 8.987/1995, art. 27:

Art. 27. A transferência de concessão ou do controle societário da concessionária sem prévia anuência do poder concedente implicará a caducidade da concessão.

Parágrafo único. Para fins de obtenção da anuência de que trata o *caput* deste artigo, o pretendente deverá:

I — atender às exigências de capacidade técnica, idoneidade financeira e regularidade jurídica e fiscal necessárias à assunção do serviço; e

II — comprometer-se a cumprir todas as cláusulas do contrato em vigor.

Em favor da tese aqui abraçada, vem ainda o escólio perspicaz de Marcos Augusto Perez: "Verifica-se, então, que o apregoado caráter pessoal dos contratos administrativos não implica necessariamente vedação absoluta de transferência de parte das obrigações contratuais (subcontratação) ou de cessão propriamente dita do pólo contratual. *Não há vedação, mas condicionamento*. Ou seja, dado o regime jurídico publicístico que orienta a contratação administrativa, a cessão de contrato ou a mera subcontratação se operam dentro de certos parâmetros jurídicos ditados pela lei administrativa. Parâmetros estes um pouco mais restritivos, é bem verdade, do que os do regime jurídico privado, mas de forma alguma impeditivos da utilização dos institutos jurídicos em relevo".[41]

Desse teor também o entendimento de Hely Lopes Meirelles, de quem se transcreve o seguinte excerto: "Vale dizer que, na cessão ou transferência de contrato, formalizada mediante 'Termo de Cessão', (...), que só pode ser feita a quem atenda às exigências relacionadas com a capacidade e idoneidade do cessionário, sob todos os aspectos previstos no edital da licitação (...), permanece na íntegra o ajuste anterior, salvo quanto ao contratado original — cedente

40. Floriano de Azevedo Marques Neto, in "A cessão de contrato administrativo...", in *Boletim de Licitações e Contratos* 3/146-147, cit.

41. "Contrato administrativo...", cit., p. 99; destaque acrescido.

— que é substituído pelo novo — cessionário — no momento de sua formalização. O 'Termo de Cessão' (ou de 'Sub-rogação') é, portanto, apenas o instrumento pelo qual o cedente transfere e o cessionário assume as responsabilidades, as obrigações e os direitos oriundos do contrato, com a anuência e interveniência da Administração. (...)".[42]

O recurso à doutrina estrangeira calha para firmar bem a tese de que o personalismo *não* é um caractere imanente do conceito de contrato administrativo, dependendo, em verdade, de seu tratamento no direito positivo (no direito positivo brasileiro esse personalismo não é acolhido como regra geral dos contratos administrativos). Por todos, a pena ilustre de José Roberto Dromi: "Salvo que el contrato lo autorice *ab initio*, sin autorización expresa de la Administración el concontratante no puede ceder o transferir los derechos y obligaciones emergentes del contrato o la cualidad de 'parte' contratante respecto de las prestaciones recíprocas a cumplir, para introducir un tercero en lugar suyo en la relación administrativo contractual, pues no hay 'impersonalidad' en los contratos públicos".[43]

Ora, lícita a cessão de contrato administrativo — o que não duvidamos —, tanto mais tranqüilo concluir em favor da licitude da associação do contratado com outrem, notadamente quando se passa como no caso concreto, no qual essa operação aumenta a garantia da exeqüibilidade do escopo contratual e, portanto, em mesma medida, melhor assegura a consecução do interesse público atendido pelo contrato em comento.

A propósito, o *atual* entendimento de Marçal Justen Filho acerca do art. 78, VI, da Lei n. 8.666/1993, no que atina com à associação do contratado com outrem, corrobora nossa exegese:

"A hipótese legal abrange, primeiramente, a associação formal e típica. Assim, por exemplo, o contratante não pode conferir, para formação do capital social de uma nova sociedade, os direitos derivados do contrato administrativo, *sem que tal seja autorizado pela Administração Pública*.

"Também se apanha a associação provisória e temporária, como se passa no caso de consórcio. Como regra, as empresas consorciadas deverão comparecer à licitação já nessa condição (art. 33). Não se admite o consórcio subseqüente, *a não ser que seja admitido pela entidade contratante*. (...)".[44]

Em síntese, a licitude da cessão de contrato administrativo depende da soma dos seguintes requisitos: (i) a ausência de previsão proibitiva no edital e no instrumento convocatório; (ii) compatibilidade com o objeto contratual (o qual não pode ser de *execução personalíssima*, como, p. ex., um parecer jurídico); (iii) a aquiescência do ente contratante, a qual está condicionada (iii.a) ao atendimento das exigências editalícias de habilitação ou pré-qualificação por parte do candidato a cessionário, averiguada por juízo vinculado e (iii.b) à inexistência de empecilho de conveniência e oportunidade em face do interesse público, verificada por juízo discricionário.[45] Sobre a

42. *Estudos e Pareceres de Direito Público*, v. VII, São Paulo, Ed. RT, 1983, p. 72.

43. *La Licitación Pública*, Buenos Aires, Astrea, 1989, p. 54.

44. *Comentários à Lei de Licitações e Contratos Administrativos*, 9ª ed., São Paulo, Dialética, 2002, p. 537; destaque acrescido.

45. O rol *supra* coincide com aquele elaborado por Floriano de Azevedo Marques ("Contratos administrativos: a possibilidade jurídica da sua cessão de titularidade à luz do interesse público", in *Cadernos de Direito Tributário e Finanças Públicas* 13/191-213, São Paulo, Ed. RT, out.-dez. 1995, especialmente p. 203): "O caráter pessoal dos contratos administrativos não significa de forma alguma a possibilidade de se proceder às cessões da titularidade deste. Não. O que se coloca é que, dependendo do contrato, essa cessão poderá se efetivar desde que com expressa anuência da Administração contratante. Essa anuência, como todo ato administrativo, deverá ser motivada. Ou seja, para concordar com a cessão de um contra-

configuração desse segundo pressuposto para a anuência da Administração contratante com a cessão do contrato administrativo, cabe lembrar que, tocando com interesses patrimoniais legítimos do particular contratado e com o interesse público (que, como sabido, não é livremente disponível[46]), a consideração da conveniência e da oportunidade quanto ao interesse público em favor ou desfavor da cessão contratual deve ser motivada e pautada pelos princípios da razoabilidade, da proporcionalidade e da finalidade. Trata-se de discrição administrativa, a qual, por definição, é limitada.[47] Em suma, a decisão administrativa favorável ou desfavorável à cessão contratual deve fundar-se sobre fundamentos consistentes para legitimação da apreciação parcialmente discricionária.

Quadra, ademais, lembrar d'outros limites de ordem genérica (condicionantes da licitude de todo ato jurídico), como a (i) ausência de propósito de lesar o patrimônio público, (ii) a inexistência de simulação ou fraude contra terceiro, (iii) a ausência de instituição de vantagem indevida para quaisquer das partes, inclusive os agentes públicos que avalizem a cessão do contrato administrativo etc. A presença desses requisitos, entretanto e por óbvio, longe está de significar que a associação do contratado administrativo com outrem seria vedada a princípio, nem muito menos ilícita. Tratam-se aí apenas e tão-somente de requisitos de validade, tal como usual para a generalidade dos atos jurídicos lícitos. Os atos jurídicos lícitos não o são em absoluto nem no vazio, mas, sim, em face de um dado ordenamento jurídico, porquanto atendidos dados requisitos ali previstos. *Toda licitude é condicionada, enfim.*

6. *Personalismo nos contratos privados e nos contratos administrativos: negativa desse atributo como caractere conceitual dos contratos administrativos*

Contratos pessoais ou *intuitu personae* do direito privado são aqueles que têm por objeto obrigação *de fazer* personalíssima ou infungível, a qual pode se dar "em virtude de convenção das partes ou pela própria natureza do negócio realizado".[48] Por tal atributo — decorrente da natureza da obrigação ou de disposição explícita das partes (o que, antes explicitamente previsto no CC/1916, art. 878, restou inserto na autonomia contratual pelo novo CC, art. 421) — os contratos pessoais ou *intuitu personae* não podem ser cedidos ou, de qualquer modo, ter transferida a execução da prestação personalíssima. Entretanto e por óbvio, na hipótese de contratos tornados *intuitu perso-*

to, a Administração terá que observar se: i) inexiste norma legal vedando a cessão para aquele contrato em especial; ii) se o objeto do contrato permite a cessão; iii) se o certame licitatório que antecedeu a contratação não oferece óbice; iv) se o cessionário reúne as condições pessoais para assegurar a continuidade e a ultimação da execução; e finalmente v) se as cláusulas contratuais não proíbem expressamente a cessão". Porém, difere-se aqui da posição de Azevedo Marques, ao não se reconhecer o *personalismo* como peculiaridade imanente à natureza dos contratos administrativos.

46. A indisponibilidade do interesse público pelo agente público, em verdade, ficaria melhor nomeada como "disponibilidade condicionada do interesse público", o que efetivamente ocorre e é necessário, pois a própria administração de um interesse — qualquer que seja sua natureza — exige a tomada de decisões (disposição), não somente sobre *meios* para seu resguardo, como também não raro quanto à definição específica de seu próprio conteúdo em dado contexto.

47. Para aprofundamento do conceito de discrição administrativa e seu controle, ver, por todos, Celso Antônio Bandeira de Mello, *Discricionariedade e Controle Jurisdicional*, 2ª ed., São Paulo, Malheiros Editores, 1993, especialmente o Capítulo I.

48. Arnoldo Wald, *Curso de Direito Civil Brasileiro. Obrigações e Contratos*, v. II, 14ª ed., São Paulo, Ed. RT, 2000, p. 46. O autor exemplifica com casos clássicos: encomenda de pintura artística e contratação de causídico para defesa oral.

nae não pela natureza de seu objeto, mas pelo consenso dos contratantes, superveniente manifestação bilateral em contrário lhe retira esse caractere e o libera à circulação jurídica.

Donde, o chamado personalismo dos contratos (no direito privado) impede definitivamente, e com independência da vontade das partes, a cessão contratual e operações assemelhadas *apenas quanto àquelas avenças cuja prestação (de fazer) seja personalíssima e, assim, contratada tendo como causa a consideração das qualidades próprias e insubstituíveis do contratado responsável por sua execução.*

De qualquer modo, notemos que o *personalismo* dos contratos privados não se caracteriza absolutamente pela necessidade de anuência do pretendido contratante cedido para que tenha validade a cessão contratual. Tirante a hipótese dos contratos pessoais pela natureza da prestação contratada (para os quais não faz sequer sentido a discussão sobre cessão contratual), *a **validade** da cessão contratual, independentemente do contrato ser pessoal devido à restrição estipulada pelas partes ou impessoal, dependerá da concordância do contratante que se pretende ceder.*[49] Assim, em regra, mesmo quanto aos contratos impessoais, a cessão contratual exige a anuência do pretenso cedido. Excepcionam-se dessa necessária anuência aqueles contratos cuja livre circu-

49. Em monografia de fôlego sobre a cessão de contrato (*Cessão de Contrato*, São Paulo, Saraiva, 1985, p. 432) Carlos Alberto da Mota Pinto expõe: "A cessão de contrato é o meio jurídico tendo por finalidade a circulação da relação contratual, isto é, a transferência *ex negotio* do conjunto de posições ativas e passivas criadas por um contrato. Há uma transmissão da referida relação de uma das partes contratuais (cedente) para um terceiro (cessionário) *com o consentimento do outro contraente (cedido)*. Produz-se, pois, a entrada contratual de um terceiro na posição de parte contratual do cedente, isto é, na titularidade da relação contratual ou, na terminologia da lei portuguesa (art. 424º do Código Civil), da posição contratual. *Para a produção deste efeito é imprescindível o acordo do outro contraente originário: o cedido*. Este acordo pode manifestar-se num momento simultâneo, posterior ou mesmo anterior ao acordo das duas outras partes". Pontes de Miranda (*Tratado de Direito Privado*, v. XXIII, Rio de Janeiro, Borsói, 1958, pp. 409-412) considera o consentimento do pretenso contratante cedido como requisito de *eficácia* da transferência, entendendo que mesmo sem esse acordo, "O que resta do negócio jurídico entre o figurante que queria sair e o que se prestava a entrar na relação jurídica fundamental é o que se conclui dos têrmos do negócio jurídico. Se é de entender-se que persiste, os atos do outorgado são atos em nome do outorgante e, para adimplemento, é interessado, no sentido do Código Civil, art. 930. É absurdo dizer-se que, faltando o consentimento do figurante permanecente, o negócio jurídico e inexistente. É, no tocante à liberação do outorgante e, pois, no tocante à transferência, ineficaz". Distintamente, tem-se que, para os contratos administrativos, o consentimento da Administração contratante com a cessão contratual é verdadeiro requisito de *validade* do negócio jurídico em causa, haja vista a imprescindibilidade para resguardo do interesse público (nesse aspecto, indisponível) de que seja averiguado o atendimento por parte do candidato a cessionário das exigências editalícias habilitatórias. Observado isso, concorda-se com a opinião do venerável jurista quanto ao entendimento de que, mesmo ausente o consentimento ou presente expressão manifestação contrária ao negócio por parte da Administração contratante, não seguirá a completa ausência de sentido jurídico para o acordo eventualmente firmado entre o contratante que pretendia sair da avença administrativa e aquele que pretendia nela entrar. Em atenção aos arts. 170 ("Se, porém, o negócio jurídico nulo contiver os requisitos de outro, subsistirá este quando o fim que visavam as partes permitir supor que o teriam querido, se houvessem previsto a nulidade") e 184 ("Respeitada a intenção das partes, a invalidade parcial de um negócio jurídico não o prejudicará na parte válida, se esta for separável; a invalidade da obrigação principal implica a das obrigações acessórias, mas a destas não induz a da obrigação principal"), pode, a depender das cores do caso concreto, o acordo originalmente firmado como cessão de contrato administrativo, em face da negativa de anuência da Administração contratante, restar com o conteúdo de uma simples cessão de crédito.

lação decorreria de disposição legal; esses, todavia, alcançam uns poucos, segundo rol exemplificativo formulado por Dimas de Oliveira Cesar.[50]

A necessidade da anuência do eventual futuro contratante cedido para que se aperfeiçoe a cessão contratual, possibilitando àquele a avaliação sobre o negócio em causa preservar ou não o atendimento dos seus legítimos interesses relacionados com a contratação (juízo materialmente pressuposto a sua manifestação em favor ou desfavor da operação), atende à segurança jurídica, à boa-fé e à simetria dos contratantes nas relações contratuais, respectivamente, (a) assegurando às partes a certeza da identidade daquele que ocupa o pólo contratual oposto, (b) impedindo a burla ao cumprimento das obrigações contratuais mediante alienação da posição contratual à sorrelfa da ciência da parte cedida e (c) preservando o bilateralismo instrumentador (mas não como meio único e nem sempre eficaz) do trato eqüitativo das partes contratantes.

Considerando o que exposto como condicionantes da licitude da cessão de contratos administrativos, essa operação e outras símiles (associação do contratado com outrem, transferência do contrato, subcontratação, cessão parcial), em sede de avenças administrativas, passar-se-iam muito diferentemente do que descrito em sede de contratos privados?

Diferentemente, sim, mas não muito. De fato, do que vimos no final do tópico anterior, dentre os requisitos de validade da cessão de contrato administrativo, apenas se apresentam como peculiares a essa espécie contratual a (i) inexistência de vedação no instrumento convocatório e no contrato (se existente vedação, pode-se ainda cogitar que, em hipóteses excepcionais estreitamente vinculadas à objetiva demonstração de ser a melhor opção posta à consecução do interesse público, a Administração contratante poderia proceder à alteração contratual, anuindo com a cessão do contrato[51]) e (ii) a necessária *objetividade* (refletida nos requisitos formais e materiais da *motivação*) na demonstração de que a exeqüibilidade contratual e correlato atendimento do fim público assistido pela avença restam assegurados uma vez aperfeiçoada a cessão da avença administrativa.

Essas peculiaridades, entretanto, além de não impedirem afirmar a licitude da cessão de contrato administrativo, não justificam considerar-se tais contratos como *intuitu personae* por natureza, pois, a principal (senão única) conseqüência jurídica desse atributo — a vedação à cessão contratual ou operações similares — acabamos de ver não se operar, em regra, com os contratos administrativos (a não ser na hipótese de contratos com escopo de execução *personalíssima, o que, todavia, passa-se identicamente no direito privado*). E mais: a cessão de contratos administrativos opera-se muito assemelhadamente ao que se passa com a mesma operação em contratos privados, distinguindo-se a primeira apenas por duas restrições peculiares. A distinção, entretanto, é perfeitamente descrita como *um condicionamento mais restritivo* para os contratos administrativos no que atina com sua circulação (cessão contratual e operações aproximadas), sendo, mais que ocioso, falso daí afirmar uma alentada natureza *intuitu personae* dessas avenças, pois estar-se-ia aludindo a um conteúdo de regime jurídico que, consoante visto, não incide (e a comparação com o fenômeno da cessão contratual nos contratos privados revelou-o bem).

7. Conclusões

A cessão de contrato administrativo é operação lícita, sem embargo de se sujeitar

50. *Apud* Sílvio Rodrigues, ob. cit., p. 315.

51. O rigor com que deve ser *objetiva e detidamente* justificada, no caso concreto, uma tal ope-

a restrições mais intensas que o ocorrente com os contratos privados. Ela é condicionada ao atendimento dos seguintes requisitos: (i) a ausência de previsão proibitiva no edital e no instrumento convocatório; (ii) compatibilidade com o objeto contratual (o qual não pode ser de execução personalíssima, como, p. ex., um parecer jurídico); (iii) a aquiescência do ente contratante, a qual está condicionada (iii.a) ao atendimento das exigências editalícias de habilitação ou pré-qualificação por parte do candidato a cessionário e (iii.b) à inexistência de empecilho de conveniência e oportunidade em face do interesse público.

Tais requisitos são peculiares (e mais restritivos) a essa operação. A par deles, certamente põem-se outros impostos à generalidade dos atos e negócios administrativos, como a (i) ausência de desvio de poder, (ii) a não instituição de vantagens indevidas para quaisquer das partes (inclusive, agentes públicos ou terceiros por estes indicados), (iii) a inexistência de simulações ou fraude a terceiros etc.

O referido juízo discricionário de conveniência e oportunidade, como todos do gênero, limita-se pelo crivo em face dos princípios da razoabilidade, da proporcionalidade (relevantíssimo para, pela lógica do razoável, equacionar a proteção e a consecução do interesse público com o exercício de legítimos interesses patrimoniais do particular contratado referidos com a alienabilidade de sua posição contratual) e da finalidade.

A um espírito impressionável poderia, talvez, assomar como argumento consistente contra a licitude da cessão de contrato administrativo a alegação de que tal negócio deixaria a porta aberta para a quebra da seriedade das propostas comerciais em certames, a ampla comercialização das posições de contratado nos contratos administrativos e desvios afins. Um tal discurso certamente terminaria, em fecho retórico de ouro, dizendo que a cessão de contrato administrativo agride assim à moralidade administrativa. Esse argumento, todavia, não passa de uma falácia.

Ora, todo *ato jurídico legalmente considerado como* ***lícito*** pode, no caso concreto, ser realizado com algum vício de legalidade. Toda forma legal lícita em abstrato pode ser, no caso concreto, pervertida em seu uso. Por exemplo: ninguém duvida que a desapropriação é um ato administrativo lícito (previsão constitucional e legal); por outro lado, em nenhum momento essa licitude *em abstrato* é negada pela ilicitude revelada em uma desapropriação realizada como instrumento de perseguição política. A ilicitude do uso de uma forma jurídica *no caso concreto* ***não*** é assim argumento bastante para sustentar a ilicitude dessa forma *em abstrato*. Em raciocínio mais direto: *não é porque se traficam entorpecentes via aeroporto que o estabelecimento e a prestação dos serviços aeroportuários seriam ilícitos!...*

Lícita a cessão de contrato administrativo, tanto mais tranqüilo afirmar a licitude de operações similares, conquanto menos intensas em seus efeitos, como a subcontratação (que conta com explícita previsão legal: Lei n. 8.666/1993, art. 72), a cessão parcial e o consórcio do contratado com terceiro, submetidas todas aos mesmos requisitos apontados para a cessão contratual. No dizer dos brocardos, *quem pode o mais, pode o menos*,[52] e, é certo que a cessão parcial, a subcontratação, a transferência do

ração é intenso, pois, voltado aí a afastar qualquer indício de *desvio de poder e conseqüente quebra da isonomia.*

52. Carlos Maximiliano (*Hermenêutica...*, 18ª ed., cit., p. 245), sempre ele, nos dá o esteio hermenêutico para tanto: "*In eo quod plus est semper inest et minus*: 'Quem pode o mais, pode o menos' (literalmente: 'Àquele a quem se permite o mais, não deve se negar o menos'. 'No âmbito do mais sempre se compreende também o menos'. O último brocardo justifica o argumento *a majori ad minus*, que aplica às partes a regra feita para o todo, e julga lícito, ou exigível, o menos quando o

contrato, a associação do contratado com outrem aproximam-se da cessão de contrato administrativo naquilo que mais relevante para a discussão em pauta: o ensejo para que terceiro que não tenha participado do certame licitatório execute escopo do contrato administrativo ou de alguma forma tenha sua situação jurídica alterada ao se relacionar com o objeto do mesmo.

Os contratos administrativos não são *intuitu personae* por natureza conceitual. Podem sê-lo, em dados casos, pela natureza de seu escopo (obras artísticas, pareceres jurídicos, contratações de empresas especializadas etc.) ou, independentemente do conteúdo do escopo, por *expressa* determinação da Administração contratante, seja no instrumento convocatório do certame, seja no instrumento contratual (e o particular, aderindo a tal contrato, terá ocasionado que seu personalismo decorra da bilateralidade contratual, algo, senão idêntico, muito aproximado ao que ocorre em vários contratos *privados* de adesão). Essa eventualidade decorre, assim, ou da natureza da prestação contratada ou de cláusula contratual *não necessária*; ***não**, pois, da natureza jurídica do contrato administrativo*. Em sua generalidade, os contratos administrativos têm apenas sua circulação (cessão contratual e operações aproximadas) mais condicionada ou restringida que a dos contratos privados. E essas afirmações, como visto, não se contradizem.

texto autoriza, ou obriga, ao mais. (...) Os dois argumentos, *a majori ad minus* e *a pari*, seguem processo inverso do *a contrario*: são mais fecundos e de emprego mais freqüente. Descoberta a razão íntima e decisiva de um dispositivo, transportam-lhe o efeito e a sanção aos casos não previstos, nos quais se encontrem elementos básicos idênticos aos do texto".

A SUPERVISÃO BANCÁRIA, EM GERAL E NO DIREITO PORTUGUÊS

José Simões Patrício

Advogado (Lisboa)

1. A supervisão bancária: 1.1 Configuração jurídica; 1.2 Supervisão prudencial. 2. Novas dimensões da supervisão: 2.1 Regras gerais de conduta; 2.2 Outras regras de conduta: a) Crédito ao consumo; b) "Transparência" nas operações em geral. 3. Interesses em presença. 4. Conclusões.

Ao abordar a supervisão bancária, não oferece dúvida que nos situamos no domínio concreto do Direito Bancário. Advirta-se, no entanto, que se trata de área da regulação jurídica — ou, se se quiser, de disciplina jurídica — que, à semelhança do verso e anverso da matéria-prima da actividade bancária (a moeda), apresenta uma dupla face: a *institucional* ou de direito público e a *material* ou de direito privado (comercial). O Direito Bancário público ocupa-se, evidentemente, das relações verticais ou de supra-ordenação entre o Estado e as instituições de crédito, enquanto que o Direito Bancário privado regula as relações horizontais daquelas instituições com os respectivos clientes, as relações (ou interesses) de comércio bancário.

À primeira vista, a supervisão bancária insere-se naturalmente na primeira das mencionadas vertentes do Direito Bancário. Pois, expressando como sem dúvida expressa o controlo ou fiscalização (sinónimos com que ainda não há muito se designava a supervisão) a que os bancos estão sujeitos por parte da Administração Pública — isto é, traduzindo o exercício de um poder de autoridade (*jus imperii*) — a supervisão deverá considerar-se um instituto de recorte nitidamente juspublicístico.

A realidade, porém, é algo mais complexa do que pode ajuizar-se singelamente a partir de um ângulo de análise bipolar, como o referido.

As considerações seguintes tentam contribuir para demonstrar tal asserção. Primeiramente, encarar-se-á o perfil jurídico e o âmbito nuclear da supervisão (n. 1); depois, referir-se-ão aspectos duma evolução desenhada nos últimos tempos na solicitude supervisora (n. 2); por fim, ensaiar-se-á uma aproximação de conjunto aos interesses ou bens jurídicos que movem a supervisão (n. 3).

1. A supervisão bancária

Comecemos por uma referência ao conceito de supervisão em Direito Administrativo. Para a doutrina jurídica,[1] a supervisão é um dos poderes típicos da *relação hierárquica.* Nesta, com efeito, encontramos integrados:

• o poder de *direcção*, que é o mais importante: poder de emanar ordens e instruções aos subalternos;

• o poder de *controlo*, tríplice no seu espectro: faculdade de inspecção (fiscalizando o modo como os órgãos subordinados exercem a sua actividade, designadamente face às orientações recebidas e à própria lei), poder de *supervisão* (isto é, de suspender, modificar, revogar e substituir os actos dos subalternos) e poder disciplinar (ou de sancionar as infracções dos subordinados, designadamente o desrespeito do dever de obediência hierárquica);

• os poderes *dispositivos de competência*: delegação de poderes próprios, faculdade de substituição primária (actuando em vez dos subordinados) e poder de resolução de conflitos de competência entre subalternos.

Logo numa primeira aproximação, mesmo desprevenida, se dará conta de que a *supervisão bancária não é susceptível de subsunção ao conceito administrativo* assim delineado. É por demais óbvio que os poderes públicos não podem (desde logo constitucionalmente!) modificar, revogar, etc. as operações bancárias... Aliás, e definitivamente, a razão primacial é a de que *não existe relação hierárquico-administrativa* entre o sistema bancário, sobre cujas instituições é exercida a supervisão, e as autoridades públicas pelas quais esta é exercida. A supervisão bancária opera exogenamente, ao passo que a supervisão administrativa é endógena à Administração Pública, melhor, à sua estrutura hierárquica.

Vejamos, porém, se, apesar disto, haverá semelhanças ou aproximações de regime jurídico entre ambos os conceitos homónimos.

É bem sabido — e por isso se justificará uma referência muito genérica — que a supervisão sobre as instituições de crédito é exercida pelos poderes públicos de forma que se pode dizer vitalícia. Com efeito, desde que nascem, enquanto vivem e até que morrem, é omnipresente, em cada momento, alguma forma de controlo das autoridades sobre elas.

Para se constituírem, necessitam as mesmas instituições de autorização administrativa (prévia). No exercício da sua actividade normal, têm de conformar-se a uma série de requisitos legais ou administrativos cuja observância é fiscalizada de perto pelo supervisor: indisponibilidade de reservas de caixa proporcionais às responsabilidades perante terceiros (*maxime* depósitos); limites à assunção de riscos de crédito; relações obrigatórias entre várias rubricas patrimoniais; etc. Finalmente, se tiverem de extinguir-se, começarão eventualmente os poderes públicos por ponderar um plano de salvação (saneamento financeiro) e, no limite, decidem avançar para a "liquidação", quer dizer, para a falência (termo evitado normalmente pelo legislador, e muito mais o de... bancarrota). Em linguagem figurada, dir-se-ia que o parto é sempre assistido; a actividade exercida em liberdade, sim, mas acompanhada; a morte é igualmente sempre assistida (no bom sentido, oposto à eutanásia activa!).

Ao propósito da presente exposição interessa mais o segundo dos apontados aspectos, ou seja, o do controlo da actividade das instituições creditícias. Aqui poderão surpreender-se, decerto, as mais estreitas analogias entre o "poder de controlo" do direito público administrativo e a supervisão bancária.

Recorremos ao direito positivo português por evidentes razões práticas, embora as restantes ordens jurídicas adoptem configurações idênticas, no contexto da *globalização* também institucional que por uma

1. Por todos, na doutrina portuguesa, Paulo Otero, "Hierarquia administrativa", *Dicionário Jurídico da Administração Pública*, v. V, Lisboa, 1993.

ou outra via se instaurou, principalmente no domínio financeiro.

Os diplomas legais de seguida referidos são a "lei bancária", regime aprovado pelo Dec.-Lei n. 298/1992, de 31 de dezembro,[2] e a lei orgânica do Banco de Portugal, aprovada pela Lei n. 5/1998, de 31 de janeiro. A aplicação conjugada de ambos os diplomas resulta, aliás, de norma expressa do primeiro deles: "A supervisão (...) incumbe ao Banco de Portugal, de acordo com a sua Lei Orgânica e o presente diploma" (art. 93º-1).

Na mesma lei bancária, art. 116º, desenha-se o âmbito do que se compreende na supervisão do Banco Central; entre o mais: o *acompanhamento da actividade* das instituições de crédito, formulação algo genérica (conquanto só talvez na aparência) a que teremos oportunidade de voltar; *vigiar pela observância* das regras que regulam a mesma actividade, aspecto acima referido como pertinente ao poder disciplinar administrativo; e *sancionar as infracções*, o que igualmente é próprio do mencionado poder disciplinar.

Por seu turno, a lei orgânica do Banco de Portugal, tal como vigorou até ao fim de 1998, inseria genericamente a supervisão nas funções de *orientação* e *fiscalização* dos mercados monetário, financeiro e cambial (art. 22º-1); além disso, referia expressamente (alín. *b)* do art. cit.) como compreendidas na supervisão as faculdades de: emanar *directivas* às entidades supervisadas, tal como sucede no "poder de direcção" hierárquico-administrativo; proceder a *inspecções* (art. 24º, alín. *a)*; cf. o art. 120º-2 da lei bancária), o que se abrange no "poder de controlo" (inspectivo) também da relação hierárquica; e instaurar *procedimentos por infracções* (cit. art., alín. *b)*), como tipicamente é o caso ainda do "poder de controlo" (disciplinar) em Direito Administrativo.

No texto da lei orgânica promulgado para vigorar desde o inicio de 1999, regista-se uma separação mais nítida entre as medidas de execução da política monetária e cambial (art. 16º) e as de supervisão (art. 17º). Esta é autonomizada, efectivamente, em enunciado no qual se declara que o Banco de Portugal exerce a supervisão "nomeadamente estabelecendo *directivas* para (...) actuação [das entidades supervisadas] e para assegurar os serviços de centralização de riscos de crédito, nos termos da legislação que rege a supervisão financeira" (art. cit.).

Conclui-se, em face do próprio direito positivo mencionado, que não são poucos nem insignificativos os pontos de sobreposição dos conteúdos da relação hierárquica administrativa e da supervisão bancária. Nem todos os poderes daquela são efectivamente susceptíveis de transpor-se para esta, como ficou exemplificado mais acima, de passagem. Mas tal pode dever-se apenas, quiçá, a uma configuração própria da relação entre supervisor e supervisados, da qual emanam os poderes em causa: desde logo, como também foi apontado, é evidente que não existe nas situações ora sob análise uma ligação orgânica que permita conceber directamente algo como a hierarquia de tipo administrativo. Sem embargo, como acaba de verificar-se, existem objectivamente nítidos pontos de contacto entre as duas espécies de situações.

1.1 Configuração jurídica

Cumpre, em face do exposto, que procuremos vislumbrar, embora *per summa capita* e sem pretensão de apurado rigor dogmático, os contornos específicos da supervisão bancária. Permita-se que adiantemos — até por não ser de todo surpreendente, decerto — que também neste domínio podem ser notadas impressivas similitudes com a relação hierárquica subjacente à típica supervisão administrativa.

2. É legalmente designado como "regime geral das instituições bancárias e das sociedades financeiras" e, por isso, comummente referido na prática pelas siglas RGIC ou RGICSF.

A ciência jurídica europeia debateu-se, ao longo de praticamente todo este século, com o modo de coonestar a pura actuação dum Estado debruçado sobre a sua própria organização administrativa — estremando claramente, à luz dos cânones oitocentistas, Estado e Sociedade — com a sua actividade interventora no domínio social, ou melhor, nas actividades sócio-económicas: financeiras, sanitárias, educativas, etc. Socorremo-nos em grande parte da exposição que segue de um muito esclarecedor excurso alheio.[3]

A doutrina germânica, especialmente sob a autoridade de O. Mayer, logo no dealbar da construção sistemática do Direito Administrativo considerou a singularidade, no interior da administração estatal, das chamadas relações de *sujeição especial* — próprias dos funcionários públicos, mas também de militares, presos, concessionários e até alunos... — que não se regeriam pelo princípio da legalidade e, antes, por simples instruções dos detentores de autoridade. Por imperativos constitucionais e principalmente desde o início da década de 1970, com a posição tomada pelo Tribunal Constitucional federal, a doutrina alemã transformou radicalmente a sua postura: pugnou por um regime diverso dessas relações administrativas (relevância dos direitos fundamentais, da reserva de lei e do controlo jurisdicional) e chegou mesmo a dar por extinta a categoria doutrinal de relações de sujeição especial. Porém, materialmente, a realidade subsistia, embora com alcance jurídico mitigado e mesmo com novas designações doutrinais ("estatuto especial" ou "vinculação especial"). E, nos anos 1980, alguns autores retomaram mesmo a terminologia tradicional...

Esta, contudo, não é utilizada para qualificar a actuação administrativa relacionada com a intervenção ou mesmo a direcção da actividade económica (não se esqueça que, na Alemanha, a Constituição de 1949 proclama o Estado como social). Mantendo o círculo das relações de sujeição especial, ou equivalentemente designadas, cingido a um número restrito de entidades, foi cunhado o conceito de *supervisão* para os novos poderes estatais, considerados qualitativamente distintos das clássicas actuações da Administração.

Aquela noção — *Aufsicht* — foi elaborada por H. Trieppel em 1917, na vigência da Constituição de Weimar, para explicar as relações de poder territorial entre o *Reich* e os Estados alemães. Passou depois a ser aplicada à intervenção dos poderes públicos em áreas mais sensíveis da vida económica, e especificamente quando se trate duma intervenção *preventiva*; mas também costuma aplicar-se à intervenção *directiva*, traduzida na capacidade de ditar ordens e instruções. Nota-se, todavia, a este propósito, que alguns reputados autores preferem distinguir entre supervisão e direcção, consoante respectivamente se trate do controlo de matérias alheias ou de matérias próprias (critério de Forsthoff), ou então conforme seja visado garantir o respeito pelos agentes económicos de regras previamente definidas ou fixar novas medidas (opinião de Bullinguer).

A doutrina italiana, representada principalmente na obra M. S. Giannini,[4] teorizou os chamados *ordenamentos sectoriais* a propósito, exactamente, da intervenção pública em matéria do crédito ou da banca. Sublinham-se aí dois relevantes aspectos: do ponto de vista subjectivo, existe uma autoridade de vértice a qual procede ao controlo das entidades (creditícias) dirigidas, horizontalmente solidárias; do ponto de vista objectivo, deparamos com um sistema de relações que não são de mero *controlo* por

3. Antonio Jimenez-Blanco, *Derecho Público del Mercado de Valores*, Madrid, s.d. (1989), pp. 130 e ss. e 156 e ss.

4. Massimo Severo Giannini, *Diritto Pubblico dell'Economia*, Bolonha, 1985, pp. 203 e ss. e *Diritto Amministrativo*, v. I, 2ª ed., Milão, 1988, pp. 169 e ss.

parte da autoridade colocada no vértice, mas também de *coordenação* e ainda de *direcção* (designadamente através de instruções).

A autoridade supervisora está, pois, habilitada com um poder de *regulamentação* da actividade económica ou financeira, da "profissão", em causa. Neste sentido — e, decerto, apenas nele — pode falar-se de normas de *aplicação interna* no sector; a "disciplina da profissão".

A doutrina jurídica espanhola louva-se igualmente na concepção dos ordenamentos sectoriais para qualificar o regime de sectores como o energético e o bancário. Também nela se apoia T. R. Fernández ao defender explicitamente a *natureza disciplinar* do poder sancionatório do Banco de Espanha: sem aludir a relações de sujeição especial (ao invés do que ainda não há muito fez a mais alta jurisdição do país vizinho), retira daí consequências prático-jurídicas especiais quanto ao grau de incidência de imperativos constitucionais como os dos princípios da legalidade, de *non bis in idem*, etc.

A radical alteração da postura e das funções da Administração Pública em face da sociedade — alteração verificada do século XIX para o XX e, com mais acuidade, da primeira para a segunda metade deste último, em particular após a Segunda Grande Guerra — foi certamente o que obrigou à correcção ou, no mínimo, adaptação dos ângulos de análise da ciência jurídico-administrativa. Referimo-nos concretamente ao progressivo abandono pelo Estado da atitude abstencionista, ou de simples polícia (fiscalização), em especial face à actividade económica e social; por outras palavras: ao seu crescente intervencionismo, directo e indirecto, na esfera económica.

Daqui terão resultado dois tipos de consequências.

Por um lado, o Estado passou a ocupar-se do controlo de actividades que nitidamente desbordavam as tradicionalmente designadas como administrativas. O controlo exercido pela Administração ultrapassou o círculo interno, ou *orgânico*, dela mesma e invadiu a esfera de actuação que se entendia reservada aos particulares. Assim chegámos às situações, acima aventadas, de poderes administrativos exógenos, no sentido de exercidos sem qualquer cadeia hierárquica, pelo menos orgânica.

Por outro lado, alterou-se *objectivamente* a fisionomia dos referidos poderes administrativos — em especial dos de controlo — na medida em que a solicitude do Estado deixou de centrar-se num momento (p. ex., o início) de certa actividade privada, para ater-se com frequência às condições do seu exercício continuado (p. ex., condições de salubridade, de segurança, de solidez). Várias actividades privadas passaram, efectivamente, a estar sujeitas não apenas a certa licença ("alvará") ou autorização inicial, mas também ao seguimento posterior da Administração, surgindo assim, como alguém já afirmou, uma "relação de trato sucessivo" que não poderá coadunar-se facilmente com a intervenção pontual subjacente ao acto administrativo isolado.

Diferentemente do tradicional controlo de certos actos dos particulares, a Administração passou a velar pelo exercício da *actividade*, considerada no seu conjunto, de certas profissões de relevância pública, como a banca.[5]

5. Este um dos traços distintivos da supervisão no contexto da teoria geral administrativa, para Sandro Amorosino, "La funzione di vigilanza sulle banche nel Testo Unico e il ruolo della Banca d'Italia", *Bancaria*, mai. 1995, p. 52. Aqui se mencionam várias tipologias de supervisão bancária; uma outra, que se refere pela autoridade dos proponentes, é a de Giacomo Molle e Luigi Desiderio, *Manuale de Diritto Bancario e dell'Intermediazione Finanziaria*, Milão, 1997, pp. 24 e ss.: instrumentos de controlo "prescrittivi", ou regulamentares (segundo designação legal), "accertativi", ou em geral informativos (também segundo a lei), e "repressivi". A classificação legal-positiva italiana — supervisão informativa, regulamentar e inspectiva — é seguida por Renzo Costi, *L'Ordinamento Bancario*, Bolonha, 1994, pp. 493 e ss.

Na doutrina (económica) britânica, Rosa Maria Lastra, *Central Banking and Banking Re-*

Além deste *acompanhamento* da actividade privada — que, apesar de tudo, ainda caberia num conceito geral de controlo ou fiscalização administrativa — o intervencionismo salutista do Estado passou a requerer, como também vimos já, o recurso a poderes de *direcção* ou orientação dos administrados, endereçando a estes instruções concretas, mesmo fora de um prévio quadro legal de actuação; surgiu um autêntico poder *normativo*,[6] por vezes modelador da "disciplina" própria da actividade considerada...

Na doutrina portuguesa alude-se também à supervisão geral como integrando faculdades de acompanhamento, de informação e de regulamentação, a par da supervisão específica que tem a ver com a prática de actos administrativos singulares, em sentido próprio.[7]

Cremos que fundamentalmente na apontada forma de relacionamento não esporádico e neutro, mas antes permanente e orientado pela salvaguarda do interesse público conexo com a actividade desenvolvida, é que se terá engendrado o novo modelo de actuação dos poderes públicos; se não, mesmo, tipos inovadores de actos administrativos: a doutrina francesa, por exemplo, alude ao "acto-condição" e dá conta da dificuldade de distinguir entre autorização e concessão.

Como quer que seja, sucede que não só os textos legislativos, mas também os autores[8] e a linguagem corrente (pelo menos a profissional) em muitos casos passaram a designar de forma diferenciada, como *supervisão*, a actividade administrativa de "fiscalização" ou controlo exercida sobre as actividades económicas, pelo menos as mais específicas. De passagem, note-se que nem sempre o vocábulo utilizado é o referido (no ordenamento jurídico italiano, por exemplo, usa-se *vigilanza*), mas não oferecerá dúvida que se tem em mente um instituto diferenciado do ponto de vista material.

Para tanto, arranca-se com certeza da natureza inovadora do tipo de intervenção pública sob análise relativamente ao modelo clássico, mesmo quanto aos segmentos deste também recobertos pelo conceito de supervisão. Vai-se ao ponto, como deixámos apontado, de *caracterizar autonomamente* como "ordenamentos sectoriais" aqueles em que se regista a incidência da supervisão (económica ou financeira).

Estamos perante uma expressão eloquente da disciplina jurídica — que, aliás,

gulation, Londres, 1996, p. 270, aponta quatro estádios na supervisão em sentido geral: licenciamento, supervisão *stricto sensu*, sancionamento e gestão de crises (envolvendo este a função de prestamista de última instância).

No contexto do ordenamento jurídico português, Fernando Conceição Nunes, *Direito Bancário*, Lisboa, 1992, pp. 122 e ss., distingue, dentro do instituto geral da tutela, a superintendência, a supervisão, o saneamento e a disciplina.

6. Observe-se, a propósito da atribuição de poderes normativos às autoridades de supervisão bancária, que ainda há pouco a jurisdição italiana decidiu não existir qualquer óbice constitucional à mesma atribuição: *Banca, Borsa e Titoli di Credito*, f. 5, set.-out. 1998, p. 616 (com anotação). Para um caso especial de procedimentos individualmente adoptados sem prévia tipificação, como a lei ordinária consente, chama a atenção Luigi Maruzzi, "Vigilanza bancaria e potere di ordinanza", ibidem, f. 6, nov.-dez. 1998, p. 735. Em geral sobre o tema da acumulação, talvez excessiva, pois abrange o controlo da própria concorrência, dos poderes de direcção e supervisão do Banco de Itália, veja-se Alberto Predieri, *Il Potere della Banca Centrale: Isola o Modello?*, Florença, 1996, *passim*.

7. António Menezes Cordeiro, *Manual de Direito Bancário*, Lisboa, 1998, p. 139. Também Augusto de Athayde *et al.*, *Curso de Direito Bancário*, Coimbra, 1999, pp. 408 e ss., distinguem com base na lei entre supervisão em sentido amplo e em sentido restrito (sendo esta a prudencial).

8. R. Maria Lastra, ob. cit., p. 70, em nota, justifica preferir *regulação* e *supervisão* a *intervenção* e *inspecção*, respectivamente, por aqueles serem termos que não denotam suspeição quanto aos banqueiros... Mas já na doutrina portuguesa é utilizada claramente a expressão "intervenção pública de supervisão": A. Athayde *et al.*, ob. cit., pp. 377 e ss.

com legitimidade, se pretende autónoma — do Direito Económico: regime próprio da intervenção estadual na vida económica e/ou regulação do enquadramento das actividades económicas mais relevantes, de modo a garantir que prevaleça o interesse público sobre o meramente privado.[9]

1.2 Supervisão prudencial

Esboçados os contornos externos da supervisão, será oportuno um tentame de captar o respectivo conteúdo, designadamente indo um pouco além do que já ficou referido, em termos genéricos, mais acima.

Aludiu-se, então, à amplitude característica do controlo exercido sobre as instituições de crédito, desde que entram no mercado até que eventualmente dele venham a sair. É natural que assim aconteça, já que a "indústria" bancária é por excelência uma das actividades económicas ditas *regulamentadas* (pelos poderes públicos), dado o seu carácter estratégico e/ou infraestrutural. Com efeito, segundo observação comum, a actividade bancária e, em geral, financeira contribui de forma decisiva para o regular funcionamento da economia ("real", como tradicionalmente se diz) — nomeadamente para a sua eficiência — seja provendo a transformação da liquidez (através da intermediação financeira entre aforradores e investidores), seja assegurando serviços essenciais de transmissão de moeda (sistemas de pagamentos).

Simplesmente — mesmo que no primeiro destes conceitos (tomado em sentido amplo) já se contenha o segundo — convém distinguir entre *regulação*, como conjunto de regras que globalmente disciplinam o mercado e os serviços financeiros, e *supervisão* (pelo menos a de carácter prudencial), esta respeitante mais restritamente ao controlo da gestão saudável (*safe and sound*)[10] das entidades financeiras, e essencialmente à respectiva solvabilidade e liquidez.

Para lá de outras considerações ou desenvolvimentos que porventura seriam cabidos a este respeito, parece efectivamente de reter como ideia geral que a regulação visa essencialmente o sistema financeiro e as condições do seu mercado, enquanto a supervisão atenta mais nos agentes actuantes nesse mercado (ainda que o possa fazer, e faça, para defesa directa ou reflexa do sistema).

É corrente notar que a regulação, em geral, tem por escopo promover a eficiência do mercado, designadamente a sua concorrencialidade — disciplinando fusões, proibindo práticas restritivas, regulando os sistemas de pagamentos, etc. — mas igualmente limitar as chamadas forças de mercado — fixando taxas de juro, restringindo o âmbito de operações permitidas a cada espécie de operadores, impondo barreiras ao estabelecimento, etc.

Este segundo tipo de regulação — de acordo com um estudo da OCDE, de 1992[11] — visa a prevenção dos chamados riscos sistémicos, o que também sucede com a especificamente chamada regulação prudencial. Aqui se abrangeriam não só medidas de regulação propriamente dita (p. ex., a faculdade de inspecções *in loco*, ou a obrigação de auditoria externa), mas também medidas de supervisão (como o controlo dos "rácios" de balanço ou da diversificação de riscos).

9. Permita-se a remissão para o nosso *Curso de Direito Económico*, 2ª ed., polic., Lisboa, 1981/1982, pp. 76 e ss., retomado na *Introdução ao Direito Económico*, Lisboa, 1982, pp. 57 e ss.

10. À "gestão sã e prudente" das instituições financeiras se referem explicitamente os arts. 5º e 11º da 2ª Directiva Bancária da Comunidade Europeia, de 1989, tendo o conceito transitado para o direito interno dos Países-membros.

11. Cit. por Iain Begg, "The justification for prudential supervision on financial intermediaries", in AA. VV., *Banking Supervision in the European Community*, Bruxelas, 1995, pp. 22 e ss.

Repita-se que nem sempre, como se infere do que se acaba de referir, aparecem diferenciados os conceitos de regulação e supervisão, assumindo expressamente alguns autores tal falta de clareza conceitual. Para lá do aventado mais acima, poderá, no entanto, sugerir-se que, no âmbito alargado da regulação bancária, se abstraia agora do controlo da constituição das instituições financeiras, assim como da sua liquidação, cingindo-nos ao acompanhamento da actividade quotidiana ou até rotineira das mesmas, digamos (como acima), à supervisão de *trato sucessivo*.

Essencialmente, é como *supervisão prudencial* que tal controlo se designa — uma expressão tomada da terminologia inglesa ou anglo-saxónica,[12] embora fundada no vocábulo latino *prudentia*, exactamente para traduzir a ideia de controlo preventivo (e não sucessivo ou *ex post*, ao qual mais acima se fez referência) — parecendo em desuso contrapô-la a "supervisão estrutural".

O próprio Direito Comunitário adopta a referida expressão logo no Tratado CE (art. 105º-5 e 6; cf. os Estatutos do SEBC/BCE, art. 3º-3)[13] e também no direito derivado (art. 13º da chamada 2ª Directiva Bancária: Directiva n. 89/646/CEE, de 15 de dezembro de 1989). Igualmente a encontramos consagrada no direito português, a começar pela lei bancária (art. 93º-1). Neste diploma, aliás, depara-se-nos um Título VII com a epígrafe "normas prudenciais e supervisão", que se desdobra em três Capítulos: um sobre princípios gerais, começando no art. 91º, outro sobre normas prudenciais, iniciado pelo art. 94º, e o último sobre supervisão, a partir do art. 116º.

O princípio inspirador destas regras — e, consequentemente, da supervisão do seu acatamento (cf. o mesmo art. 116º) — é explicitado no art. 94º: "As instituições de crédito devem aplicar os fundos de que dispõem de modo a assegurar a todo o tempo níveis adequados de liquidez e solvabilidade". Também o art. 120º-1, respeitante especificamente à supervisão, dispõe: "As instituições de crédito são obrigadas a apresentar ao Banco de Portugal as informações que este considere necessárias à verificação do seu grau de liquidez e solvabilidade, dos riscos em que incorrem, do cumprimento das normas, legais e regulamentares, que disciplinam a sua actividade, da sua organização administrativa e da eficácia dos seus controlos internos".

Dentre as mencionadas *normas prudenciais* avultam decerto as que estabelecem requisitos de capitais ou fundos próprios e de modo especial as respeitantes a "relações e limites prudenciais". Nesta segunda categoria integram-se (art. 99º) as relações a observar entre rubricas patrimoniais (nalguns casos também extrapatrimoniais) e as regras de adequação recíproca de activos e passivos; estas tanto podem respeitar às *responsabilidades* das instituições perante terceiros (designadamente por depósitos), obrigando-as à constituição de disponibilidades ou reservas de caixa, como podem visar as operações activas de *concessão de crédito e seus riscos*, prevenindo em especial a concentração destes mesmos riscos, quer numa só entidade (grupo económico, p. ex.), quer numa zona geográfica (país ou países).

12. Assim, Blanche Sousi-Roubi, *Droit Bancaire Européen*, Paris, 1995, pp. 158 e ss. e Guido Ferrarini, "Introduction", in AA. VV., *Prudential Regulation of Banks and Securities Firms*, Londres/Haia/Boston, 1995, p. 4. Afirma Timothy Haosen Wan, "Comparative approches to regulatory 'safety and soundness'", in AA. VV., *International Banking Regulation and Supervision: Change and Transformation in the 1990s*, Londres/Dordrecht/Boston, 1994, p. 268: "Like all law which has deep roots in a society's culture, banking law has its own core value which has evolved over the course of the time. This core value might be called 'prudence' or 'safety and soundness' depending upon the country or society in question".

13. Cf., no tocante ao Banco Central Europeu, Silvia dell'Atti, "La vigilanza creditizia in Italia doppo Maastricht: adozione dell modelo tedesco o revisitazione dell'attuale rapporto autoritativo di vertice?", *Banca, Borsa e Titoli di Credito*, f. 6, nov.-dez. 1998, p. 763.

Pretende-se garantir uma "gestão sã e prudente" de cada instituição, como já ficou acentuado, mormente no que respeite à sua solvabilidade e liquidez. Passemos em claro a distinção entre estes dois conceitos — que a lei menciona pela ordem inversa, mas talvez sem razão válida — até porque os contornos de tal distinção se apresentam cada vez mais esfumados.

Importa de preferência sublinhar que, mesmo de um ponto de vista legal-positivo, o *núcleo duro* da supervisão bancária, como resulta do exposto, reside no acompanhamento, pelas autoridades, das condições de *solvabilidade* e *liquidez* das instituições protagonistas do mercado bancário.

É lugar comum apontar como fito derradeiro de tal controlo o prevenir de situações críticas que possam alastrar por contágio (ou por "efeito dominó") a todo o sistema bancário, abalando a confiança do público — o "crédito", justamente, em que assenta o mesmo sistema — e por consequência o respectivo equilíbrio.[14] Daí que se aluda ao *risco sistémico*.

2. *Novas dimensões da supervisão*

O afã dos legisladores em matéria de regulação bancária tem ido mais longe do que impor a mera supervisão prudencial, pelo menos aquela cujo conteúdo típico esboçámos anteriormente. Pode afirmar-se, decerto, que nos anos 1980 e 1990 novas dimensões foram conhecidas, ou acentuadas, na regulação bancária em geral e na supervisão em especial.

Tomando novamente a grelha analítica do antes mencionado estudo da OCDE, a regulação bancária visa: prevenir o risco sistémico, *maxime* através da supervisão prudencial; promover a eficiência igualmente sistémica, mediante a disciplina da concorrência; ou prevenir os *riscos individuais*, seja impondo padrões de qualidade e códigos de conduta, seja estabelecendo regras de informação, seja finalmente instituindo esquemas de protecção dos depósitos (ou depositantes). É, justamente, a este último aspecto preventivo *não sistémico* que agora dedicaremos alguma atenção.

Cumpre, no entanto, explicitar um pouco mais o âmbito da exposição subsequente.

Como decorre do que acima ficou referido, cuidaremos da supervisão como actividade administrativa, deixando de lado, em princípio, a regulação propriamente dita (legislativa). Este último é o caso da garantia de depósitos: em Portugal, com efeito, como noutros muitos países, um regime legalmente instituído (arts. 154º e ss. da lei bancária).

Mas saliente-se, a respeito da protecção dos depositantes, que esta também pode ser vista — e assim acontece no Reino Unido — como a *finalidade* prioritária da própria supervisão bancária. Para outra corrente, porém, tal finalidade será a prevenção do risco sistémico. Nos Estados Unidos da América tende-se a incluir a garantia dos depósitos, ao lado da prevenção do risco sistémico, no próprio âmbito da supervisão prudencial, pois também ela constitui uma forma de evitar a corrida aos bancos, no caso de dificuldades ou cessação de pagamentos.[15]

14. Se é que não deve antes ser considerado — como insuspeitamente faz George Soros, *A Crise do Capitalismo Global. A Sociedade Ameaçada*, trad. port., Lisboa, 1999, pp. 26 e 85 — que a "tendência para o desequilíbrio é própria do sistema financeiro"... Também R. Maria Lastra (ob. cit., p. 269) considera textualmente: "The nature of the business of banking and the bank's balance sheet present certain characteristics that are potential sources of instability and thus requiring regulatory attention (...)".

15. Cf. R. Maria Lastra, ob. cit., pp. 73 e ss., para uma concisa explanação dos argumentos económicos a favor da regulação bancária em geral (com destaque para a imperfeição de mercado representada pelas deficiências da informação), assim como das justificações tipicamente aduzidas (realçando quer a estabilidade e a solidez do siste-

Seja como for, e independentemente da(s) finalidade(s) visada(s), afigura-se útil distinguir, quanto à *natureza*, entre as medidas de supervisão preventivas, de profilaxia ou *ex ante* e as curativas, quer dizer, determinadas *ex post*, seja face à verificação da insolvência, seja quando esta está iminente (ainda que para evitar a sua eclosão). Com o primeiro tipo de medidas acautelam-se determinados riscos; com o segundo reage-se a uma situação patológica, de risco já efectivamente verificado.

Também por esta ordem de razões não parece que mereça considerar-se como autêntica medida de supervisão (prudencial) a garantia de reembolso (parcial), proporcionada aos depositantes.

Uma outra tipologia[16] parece bastante mais útil à presente exposição. Nela se contrapõem:

• a supervisão *prudencial*, ou controlo dos riscos assumidos na actividade dos bancos, por forma a reduzi-los a níveis aceitáveis, e

• a supervisão *de protecção*, destinada a acudir à verificação efectiva, ainda que não formalmente consumada, de uma falência (em sentido lato), designadamente protegendo os interesses dos depositantes ou fazendo actuar o Banco Central como "prestamista de última instância" (*lender of last resort*).

A garantia específica dos depositantes assim como a mencionada intervenção "prestamista" extrapolam do conceito de supervisão com que operamos aqui, pelas razões aduzidas. Mas já outras medidas podem classificar-se decerto, com naturalidade, como de protecção: assim, especialmente, aquelas de que nos passamos a ocupar e que, *grosso modo*, visam garantir os clientes, e não o sistema financeiro, contra a actuação das entidades supervisadas.

No outro registo a que antes nos referimos, contrapondo as medidas especificamente preventivas às de cariz reactivo, a "protecção" dos interesses individuais que agora passa a ocupar-nos não deixa igualmente de ter uma função "prudencial" ou de acautelamento de riscos (individuais). Aliás, também já chegou a observar-se que — paralela ou coincidentemente com o verificável no risco sistémico — há numerosos exemplos de prejuízos severos, e até fatais, causados à reputação dos bancos pela sua má conduta profissional...[17]

Figura-se, todavia, ao atentar na finalidade imediata e no próprio regime jurídico destas medidas, que aí sobreleva um carácter de *protecção* de interesses, que não de prevenção de riscos propriamente dita. Tal será confirmado, estamos em crer, pela análise que segue.

2.1 Regras gerais de conduta

A lei bancária portuguesa vai muito longe nesta matéria. No respectivo Título VI, sob a epígrafe "Regras de Conduta" — e imediatamente *antes* do Título VII, dedicado como se referiu às normas prudenciais e à supervisão — o diploma regula (por esta ordem) os deveres gerais, o sigilo, os conflitos de interesses e finalmente a defesa da concorrência e a publicidade.

Limitando-nos, como importa, aos deveres gerais de conduta, logo sobressaem à cabeça os amplos enunciados dos arts. 73º e 74º.

Segundo aquele, "as instituições de crédito devem assegurar *aos clientes*, em todas as actividades que exerçam, *elevados níveis de competência técnica*", proporcionando "condições apropriadas de *qualidade e eficiência*".

O texto da outra disposição legal não é menos expressivo: "Nas relações com os

ma financeiro, quer a segurança e a confiança dos depositantes e investidores individuais).

16. Cit. por G. Ferrarini, loc. cit.

17. Cf. a. e loc. cits.

clientes, os administradores e os empregados das instituições de crédito devem proceder com *diligência, neutralidade, lealdade e discrição e respeito consciencioso dos interesses* que lhes estão confiados".

Sem aludir por agora ao disposto no art. 75º, respeitante à informação aos clientes, note-se que também o art. 76º impõe aos administradores, directores, chefes, etc. a "*diligência de um gestor criterioso e ordenado*, de acordo com o princípio da repartição de riscos e da segurança das aplicações, e tendo em conta o interesse dos *depositantes*, dos investidores e dos demais credores" (confira-se o art. 211º, alín. *l)* também da lei bancária).

Ao Banco de Portugal são explicitamente conferidos poderes (de supervisão) quer para regular, "complementar e desenvolver" as regras de conduta estabelecidas legalmente, quer para aprovar (e até... impor[18]) códigos de conduta elaborados pelas associações profissionais: arts. 75º-2 e 77º-1 a 3. Incumbe-lhe de igual modo a fiscalização, inclusivamente sancionatória, em sede de publicidade: art. 89º-4 (após a alteração do D.L. n. 246/1995, de 14 de setembro); mas o teor específico deste regime legal presta-se a dúvidas.[19]

Estranhar-se-á eventualmente a inserção, na lei bancária, das regras gerais de conduta a que fizemos agora uma rápida alusão. Pode, em concreto, ser apontado o aspecto programático de algumas delas (porventura respeitantes à mera organização empresarial) e, sobretudo, o variado grau de densificação normativa de que se revestem.[20] Todavia vários autores[21] têm afirmado a vinculatividade jurídica plena destas regras, chamando embora a atenção para a "capacidade expansiva" de que se revestem ou para os "problemas de interpretação" potencialmente envolvidos.

Efectivamente, cremos poder questionar-se pelo menos a enunciação de certas regras em jeito de meros princípios, suscitando a dificuldade de lhes precisar o conteúdo, na aplicação concreta da lei.[22] Por exemplo, a neutralidade a que alude o art. 74º já foi interpretada jurisprudencialmente[23] — de modo pelo menos discutível (se é que se tornava necessário para a fundamentação esse argumento) — como impondo à instituição garante, no caso da garantia bancária autónoma, a abstenção de tomar partido na controvérsia suscitada entre o cliente e o beneficiário da garantia.

Pode questionar-se também, decerto, a oportunidade duma consagração legal de tais regras gerais — que, independentemente da mesma consagração, em boa parte seriam já de considerar como regras ou usos da profissão — dado o potencial de litigio-

18. Cf. a norma paralela, já vigente à data, do art. 656º *c)* do Cód. do Mercado de Valores Mobiliários.

19. Com efeito, ao reformar posteriormente o Cód. da Publicidade, o D.L. n. 275/1998, de 9 de setembro, estabeleceu no art. 3º que se aplicam também à publicidade das instituições de crédito e respectivas associações as competências (*sic*) atribuídas pelo mencionado Cód. quanto a fiscalização, instrução de processos, aplicação de sanções e medidas cautelares — isto, logo acrescenta, "sem prejuízo das competências do Banco de Portugal e da Comissão do Mercado de Valores Mobiliários"...

20. A. Menezes Cordeiro, ob. cit., p. 305, entende expressamente tratar-se de "normas programáticas e de mero enquadramento", carecidas de outras regras legais ou contratuais que as completem.

21. Armindo Saraiva Matias, "Códigos e normas de conduta", in AA. VV., *Direito Bancário* (suplem. da *Rev. Fac. Dir. Univ. Lxª*), Coimbra, 1997, pp. 151 e ss. e Manuel Veiga de Faria, "Algumas questões em torno da responsabilidade civil dos bancos pela concessão ou recusa de crédito e por informações, conselhos ou recomendações", *Revista da Banca* 35/43, jul.-set. 1995; mais recentemente, também A. Athayde *et al.*, ob. cit., pp. 492 e ss.

22. Cf. António Pedro Barbas Homem, "A utilização de princípios na metódica legislativa", *Legislação* 21/93, jan.-mar. 1998.

23. Acórdão do Supremo de 9 de janeiro de 1997 (*Col. Jur./Acs. STJ*, t. I, 1997, p. 35).

sidade assim criado; por exemplo, deduzir-se-á da exigência da mais elevada competência, ou de elevados graus de qualidade, que *toda* a deficiência observada gera, ao arrepio das regras gerais do direito das obrigações, uma responsabilidade objectiva? Já entre nós se afirmou efectivamente (mas desconhecemos se por via de existirem estas normas legais) que, em geral, os bancos respondem pelo risco...

2.2 Outras regras de conduta

Legalmente, é ainda sujeita ao acompanhamento preventivo (ou de protecção) da autoridade de supervisão a observância de outras regras de conduta dos bancos. Trata-se de normas com maior densificação normativa do que as anteriormente consideradas; algumas têm por fonte o próprio Direito Comunitário.[24] Interessam sobremaneira as respeitantes à defesa dos consumidores, como tais considerados, e as de protecção dos clientes bancários, independentemente da sua posição negocial de consumidores.

a) Crédito ao consumo

Relativamente aos primeiros interesses ora mencionados, avulta nas legislações europeias a disciplina dos contratos de *crédito ao consumo*, por efectivamente ter sido objecto de regulação comunitária através da Directiva n. 87/102/CEE, de 2 de dezembro, complementada pela Directiva n. 90/88/CEE, de 22 de fevereiro. A sua transposição para a ordem jurídica nacional foi operada pelo D.L. n. 359/1991, de 21 de setembro.

Este diploma regula essencialmente dois dos tópicos característicos da legislação de defesa dos consumidores: a informação e a protecção dos interesses económicos. Refira-se apenas, ilustrando o segundo aspecto, a limitação quantitativa e temporal, estabelecida no art. 9º, relativamente ao custo (taxa de juro) do reembolso antecipado que o consumidor decida efectuar (p. ex., para beneficiar de taxa mais favorável oferecida por outro prestador de crédito).

No entanto, para os efeitos da presente exposição, merecem com certeza mais relevo as obrigações de cabal *informação* legalmente impostas, em especial a tipificação estrita de uma chamada TAEG, isto é, Taxa Anual de Encargos Efectiva Global (art. 4º), que deve constar não só da publicidade (art. 5º) mas também do contrato; este, aliás, é sujeito a forma escrita (art. 6º) e com um período de reflexão de sete dias úteis (art. 8º), devendo para tal efeito ser-lhe anexo o formulário da eventual revogação pelo consumidor. Não devemos ainda omitir uma simples referência aos regimes especiais concernentes ao crédito em conta corrente (art. 13º) e à concessão de crédito sob forma de descoberto (art. 14º).

Sintomaticamente, não aparece em todo o diploma ora analisado uma única alusão a poderes de fiscalização cometidos ao Banco de Portugal. Só do art. 17º-2 resulta que, mesmo quanto à "fiscalização", se aplicará o disposto no Código da Publicidade; mas, embora tal seja afirmado relativamente às "contra-ordenações previstas no presente diploma", parece que apenas terá aplicação às infracções referidas no mesmo artigo (n. 1), isto é, as concernentes à publicidade. O regime geral desta última presta-se,

24. Não consideramos aqui o ordenamento jurídico comunitário; mas será decerto curioso notar que ainda recentemente, na lista anexa à Decisão n. 283/1999/CE do Parlamento e do Conselho sobre o "quadro geral de actividades comunitárias a favor dos consumidores", de 25.1.1999 (*J.O.* L 34, de 9 fev.), foram previstas, na área da protecção de interesses económicos e jurídicos, "acções destinadas a garantir regras de jogo uniformes nas transacções com consumidores, tendo em conta o impacto das novas tecnologias e o desenvolvimento dos serviços financeiros, assim como o impacto do euro junto dos consumidores". Parece estar subjacente a ideia de que os serviços financeiros, e desde logo os bancários, evoluem de tal modo que se impõe a intervenção dos poderes públicos em ordem a preservar os interesses dos consumidores.

como pouco acima ficou mencionado, a algum equívoco...

Fora deste âmbito, a fiscalização cabe às entidades competentes em razão da matéria, segundo as regras gerais, *maxime* as da lei de defesa do consumidor. Concorrentemente, porém, não pode afastar-se a competência do Banco Central: o art. 116º da lei bancária integra efectivamente nas funções de supervisão do mesmo Banco o "vigiar pela observância das normas que disciplinam a actividade das instituições de crédito" — entre as quais sem dúvida se contam as reguladoras dos contratos de crédito ao consumo.

Cumpre ainda aludir à regulação de uma espécie concreta destes contratos: aqueles que têm por instrumento os *cartões de crédito*. Referimo-nos ao D.L. n. 166/1995, de 15 de julho, que disciplina as sociedades emitentes e gestoras de tais cartões, mormente ao seu art. 4º.

Na alínea *a)* desse artigo é conferida explicitamente competência ao Banco de Portugal para definir as condições especiais a que ficam sujeitas as mencionadas sociedades, "bem como a emissão e utilização dos cartões de crédito". E, com efeito, através do Aviso n. 4/1995,[25] obrigou-se à definição clara dos encargos do titular do cartão, à inserção de determinadas cláusulas gerais (quando se trate de contratos de adesão, como normalmente sucede) e mesmo à remessa àquele Banco de cópia das condições gerais e respectivas alterações, estabelecidas pelos emitentes dos cartões — *inter alia*.

Por último, note-se que a alínea *b)* do citado art. 4º habilita o Banco Central a ordenar a suspensão de cartões cujas "condições de utilização violem as referidas condições especiais e *outras normas em vigor*, ou conduzam a um *desequilíbrio* das prestações atentatório da boa fé" — formulação interessante, esta, que veremos inserir-se no espírito do tipo de regulação sob exame.

25. *Dº Rª*, 2ª sér., de 28.7.1995.

b) "Transparência" nas operações em geral

Pode, no entanto, afirmar-se, sem receio de exagerar, que o "último grito" — a nível comparatístico — da prevenção de riscos individuais (não sistémicos) é a legislação respeitante ao que se convencionou chamar a *transparência das operações bancárias* (expressão por certo não inspirada na terminologia do início da "abertura" — *glasnost* — do regime soviético, ou do seu fim...). Trata-se, em geral, de garantir a clareza, para o cliente, dos termos e condições dos contratos celebrados com o seu banco, sejam de que natureza forem; mas, como se verificará, as disposições legais vão algo mais longe do que isso.[26]

26. Outro segmento do sector financeiro onde igualmente se estabelecem obrigações legais de transparência, em especial deveres de informação aos clientes — portanto, onde também chegou a "moda" a que nos referimos no texto — é o dos seguros: D.L. n. 176/1995, de 26 de julho. No texto, como é natural, ocupamo-nos somente das regras de transparência *específicas* da actividade bancária. Mas cumpre não perder de vista que essa actividade, como outra qualquer, está sujeita à disciplina geral do mercado que não deixa de contemplar, aqui e ali, o mesmo aspecto: seja o direito da concorrência, seja especialmente o das cláusulas contratuais gerais; neste último âmbito, assinale-se a disposição especial do art. 22º-2, *a)*, do D.L. n. 446/85, de 25 de outubro (segundo a alteração do D.L. n. 220/1995, de 31 de agosto), aplicável aos serviços financeiros. É claro que a vigência de legislação sobre transparência não preclude a aplicação das normas sobre cláusulas abusivas. Assim dispôs expressamente o Aviso n. 7/1992 do Banco de Portugal (adiante referido, no texto); assim também se entendeu, quanto à legislação dos seguros, no Acórdão da Relação de Lisboa, de 3.12.1998 (*Col. Jur.*, t. V, 1998, p. 119); cf. Arnaldo Filipe Oliveira, "Dois exemplos portugueses de resistência material do contrato de seguro ao direito das cláusulas contratuais gerais", *Bol. Min. Just.* 467/5, jun. 1997. Para um inventário minucioso do direito britânico (e comunitário), veja-se Jeremy Simmonds, "Unfair contract terms — The banker's view", *Journal of International Banking Law*, v. 14, n. 3, mar. 1999, p. 81.

O já referenciado art. 75º da lei bancária rege quanto ao dever geral (regra de conduta) de informação, podendo nele distinguir-se dois planos. Primeiro, dispõe-se: "As instituições de crédito devem informar os *clientes* sobre a remuneração que oferecem pelos fundos recebidos e sobre o preço dos serviços prestados e outros encargos suportados por aqueles" (n. 1). Depois, estabelece-se: "O Banco de Portugal regulamentará, por aviso, os requisitos mínimos que as instituições de crédito devem satisfazer na divulgação ao *público* das condições em que prestam os seus serviços" (n. 2).

Anteriormente à lei bancária, o Aviso n. 7/1992 do Banco de Portugal[27] dispunha quanto à informação do público — através da afixação, nos balcões, das "condições gerais com efeitos patrimoniais" relativas a operações e serviços correntes — e também da clientela — se bem que, no tocante a esta, o texto (n. 3º) pudesse suscitar dúvidas sobre o respectivo âmbito de aplicação, já que imediatamente antes (n. 2º) se aludia a casos especiais e a contactos à distância. Aliás, o regulamento mencionado fundava-se de forma expressa em disposições da então vigente lei orgânica do Banco de Portugal, as quais se referiam, no entanto, a outra vertente da supervisão: tratava-se do art. 22º, na parte em que atribuía ao Banco Central poderes de regulação dos mercados "para garantir o cumprimento dos objectivos da política económica", bem como para estabelecer directivas de actuação das instituições de crédito, e do art. 23º, relativo ao exercício da supervisão, na parte em que previa directivas sobre os "elementos de informação a prestar ao Banco e ao público".

Abstraindo das circunstâncias da génese do Aviso, é curioso observar como ele se antecipou de meio ano à lei bancária. Atente-se, em especial, na disposição do seu n. 3º: "A informação prestada aos clientes deve permitir, nomeadamente, conhecer a remuneração líquida efectiva dos depósitos e de outras aplicações financeiras e os encargos totais efectivos que resultam da realização das operações activas e da prestação de serviços pelas instituições [de crédito]".

Será ainda interessante notar que, sem embargo de os arts. 75º-2 e 77º-1 da lei bancária conferirem expressamente poderes *regulamentares* ao Banco Central nesta matéria, o poder político interveio de novo, menos de dois anos depois, para disciplinar a matéria. Fê-lo através de diploma *legislativo*, o D.L. n. 220/1994, de 23 de agosto, invocando na respectiva exposição de motivos que a transparência do mercado dependia de "um conjunto de informações comparáveis que, salvo no domínio do crédito ao consumo, não estava assegurado".[28] Não obstante, dispôs-se no art. 9º deste diploma que, em tudo o que nele não está regulado, "continua a reger-se por aviso do Banco de Portugal a informação a prestar pelas instituições de crédito e sociedades financeiras sobre as condições gerais das suas operações e serviços oferecidos ao público"...

As áreas de regulação legal abrangidas são — mais, curiosamente, do que no direito positivo aplicável ao crédito ao consumo — as fundamentais na típica defesa dos consumidores em sentido estrito (cf. a L. n. 24/1996, de 31 de julho): informação do cliente, protecção dos seus interesses económicos e protecção jurídica. Vejamo-lo de forma tão condensada quanto possível.

Como é mencionado no art. 1º, o diploma legal "estabelece o regime aplicável à *informação* que, em matéria de taxas de juro e outros custos das operações de crédito, deverá ser prestado aos (...) clientes" das instituições de crédito (embora não de todas). Assim, as taxas representativas, ou mais frequentes, devem ser afixadas nos lugares de atendimento ao público sob as formas destrinçadas de taxas nominais e TAE,

27. *Dº Rº*, 2ª sér., de 30.6.1992.

28. Cf. o instrutivo Preâmbulo do Aviso n. 1/1995 do Banco de Portugal, mais adiante referenciado.

ou seja, taxa anual efectiva (homóloga da já aludida TAEG): art. 3º; cf. ainda a alínea *b)* do n. 3. Dos anexos ao diploma legal constam as fórmulas de cálculo quer da taxa nominal (juros sem encargos), quer da TAE (taxa em cujo cálculo se incluem, designadamente, os pagamentos a cargo do cliente enumerados no art. 4º). Também na publicidade devem mencionar-se em simultâneo a taxa nominal e a TAE: art. 7º. Finalmente, os contratos que titulem operações de crédito, "ainda que por simples troca de correspondência", devem incluir também esta dupla indicação de taxas, além de outras (taxa moratória, condições do reembolso antecipado, indexantes): art. 5º; cf. o n. 5 quanto à correspondência postal e aos extractos de conta e notas de débito.

Mediante o Aviso n. 1/1995,[29] veio o Banco de Portugal não só substituir o anteriormente referido Aviso n. 7/1992 mas também regulamentar o disposto no D.L. n. 220/1994, assim como no art. 75º da lei bancária. Sem entrar no exame minucioso das suas disposições, saliente-se que, basicamente, o regulamento, por um lado, obriga todas as instituições de crédito e sociedades financeiras a disponibilizarem as "informações permanentemente actualizadas das condições gerais com efeitos patrimoniais de realização das operações e dos serviços correntemente oferecidos" e, por outro lado, estabelece a forma de organização dos quadros informativos a afixar nos lugares de acesso público. Tanto aquelas informações como estes quadros abrangem não só o crédito (como o diploma de 1994) mas, também, os depósitos e ainda outros produtos e operações. Na síntese do n. 3º do Aviso, a informação a prestar "deve permitir, nomeadamente, conhecer a remuneração líquida efectiva dos depósitos e de outras aplicações financeiras e os encargos totais efectivos que resultam da realização das operações activas e da prestação de serviços pelas instituições".

29. *Dº Rª*, 2ª sér., de 17.2.1995.

Passando agora à *protecção dos interesses económicos* dos clientes bancários, baste salientar o disposto no art. 5º-4: a falta de indicação regular de um indexante "determina a nulidade da estipulação de juros, aplicando-se a taxa de desconto do Banco de Portugal, salvo se tiver sido estipulada uma taxa de juro inicial inferior, a qual será aplicável enquanto se mantiver inferior à taxa de desconto do Banco de Portugal".

Por último, no que se refere à protecção jurídica, designadamente ao direito a uma justiça acessível e pronta, resulta do art. 3º-4, alínea *d)*, que as instituições de crédito devem afixar nos locais de atendimento do público que "qualquer reclamação relacionada com as informações contidas no quadro [indicativo das taxas representativas e da *prime rate*] poderá ser apresentada aos serviços competentes do Banco de Portugal e, caso exista, ao serviço criado para o efeito na instituição de crédito".

Abstraindo desta última hipótese — "provedor do cliente" duma instituição (e talvez, um dia, da banca em geral, segundo tendência muito generalizada) — é manifesta a atribuição ao Banco Central de competência para apreciar reclamações de uma das partes (cliente) contra a outra (banco). Isto, sem dúvida, não só para efeitos de fiscalização propriamente dita, mas também para de algum modo fomentar a composição célere dos conflitos que possam desencadear-se. Porém este segundo aspecto carece de alguma ponderação específica, como referiremos um pouco adiante.

O diploma de 1994 que viemos analisando atribui expressamente ao Banco de Portugal poderes gerais de *fiscalização* do que nele se dispõe: art. 10º-2; além disso, especifica um controlo especial a efectuar pela autoridade de supervisão (art. 11º-1). Cura ainda do sancionamento das infracções cometidas (arts. 11º-3 e 12º).

3. Interesses em presença

Pudemos verificar, a propósito do "núcleo duro" e por assim dizer tradicional da supervisão bancária, que esta visa a garantia de um claro *interesse público* que é a solidez do sistema creditício, se não até, em última análise, da moeda.

Poucas dúvidas, cremos, suscitará esta ideia de base, independentemente da formulação que lhe seja dada. Do ponto de vista funcional, a supervisão apresenta-se, de forma nítida, como instrumento político-administrativo de consecução, ou prevenção, do equilíbrio do sistema financeiro. Se se cuida da gestão prudente das instituições bancárias, não é tanto para garantia do equilíbrio de cada uma delas, mas precisamente para evitar o risco que poderá advir, para as restantes e para a economia em geral, do colapso de uma ou algumas.

Tanto na perspectiva económica como na jurídica, parece efectivamente adquirida e pacífica a função de preservar o equilíbrio sistémico, garantindo, portanto, o interesse público que lhe é conatural.[30]

Quanto à *natureza jurídica*, a supervisão é sem dúvida um instituto do direito público bancário; ou, se preferirmos, do Direito Administrativo especial (Direito Económico) — e especial, justamente, porque desde logo foge aos seus quadros a tipologia clássica da supervisão hierárquica.

Sem embargo, deve aceitar-se que as regras legais da supervisão prudencial acabam por conferir protecção a interesses privados: uma gestão criteriosa, pautada por tais regras, não deixará de preservar os interesses de investidores (accionistas) e clientes (depositantes, principalmente). Mas, como é bom de ver, trata-se dos chamados *interesses reflexamente protegidos*:[31] aquele que primeira ou directamente se visa é o interesse público do equilíbrio sistémico.

Poderia, no entanto, discutir-se, se este fosse o lugar próprio, em que medida têm os particulares legitimidade para assacar, às autoridades supervisoras, responsabilidade (extracontratual) por negligência no exercício da sua função, incúria essa de que haja resultado a verificação dos riscos que uma boa supervisão teria prevenido e, também por via de consequência, danos patrimoniais aos mesmos particulares. Isto chegou a fazer-se valer a propósito do célebre caso BCCI, há bem pouco tempo; e também em Macau, nos anos 1980, pretensão similar foi judicialmente deduzida...[32]

30. Rosa Maria Lastra, "Banking regulation in the 1990s", *Journal of International Banking Law*, v. 14, n. 2, fev. 1999, p. 49, observa: "Economists and lawyers focus on different issues when trying to respond to the question of why banks should be regulated. Economists focus on asset and liability considerations and market failures. The non-marketability of the asset portfolio, the monetary character of bank liabilities, and the existence of information asymmetries, together with the potential for systemic risk, provide the economic rationale for regulation. Lawyers focus on the objectives of regulation: the protection of the stability and soundness of the financial system and the protection of the interests of depositors and investors (consumer protection). However, the response given by both lawyers and economists to these questions converges on the dangers of the systemic risk".

31. Em *A Operação Bancária de Depósito*, Porto, 1994, pp. 22 e ss., pronunciámo-nos exactamente deste modo a respeito do dever de constituição de *reservas de caixa* sobre os depósitos recebidos dos clientes.

32. No caso da falência do BCCI, o Banco de Inglaterra obteve ganho de causa, em primeira instância (mas foi anunciada a possibilidade de recurso), relativamente ao pedido de 800 milhões de libras, valor dos depósitos não restituídos, em acção movida pelo liquidatário; a culpa assacada referia-se ao momento da autorização (em 1980) concedida ao banco para operar no Reino Unido: *Financial Times*, de 31.7.1997. Anteriormente, a propósito do mesmo caso, concluíra-se já na doutrina não ser viável uma acção desse tipo: Fayyad Algudah, "Central bank liability to depositors", *The Journal of Business Law*, set. 1992, p. 481. Outra decisão judicial favorável às autoridades supervisoras da Ilha de Man, também relacionada com a falência de um banco, fora comentada por Paul Robertshaw, "A comment: banking regulation — Negligence", *International Banking Law*, dez. 1990, p. 368.

Passando a considerar as dimensões assumidas pela supervisão em tempos mais próximos, como ficou sumariamente referido, devem assinalar-se diferenças de tomo.

O posicionamento das autoridades já não releva primariamente, aqui, duma relação *vertical* Administração/administrados, antes se configura como de fiscalização (externa) das relações *horizontais* estabelecidas entre as instituições de crédito e os respectivos clientes.

Efectivamente, a autoridade supervisora passa a acompanhar relações e a proteger *interesses privados*. Quase pode afirmar-se, como faz voz autorizada,[33] que a Administração é chamada a *arbitrar* entre privados. Longe da sua clássica função de definir ou interpretar, prosseguir e impor o interesse público sobre ou *contra* o(s) interesse(s) privado(s), a actividade administrativa dirige-se primariamente a tomar partido *entre* interesses privados. Assim acontece quando lhe compete fazer prevalecer os interesses dos *clientes* sobre os dos bancos. A lei bancária portuguesa (art. 76º) — mais complexamente e dando lugar a dúvidas escusadas — obriga mesmo a um criterioso equilíbrio entre interesses de *terceiros*: depositantes (que são uma classe de clientes), investidores (decerto os accionistas, mas também os clientes prestatários de serviços de investimento?) e demais credores (apenas os não clientes?)...

Antes de avançar um pouco mais nesta fileira dos novos interesses objecto de supervisão, figura-se indispensável uma prevenção relativa, exactamente, à referida "arbitragem" de interesses privados, cometida à autoridade. Sublinhe-se a este propósito a também já mencionada faculdade concedida aos clientes bancários, em sede de transparência das operações, de *reclamarem* perante o Banco de Portugal.[34]

Parece evidente que a arbitragem exercida não pode ser confundida com o verdadeiro e próprio *dirimir de conflitos* (privados) o qual, nos termos da Constituição e dada a separação de poderes, constitui reserva do poder judicial. Por conseguinte, enquanto órgão da Administração Pública e situando-se na esfera do Executivo, embora com estatuto independente ou autónomo, a autoridade de supervisão pode (deve) atender as reclamações apresentadas; mas não administra justiça, não resolve o conflito de interesses objecto da mesma reclamação.

Todavia não oferecerá grande dúvida que, mediante a actividade sob exame, a supervisão muito pode *contribuir* para uma real superação dos litígios privados. Por um lado, obviará *de facto*, até pela autoridade e competência do seu ajuizamento, a que as partes recorram aos tribunais para resolução de alguns conflitos. Por outro lado, mesmo *de jure*, a eventual apreciação judicial ficará bastante facilitada se, em intervenção anterior, uma autoridade tiver analisado — dir-se-ia: pericialmente — a situação controvertida e sobre ela tiver manifestado algum entendimento.

Quanto à acção instaurada em Macau (proc. n. 419, Elizabeth Thomas e o. contra o Território e o Instituto Emissor, este antecessor da Autoridade Monetária e Cambial de Macau), relacionava-se com a pretensa omissão de controlo sobre uma casa de câmbios (Deak & Cia. Macau, Lda.) que ilicitamente exercia a actividade bancária de recepção de depósitos e veio a cessar pagamentos ainda na década de 1980. A decisão final, absolvendo do pedido, foi proferida pelo Tribunal Superior de Justiça de Macau, em 25.6.1997.

33. A. Jimenez-Blanco, ob. cit., p. 157.

34. No país vizinho, há mais de dez anos que o departamento jurídico do Banco de Espanha assegura, em termos bastante eficientes, um serviço de reclamações dos utentes de serviços bancários e financeiros. É publicada anualmente a "memória" ou relatório das reclamações apresentadas, sendo estas agrupadas do ponto de vista temático, com *identificação dos prestadores de serviços* (não, é evidente, dos clientes) e com indicação, por forma condensada, da apreciação merecida. Também a entidade supervisora do Luxemburgo assegura um serviço de reclamações dos clientes bancários. Cf. María del Mar Andreu Martí, *La Protección del Cliente Bancario*, Madrid, 1998, pp. 187 e ss.

Reconhecemos, porém, que tais virtualidades só podem dar-se por adquiridas na medida em que esteja assegurado a qualquer das partes o recurso contencioso da decisão administrativa tomada pela autoridade de supervisão. A lei portuguesa não organiza minimamente os termos da reclamação prevista em sede de transparência das operações bancárias; mas tal não significa, é claro, que deixem de aplicar-se as regras gerais: impugnabilidade contenciosa das sanções aplicadas à instituição prevaricadora, por um lado; por outro, direito de informação, de acesso e quiçá de recurso por parte do cliente reclamante. Simplesmente, em especial este último aspecto apresenta muitas zonas de regime problemático, na medida em que podem cruzar-se com as normas gerais exigências específicas de vária índole (a título de exemplo: segredo de justiça, eventualmente o próprio sigilo bancário, etc.), além de questões de legitimidade porventura menos simples do que à primeira vista se acreditará...

Do ponto de vista, que ora nos ocupa, da prevenção e/ou fácil resolução de litígios, dir-se-ia bem mais eficiente um sistema, *público ou não*, de composição amigável ou até arbitral de interesses: referimo-nos, designadamente, à figura do provedor da actividade bancária, com boas provas dadas em numerosos países e já entre nós proposto de forma convincente.[35]

Volvendo aos novos tipos de interesses que passaram a ser abarcados na supervisão bancária, é manifesto tratar-se de genuínos interesses privados, como tais entendidos na regulação legal. Já o afirmámos, e também pudemos aventar que a ideia geral é a de protecção, mais do que mera prevenção, de riscos privados. Não será, todavia, ociosa uma reflexão complementar, dirigida às razões que motivam o legislador nesta área.

Ele não se preocupa (imediatamente, pelo menos) com um interesse público ou geral como o da preservação do equilíbrio sistémico, objecto do "núcleo duro" da supervisão prudencial. Os *interesses directos* visados são, repete-se, os dos particulares.

A perspectiva é estritamente *microeconómica*, prendendo-se com relações jurídicas — não com situações em rigor internas das entidades supervisadas ("rácios" entre rubricas patrimoniais e similares) — e, especificamente com relações contratuais ou de qualquer modo privadas.[36]

35. Jorge Patrício Paúl, "Resolução de conflitos", in AA. VV., *Direito Bancário*, cit., p. 161. Ao nível político, parecem reunidas condições para se progredir nesta área. Com efeito, entre as medidas de defesa do consumidor inseridas nas Grandes Opções do Plano Nacional para 1999 (anexo à L. n. 87-A/1998, de 31 de dezembro), prevê-se o "estabelecimento, pela via legislativa ou da autoregulação, de mecanismos de reclamação e recurso em matéria de serviços financeiros (...)"; isto, a par da "definição do quadro legal de exercício das funções de provedor de cliente e de mediador, por entidades privadas".

36. Poderá observar-se que também a supervisão prudencial propriamente dita opera no quadro microeconómico, contrapondo-se à função característica dos bancos centrais, a defesa da estabilidade monetária (dos preços ou da moeda), cuja natureza é macroeconómica. A supervisão tem por finalidade assegurar a "micro-estabilidade", como afirma A. Predieri, ob. cit., pp. 194 e ss.; mas, na vertente prudencial que antes considerámos, a preocupação última é efectivamente *sistémica*, o que não sucede com os novos tipos de controlo de que ora tratamos. Eventualmente, poderia adaptar-se aqui a distinção — no entanto operada explicitamente dentro da supervisão prudencial — entre macro e micro-supervisão: Tom de Swaan, "Prudencial supervision: a central bank function?", in AA. VV., *Monetary Stability through International Cooperation*, Amesterdão, 1994, pp. 337 e ss.

Porém, no quadro da supervisão do mercado de capitais, ainda recentemente, na 24ª reunião anual da IOSCO (Organização Internacional das Comissões de Valores), que se efectuou em 1999 na cidade de Lisboa, o presidente da respectiva comissão técnica, Michel Prada, emitiu a autorizada opinião de que, dos três objectivos visados, dois têm natureza microeconómica: os da protecção dos investidores e da garantia do bom funcionamento dos mercados; o terceiro, respeitante à atenuação

Como antes observámos, esfuma-se a dependência *vertical* em relação ao supervisor, mesmo a dum vínculo não hierárquico (como é o da supervisão prudencial em sentido restrito). Há uma intromissão directa dos poderes públicos nas relações *horizontais* dos bancos com os clientes.

Claro que na mira da regulação legal não deixa de estar, como é natural, um escopo de alguma sorte *público*, em função do qual se explica ao cabo e ao resto a específica intervenção do legislador na esfera das relações entre privados. Mas, se esta arranca necessariamente de uma ponderosa razão de ordem pública (só desse modo, aliás, podendo considerar-se legítima), o interesse visado não tem obrigatoriamente de ter natureza pública, quer por ser político-estadual, quer por respeitar ao conjunto dos cidadãos.

Indagando, por conseguinte, qual o interesse ou interesses protegidos nesta parte do ordenamento jurídico, afigura-se de ir mais além do que a observação, à qual de passagem nos referimos antes, de que pode resultar da protecção de interesses privados a prevenção de um risco sistémico; teríamos aí alguma simetria com o que se regista na supervisão prudencial: um como que *interesse reflexo* de natureza pública, consequente à protecção legal do(s) interesse(s) privado(s)...

Trilhando outro caminho para identificar o que na realidade é objecto da tutela legal, mormente no caso das normas sobre "transparência" contratual que especialmente nos ocupam,[37] não parece necessário demandar horizontes muito longínquos, conforme poderiam levar a deduzir, por vezes, as exposições de motivos de certos diplomas legais.

Assim, por exemplo, não será em si mesmo o implemento da *concorrência* (ou, melhor, da concorrencialidade do mercado) o que pretende o legislador. Por muito correcto que seja afirmar que um dos requisitos da concorrência (perfeita) é a transparência das condições do mercado, figura-se legítimo distinguir entre o fundamento último (como o apontado) e o objecto imediato da protecção legal.[38] Por outro lado, cumpre não perder de vista que a regulação sob apreço respeita aos *contratos* bancários, atingindo portanto, primariamente, as relações inter-subjectivas privadas e não a "objectividade" do mundo institucional-económico ou do mercado.[39]

Menos abstracto, possivelmente, será apontar para uma intenção legislativa de proporcionar à clientela bancária um "fluxo de informação" correcto e capaz de facilitar a *escolha* racional dos serviços oferecidos, garantindo assim uma igualdade de informação entre os clientes reais e potenciais (paridade de tratamento assimilável, talvez, à do designado *level playing field* em que

do risco sistémico, reveste natureza macro-económica. Mas logo acrescentou que, na prática, a distinção entre macro e micro-economia se revela cada vez menos pertinente, não sem afirmar ainda que "a globalização levanta o problema da passagem da micro-economia para a macro-economia"...

37. Cf. Aldo Angelo Dolmetta, "Normativa di trasparenza e ruolo della Banca d'Italia", *Diritto della Banca e del Mercato Finanziario* 1/29, jan.-mar. 1998.

38. Não parece ainda de todo firme na doutrina jurídica, tanto espanhola como italiana, qual a razão de ser que prevalece na disciplina legal da transparência das operações bancárias: se o do mercado e/ou da respectiva supervisão, se o "consumerista" dos clientes. Veja-se, por todos, M. M. Andreu Martí, ob. cit., pp. 48 e ss.; cf. também os autores referidos nas notas anterior e subsequentes.

Em geral sobre a fundamentação dogmática da intervenção legislativa na autonomia contratual, e com amplo recurso à doutrina germânica, acaba de ser dada à estampa a tese de Joaquim de Sousa Ribeiro, *O Problema do Contrato. As Cláusulas Contratuais Gerais e o Princípio da Liberdade Contratual*, Coimbra, 1999.

39. J. Sousa Ribeiro, ob. cit., cap. II, *signant.* pp. 193 e 197, salientando a dificuldade de compatibilização entre as perspectivas da autodeterminação e da concorrência.

devem ser colocados os investidores)... Com efeito, uma das justificações gerais da regulação em sentido lato, é a de corrigir a "falha de mercado" consistente nas *assimetrias de informação* que ocorrem em vários sectores da actividade económica e redundam em desfavor do cliente, por este não estar normalmente em condições de avaliar em termos cabais o preço, a remuneração ou os demais termos da prestação de certos agentes profissionais. Isto é tanto mais sintomático no sector bancário quanto, nos últimos lustros, a inovação tecnológica tem implicado uma complexificação crescente não só dos mercados, mas, também dos "produtos" financeiros,[40] criando ou agravando a dificuldade de avaliação que acabámos de referir.

Nesta linha e de um ponto de vista jurídico-privado, será mais simples e exacto apontar como finalidade da disciplina legal da transparência a promoção do *equilíbrio das prestações* de bancos e clientes. Há que "tutelar o cliente do 'excesso' de poder contratual da banca",[41] dado serem as entidades financeiras que normalmente predispõem as condições contratuais, sem negociação prévia ou reduzindo esta a um mínimo realmente insatisfatório, perante a impreparação, necessidade, imperícia, etc. da generalidade dos clientes. É um dado da experiência que o contratante mais forte tende facilmente a desequilibrar a seu favor os termos e condições do contrato: quer predispondo cláusulas desiguais (p. ex., quanto à resolução do contrato), quer protegendo-se unilateralmente (p. ex., com uma limitação da responsabilidade). Por conseguinte, razões de justiça e mesmo, explicitamente, de *boa fé* impõem um *reequilíbrio* contratual; não falta, de resto, quem prefira aludir a um *reforço*, por via legal, do poder do contratante mais fraco.

Aí, pois, o interesse superior que explica o relevo ganho, aos olhos dos poderes públicos, por certas relações privadas (contratuais) de carácter bancário. Como apontámos antes, a consideração merecida ao legislador (pelo menos a imediata ou directa) é basilarmente de índole micro-económica, uma vez que tem em vista as posições e/ou interesses desiguais das partes contratantes, ou melhor, as condições e o conteúdo da prestação de uma delas. As normas legais editadas em conformidade não têm, aliás, por que ser consideradas de direito público — à luz de qualquer dos critérios comummente usados para o efeito — mas sim de *direito privado*.

Só que se trata das tradicionalmente designadas normas de interesse e *ordem pública*: em suma, normas imperativas, inderrogáveis pelas partes. Mais propriamente, trata-se de normas de ordem pública — *económica*, se se quiser — não em vertente "directiva", mas, sim "de protecção", na medida em que não visam obrigar entidades privadas (bancos) a conformar a sua actividade com certa orientação político-económica, antes se destinam a proteger uma das partes em face da outra.[42]

Aqui reside, como dizíamos, a relevância pública dos interesses (privados) objecto de protecção legal, pelo menos, repete-se, a de natureza directa. Sem embargo, ou-

40. Cf., p. ex., T. Swaan, loc. cit. Em geral quanto ao *Informationsmodell*, seus limites e insuficiências, veja-se J. Sousa Ribeiro, ob. cit., pp. 365 e ss.

41. Raffaele Lener, "Il controllo amministrativo sulla correttezza dei comportamenti degli intermediari nei rapporti contrattuali con la clientela", *Diritto della Banca e del Mercato Finanziario* 4/544, out.-dez. 1997. Escreve J. Sousa Ribeiro, ob. cit., p. 171, a propósito dos critérios unitários do desnível de poder contratual e da falta de autodeterminação negocial: "(...) o único ponto de apoio seguro para critério de intervenção é a constatação empírica de que, em certas áreas ou processos de contratação, o conteúdo do acordo se desvia, de forma típica e sistemática, de uma conformação equilibrada de interesses, sempre em prejuízo da mesma categoria de contraentes"; cf. p. 396, especificamente no tocante à *transparência*.

42. Cf. Gérard Farjat, *Droit Économique*, Paris, 1971, p. 43.

tras finalidades de cariz político-económico serão ainda porventura alcançáveis através do regime legal — como aventámos: a concorrencialidade, a decência ou apenas correcção da actividade bancária, a qualidade dos serviços, eventualmente a prevenção de algum risco sistémico, etc. Mas estas serão sempre finalidades ou corolários muito indirectos, longínquos ou apenas *reflexos* daquilo que norteia originária e essencialmente o legislador.

4. Conclusões

Em resumo e conclusão de quanto se expôs, podemos afirmar que duas grandes classes de interesses primários são actualmente objecto da protecção jurídico-positiva: o interesse público da estabilidade do mercado bancário, prevenido pela supervisão prudencial em sentido restrito, e o interesse privado do equilíbrio de posições contratuais, visado pela supervisão atinente às regras de conduta.

No direito mais recentemente legislado em países tão diversos como a Itália e o Reino Unido podemos encontrar exemplos confessados do *mix* de fins e/ou interesses ora referidos.[43] Trata-se, aliás, de legislações que não se atêm aos serviços bancários, apenas, mas a todos os serviços financeiros hodiernamente regulados (mesmo a nível comunitário) à semelhança dos bancários tradicionais.

Referimo-nos em primeiro lugar ao diploma legal vigente na Itália. A disciplina dos intermediários financeiros (Parte II do diploma) abre com um Título de Disposições Gerais, cujo primeiro Capítulo é dedicado à *vigilanza*; este Capítulo, por seu turno, começa por uma disposição (art. 5º) epigrafada "finalidades e destinatários da supervisão". O seu n. 1 reza assim: "La vigilanza sulle attività disciplinate dalla presente parte ha per scopo la trasparenza e la correttezza dei comportamenti e la sana e prudente gestione dei soggetti abilitati, avendo riguardo alla tutela degli investitori e alla stabilità, alla competitività e al buon funzionamento del sistema finanziario".

Numa só disposição, como se vê, entendeu o legislador italiano enunciar as finalidades e os beneficiários ("destinatários") da supervisão. Primeira finalidade é a transparência, assim como a regularidade, da conduta dos prestadores de serviços; segunda finalidade é a gestão sã e prudente destes últimos. O intérprete pode legitimamente reportar a cada um desses conjuntos de finalidades os destinatários expressamente mencionados, ou melhor, os *interesses* respectivos de que a lei "tem conta": os dos investidores (clientes), no referente à transparência; os do sistema financeiro (começando pela estabilidade), no tocante à prudência da gestão.

Feição idêntica, embora algo mais pragmática (o que não surpreende), é a do regime britânico da supervisão ao cuidado da "Financial Services Authority", que passa inovadoramente a ser uma supervisão *conjunta* das áreas bancária, seguradora, de valores mobiliários e de serviços de investimento, substituindo-se à exercida pelas autoridades sectoriais, como designadamente o Banco de Inglaterra. O primeiro passo legislativo foi dado pelo "Bank of England Act", de 23 de abril de 1998, o qual, entrado em vigor no subsequente dia 1 de junho, retirou expressa e detalhadamente,

43. No primeiro dos apontados países vigora já o chamado texto único das disposições reguladoras da intermediação financeira — Decreto Legislativo n. 58, de 24.2.1998, que pode ver-se p. ex. na *Rivista delle Società*, f. 2º/3º, mar.-jun. 1998, p. 418. Criticamente, confrontando o direito nacional com o direito comunitário, cf. Antoniella Antonucci, *Diritto delle Banche*, Milão, 1997, pp. 50 e ss. Quanto ao Reino Unido, o texto legislativo foi comentado por Simon Gleeson, "UK's new financial regulator takes shape", *International Financial Law Review*, out. 1998, p. 11; da respectiva preparação foi dando conta p. ex. o *Financial Times* nas edições de 29.10.1997, 31 de julho, 3 de agosto e 1.12.1998 e ainda 16.4.1999.

ao Banco Central, as mencionadas funções. O segundo passo ocorrerá quando iniciar a sua vigência o "Financial Markets and Services Bill", apresentado oficialmente em 30 de julho de 1998.

Nos termos desse projecto, a nova regulação visa promover, por esta ordem: a confiança do *mercado*, o esclarecimento e *precaução* do público (*public awareness*), a *protecção* dos clientes (*consumers*) e a redução da *criminalidade* financeira. Cada uma destas finalidades se apurará interpretativamente, decerto, em relação ao tipo de normas de cuja aplicação se tratar, bem como aos interesses que elas visam salvaguardar.

A preocupação dos legisladores caracteriza uma época de "desregulação" da actividade económica que, segundo muitos observam, não deixa também simultaneamente de ser de "re-regulação",[44] conquanto esta última se traduza em regras mais voltadas para a disciplina entre os operadores económicos (ou seja, para o direito privado) do que para a submissão da iniciativa privada ao poder das autoridades (isto é, para a tradicional legislação administrativa).[45] É natural, assim, que se reparta entre dois pólos, um de interesse geral imediato e outro de interesse privado directo.

É claro que a supervisão continua, em qualquer dos casos, a ser um instituto de direito público (administrativo), relevando do Direito Bancário institucional. As suas formas de manifestação concreta é que variam: a supervisão prudencial em sentido restrito dirige-se à *gestão* das empresas bancárias, ao conjunto da sua actividade, não extravasando da pura relação vertical (embora não hierárquica) entre elas e a autoridade supervisora; a outra tem directamente por objecto as *relações* horizontais bancos/ clientes, actos singulares ou singularizáveis, invadindo deste modo, portanto, a esfera típica do direito privado.

44. Referimo-lo no estudo "Disciplina comunitária da concorrência bancária", *Documentação e Direito Comparado*, 1987, n. 31/32, pp. 392 e ss.

45. A observação é de Guido Corso, "Attività economica privata e *deregulation*", *Rivista Trimestrale di Diritto Pubblico* 3/641, 1998.

A ESTRUTURA NORMATIVA DOS PRINCÍPIOS*

RICARDO MARCONDES MARTINS

Mestrando em Direito Administrativo da PUC/SP.
Procurador do Município de São Paulo

1. Introdução. 2. O Sistema de Direito Positivo: 2.1 Considerações sobre o objeto da investigação; 2.2 O direito: 2.2.1 O direito como expressão análoga; 2.2.2 Direito Positivo e Ciência do Direito; 2.2.3 Sistema Jurídico de Direito Positivo e Sistema Jurídico da Ciência do Direito. 3. A norma jurídica: 3.1 Texto de lei e norma jurídica; 3.2 A estrutura lógica das normas jurídicas: 3.2.1 A estrutura de Kelsen e a de Cóssio; 3.2.2 A estrutura de Paulo de Barros Carvalho, Eurico Marcos Diniz de Santi e de Maria Rita Ferragut: 3.2.2.1 Crítica à estrutura apresentada; 3.3 Classificação das normas jurídicas: 3.3.1 Normas jurídicas gerais, individuais, concretas e abstratas; 3.3.2 Normas jurídicas de comportamento e de estrutura: 3.3.2.1 As normas de estruturas — Normas de competência — Veículo introdutor de normas — Princípios. 4. Os princípios jurídicos: 4.1 Os princípios e as regras jurídicas: 4.1.1 A doutrina de Ronald Dworkin — A regra do tudo-ou-nada — A diferença de peso; 4.1.2 A doutrina de Robert Alexy — Mandados de optimização e determinações — O conflito de regras e a colisão de princípios — A lei da colisão; 4.2 Princípios e valores — A caracterização dos valores — A doutrina de Paulo de Barros Carvalho — A doutrina de Robert Alexy. A lei da ponderação: 4.2.1 Limites-objetivos e valores; 4.3 A teoria dos princípios estruturantes de J. J. Gomes Canotilho; 4.4 A estrutura normativa dos princípios. Conclusões. Referências bibliográficas.

1. Introdução

O positivismo jurídico, sobretudo a teoria kelseniana, não concebeu o sistema jurídico como formado por princípios, ao menos não no seu significado atual. O direito é visto hoje sob a perspectiva principiológica, ninguém nega a importância dos princípios para o sistema jurídico positivo: raras são as discussões jurídicas em que algum princípio não seja considerado. Sua perfeita compreensão é, assim, imprescindível para a compreensão do direito. As contribuições de Ronald Dworkin e Robert Alexy são verdadeiros marcos na história da Dogmática Jurídica, ambas implicaram avanço científico que não pode ser ignorado. As concepções positivistas e lingüísticas do direito não são incompatíveis com a teoria principiológica, sendo possível a adequada conciliação dessas teorias. No texto

* Trabalho de conclusão da Disciplina "Direito Tributário I", Ministrada pelo Prof. Paulo de Barros Carvalho no Curso de Mestrado da PUC/SP.

ora apresentado buscou-se exaustivamente essa conciliação.

Primeiramente tomou-se o direito sob o aspecto normativo, efetuando-se um corte metodológico, corte este que é pressuposto de todo exame científico. Num segundo momento, analisou-se a norma jurídica valendo-se da definição e da divisão, mecanismos valiosos para o conhecimento. A classificação da norma jurídica revelou o princípio jurídico, analisado no terceiro momento da investigação. Em contraposição às regras jurídicas obteve-se sua definição, examinou-se a fenomenologia de sua incidência e, finalmente, sua estrutura normativa.

Os estudos do Direito não podem ignorar os avanços da teoria principiológica sob pena de grave retrocesso científico. Se o texto chamar a atenção para esses avanços logrou êxito. Se a conciliação proposta for aceita pela ciência alcançou seu objetivo.

2. O Sistema de Direito Positivo

2.1 Considerações sobre o objeto da investigação

Ciência consiste numa linguagem precisa voltada para o aumento do conhecimento humano. Quem pretende fazer ciência deve, antes de iniciar sua empreitada, atentar para alguns condicionantes, a atividade científica sujeita-se a dois pressupostos que, uma vez violados, impedem que a linguagem emitida possua cientificidade. A linguagem que os desatenda será natural ou técnica,[1] efetivará uma comunicação e até prestar-se-á a fins específicos, mas não será tomada como acréscimo ao conhecimento humano.

O primeiro pressuposto é a delimitação do objeto. Não é possível pretender conhecer algo sem precisar o algo a ser conhecido. Assim, dentro do universo de possibilidades, deve-se identificar qual objeto será examinado. A eleição do objeto, no entanto, não basta: um certo objeto pode ser examinado sob diversos prismas. Quem pretende estudar uma montanha pode fazê-lo, por exemplo, sob o aspecto geológico, climático, topográfico, geopolítico, histórico, filosófico ou até religioso. A discriminação exemplificativa demonstra a vastidão do conhecimento humano: há infinitas possibilidades de estudar um objeto. Assim, o primeiro pressuposto do cientista é fixar qual o objeto será estudado e sob qual aspecto estudá-lo-á.

O segundo pressuposto é a identificação do sistema de referência adotado para estudar o objeto. Com a contribuição da física moderna sabe-se que tudo é relativo: tudo depende do sistema de referência. Goffredo Silva Telles Júnior demonstra magistralmente essa relatividade do universo ao explorar a magnitude e a insignificância do macro e do microcosmo.[2] Ao descrever as duas realidades, mostra a impossibilidade de qualificar-se como pequeno ou grande um determinado objeto sem antes precisar o sistema de referência adotado. Se determinada afirmação é inverídica sob um sistema referencial pode não o ser sob outro. Assim, se o cientista escolheu certa montanha como objeto de seu estudo, e delimitou esse objeto, dedicando-se a examiná-la sob o prisma histórico, deverá fixar o sistema de referência adotado: por exemplo, que sua análise histórica dar-se-á pelo método marxista. Conclui-se, portanto, que, antes de pretender proferir uma linguagem científica, o enunciador deve identificar o objeto a ser examinado, delimitá-lo e fixar o siste-

1. Sobre os conceitos de linguagem natural, técnica e científica v. Paulo de Barros Carvalho, *Língua e Linguagem*, pp. 30 *et seq.*

2. Afirma o autor: "Um conhecimento só é conhecimento quando relacionado a um *sistema de referência*. Todo conhecimento verdadeiro é relativo. Todo conhecimento verdadeiro depende do sistema de referência a que se acha associado" (*O Direito Quântico*, 6ª ed., p. 285).

ma de referência adotado. É o que se fará a seguir.

2.2 O Direito

2.2.1 Direito como expressão análoga

O estudo toma como objeto de investigação o direito. Essa palavra não identifica apenas uma realidade, mas várias realidades distintas. Assim, impossível, a partir dela, pretender uma definição. André Franco Montoro, brilhantemente, identificou as realidades discriminadas pelo direito: ciência, norma, faculdade, justiça e fato-social. Essas realidades estão inter-relacionadas, daí o termo ser considerado análogo e não equívoco ou unívoco. Nenhuma delas é equivocada, representam "pontos de vista sob aspectos diferentes de um mesmo objeto".[3] Percebe-se que direito é um objeto muito amplo e, portanto, necessita de delimitação. Quem o examina deve explicitar sob qual ponto de vista o faz. Direito aqui será tomado como *norma*, mais precisamente, como conjunto de normas jurídicas vigentes em dado tempo e território. O exame dar-se-á sobre o conjunto de normas jurídicas vigentes atualmente no Estado Brasileiro, ou seja, sobre o direito positivo brasileiro.

2.2.2 Direito Positivo e Ciência do Direito

Elegeu-se como objeto de análise o direito positivo brasileiro, ou seja, uma linguagem. A linguagem do direito positivo tem função *prescritiva*, presta-se à regulação das condutas intersubjetivas, suas prescrições não são verdadeiras ou falsas, mas válidas ou inválidas e sua sintaxe é estudada pela Lógica Deôntica. O objeto dessa linguagem são as condutas humanas, mais precisamente, as condutas possíveis e não necessárias. É uma linguagem técnica, assentada no discurso natural, mas com acentuado número de palavras e expressões científicas. Por ser técnica são comuns as ambigüidades e contradições. Por fim é uma típica linguagem-objeto, não se vertendo sobre outra linguagem e sim sobre o mundo fenomênico. Para caracterizar essa linguagem útil contrapô-la à linguagem ora utilizada: esta linguagem é *descritiva*, prestase a descrever o direito positivo, suas prescrições não são válidas ou inválidas, mas verdadeiras ou falsas e sua sintaxe é estudada pela Lógica Clássica, Apofântica ou Alética. O objeto desta linguagem é o direito positivo. Tem a pretensão de ser científica, obediente aos postulados da identidade, da não-contradição e do terceiro excluído,[4] pretende, assim, não apresentar ambigüidades ou contradições. É uma metalinguagem, pois se refere à outra linguagem, a linguagem do direito positivo. Percebe-se, portanto, que Direito aqui é tomado como fenômeno lingüístico: utiliza-se de uma linguagem descritiva, própria da Dogmática Jurídica, para descrever a linguagem prescritiva de condutas, própria do direito positivo.

3. *Introdução à Ciência do Direito*, 22ª ed., p. 53. Considerar o direito como um conjunto de normas jurídicas sem antes fazer essa ressalva é tomar o objeto por um de seus aspectos. Direito não é nem uma dessas cinco realidades, mas todas elas. Os juristas que tomam o direito como norma (Kelsen), como faculdade (Cossio), como fato-social (Lévy-Bruhl) ou como ciência (Holmes) incidem nesse grave erro. A Ciência exige precisão: o direito é um termo análogo referente a cinco realidades distintas. A partir daí nada impede que se escolha uma das realidades como objeto de estudo.

4. Pelo princípio da identidade "uma mesma proposição não pode ser simultaneamente verdadeira e falsa"; pelo princípio da não-contradição "duas proposições contraditórias não podem ser verdadeiras nem falsas ao mesmo tempo" e pelo princípio do terceiro excluído "ou uma coisa existe ou não existe, exclui-se a possibilidade de que possa existir e ao mesmo tempo não existir" (Alaôr Caffé Alves, *Lógica: Pensamento Formal e Argumentação*, 2ª ed., pp. 150 *et seq.*).

2.2.3 Sistema Jurídico do Direito Positivo e Sistema Jurídico da Ciência do Direito

Claus-Wilhelm Canaris, em obra que já se tornou clássica,[5] extrai de várias conceituações de sistema[6] duas características fundamentais: a *ordenação* e a *unidade*. Ordenação consiste num estado de coisas intrínseco racionalmente apreensível, isto é, fundado na realidade. Unidade consiste em reconduzir as unidades que compõe a ordenação a princípios fundamentais, impedindo uma dispersão numa multitude[7] de singularidades desconexas.[8] Assim, em severa síntese, onde houver ordenação e unidade haverá um sistema.

Referiu-se, acima, a duas linguagens distintas: a linguagem da Ciência do Direito e a linguagem do Direito Positivo. Aquela se compõe de um conjunto de enunciados descritivos; esta, de um conjunto de enunciados prescritivos. Do conjunto de enunciados prescritivos do direito positivo extraem-se as normas jurídicas, a seguir examinadas, que compõem uma ordem dotada de unidade. Da descrição dessas normas pela Ciência do Direito extraem-se proposições descritivas que compõem também um ordenamento dotado de unidade. Nesses termos, o conjunto de normas jurídicas do direito positivo compõe o sistema de direito positivo e o conjunto de proposições descritivas da Ciência do Direito compõe o sistema da Ciência do Direito. Segundo a classificação de Celso Neves[9] esses dois sistemas são nomoempíricos, posto que suas proposições[10] possuem referências empíricas, em oposição aos sistemas nomológicos, em que os componentes são entidades ideais. Interessa aqui examinar as normas jurídicas que compõem o sistema do direito positivo brasileiro.

3. A norma jurídica

Como afirmado, o conjunto de normas jurídicas que compõe o direito positivo forma um sistema, tornando-se, assim, imprescindível definir norma jurídica. Pressuposto dessa definição é a conceituação de norma, vocábulo originário do latim *norma, ae*, sinônimo de regra, modelo, padrão. Norma consiste na padronização, por meio da

5. *Pensamento Sistemático e Conceito de Sistema na Ciência do Direito*, 3ª ed., pp. 12-13. Observa-se que a teoria geral dos sistemas nasceu no campo das ciências naturais, a partir dos estudos de Ludwig von Bertalanffy. O biólogo descreveu os organismos vivos como sistemas abertos, em que há uma troca constante entre o sistema e o meio. Foi, no entanto, Niklas Luhmann quem introduziu a concepção de sistema nas ciências sociais.

6. Eis alguns dos conceitos citados pelo autor: sistema é "um conjunto de conhecimentos ordenados segundo princípios" (Kant); "um conjunto global de coisas, processos ou partes, no qual o significado de cada parcela é determinado pelo conjunto supra-ordenado e supra-somativo" (Eisler); sistema é "uma unidade totalmente coordenada" (Stammler); "um conjunto de conceitos jurídicos ordenado segundo pontos de vista unitários" (Binder); "um conjunto unitário ordenado" (Stoll) e uma "ordenação de conhecimentos segundo um ponto de vista unitário" (Coing). Ob. cit., pp. 10-11.

7. A expressão é de Canaris, daí manter-se a palavra multitude, originária do genitivo latino *multitudinis*, sem correspondência no vernáculo.

8. Tércio Sampaio Ferraz Júnior, no mesmo sentido, concebe sistema como um repertório e estrutura marcados por um princípio que organiza e mantém o conjunto como um todo homogêneo (*Introdução ao Estudo do Direito: Técnica, Decisão, Dominação*, 2ª ed., p. 176).

9. A classificação é apresentada pelo Prof. Paulo de Barros Carvalho, *Direito Tributário: Fundamentos Jurídicos da Incidência*, 2ª ed., p. 41; *Curso de Direito Tributário*, 14ª ed., pp. 10 *et seq.*

10. Proposição e enunciado são tomados como sinônimos pela maioria dos autores. Afirma Irving M. Copi: "Os termos 'proposição' e 'enunciado' não são sinônimos, mas, no contexto da investigação lógica, são usados numa acepção quase idêntica" (*Introdução à Lógica*, 2ª ed., p. 22). No mesmo sentido Alves (2002, p. 96). Aqui também são tomados como sinônimos.

abstração, da ocorrência de determinado fenômeno.

O exame das espécies de normas facilitará a compreensão do conceito. Existem duas espécies: as *normas de comportamento* e as *normas naturais*.[11] As primeiras obedecem ao princípio da causalidade e as segundas ao princípio da imputação.

Observando-se na natureza um evento E1, e um evento similar ao primeiro — E2, e outro similar — E3, e assim por diante, todos elementos de um conjunto de eventos similares En; e observando-se, além disso, que sempre que um evento Ex (sendo "x" um dos elementos pertencentes ao conjunto "n") ocorre, surge uma determinada conseqüência, o ser humano, por intermédio de seu poder de abstração, consegue sintetizar numa regra uma fórmula que indique esse padrão. Assim, dado o evento Ex, ocorre a conseqüência Cy. O exemplo indica uma norma natural porque sempre que ocorrer o evento Ex haverá necessariamente a ocorrência no mundo fenomênico da conseqüência Cy, sob pena de invalidade da norma, pois a hipótese está ligada à conseqüência por um vínculo de causalidade.

Existe uma linguagem que reduz os termos da norma a uma expressão ideal, simbólica: é a linguagem formalizada, própria da Lógica. Toda norma é suscetível de formalização. No exemplo dado a norma poderia ser formalizada da seguinte forma: Ex à Cy, em que o vetor representa o vínculo de causalidade.

Normas de comportamento diferem-se das normas naturais, pois não apresentam causalidade. Ao contrário das normas naturais em que a conseqüência decorre da hipótese, nas normas de comportamento a conseqüência é imposta à hipótese. Essas normas também implicam numa padronização, posto que ligam determinadas conseqüências a eventos com certas características. A ligação, no entanto, não é causal, mas deôntica. Desse modo, ao prever-se na hipótese um evento com determinadas características, estabelece-se a faculdade, a obrigatoriedade ou a proibição de determinado comportamento a alguém. Esse vínculo é de imputação ou deôntico, pois, ocorrido o evento com as características previstas, não surge no mundo fenomênico, necessariamente, sob pena de invalidade da norma, as conseqüências imputadas. A norma prevê que as conseqüências *devem surgir* no mundo fenomênico.

Essas conseqüências, como dito, são impostas pela norma, independentemente da vontade das pessoas nela referidas. Esta é a característica própria de todas as normas de comportamento, sejam jurídicas, morais, religiosas, que as distingue das normas naturais: a *imperatividade*. Imperar, do latim *impero*, *as*, *avi*, *atum*, *are*, significa forçar a produzir, comandar, ordenar, impor determinados comportamentos pela ocorrência de eventos com certas características.

As normas jurídicas, como todas as normas de comportamento, possuem imperatividade e, ao contrário das demais, possuem *autorizamento*. Só as normas jurídicas autorizam os lesados, pelo não cumprimento dos mandamentos nelas expressos, a exigir que os violadores cumpram esses mandamentos. Somente as normas jurídicas são autorizantes, conforme a lapidar contribuição de Goffredo Telles Júnior (1985, pp. 341 *et seq.*), pois só elas autorizam aqueles que sofreram com a violação de seus mandamentos a exercer ou a fazer com que outro exerça a coação sobre o violador a fim de fazer cessar ou obstar a violação ou obter uma reparação. Daí a definição de norma jurídica do aclamado jurista, aqui adotada integralmente: norma jurídica é um "imperativo autorizante". É um imperativo, afirma o catedrático, porque é um mandamento; é autorizante, porque autoriza a reação contra a ação que viola.

11. Sobre as normas naturais e de comportamento v. Maria Helena Diniz, *Curso de Direito Civil Brasileiro*, 11ª ed., p. 22.

3.1 Texto de lei e norma jurídica

A norma jurídica, como todas as normas, também é suscetível de formalização. No entanto, antes de examinar sua estrutura lógica, essencial realçar importante distinção. A Constituição, as leis, os decretos, os regulamentos, as portarias, as instruções ministeriais, os atos administrativos e as sentenças judiciais[12] consistem em vários enunciados cujo conjunto compõe o suporte físico do direito positivo. Exemplificativamente, reporta-se ao art. 159 do Código Civil de 1916, que reza: "aquele que, por ação ou omissão voluntária, negligência, ou imprudência, violar direito, ou causar prejuízo a outrem, fica obrigado a reparar o dano".[13] É um texto de lei: um conjunto de grafemas impressos no papel. Esses grafemas compõem o *plano da expressão* ou o *plano dos significantes*.[14] Devem obedecer às regras sintáticas para possuírem algum significado. Esses grafemas não se confundem com a norma jurídica, mas a visualização deles (da *enunciação*) é o primeiro passo para construção da norma.

A partir da leitura do texto de lei, desses grafemas, o leitor efetua uma primeira abstração: associa cada palavra a seu significado vernacular. Essa abstração é automática e exige o domínio do idioma por parte do leitor. As palavras constituem *signos*, ou seja, são representativas de algo[15] e, como não guardam nenhuma ligação com o objeto do mundo que elas significam, sendo arbitrariamente fixadas, são *símbolos*. A identificação dos significados das palavras e, portanto, do enunciado composto por elas, é o segundo passo do leitor diante de um texto normativo. O leitor apura o significado da enunciação, ou seja, passa do plano da literalidade textual ao *plano dos conteúdos*; da sintática, passa à *semântica*. Nesse momento o leitor identifica o dever-ser, o comportamento prescrito no texto e apreende um juízo. Esse juízo também não se confunde com a norma jurídica.

Num terceiro momento, o leitor, após examinar o juízo decorrente da leitura dos grafemas, a partir de todo o sistema jurídico, efetua uma segunda abstração: identifica a hipótese prevista pelo legislador, visualizando os critérios identificadores de eventos, e a conseqüência imputada a essa hipótese. No exemplo dado, após exame do enunciado decorrente do art. 159 e de todos os demais enunciados do sistema, identifica-se o antecedente da norma, ou seja, a descrição de uma conduta, e o conseqüente, ou seja, uma relação jurídica imputada a essa conduta.

No antecedente da norma invariavelmente existirá um verbo seguido de dois complementos. No caso, qualquer verbo (v), excetuando-se os verbos de estado (ser e estar) compõe o antecedente da norma, desde que acompanhado de dois complementos: conduta culposa (cu) ou dolosa (cd) e danosa (d). Assim, "v + cu ou cd + d" é o antecedente da norma extraída do art. 159 do Código Civil de 1916. Já o conseqüente é uma relação jurídica em que o responsável pelo dano é obrigado a pagar ao prejudicado os prejuízos decorrentes de sua conduta. Essa, portanto, é a norma jurídica extraída do texto do art. 159 do Código Civil de 1916.

O exemplo do art. 159 é um caso raro em que a norma jurídica é extraída de um único texto de lei. O juízo decorrente da leitura do texto não é suficiente para montar a norma. Sempre é necessário um exame global do sistema, posto que a norma pode decorrer de vários textos de lei. No Código Civil de 2002, por exemplo, essa norma é extraída de dois dispositivos: do art. 186, cuja redação determina que "aque-

12. O rol não é exaustivo.

13. O exame do artigo correspondente no novo Código Civil é feito a seguir.

14. A expressão é de Carvalho (*Curso...*, 14ª ed., 2002, pp. 108 *et seq.*).

15. Sobre o conceito de signo, v. Charles S. Peirce, *Semiótica*, 3ª ed., principalmente pp. 43 *et seq.*

le que, por ação ou omissão voluntária, negligência ou imprudência, violar direito e causar dano a outrem, ainda que exclusivamente moral, comete ato ilícito" e do *caput* do art. 927, cuja redação é a seguinte: "aquele que, por ato ilícito (arts. 186 e 187), causar dano a outrem, fica obrigado a repará lo". Nesse diploma legal, como se percebe, o antecedente da norma é extraído de um dispositivo e o conseqüente de outro. Fica clara, portanto, a diferença entre a norma jurídica e o texto de lei.

O conjunto de todas as normas jurídicas extraídas dos enunciados do direito positivo compõe o *sistema normativo stricto sensu*. Percebe-se que a norma jurídica é construída pelo jurista, a partir da leitura do texto positivo, ela é a significação que ele extrai do texto ao lê-lo e confrontá-lo com os demais textos. As normas jurídicas, portanto, decorrem dos textos legais, mas não se confundem com eles. O legislador,[16] ao editar os textos, tem a intenção de criar determinadas normas;[17] ele, no entanto, não cria norma nenhuma, mas elabora o texto. Quem cria a norma é o jurista, a partir do texto legal. Perfeitamente possível, nesses termos, que a norma jurídica resultante do texto legal, criada pelo jurista ao lê-lo, seja contrária à norma que o legislador queria criar ao editar o texto. Conseqüentemente, as normas jurídicas são criadas pelo jurista, pelo cientista do Direito, a partir dos textos elaborados pelo legislador.[18] As normas jurídicas que compõem o direito positivo, assim como todo sistema normativo *stricto sensu*, são criação da Ciência do Direito. O jurista elabora dois sistemas, um prescritivo, correspondente ao conjunto de normas jurídicas extraídas dos textos legais, e outro descritivo, correspondente ao conjunto de proposições elaboradas sobre essas normas jurídicas. Primeiro formula a norma, depois emite proposições descritivas sobre essa norma.

3.2 A estrutura lógica das normas jurídicas

Definiu-se norma jurídica como um juízo sobre a significação do texto normativo possuidor de duas características fun-

16. Legislador pode ser tomado em sentido amplo como sendo o editor de todos os textos normativos, sejam leis, decretos, regulamentos, atos administrativos em geral e sentenças; ou em sentido estrito como sendo apenas o editor de leis. Lei, por sua vez, também apresenta acentuada vaguidade. Pode, no entanto, ser tomada como indicativa de todo ato normativo editada pelo Poder Legislativo. A palavra "legislador" foi empregada acima em sentido amplo.

17. A ação humana sempre se volta a um fim. Ao elaborar determinado texto normativo o legislador visa editar determinada norma e, assim, regular os comportamentos intersubjetivos. No entanto, ao legislador só incumbe editar o texto e, como visto, a norma não se confunde com ele. Quem cria a norma é o jurista, a partir da leitura do texto normativo. Daí afirma o célebre Carlos Maximiliano: "A lei é a vontade transformada em palavras, uma força constante e vivaz, objetivada e independente do seu prolator; procura-se o sentido imanente no texto, e não o que o elaborador teve em mira" (*Hermenêutica e Aplicação do Direito*, 16ª ed., p. 28). A hermenêutica, atualmente, não se atém à vontade do legislador e sim à vontade da lei, ainda que esta seja oposta àquela.

18. A afirmação, por mais estranha que pareça, também se aplica ao juiz, em sua atividade judicante. Ao interpretar as leis o juiz se equipara a um cientista do direito. Deve interpretar para exercer sua função. Deixa de ser cientista quando cessa sua atividade de interpretação e passa a ser legislador quando profere sentença, editando uma norma individual e concreta. Imagine-se, por exemplo, que o juiz quisera proferir uma norma individual e concreta que prescrevesse determinada conduta. Errou, no entanto, ao elaborar o texto da sentença. Da leitura da sentença, suponha-se, extraia-se norma contrária à pretendida pelo juiz. A parte não recorreu da sentença, não se valeu dos recursos previstos e a sentença transitou em julgado. Que norma ingressou no sistema jurídico positivo: a norma extraída a partir da sentença ou a norma pretendida pelo juiz? Evidente que no sistema jurídico ingressará a norma extraída da leitura da sentença. Quem cria a norma jurídica individual e concreta não é o juiz, este só cria o texto normativo. É o jurista, ao ler a sentença, quem cria a norma jurídica.

damentais: imperatividade e autorizamento. Norma é, como afirmado, uma proposição prescritiva de condutas pertencente a um sistema e, assim, indissociável de todo o complexo normativo. O ordenamento é um vasto conjunto de comandos reguladores de condutas intersubjetivas e esses comandos encontram-se entrelaçados, inter-relacionados, de tal forma que compõem um sistema. É impossível, por força disso, conceber cada prescrição como algo autônomo do sistema que faz parte. Para compreensão do comando, no entanto, faz-se necessário tomá-lo como prescrição autônoma e perceber cada norma enquanto comando individualizado: eis uma tarefa deveras complexa.

A definição de norma jurídica apresentada acima é precisa, mas insuficiente para os fins desta análise. Necessário fixar qual é o mínimo de significado que a proposição deve conter para formar um imperativo autorizante. De fato, a norma é, na expressão de Paulo de Barros Carvalho, "a expressão irredutível de manifestação do deôntico".[19] É a análise lógica da norma jurídica que possibilita ao jurista a identificação dos elementos necessários para composição desse mínimo irredutível. O exame da estrutura lógica da norma jurídica é o que segue.

3.2.1 A estrutura de Kelsen e a de Cóssio

Muito já se discutiu na seara da Teoria Geral do Direito sobre o tema. Para Hans Kelsen a norma jurídica possui a seguinte estrutura: dada a não realização de uma prestação positiva ou negativa deve ser a sanção, ou seja, ocorridos determinados pressupostos deve efetivar-se a coerção. Eis a formulação proposta pelo jusfilósofo: NP à S.[20] Dois, portanto, são, para Kelsen, os elementos essenciais da norma jurídica: a descrição da não realização de uma obrigação (NP) e a imputação de uma sanção (S). A fórmula mostrou-se insuficiente pelo fato de limitar-se a prever a não realização da conduta e a sanção prescrita. A norma, antes de prever a não realização da conduta que almeja realizada, evidentemente, prevê a própria conduta.

Carlos Cóssio, em inestimável avanço científico, propôs nova estrutura para norma jurídica, formulando-a como um juízo hipotético disjuntivo.[21] Cada norma jurídica possui, segundo ele, duas partes: a norma que estabelece a prestação — P — (endonorma), chamada norma primária, e a norma que estabelece a sanção — S — (perinorma), chamada norma secundária. A perinorma só incide se houver descumprimento da endonorma. Eis a fórmula proposta: F à P ou NP à S.[22]

3.2.2 A estrutura de Paulo de Barros Carvalho, Eurico Marcos Diniz de Santi e Maria Rita Ferragut

A partir das lições de Lorival Vilanova[23] os ilustres tributaristas da Escola de Di-

19. *Direito Tributário:...*, 2ª ed., ob. cit., pp. 17 *et seq.*

20. Sobre uma síntese da doutrina de Kelsen, v. Montoro (1994, p. 313); Paulo de Barros Carvalho, *Teoria da Norma Tributária*, 4ª ed., pp. 39 *et seq.*

21. Trata-se de uma *disjunção simples* ou *includente*, simbolizada pelo símbolo "v", pois pode dar-se uma delas ou outra, ou ambas. Sobre a disjunção includente v. Delia Teresa Echave, Maria Eugenia Urquijo, Ricardo A. Guibourg, *Lógica, Proposición y Norma*, 6ª reimpr., Buenos Aires, Astrea, 2002, pp. 53 *et seq.*

22. André Franco Montoro crítica a doutrina de Cóssio por desconsiderar os efeitos positivos resultantes do cumprimento da prestação. Para o saudoso jurista devem existir ao menos duas perinormas, uma que estabeleça as conseqüências positivas resultantes do cumprimento da prestação e outra que estabeleça as conseqüências negativas decorrentes do seu descumprimento (1994, pp. 313-315).

23. Entre as lições do Vilanova que serviram de base a essa teoria v., principalmente, as extraídas da obra *Causalidade e Relação no Direito*, 4ª ed., pp. 103 *et seq.*

reito Tributário da Pontifícia Universidade Católica de São Paulo empreenderam novo avanço científico, apresentando estrutura lógica mais completa e precisa às normas jurídicas. Seguindo os passos dados por Cóssio concebem a norma jurídica com um juízo disjuntivo. A norma primária, no entanto, biparte-se em duas, a norma primária dispositiva e a norma primária sancionadora,[24] ambas com conteúdo material, em oposição à secundária, com conteúdo processual.

A *norma primária dispositiva* apresenta um antecedente (hipótese) — "A", em que se descreve uma conduta, e um conseqüente — "Cd", em que se descreve uma relação jurídica, ambos, antecedente e conseqüente, ligados por um vínculo de imputação deôntica neutro — "D", representado pelo vetor "à". Vínculo este que prescreve "dado o antecedente deve ser o conseqüente", sem modalizar a conduta como obrigatória, proibida ou facultativa. Assim: "D [A à Cd]". O conseqüente, como afirmado, consiste numa relação jurídica — Rd — entre dois sujeitos, ativo — Sa — e passivo — Sp — em torno de um objeto, sendo assim representado: Rd (Sa, Sp). Nessa relação o sujeito ativo está ligado ao sujeito passivo também por um vínculo de implicação deôntico que, ao contrário do primeiro, é modalizado, ou seja, prescritivo de obrigatoriedade, proibição ou faculdade. Esse vínculo é representado por dois vetores sobrepostos "«". O vínculo relacional formado pelo operador deôntico intraproposicional é formalizado pela variável "R".

Essa norma pode ser observada ou não. Por força da possibilidade de inobservância é ligada a uma outra norma, à *norma primária sancionadora*, que possui em seu antecedente a descrição do descumprimento da conduta prescrita pelo conseqüente da norma primária dispositiva e no conseqüente a descrição de uma relação jurídica em que se estabelece uma "sanção". Tal qual a norma primária dispositiva, o antecedente é ligado ao conseqüente por um vínculo de imputação deôntico não modalizado. Eis a representação: "(-Cd à Cs)". A conseqüência da norma primária sancionadora também consiste numa relação jurídica entre dois sujeitos, vinculados um ao outro por um vínculo deôntico prescritivo de obrigatoriedade, proibição ou faculdade. Daí representar-se "Cs" por "Rs (Sa,Sp)". A norma primária dispositiva e a norma primária sancionadora estão ligadas uma a outra, sendo que a ligação é representada logicamente pelo operador da conjunção ".", resultando na seguinte estrutura: "D [A à Rd (Sa,Sp)] . [-Rd (Sa,Sp) à Rs (Sa,Sp)]".[25]

A norma primária sancionadora pode, da mesma forma que a dispositiva, não ser observada. Por força dessa hipótese concebeu-se a norma secundária, de natureza processual, que tem por antecedente ou o descumprimento da conduta prescrita pelo conseqüente da norma primária dispositiva (-Rd (Sa,Sp)) ou o da conduta prescrita no conseqüente da norma primária sancionadora (-Rs (Sa,Sp)) ou o descumprimento de am-

24. A denominação "norma primária sancionadora" foi criada por Eurico Marcos Diniz de Santi (*Lançamento Tributário*, 2ª ed., 2ª tir., pp. 43 *et seq.*). O insigne catedrático Paulo de Barros Carvalho não concorda com essa denominação: norma sancionadora é tão-somente a secundária (informação verbal). Cf. aula proferida no Programa de Pós-Graduação da Pontifícia Universidade Católica de São Paulo. Faz, no entanto, referência a ela, sem criticá-la em seu *Direito Tributário: Fundamentos Jurídicos da Incidência*, p. 38. Discorda-se aqui do ilustre catedrático: a expressão, ao contrário de criar ambigüidade, contribui e muito para diminuí-la.

25. A utilização da conjunção (.), conforme explicado a seguir, dá-se apenas no plano estático ou em abstrato, não no plano dinâmico. O plano estático visualiza a norma tão-somente como norma posta, a espera de aplicação; o plano dinâmico visualiza a norma em todo seu processo de aplicação e concretização. No plano dinâmico, as normas primárias dispositiva e sancionadora não existirão sempre: daí serem tomadas como dois juízos disjuntivos, ligadas pela disjunção includente (v).

bas as condutas.[26] Tem por conseqüente também uma relação jurídica, composta por Sa, Sp — partes — e o juiz — Sj, em que o sujeito ativo tem o direito de exigir do juiz a efetivação do dever imputado na norma primária, assim representada: Rp (Sa,Sj,Sp). É a norma secundária que possibilita o emprego da coercitividade pelo Estado.[27] Utilizando-se do disjuntivo "v" na hipótese da norma secundária, assim é formulada a estrutura completa da norma jurídica: "D {[A à Rd (Sa,Sp)] . [(-Rd(Sa,Sp)) à Rs(Sa,Sp)] . [(-Rd (Sa,Sp)) v (-Rs (Sa,Sp)] à Rp (Sa,Sj,Sp)}".[28]

3.2.2.1 Crítica à estrutura apresentada — A formulação dos ilustres tributaristas é de extraordinário primor e de inestimável importância para o desenvolvimento da ciência. Dois esclarecimentos, contudo, mostram-se necessários. Primeiramente, conforme já afirmado, o que caracteriza a norma jurídica não é nem a *coatividade* nem a *coercitividade*. Coação é a força concreta, física, que atua sobre o sujeito passivo compelindo-o a cumprir o mandamento normativo; a coerção é a força psicológica que o compele a cumprir o imperativo. Coatividade é a aptidão para coagir; coercitividade é aptidão para exercer coerção. A coerção não é elemento essencial da norma porque não é a norma que intimida, mas os efeitos que podem advir de sua violação. Ainda que, por qualquer motivo, não haja coerção,[29] existirá, evidentemente, a norma. Esta autoriza o lesado a obter a coação: em alguns casos autoriza o próprio lesado a coagir, casos raros de autotutela; na maioria das vezes, no entanto, autoriza o lesado a obter do Judiciário a coação. A norma, por óbvio, jamais coage: autoriza a coação.[30] Assim, da norma secundária decorre o *autorizamento* de todas as normas jurídicas.

26. Atente-se que é possível cumprir-se a conduta prescrita pela norma dispositiva e não cumprir a conduta prescrita pela norma sancionadora. Suponha-se, por exemplo, que a norma dispositiva determine ao sujeito passivo pagar determinada quantia X ao sujeito ativo a título de tributo em determinada data. O sujeito passivo descumpriu essa conduta, não pagando ao sujeito ativo a quantia na data determinada. Caso cumprisse a determinação não haveria incidência da norma sancionadora, como não cumpriu, deve incidir a norma sancionadora que, por exemplo, determine ao sujeito passivo pagar a quantia Y ao sujeito ativo a título de multa, por não ter pagado a quantia X na data determinada. O legislador ao expressar o valor de Y geralmente embute o valor de X, gerando confusão entre as distintas situações. No entanto, não há que se confundir: teoricamente o sujeito passivo pode pagar o tributo, exigido pela norma dispositiva e não pagar a multa, exigida pela norma sancionadora; pode pagar a multa exigida pela norma sancionadora e não pagar o tributo exigido pela dispositiva e, numa terceira hipótese, pode simplesmente não pagar nada, nem a multa, nem o tributo.

27. Maria Rita Ferragut, *Presunções no Direito Tributário*, p. 23.

28. Paulo de Barros Carvalho expõe essa estrutura em seu *Direito Tributário:...*, 2ª ed., cit., pp. 31 *et seq.*. Eurico Marcos Diniz de Santi expôs a teoria apresentada em seu *Lançamento Tributário*, 2ª ed., 2ª tir., cit., pp. 41-45. Maria Rita Ferragut expõe a teoria em seu magnífico *Presunções no Direito Tributário*, cit., pp. 27-29. Outros autores adotaram a concepção exposta. Digna de menção a exposição de Luís César Souza de Queiroz, *Sujeição Passiva Tributária*, 2ª ed., pp. 36-44. A ligação entre as três subnormas dá-se pela conjunção (.), no entanto, apenas no nível estático do direito, ou seja, no plano abstrato. Tomada em nível abstrato, a norma possui, necessariamente, as três estruturas. No plano dinâmico, entretanto, as três estruturas não estão necessariamente presentes: só incidirá a norma primária sancionadora se houver descumprimento do dever imposto na norma primária dispositiva e, posteriormente, só incidirá a norma secundária se houver descumprimento do dever imposto na norma primária sancionadora e/ou a continuação do descumprimento do dever imposto na dispositiva. Há, portanto, no nível dinâmico, uma ligação pela disjunção simples ou includente (v). Daí a afirmação de que a estrutura completa da norma jurídica constitui-se de *três juízos disjuntivos*.

29. No Brasil a reinante impunidade retira, mais e mais, a coerção das normas jurídicas; nem por isso lhes retira a existência.

30. Nesse sentido Telles Júnior, 1985, pp. 373-385; Diniz, 1995, pp. 22-28.

O segundo esclarecimento exige maior fôlego. De acordo com a estrutura apresentada pelos ilustres juristas, no conseqüente das normas jurídicas sempre há a descrição de uma *relação jurídica*, em que o sujeito ativo tem o *direito subjetivo* de exigir do sujeito passivo o cumprimento de determinada obrigação e este tem, em contrapartida ao direito daquele, o *dever jurídico* de cumprir essa prestação. Essa estrutura lógica, própria das relações jurídicas, está presente, afirma enfaticamente Paulo de Barros Carvalho, em todas as normas jurídicas.[31] A afirmação é parcialmente correta. Essa concepção é fruto do pandectismo e da marcante influência de Bernhard Windscheid, sobretudo na elaboração do *BGB*. O direito foi reduzido à estrutura de relação jurídica bilateral e de *cooperação*, eminentemente patrimonial, em que o sujeito ativo possui direito subjetivo e o sujeito passivo possui dever jurídico. Contemporaneamente, sobretudo pela contribuição da doutrina italiana, em especial de Pietro Perlingieri,[32] a partir de uma análise constitucional do direito privado, a Teoria Geral do Direito foi sensivelmente modificada.

Desenvolveu-se o instituto da *situação jurídica*.[33] A norma jurídica descreve um evento e imputa a esse evento determinadas conseqüências — *efeitos* jurídicos. Ao descrever esses efeitos estabelece o *dever-ser* a partir de um conceito que permite avaliar um comportamento. Os efeitos são conceitos aptos à avaliação do comportamento humano; são, no dizer de Perlingieri, instrumentos de avaliação do agir. Esses conceitos são categorias que caracterizam o agir e estas são genericamente denominadas de *situação jurídica*. Direito subjetivo é apenas uma espécie de situação jurídica ativa. Existem muitas outras: direito potestativo, faculdade, interesse legítimo, *status*, poder jurídico, função. Dever jurídico é apenas uma espécie de situação jurídica passiva, há também outras: estado de sujeição, ônus, resistência.

É verdadeira a afirmação de que o direito é essencialmente bilateral.[34] As normas jurídicas, como afirmado, são atributivas de efeitos jurídicos e, portanto, constitutivas de situações jurídicas. É a chamada *conseqüência unilateral da norma jurídica*, ou seja, a atribuição de efeito jurídico e, portanto, a instituição de situação jurídica. Pode-se afirmar, no entanto, que esse efeito é instrumental em relação a um segundo efeito, a atribuição de deveres, o chamado *efeito bilateral das normas jurídicas*: a instituição de relações jurídicas. A norma jurídica atribui efeitos unilaterais, instituindo os destinatários em situações jurídicas, para atribuir-lhes efeitos bilaterais, ligar os destinatários em relações jurídicas. Relação jurídica, diz Perlingieri, é relação entre situações jurídicas. Não há que se distinguir normas atributivas de efeitos de normas atributivas de deveres, toda norma jurídica é atributiva de efeitos e de deveres, é instituidora de duas situações e uma relação jurídica.

Nesses termos, correto afirmar-se que no conseqüente de uma norma jurídica há sempre a descrição de uma relação jurídica. No entanto, a estrutura da relação jurídica não apresenta os contornos traçados pela antiga doutrina. É possível a imputação de relações jurídicas de colaboração, em que o sujeito ativo, por exemplo, seja titular de direito subjetivo; como relações jurídicas de subordinação ou sujeição, em que o sujeito ativo, *v.g.*, seja titular de direito potestativo. Na estruturação lógica da norma jurídica, na formalização do conseqüente da norma, seria melhor, ao invés da referên-

31. *Curso de Direito Tributário*, 2002, em especial no Capítulo X, pp. 277 *et seq*.

32. *Perfis do Direito Civil: Introdução ao Direito Civil Constitucional*, 2ª ed.

33. Sobre a *situação jurídica* v. Perlingieri, ob. cit., pp. 105 *et seq*.; André Fontes, *A Pretensão: Como Situação Jurídica Subjetiva*, pp. 69 *et seq*.

34. Carvalho, *Curso de Direito Tributário*, 9ª ed., p. 280.

cia ao sujeito, a referência à situação. Assim, o "S" da fórmula proposta não deve simbolizar o sujeito da relação, mas a situação jurídica ativa ou passiva da relação. Numa linguagem que se pretende científica é inadmissível a redução de todas as categorias jurídicas às categorias do direito subjetivo-dever jurídico. O saneamento da imprecisão impõe-se.

Feitos esses esclarecimentos, imprescindível continuar a delimitação do objeto analisado. Como visto, a norma jurídica consiste na expressão irredutível de manifestação do deôntico: um juízo hipotético autorizante cuja estrutura lógica foi exposta no final do item anterior. Esse mínimo é composto de três juízos disjuntivos e em cada um há um vínculo deôntico. Cada um desses vínculos é dotado de um antecedente ligado a um conseqüente por um vínculo de dever-ser. Cientificamente, norma jurídica é esse conjunto indecomponível de três vínculos deônticos. Para a análise proposta, no entanto, restringir-se-á apenas ao primeiro desses vínculos, chamado de norma primária dispositiva. Desse modo, apenas para fins didático, reduzir-se-á a norma a sua primeira parte. Em todas as referências seguintes à norma jurídica, no entanto, está implicitamente pressuposto o desdobramento em sua estrutura completa.

3.3 Classificação das normas jurídicas

A Ciência busca o conhecimento. Para este fim utiliza-se de dois métodos lógicos: a definição e a divisão. A definição estabelece os limites de um termo e por seu intermédio obtém-se o todo, a unidade, o gênero. O conhecimento desse todo, a partir daí, dá-se pela divisão, ou seja, de sua decomposição em partes. O cientista deixa de visualizar o todo e passa a visualizar a parte, obtendo, assim, maior exatidão na análise. Desdobrado o todo em partes, possível a definição de cada parte e nova divisão. Divisão é a "classificação dos termos segundo critérios estipulativos"[35] e a eleição do critério ou do fundamento da divisão é aleatória. Daí serem possíveis diversas classificações, cada uma fundada em um critério distinto.

Não existe classificação certa ou errada e sim útil ou inútil. Como o objetivo da ciência é conhecer o objeto, a classificação será mais útil quanto mais possibilitar o conhecimento dos objetos, ou seja, a identificação de suas propriedades, das semelhanças, diferenças e das relações mútuas. Após a definição de norma jurídica, inevitável para o processo cognitivo proposto, empreender sua classificação. Para tanto necessária a escolha dos critérios ou fundamentos classificatórios, tendo-se sempre em vista, evidentemente, o objetivo visado.

3.3.1 Normas jurídicas gerais, individuais, concretas e abstratas

Existem vários critérios classificatórios das normas jurídicas. Uns, por exemplo, pertinentes ao conteúdo das normas: normas de direito substantivo e normas de direito adjetivo; outros pertinentes ao modo como as normas são estabelecidas: legislativas e consuetudinárias. A discriminação poderia prolongar-se indefinidamente. Imperioso, portanto, a eleição de um critério condizente com os objetivos propostos.

É comum a classificação das normas jurídicas sob o aspecto formal de acordo com a singularidade ou universalidade de seus dois elementos indispensáveis: seu destinatário, os sujeitos a quem é dirigida, e seu objeto, a ação prescrita. De acordo com esse critério quatro espécies de normas são facilmente identificáveis: normas com destinatário singular; com destinatário universal; normas com ação singular e com ação universal. Convencionou-se chamar de *gerais* as normas cujo destinatário

35. O conceito é de Alaôr Caffé Alves (2002, p. 229).

é universal, em oposição às *individuais*, cujo destinatário é singular; de *abstratas*, às normas cuja ação é universal; em oposição às *concretas*, cuja ação é singular. Daí a identificação de quatro espécies normativas, de acordo com a singularidade ou universalidade de seu sujeito ou objeto: gerais, individuais, abstratas e concretas.

Nesses termos, as normas criminais, dispostas no Código Penal, são típicas normas gerais e abstratas; as sentenças proferidas pelos juizes são típicas normas individuais e concretas. A norma que dá anistia aos crimes cometidos em certa data é uma norma geral e concreta; ao contrário da norma que concede certo benefício à determinada pessoa sempre que esta preencher determinadas condições, como *v.g.*, a um herói da pátria, quando estiver doente, que é uma norma individual e abstrata. Os exemplos deixam clara a erronia daqueles que defendem serem as normas jurídicas essencialmente gerais e abstratas.[36]

3.3.2 Normas jurídicas de comportamento e de estrutura

A classificação anterior toma as normas jurídicas sob o aspecto formal. De extraordinária utilidade também é a classificação que as toma sob o aspecto substancial, pelo seu conteúdo, dividindo-as em normas de comportamento e em normas de estrutura. Toda norma jurídica visa a regulação de condutas intersubjetivas. No entanto, examinando o sistema de direito positivo, percebe-se a existência de normas voltadas imediatamente para regulação do comportamento humano e outras que, apesar de possuírem esse desiderato, voltam-se para a produção ou modificação das primeiras, ou seja, regulam a produção das normas que regularão o comportamento humano. Evidente que, ao regularem a produção de normas, estão também regulando o comportamento humano, o comportamento de quem as irá produzir, do legislador. A regulação desse comportamento, no entanto, é apenas um meio para a regulação do comportamento que efetivamente se quer regular. As primeiras, chamadas *normas de comportamento*, ordenam de forma final a conduta; diferente das segundas, chamadas *normas de estrutura*, cuja regulação final depende sempre da edição de outra norma.[37]

Todas as normas, em última análise, são normas de comportamento, inclusive as de estrutura, tendo em vista que estas regulam o comportamento do legislador em sentido lato. A denominação é deficiente, mas, por ser largamente utilizada pela doutrina, não há razão prática para substituí-la. Presta-se ao fim designado: diferenciar realidades distintas. Umas normas disciplinam diretamente as condutas sociais; outras disciplinam a conduta do legislador; estas existem para que aquelas possam existir; todas têm por fim disciplinar a vida social; aquelas imediatamente, estas mediatamente. Percebida a diferença, é irrelevante a denominação que se lhes atribua, sendo conveniente manter a denominação tradicionalmente utilizada.[38]

3.3.2.1 As normas de estruturas — Normas de competência — Veículo introdutor de normas — Princípios — As normas de estrutura são normas sobre normas, disciplinadoras da produção de normas jurídicas. Sendo normas jurídicas consistem em

36. A classificação apresentada segue a doutrina de Norberto Bobbio (*Teoria da Norma Jurídica*, pp. 177-183). A classificação foi brilhantemente exposta por Ferragut (1995, p. 23).

37. Eis a explicação de Norberto Bobbio: "As normas de estrutura podem também ser consideradas como as normas para a produção jurídica: quer dizer, como as normas que regulam os procedimentos de regulamentação jurídica. Elas não regulam o comportamento, mas o modo de regular um comportamento, ou, mais exatamente, o comportamento que elas regulam é o de produzir regras" (*Teoria do Ordenamento Jurídico*, 10ª ed., p. 45).

38. A crítica à denominação também é registrada por Carvalho (1999, pp. 35-37).

imperativos autorizantes com a estrutura lógica acima apresentada. Descrevem um evento que, ocorrido no mundo fenomênico, estabelece uma relação jurídica entre o legislador (em sentido lato) e a comunidade, conferindo ao legislador a função[39] de editar a norma nas condições descritas e a comunidade o dever de recebê-la e acatá-la. Várias são as normas de estrutura presentes no sistema jurídico positivo, merecendo destaque as normas de competência, os veículos introdutores de normas e os princípios.

As normas que outorgam competência são típicas normas de estrutura. Tárek Moyses Moussallem atribuiu seis significados à palavra competência.[40] Na verdade, cinco das seis realidades explicitadas pelo mestre são aspectos de uma única realidade e aqui assim serão tomados. O primeiro significado aludido é o de competência enquanto norma — *norma de competência*: existem no sistema imperativos autorizantes com a estrutura lógica já apresentada passíveis dessa denominação. Essas normas, diz Tárek, qualificam determinado sujeito como competente, adquirindo significado de *norma de competência-qualificação*. Ora, a norma de competência, antes aduzida, tem como efeito unilateral a imputação de um efeito jurídico, ou seja, a instituição de uma situação jurídica: atribui a um determinado sujeito uma *função*: a função de editar uma norma jurídica. Não há que se falar em norma jurídica de competência-qualificação, mas tem somente de efeito unilateral da norma jurídica de competência.

A norma jurídica de competência qualifica um sujeito como competente e, assim, diz Tárek, constitui uma *relação jurídica de competência legislativa*. Já se afirmou que o efeito bilateral das normas jurídicas é a instituição de relação jurídica entre as duas situações por ela instituída. A relação jurídica, nesses termos, é o efeito bilateral da norma de competência.

Algumas retificações à doutrina do mestre necessitam ser feitas. Afirma Tárek que essa relação é modalizada pelo functor permitido (Pp). A afirmação é parcialmente verdadeira, posto que não possui a universalidade pretendida. Em diversas hipóteses o constituinte não atribui mera *faculdade* ao legislador, mas *dever jurídico* de legislar.[41] Aliás em quase todas as hipóteses que o constituinte atribui uma competência, mesmo nos casos em que não fixa prazo para o exercício, não faculta o destinatário a exercê-la. Além disso, em muitos casos em que não há instituição expressa de competência, o legislador não se encontra facultado a legislar, pois tem o dever jurídico de buscar o bem público e concretizar os princípios constitucionais. Nesses termos, raríssimas são as hipóteses de faculdade: é comum a faculdade de escolha entre duas ou mais alternativas, mas obrigatória a edição da norma.[42] Ao contrário do que afirma o mestre, portanto, a regra é que a relação jurídica de competência legislativa seja modalizada pelo functor obrigatório e não pelo permitido. O autor corretamente reconhece o functor obrigatório nas *relações de competência jurisdicional e administrativa*,[43] erroneamente negando-o às legislativas.[44] Além disso, ressalta-se que nem o legislador tem o direito subjetivo de legislar, nem a comunidade tem o dever jurídi-

39. Bem se vê que não se trata de uma relação jurídica de cooperação, do tipo obrigacional. O legislador não tem o direito subjetivo de legislar, mas a função de legislar. Sobre o conceito de função v. Celso Antônio Bandeira de Mello (*Curso de Direito Administrativo*, 13ª ed., pp. 32, I-17).

40. *Fontes do Direito Tributário*, pp. 96 *et seq.*

41. Exemplificativamente, menciona-se o art. 48 do ADCT que determinou ao Congresso a elaboração do Código do Consumidor em 120 dias contados da promulgação da Constituição de 1988. Afirmar que o legislador está facultado e não obrigado a legislar constitui evidente equívoco.

42. A obrigatoriedade, em última análise, é o fundamento do mandado de injunção e da ação declaratória de inconstitucionalidade por omissão.

43. Compreendidas entre as relações jurídicas de competência legislativa em sentido amplo.

44. Tomada pelo autor em sentido estrito.

co de se abster. A situação jurídica do legislador não é de direito subjetivo, mas de função ou faculdade, e a da comunidade não é de dever jurídico, mas de sujeição aos comandos postos pelo legislador.

O quarto significado atribuído ao signo competência é a composição da hipótese da *norma de produção normativa*. Desse significado o autor extrai duas outras normas. A primeira é a *norma de competência-garantia*, que estabelece uma relação jurídica entre o sujeito passivo, contribuinte, e todos os demais produtores de normas jurídicas, atribuindo ao sujeito passivo o direito subjetivo de não ser tributado por quem não tenha competência. Difícil visualizar a autonomia conceitual pretendida pelo autor: se a norma jurídica institui determinado sujeito como competente para editar uma outra norma estabelecedora de uma relação entre esse sujeito e a comunidade, os sujeitos não instituídos nessa situação não podem, evidentemente, editar essa norma jurídica e integrar a relação jurídica distinta. A garantia referida decorre da própria norma de competência.

A segunda é a *norma de procedimento*, ou seja, a disciplina do procedimento a ser seguido pelo legislador para editar a norma jurídica. Esse procedimento encontra-se na descrição do complemento verbal do verbo legislar. Assim, descrita a hipótese, surge a relação jurídica entre o legislador e a comunidade, em que aquele tem a função de editar a norma jurídica *segundo certo e preciso procedimento*. Não se trata de norma autônoma, mas de previsão da própria norma de competência. Ao contrário de Tárek, portanto, não se vislumbra a disciplina do procedimento na hipótese normativa, mas em sua conseqüência. Numa norma obrigacional a disciplina do cumprimento da obrigação não está no antecedente da norma que descreve o fato-tipo, mas no conseqüente, que descreve a relação jurídica instaurada. Da mesma forma se dá na norma de competência: na norma jurídica há a descrição de uma hipótese e de uma conseqüência; dados determinados eventos no mundo fenomênico, surge uma relação jurídica em que o determinado sujeito (legislador) tem a função de editar uma norma, de acordo com um certo procedimento, e outro sujeito (a comunidade) tem o dever de acatá-la.

Num quinto significado, Tárek alude à *norma sobre produção jurídica*, em que no antecedente há a previsão do exercício de uma competência e do procedimento a ser seguido e no conseqüente, uma relação jurídica entre a comunidade e o legislador. Não existe, entretanto, diferença entre a norma de produção jurídica e a norma de competência. Na primeira o autor deu ênfase a situação jurídica ativa e na segunda, a situação jurídica passiva. Ambas as situações, no entanto, são instituídas pela mesma norma.

Em síntese, esta é a estrutura das normas de competência: na hipótese, descreve-se um evento (por exemplo: estando em funcionamento o Congresso Nacional e a Presidência da República, havendo necessidade de se editar determinada norma para atender o bem público ou atingir os valores previstos na Constituição e estando essa norma prevista entre as de competência desse órgão); ocorrido esse evento dever ser a relação jurídica descrita no conseqüente normativo (o Congresso Nacional e o Presidente da República têm a função de editar a norma jurídica necessária para alcançar o valor constitucional, seguindo o procedimento descrito na Constituição, e o povo brasileiro está sujeito a essa norma, devendo acatá-la). Essa norma é, claramente, uma *norma de estrutura*.

O ***veículo introdutor de normas*** também é uma norma de estrutura. O sexto significado atribuído por Tárek tem sentido autônomo. O legislador ao introduzir a norma age no mundo fenomênico e seu agir consiste numa *enunciação*,[45] numa ativida-

45. Essa atividade, ao contrário do que afirma Tárek, é vertida em linguagem, porém, não escrita. A linguagem verbal, exaurível no instante em que é pronunciada, necessita ser convertida em linguagem escrita para adquirir perenidade.

de que se esvai no tempo e no espaço. Essa atividade não consta dos textos normativos e é, segundo o brilhante mestre, a *fonte do direito*. Trata-se da realização, no mundo fenomênico, da conduta imputada ao sujeito ativo no conseqüente da norma de competência, em face da concretização da hipótese descrita nessa norma. Da atividade resulta o produto: por força de sua efemeridade a enunciação é necessariamente vertida em linguagem escrita, ou seja, é enunciada.

Para fins didáticos divide-se esse produto enunciado em dois grupos de enunciados: a *enunciação-enunciada*, consistente no conjunto de grafemas que compõe às orações impressas no *Diário Oficial* indicativas da ocorrência da enunciação. E o *enunciado-enunciado*, consistente no conjunto de grafemas que compõe às orações impressas no *Diário Oficial* indicativas da norma posta no sistema pela enunciação. Dos grafemas registrados no papel (suporte físico), ou seja, da enunciação-enunciada, extrai-se uma linguagem que permite identificar a atividade da enunciação.

Em todos os textos normativos há vários enunciados, extraídos, sobretudo, de seu preâmbulo e de sua epígrafe, que permitem a construção de uma norma jurídica denominada *veículo introdutor de normas*. Trata-se de norma concreta e geral em que no antecedente há a descrição da atuação do agente competente em certo tempo e espaço, do procedimento prescrito pelo ordenamento seguido pelo agente, e da edição de uma norma, devidamente publicada (fato jurídico); e no conseqüente há a descrição de uma relação jurídica entre o agente editor da norma (legislador) e a comunidade, em que esta tem o dever jurídico de acatar a norma posta. O veículo introdutor de normas é uma norma concreta e geral resultante da aplicação da norma de competência, geral e abstrata. Trata-se, também, de norma de estrutura.

Assim, no sistema de direito positivo, há uma *norma de competência*, geral e abstrata, que, diante de certas circunstâncias ocorridas no mundo fenomênico, prescreve o surgimento de uma relação jurídico entre o legislador, que tem a função de editar uma norma, e a comunidade, que está sujeita a aceitá-la. Ocorridas as circunstâncias previstas no mundo fenomênico, o legislador atua, cumprindo o determinado na norma de competência, e enuncia a edição de uma nova norma — *enunciação*. Esta enunciação é convertida em linguagem escrita, resultando no suporte físico do direito positivo. Desse conjunto de grafemas impressos no papel, ou, mais precisamente, no *Diário Oficial*, extraem-se dois conjuntos de enunciados: um que se reporta a própria atividade de enunciação — *enunciação-enunciada*; e outro que se reporta à norma introduzida no sistema[46] pela enunciação — *enunciado-enunciado*. Da enunciação-enunciada extrai-se uma norma geral e concreta, resultante da aplicação da norma de competência — o veículo introdutor de normas. Do enunciado-enunciado extrai-se uma norma, que pode ser geral e abstrata, geral e concreta, individual e abstrata ou individual e concreta, introduzida no sistema pelo veículo introdutor, fruto da enunciação, ou seja, do exercício da competência prevista e que pode ser de estrutura ou de comportamento.

Muitos outros exemplos poderiam ser dados de normas de estrutura.[47] Após a

46. Evidente que a enunciação introduz as duas normas no sistema: a norma visada e o veículo introdutor de normas. Ocorre que, obviamente, o veículo introdutor é mero instrumento (norma-meio) para introdução da norma que efetivamente se quer introduzir (norma-fim). Assim, ao se referir à norma introduzida no sistema está-se, evidentemente, referindo-se à norma-fim e não à norma-meio.

47. Para Paulo de Barros Carvalho são normas de estrutura as normas de imunidade, espécies de normas de competência, as normas de isenção, as normas de procedimento; são normas de comportamento a regra matriz de incidência tributária, a norma individual e concreta introduzida pelo lançamento tributária, as normas que determinam as chamadas obrigações acessórias (*Direito Tributário:...*, 1999, p. 36).

conceituação de normas de estrutura e apresentação dos dois exemplos o objeto central desta análise pode ser finalmente analisado: os *princípios* também se apresentam como espécies de normas de estrutura. Cada princípio existente no sistema constitui uma norma de estrutura: no antecedente há a descrição de um evento hipotético, a introdução de uma norma jurídica no sistema, e no conseqüente a descrição de duas situações jurídicas e de uma relação jurídica. A situação do editor da norma, legislador, que tem a função de considerar o princípio, confrontá-lo com os demais princípios do sistema, efetuar um exame de peso e constatar se o princípio descrito deve ser observado quando da edição da norma; e da comunidade que tem o direito[48] de exigir a observância do princípio, caso ele tenha maior peso dentre os demais, ou seja, tem direito à consideração do princípio quando da introdução de qualquer norma jurídica. Entre o legislador e a comunidade, por força da elaboração de uma norma jurídica, surge uma relação jurídica, em que aquele tem a função (dever) de considerar e, sendo o caso, observar o princípio e a comunidade tem o direito de exigir a consideração e, sendo o caso, a observância do princípio na elaboração da norma posta no sistema. O tema, entretanto, para maior compreensão, exige análise mais detalhada.

4. Os princípios jurídicos

Vasta é a doutrina sobre os princípios jurídicos[49] e vários são os significados desse signo. Na linguagem comum o signo princípio possui o significado de começo, início; nas ciências em geral possui o significado de causa primeira. Na Ciência do Direito em sentido estrito ou Dogmática Jurídica, entretanto, o signo possui um significado próprio: trata-se de uma espécie de norma jurídica.

De alguns textos normativos extraem-se certos juízos que convencionalmente são denominados princípios. Esses juízos podem ser extraídos diretamente da textura impressa, ou seja, de uma oração formada por um conjunto de grafemas impressos — princípios denominados *princípios expressos*. Podem também ser extraídos da leitura de várias orações formadas por conjuntos de grafemas impressos, não diretamente do significado de cada oração, mas da inferência decorrente do significado do conjunto dessas orações — esses são chamados *princípios implícitos*. Assim, da análise dos textos que formam o direito positivo, o jurista visualiza três conjuntos de enunciados: os enunciados cujo significado constitui um princípio (princípios expressos); os enunciados cujo significado não constitui um princípio (regras) e os enunciados formulados pelo intérprete, extraídos da análise conjunta dos enunciados que não constituem um princípio (princípios implícitos).[50]

Já se afirmou que o conjunto de textos, ou seja, o conjunto de todos os grafemas impressos em certos capítulos do *Diário Oficial* ou do veículo que lhe faça às vezes (desde a Constituição até um simples contrato administrativo) constitui apenas o suporte físico do sistema de direito positivo, não se confundindo com ele. Cada grafema desse conjunto é parte componente de uma

48. Não se trata, evidentemente, de direito subjetivo, pois não se está diante de uma relação de colaboração, pressuposto inamovível para existência dessa situação. Trata-se de um direito que dispensa a colaboração do sujeito passivo, cujo cumprimento não necessita de um processo de execução, exigível em todos os casos em que o direito subjetivo não é atendido. Esse direito é um direito potestativo de observância do princípio.

49. Sobre uma exaustiva abordagem da doutrina brasileira referente aos princípios jurídicos, v. Ruy Samuel Espíndola, *Conceito de Princípios Constitucionais*, 2ª ed.

50. No suporte físico encontram-se os primeiro e segundo conjuntos de enunciados. O terceiro é construído pelo intérprete a partir do segundo conjunto.

ou mais normas jurídicas. O conjunto destas constitui efetivamente o sistema de direito positivo. Não existe no conjunto de textos normativos um enunciado que não se encaixe na estrutura de uma norma jurídica e, portanto, que não pertença ao sistema. Cabe ao intérprete, tarefa nada fácil, compor as normas a partir dos textos normativos e no exercício dessa atividade não pode se desvencilhar deste axioma: não há texto normativo que não seja componente de norma jurídica.[51] Nesse sentido o ilustre Paulo de Barros Carvalho:

"Ora, se isolarmos o universo normativo, naquilo que ele tem de fenômeno lingüístico, aparecerá diante de nós um objeto uniforme (somente normas jurídicas), todas compostas na mesma organização sintática, vale dizer, mediante um juízo hipotético em que o legislador (sentido amplo) imputa, ao acontecimento de um fato previsto no antecedente, uma relação deôntica entre dois ou mais sujeitos, como conseqüente.

"(...).

"Sobressai à evidência a homogeneidade sintática suso referida, porquanto todas as unidades do sistema terão idêntica estrutura lógica, a despeito da multiplicidade extensiva de seus vetores semânticos."[52]

Considerando-se esse postulado, tem-se que os enunciados correspondentes aos denominados princípios jurídicos de duas uma: ou são componentes de normas jurídicas tais quais os demais enunciados; ou constituem normas jurídicas autônomas, diferentes das formadas pelos demais enunciados. Afasta-se, assim, a hipótese de que esses enunciados não tenham natureza normativa. A natureza normativa dos princípios é hoje pacífica na doutrina.[53]

Num passado não muito distante concebiam-se os princípios, em direta violação ao postulado mencionado, como institutos distintos das normas jurídicas. Hoje, no entanto, após os avanços da Dogmática Jurídica, principalmente os registrados a seguir, não há como negar natureza normativa aos princípios jurídicos.

4.1 Os princípios e as regras jurídicas

Como afirmado, o conjunto de textos normativos apresenta grande quantidade de enunciados dos quais se extraem as normas jurídicas. O conjunto das normas jurídicas extraídas dos enunciados dos textos normativos compõe o sistema jurídico de direito positivo. Há muito a doutrina concluiu que alguns enunciados são de extraordinária importância para a compreensão do sistema e das normas jurídicas que o compõem. Esses enunciados foram considerados basilares, estruturais, principais e foram chamados *princípios*. Nesse sentido o clássico conceito de Celso Antônio Bandeira de Mello: "Princípio é por definição, mandamento nuclear de um sistema, verdadeiro alicerce dele, disposição fundamental que se irradia sobre diferentes normas compondo-lhes o espírito e servindo de critério para sua exata compreensão e inteligência exatamente por definir a lógica da racionalidade do sistema normativo, no que lhe confere a tônica e lhe dá sentido harmônico" (2001, pp. 545-546).

51. Daí equivocarem-se certos juristas ao afirmarem que as definições propostas pelo legislador não têm natureza normativa. Se isoladamente a definição constante do texto normativo não constitui norma jurídica, em conjunto com outros enunciados certamente constitui. Se por um lado a definição isoladamente considerada não constitui norma jurídica, por outro é elemento de uma norma formado pelo juízo dela decorrente e de outros juízos extraídos do texto normativo. E mais: se os elementos necessários para a construção da norma não estão expressos no texto normativo, devem ser pressupostos pelo intérprete.

52. "O princípio da segurança jurídica em matéria tributária", *Revista de Direito Tributário* 61/77-78.

53. Nesse sentido J. J. Gomes Canotilho, *Direito Constitucional e Teoria da Constituição*, 4ª ed., p. 1.124.

Célebre a metáfora utilizada pelo professor Celso Antônio: compara o sistema jurídico a um edifício. Nesse edifício tudo tem importância: as portas, as janelas, as luminárias, as paredes, os alicerces, etc. No entanto, muito mais importantes que as portas e as janelas, facilmente substituíveis, são os alicerces e as vigas mestras. Se os alicerces forem substituídos, o edifício fatalmente cairá. De nada adianta, as portas, janelas, luminárias, estarem intactas em seus devidos lugares.[54]

O significado científico aproxima-se, nesse passo, do significado comum ou natural: princípio realmente é o marco inicial, é o início de todo o ordenamento jurídico. Daí o princípio ser determinante das outras normas jurídicas, subordinadas a ele, que particularizam o que nele está contido. As demais normas são dedutíveis dos princípios gerais que as contém e, por isso, afirma-se que o princípio é o ponto inicial de todo sistema jurídico. Dele, norma mais geral, as demais normas são deduzidas, normas menos gerais,[55] por intermédio de um procedimento de generalização sucessiva. Ilustrativa a afirmação de Domenico Farias: "os princípios são a alma e o fundamento de outras normas".[56] Por ser o ponto de partida do sistema também é, por conseqüência, seu ponto fulcral, o elemento predominante, o que mantém a unidade, elemento que predomina sobre todos os demais.

Nesses termos, os enunciados dos princípios foram diferenciados dos demais enunciados. Aqueles são mais importantes que estes para o entendimento do sistema como um todo. Daqueles indiretamente constroem-se várias normas jurídicas, destes diretamente constrói-se uma ou algumas normas. Diferenciados os enunciados no plano sintático ou da expressão e no plano semântico ou dos significados, restava transpor a diferença para o plano normativo. Assim, por exemplo, ao deparar-se o intérprete com o enunciado do art. 1º, III, da Constituição Federal de 1988 (a República Federativa do Brasil tem por fundamento a dignidade da pessoa humana) e com os enunciados dos arts. 186 e 927 do Código Civil de 2002 (*supra*, 1.3.1), sabia que o primeiro correspondia a um princípio e os outros dois, respectivamente, ao antecedente e ao conseqüente de uma norma jurídica (regra). Restava à Dogmática apurar o papel normativo do princípio: se se tratam de norma jurídica autônoma ou de componente das demais normas.

Após a contribuição de Ronald Dworkin, Robert Alexy e J. J. Gomes Canotilho, a seguir examinadas, a Dogmática concluiu que os enunciados basilares antes identificados, denominados princípios jurídicos, além de serem imprescindíveis para a construção das normas extraídas dos demais enunciados com elas não se confundem. Os princípios, portanto, não são meros componentes das demais normas jurídicas, mas normas autônomas. Categorias diferentes merecem nomes diferentes, máxima imprescindível para evitar ambigüidades, daí denominarem-se *regras jurídicas* as normas extraídas desses enunciados subalternos e *princípios jurídicos* as normas extraídas desses enunciados basilares. Regras e princípios jurídicos, pois, são tomados como duas espécies do gênero *normas jurídicas*. E sendo normas jurídicas, evidentemente, são imperativos autorizantes cuja estrutura lógica foi acima apresentada. O próprio Paulo de Barros Carvalho toma os princípios como normas autônomas: "O corolário natural de tudo quanto se expôs é que o direito positivo, formado unicamente por normas jurídicas, não comportaria a presença de outras entidades, como, por exemplo, os

54. Cf. Roque Antonio Carrazza, *Curso de Direito Constitucional Tributário*, 18ª ed., pp. 32-33.

55. Cf. Vezio Crisafulli, *La Costituzione e le sue Disposizioni di Principi*, Milão, 1952, p. 15, *apud* Paulo Bonavides, *Curso de Direito Constitucional*, 9ª ed., pp. 244 *et seq*.

56. *Idealità e Indeterminatezza dei Principi Costituzionali*, Milão, 1981, p. 163, *apud* Bonavides, ob. cit., p. 246. É *a função normogenética* dos princípios. Cf. Canotilho (2000, p. 1.125).

princípios. Estes não existem ao lado das normas, co-participando da integridade do ordenamento jurídico. Não estão ao lado das unidades normativas, justapondo-se ou contrapondo-se a elas. Acaso estivessem, seriam formações lingüísticas portadoras de uma estrutura sintática. E qual é esta configuração lógica? Ninguém, certamente, saberá responder a esta pergunta por que 'princípios' são 'normas jurídicas' carregadas de forte conotação axiológica. É o nome que se dá a regras do direito positivo que introduzem valores relevantes para o sistema, influindo vigorosamente sobre a orientação de setores da ordem jurídica" (1992, p. 78).

Diferenciar as regras jurídicas dos princípios apenas pelo grau de importância, no entanto, não é aceitável do ponto de vista científico. A importância maior é característica fundamental dos princípios, mas não é suficiente para diferenciá-los das regras. Por isso alguns critérios foram elaborados para precisar essa distinção. É o que se examinará a seguir.

4.1.1 A doutrina de Ronald Dworkin
— A regra do tudo-ou-nada
— A diferença de peso

A doutrina de Ronald Dworkin foi vital para compreensão dos princípios jurídicos. Denomina *política* o "tipo de padrão que estabelece um objetivo a ser alcançado, em geral uma melhoria em algum aspecto econômico, político ou social da comunidade" e *princípio* "um padrão que deve ser observado, não porque vá promover ou assegurar uma situação econômica, política ou social considerada desejável, mas porque é uma exigência de justiça ou eqüidade ou alguma outra dimensão da moralidade".[57] Ambas as espécies são abrangidas pela expressão *princípios*, tomada em sentido amplo em contraposição às regras.

57. *Levando os Direitos a Sério*, p. 36.

Diz Dworkin que a diferença entre princípios e regras é de *natureza lógica*. Tanto as regras quanto os princípios são padrões que apontam para decisões particulares, distinguindo-se, entretanto, na natureza da orientação que oferecem. Esta é a primeira diferenciação proposta pelo pensador: às regras, ao contrário dos princípios, aplica-se a regra do tudo-ou-nada. Eis suas palavras: "As regras são aplicáveis à maneira do tudo-ou-nada. Dados os fatos que uma regra estipula, então ou a regra é válida, e nesse caso a resposta que ele fornece deve ser aceita, ou não é válida, e neste caso em nada contribui para a decisão" (2002, p. 36).

A regra, todavia, pode ter exceções e nesse caso seria incompleto enunciar a regra sem enunciar suas exceções. Em teoria, segundo o autor, todas as exceções de uma regra podem e devem ser arroladas. Assim, ocorrendo no mundo fenomênico o evento descrito na hipótese normativo deve ser, necessariamente, o imputado em sua conseqüência. Se alguém, por exemplo, auferiu renda na forma descrita pela lei federal do imposto de renda, o agente fiscal deve efetuar o lançamento, ou seja, constituir o fato tributário e editar a norma individual e concreta que determina ao contribuinte recolher dinheiro aos cofres públicos. Ocorrido o evento descrito, deve ser aplicada a norma. Sua não aplicação só se justifica em duas hipóteses: se houver previsão no sistema jurídico de alguma exceção e o evento ocorrido subsume-se à exceção prevista ou se a norma for inválida. Não havendo exceção prevista ou não sendo a norma inválida, deve haver aplicação, ou seja, constituição do fato jurídico e imputação das conseqüências descritas.

A regra do tudo-ou-nada não se aplica aos princípios, pois as conseqüências jurídicas imputadas por estes não se seguem automaticamente à ocorrência das condições previstas. Dworkin, para justificar sua afirmação, vale-se do princípio de que nenhum homem pode beneficiar-se de sua torpeza. No caso de usucapião extraordinário em que houve, por exemplo, esbulho, há clara ocorrência no mundo fenomênico da hipótese descrita no princípio, mas não se segue a conseqüência imputada. O usucapiente adquire a propriedade, após o decurso do prazo previsto em lei, beneficiando-se de sua própria torpeza. Não se trata, nesse caso, de exceção ao princípio mencionado. Diz Dworkin: "Isso porque não podemos esperar apreender esses contra-exemplos simplesmente utilizando um enunciado mais extenso do princípio. Eles não são, mesmo em teoria, suscetíveis de enumeração, porque para isso teríamos que incluir não apenas casos (como o usucapião) nos quais alguma instituição já estabeleceu que se pode obter lucro através de atos ilícitos, mas também aqueles inumeráveis casos imaginários aos quais, sabemos de antemão, que o princípio não se aplica" (2002, p. 41).

Os referidos contra-exemplos não podem ser enumerados porque dependem do caso concreto. A análise do caso pode indicar uma nova hipótese de não aplicação do princípio, diferentemente do que ocorre com as regras, em que todas as hipóteses de não aplicação estão previstas.[58] Os princípios, conclui Dworkin, não descrevem eventos que, se ocorridos no mundo fenomênico, impliquem na necessária aplicação do exigido pelo princípio. Apenas enunciam "razões que conduzem o argumento em uma certa direção" (2002, p. 41), necessitando de uma decisão particular. Diante do caso concreto pode haver outro princípio ou outra política que conduza o argumento em direção oposta. Nesse caso, afirma de forma lapidar: "Se assim for, nosso princípio pode não prevalecer, mas isso não significa que não se trate de um princípio de nosso sistema jurídico, pois em outro caso, quando essas considerações em contrário estiverem ausentes ou tiverem menor força, o princípio poderá ser decisivo. Tudo o que pretendemos dizer, ao afirmarmos que um princípio particular é um princípio do nosso direito, é que ele, se for relevante, deve ser levado em conta pelas autoridades públicas, como se fosse uma razão que inclina numa ou noutra direção" (2002, pp. 41-42).

Desse modo, tudo depende do caso concreto. O princípio dá ao aplicador do direito uma orientação, mas, diante das circunstâncias, outros princípios indicativos de orientações opostas podem prevalecer. Daí a segunda diferença proposta por Dworkin entre regras e princípios: estes possuem uma dimensão de peso ou importância que as regras não têm. Enquanto todas as regras têm o mesmo peso ou a mesma importância, os princípios apresentam pesos ou importâncias diferenciados, só auferíveis diante do caso concreto. Diz o filósofo: "essa dimensão é uma parte integrante do conceito de um princípio, de modo que faz sentido perguntar que peso ele tem ou quão importante ele é" (2002, pp. 42-43).

Por força disso a solução de um conflito entre regras é diferente da solução de um conflito entre princípios. Num conflito entre regras, como elas não têm diferença de peso, uma regra, só por si, jamais pode afastar a outra sob o fundamento de ter uma maior importância. Conseqüentemente, uma das regras conflitantes deverá ser considerada inválida e retirada do sistema ou simplesmente tomada como exceção e afastada para todos os casos referentes ao conflito. São regras do próprio sistema que determinam qual das regras, num conflito, prepondera.

Em geral essa disciplina é traçada por três regras: a norma mais recente sobrepõe-se à anterior; a norma de maior hierarquia sobrepõe-se a de menor e a norma mais específica sobrepõe-se a mais geral. Nos dois primeiros casos uma das normas conflitantes é invalidada, ou seja, das duas regras em conflito subsiste apenas uma no siste-

58. Como explicado a seguir, as regras sempre concretizam princípios. Se, num caso concreto, a regra afrontar princípio de maior peso ao que lhe fundamenta, a regra, apesar da falta de previsão, não se aplicará.

ma; no último, uma delas é considerada exceção, subsistindo ambas nos sistema com hipóteses diferenciadas.[59]

Já os princípios, por terem diferentes pesos, em caso de conflito devem ser contrapostos e, diante das circunstâncias, um deles apresentará necessariamente maior peso que o outro. O de menor peso será afastado, sem invalidar o outro princípio e sem ser tomado como sua exceção. Em outro caso, efetuada novamente a contraposição entre os mesmos princípios, diante de circunstâncias distintas, a situação pode inverter-se: aquele, anteriormente considerado de menor peso, pode agora adquirir peso maior.

Os dois critérios de diferenciação apresentados por Dworkin, aplicação da *regra do tudo-ou-nada* somente às regras e a *diferente dimensão de peso* somente aos princípios, são de extraordinária relevância para compreensão da natureza jurídica dos princípios. Essa doutrina é muito similar à proposta por Robert Alexy, a seguir exposta. Ambas se complementam e juntas, mais do que a perfeita distinção entre as duas espécies normativas, permitem a compreensão da fenomenologia da incidência dos princípios e, por conseqüência, de seu conteúdo normativo.

4.1.2 A doutrina de Robert Alexy — Mandados de optimização e determinações — O conflito de regras e a colisão de princípios. A lei da colisão

Adotando a tese hoje pacificada de que as normas podem dividir-se em regras e princípios e de que entre regras e princípios existe não somente uma diferença de grau,.mas qualitativa, Robert Alexy conceitua princípio como: "normas que ordenam que algo seja realizado na maior medida possível, dentro das possibilidades jurídicas e reais existentes"[60] e como "*mandados de optimização*, que estão caracterizados pelo fato de que podem ser cumpridos em diferentes graus e que a medida devida de seu cumprimento não somente depende das possibilidades reais senão também das jurídicas".[61] O âmbito das possibilidades jurídicas é determinado pelos princípios e regras opostos. As *regras*, por sua vez, são normas que somente podem ser cumpridas ou não (daí a regra do tudo-ou-nada de Dworkin): se uma regra é válida, então se realiza exatamente o que ela exige, nem mais nem menos. As regras, assim, contêm *determinações* no âmbito do fático e do juridicamente possível. Em síntese, enquanto os princípios são *mandados de optimização*, as regras são *determinações*.

Alexy empreende a diferenciação entre regras e princípios analisando a colisão de princípios e o conflito de regras (da mesma forma, observa-se, que efetuado por Dworkin). Um conflito de regras, segundo o jurista alemão, somente pode ser solucionado ou introduzindo em uma das regras uma cláusula de exceção ou declarando uma delas inválida (2002, pp. 88-89). Uma norma vale ou não vale juridicamente: os conflitos de regras são resolvidos pela dimensão de validez. O jurista também propõe a resolução do problema por meio de regras tais como *lex specialis derogat legi generali* e *lex posterior derrogat legi priori*.

Já a colisão de princípios deve ser solucionada de maneira totalmente distinta:

59. Uma afirmação de Dworkin é de extraordinária importância: o sistema jurídico pode preferir a regra que é sustentada pelos princípios mais importantes. Segundo o entendimento defendido aqui, nesse caso não haverá conflito entre regras, mas sim entre princípios, princípios estes concretizados pelas regras aparentemente em conflito. A solução do conflito entre princípios, afastando-se um deles, implica no afastamento das regras que o concretizam.

60. *Teoría de los Derechos Fundamentales*, 2ª ed., 3ª reimpr., p. 86.

61. Alexy, *loc. cit.*, tradução nossa.

quando dois princípios entram em colisão, um deve ceder frente ao outro. Isso não significa que o princípio afastado foi declarado inválido nem que nele foi introduzida uma cláusula de exceção. Significa que sob certas circunstâncias um dos princípios precede ao outro e sob outras circunstâncias a questão da precedência pode ser solucionada de maneira inversa. Daí afirmar-se que diante do caso concreto os princípios têm pesos diferentes, prevalecendo sempre o que se apresenta mais pesado. Ao contrário do conflito de regras, que se resolve pela dimensão da validez, o conflito de princípios resolve-se pela dimensão do peso (2002, pp. 88-90).

É, portanto, surpreendente a semelhança entre a doutrina de Dworkin e de Alexy. Este, no entanto, apresenta sensível inovação: a *lei da colisão* (2002, pp. 90 *et seq.*). O conflito de princípios, diz Alexy, deve ser solucionado por meio de uma *ponderação* dos interesses opostos: trata-se de descobrir qual dos interesses, abstratamente da mesma classe, possuem maior peso no caso concreto. Assim, tomados em si mesmos, os dois princípios conflitantes conduzem a uma contradição. Mas, isso não significa que cada um deles limita a possibilidade jurídica de cumprimento do outro. Esta situação não é solucionada declarando-se que um de ambos os princípios não é válido e, portanto, eliminado-o do sistema, nem tampouco pela introdução de uma exceção em um dos princípios de forma tal que em todos os casos futuros este princípio tenha que ser considerado uma regra satisfeita ou não.

A solução da colisão consiste em, tendo em conta as circunstâncias do caso, estabelecer-se entre os princípios uma *relação de precedência condicionada* indicativa das condições sob as quais um princípio precede ao outro. Assim, supondo-se dois princípios que, tomados em si mesmos, conduzam a juízos concretos de dever-ser reciprocamente contraditórios, P1 e P2, a solução do conflito entre eles é solucionada mediante o estabelecimento de uma relação de precedência (P) condicionada (C), também chamada de concreta ou relativa. O conceito de relação de precedência condicionada permite uma resposta simples ao conflito: o princípio P1 tem, em um caso concreto, um peso maior que o princípio oposto P2, quando existem razões suficientes para que P1 preceda a P2 sob as condições dadas no caso concreto. Desse enunciado de preferência sobre uma relação de precedência condicionada extrai-se uma regra jurídica que prescreve a conseqüência jurídica do princípio que tem precedência quando se dão as condições de preferência. Daí a lei da colisão formulada por Alexy: "se um princípio P1, sob as circunstâncias C, precede ao princípio P2: (P1 P P2) C, e se de P1 sob as circunstâncias C resulta a conseqüência R, então vale uma regra que contém C como hipótese e R como conseqüência jurídica: C à R" (2002, pp. 98 *et seq.*, tradução nossa).

A lei da colisão reflete a natureza dos princípios, ou seja, o fato de serem *mandados de optimização*, por conseqüência, e se referirem a ações ou situações não quantificáveis. Reflete também o fato de não existirem relações de precedência absoluta: enquanto as regras são sempre *razões definitivas*, os princípios são razões *prima facie* porque apresentam razões que podem ser afastadas por outras razões opostas (2002, pp. 98 *et seq.*).

Robert Alexy foi, sem dúvida alguma, o jurista que mais contribuiu, até o presente, para a compreensão dos princípios. Em complementaridade com a doutrina de Ronald Dworkin, apresenta seguros elementos para distinção entre regras e princípios. Pela lei de colisão apresentada pelo autor é possível visualizar, a primeira vista, os princípios como imperativos autorizantes. Essa lei, no entanto, não revela a estrutura normativa que os princípios possuem e sim sua *fenomenologia da incidência*. Essas considerações serão retomadas a seguir. Antes, porém, um tema revela-se imprescindível: o exame dos valores.

4.2 Princípios e valores — A caracterização dos valores — A doutrina de Paulo de Barros Carvalho — A doutrina de Robert Alexy — A lei da ponderação

Segundo Miguel Reale,[62] os valores e os objetos ideais não se subordinam ao espaço e ao tempo. Valores, entretanto, diferem dos objetos ideais, na medida em que, ao contrário destes, só se concebem em face de algo existente, de uma coisa. Sendo "ser" e "valor" categorias fundamentais, não é possível uma definição de valor, seu ser é valer e por isso se diz que ser é o que é e valor é o que vale. Todas as coisas ou são tomadas enquanto são ou enquanto valem.

É impossível definir o valor, mas não é impossível caracterizá-lo. O filósofo discrimina nove características do valor: (1) *bipolaridade*, o valor é sempre bipolar, ao valor sempre se contrapõe o desvalor; (2) *implicação*, os valores sempre se implicam reciprocamente, nenhum valor se realiza sem influir, direta ou indiretamente, na realização dos demais; (3) *necessidade de sentido ou referibilidade*, o valor sempre revela uma tomada de posição do homem, tudo que vale, vale para algo, ou no sentido de algo ou para alguém; (4) *preferibilidade*, o valor envolve sempre uma orientação; (5) *incomensurabilidade*, os valores não admitem qualquer mensuração, não se numera e não se quantifica o valioso; (6) *graduação hierárquica*, apesar de incomensuráveis os valores admitem uma graduação preferencial; (7) *objetividade relativa*, as coisas jamais exaurem os valores, por mais que o homem atinja resultados ou realize obras, estas jamais chegarão a exaurir a possibilidade dos valores e, por estarem sempre em relação com o homem, sua objetividade é relativa; (8) *historicidade*, os valores não se reduzem às vivências e preferências deste ou daquele indivíduo, eles referem-se ao homem que se realiza na história; (9) *inexauribilidade*, o valor jamais se reduz ao real, nem coincide inteiramente com ele.

A caracterização dos valores foi aqui exposta por força da diferenciação apresentada por Paulo de Barros Carvalho entre regras e princípios. Para o ilustre jurista, princípios são normas jurídicas dotadas de forte conotação valorativa (1992, p. 78). O tributarista toma a dimensão de peso dos princípios como dimensão de valor e de forma simples qualifica como princípio as normas jurídicas que possuem acentuada carga valorativa. Afirma: "Toda vez que houver acordo, ou que um número expressivo de pessoas reconhecerem que a norma N conduz um vetor axiológico forte, cumprindo papel de relevo para a compreensão de segmentos importantes do sistema de proposições prescritivas, estaremos diante de princípios" (1992, p. 80).

Conclui o renomado jurista que saber se uma norma explícita ou implícita consubstancia um princípio é uma decisão subjetiva, de cunho ideológico. Sem desprestigiar seu entendimento, no entanto, a diferença entre regras e princípios não se limita à carga valorativa, pois, como já salientado, trata-se de diferença qualitativa e não apenas de grau. Assim, a caracterização de determinada norma como princípio longe está de ser mera opção metodológica do intérprete.

Robert Alexy reconhece que os princípios e os valores estão extremamente vinculados entre si, pois também se pode falar de uma colisão de valores ou de uma ponderação de valores e o cumprimento gradual dos princípios tem seu equivalente na realização gradual dos valores (2002, p. 138). Apesar dessa vinculação o insigne constitucionalista observa que os princípios e os valores diferenciam-se num ponto: o que pelos valores é *prima facie* o *melhor*; pelos princípios é *prima facie devido* ou, em outras palavras, os princípios e os valores se diferenciam somente em virtude de seu caráter deontológico (âmbito do dever-ser) e

62. *Filosofia do Direito*, 19ª ed., pp. 187 *et seq.*

axiológico (âmbito do bom) respectivamente. A concepção de princípios é considerada mais vantajosa do que a concepção dos valores porque expressa claramente o caráter de *dever-ser*.

Em face dessa tênue diferença, a questão posta por Paulo de Barros Carvalho mantém-se: a ponderação não permitiria um controle racional, dependendo exclusivamente da ideologia do intérprete. Alexy contrapõe ao modelo de decisão, em que vigora a arbitrariedade do intérprete, o *modelo da fundamentação*. Em ambos os modelos o resultado da ponderação é o enunciado de uma preferência condicionada, mas, enquanto no modelo de decisão o estabelecimento do enunciado de preferência é resultado de um processo psíquico racionalmente incontrolável, no modelo da fundamentação distingue-se o processo psíquico que conduz a determinação do enunciado de preferência e sua fundamentação. Daí concluir que uma ponderação será racional se o enunciado de preferência a que conduz puder ser fundamentado racionalmente. O problema da racionalidade da ponderação conduz a questão da possibilidade da fundamentação racional dos enunciados que estabelecem preferências condicionadas entre valores ou princípios opostos (2002, pp. 158-159).

É, portanto, a fundamentação da decisão que possibilita seu controle e evita seja tomada de forma arbitrária, baseada tão-somente na ideologia do intérprete. A fundamentação exigida pela ponderação levou Alexy à elaboração da *lei da ponderação*: "quanto maior é o grau de não satisfação ou de afetação de um princípio, tanto maior tem que ser a importância da satisfação do outro" (2002, p. 159, tradução nossa) ou, em outras palavras, a medida permitida de não satisfação ou afetação de um princípio depende do grau de importância da satisfação do outro.

A aplicação do princípio, portanto, inevitavelmente, depende de uma escolha do intérprete. Essa escolha, sujeita aos valores do intérprete e, portanto, às suas preferências, está sujeita a um controle racional em virtude da necessidade de ser motivada. A lei da ponderação, decorrente da aplicação do princípio da máxima efetividade, é relevante meio de redução do subjetivismo do intérprete, mas a eliminação total desse subjetivismo, por óbvio, é impossível.

4.2.1 Limites-objetivos e valores

Paulo de Barros Carvalho divide os princípios jurídicos em dois grupos: os princípios tomados como *valor*, postos em termos vagos e excessivamente genéricos, predominando densamente a indeterminação, em que o intérprete é levado a um mundo de subjetividade, em contraposição aos princípios tomados como *limites-objetivos*, enunciados de modo preciso, de fácil e intuitivo reconhecimento, em que a ocorrência no mundo fenomênico está visivelmente demarcada. Os limites-objetivos são postos para atingir certos fins que, por sua vez, consistem em valores. Os limites-objetivos não são valores se considerados em si mesmos, mas voltam-se para realizar valores de forma indireta (1992, p. 81; 2002a, pp. 142 *et seq.*).

Essa classificação não resiste à profunda analise. Um exemplo típico de limite-objetivo é o denominado princípio da anterioridade, cuja prescrição determina ser vedado cobrar tributos no mesmo exercício financeiro em que haja sido publicada a lei que os instituiu ou aumentou. Basta confrontar o conteúdo dessa norma com os critérios já explicitados para concluir que se trata de uma simples regra jurídica. A ela se aplica a regra do tudo-ou-nada, ou seja, diante das circunstâncias previstas deve necessariamente ser aplicada (Dworkin). Trata-se de uma evidente *determinação* e não de um *mandado de optimização* (Alexy), sendo descabido apurar-se, diante do caso concreto, eventual relação de precedência a outro princípio. Essa regra tradicionalmente foi denominada de princípio, mas a denominação dada não lhe modifica a natureza jurídica.

A aplicação dos seguros critérios de Dworkin e Alexy a todos os princípios limites-objetivos revela que não se tratam de princípios, mas de regras tradicionalmente chamadas de princípios. Natureza de princípios possuem apenas os chamados princípios-valores que, como já afirmado, por possuírem caráter deontológico e não axiológico, não são valores.

4.3 A teoria dos princípios estruturantes de J. J. Gomes Canotilho

Uma última teoria resta ser analisada para possibilitar a exata compreensão da estrutura normativa dos princípios. Para J. J. Gomes Canotilho a Constituição é formada por regras e princípios de diferentes graus de concretização ou, em outras palavras, de diferente densidade semântica (2002, pp. 1.137 *et seq.*). Os chamados princípios estruturantes são constitutivos e indicativos das idéias diretivas básicas de toda ordem constitucional, são as traves-mestras jurídico-constitucionais do estatuto jurídico do político. Esses princípios ganham concretização por intermédio de outros princípios, chamados ***princípios gerais fundamentais***, que densificam os princípios estruturantes, iluminando o seu sentido jurídico-constitucional e político-constitucional, formulando com eles, ao mesmo tempo, um sistema interno ou uma união perfeita. Esses princípios gerais fundamentais podem densificar-se ou concretizar-se por meio de outros princípios, chamados ***princípios constitucionais especiais***. Os princípios estruturantes não são apenas, ressalva Canotilho, densificados por princípios constitucionais gerais ou especiais: a sua concretização é feita também por ***regras constitucionais***. Essas densificam tanto os estruturantes, como os gerais, como os especiais. Os princípios estruturantes à os princípios gerais fundamentais à os princípios constitucionais especiais à as regras constitucionais, constituem um sistema interno, um verdadeiro esquema piramidal, sem que haja hierarquia entre essas normas, pois, conforme afirma o autor: "Este esquema não se desenvolve apenas numa direção, de cima para baixo, ou seja, dos princípios mais abertos para os princípios e normas mais densas, ou de baixo para cima, do concreto para o abstrato. A formação do sistema interno consegue-se mediante um processo biunívoco de 'esclarecimento recíproco' (Larenz). Os princípios estruturantes ganham densidade e transparência através de suas concretizações (em princípios gerais, princípios especiais ou regras), e estas formam com os primeiros uma unidade material (unidade da Constituição). Todos estes princípios e regras poderão ainda obter maior grau de concretização e densidade através da concretização legislativa jurisprudencial" (2000, p. 1.139).

De acordo com a teoria proposta por Canotilho uma norma é densificada por outra norma. As normas mais abertas, de extremada generalidade, necessitam de várias outras normas para lhe atribuírem maior precisão, significado, possibilidade de incidência no mundo fenomênico, enfim, concretização. Quanto menos abertas forem as normas, menos necessitam de outras que as concretizem. Daí a afirmação de que toda regra jurídica é a concretização de um princípio jurídico e todo princípio jurídico específico é a concretização de um princípio jurídico genérico. A estrutura piramidal se dá por força das diferentes densidades e aberturas, estando os princípios menos densos no ápice e as regras na base, porém não há hierarquia entre eles, pois a densificação não se dá apenas de cima para baixo, mas num *processo bi-unívoco de esclarecimento recíproco*. Essa teoria é a última peça restante para exata compreensão da estrutura normativa dos princípios.

4.4 A estrutura normativa dos princípios

Princípios, portanto, são espécies de normas jurídicas. São imperativos autorizantes, cuja estrutura lógica consiste na descrição de uma hipótese no antecedente imputada a descrição de duas situações jurídicas e de uma relação jurídica entre elas no conseqüente. Chegada a hora de um exame mais detido dessa estrutura.

Apurou-se que a *fenomenologia da incidência*[63] dos princípios é sensivelmente distinta da das regras. Ocorrido o evento descrito na hipótese normativa de uma regra deve ser a conseqüência prescrita, de modo que se o aplicador do direito tomar conhecimento da ocorrência do evento estará obrigado a constituir o fato e a relação jurídica a ele imputado, ou seja, deverá aplicar a norma. Ocorrido o evento descrito na hipótese normativa de um princípio e levada a ocorrência do evento ao conhecimento do aplicador do direito, a aplicação da conseqüência não deve, necessariamente, dar-se. Isso porque, como exaustivamente se expôs, a aplicação dos princípios obedece a duas leis: à lei da colisão e à lei da ponderação. Essas leis permitem que, diante das circunstâncias do caso concreto, decida-se pela aplicação ou não aplicação da conseqüência prevista no princípio, editando-se uma regra de precedência condicionada desse princípio em relação aos demais princípios com ele contraditórios. A fenomenologia da incidência das regras obedece à *subsunção*, ao contrário da fenomenologia da incidência dos princípios que obedece à *ponderação*. Esta diferença é fundamental.

A estrutura lógica da regra formulada pela lei da colisão quando da aplicação do princípio nada tem a ver com a estrutura lógica do princípio, abstratamente previsto. Esta distinção, não efetuada pela doutrina, é essencial para compreensão do instituto. Abstratamente, independente do caso concreto, o princípio consiste em norma jurídica autônoma. Trata-se de uma ***norma de estrutura***: no antecedente, descreve-se a introdução de uma norma jurídica no sistema e, no conseqüente, a imputação de uma relação jurídica entre o legislador (em sentido lato) e a comunidade, em que aquele tem a função de observar determinado mandado de optimização e a comunidade o direito de exigir essa observância. A observância do referido mandado de optimização efetiva-se pela ponderação de interesses contrapostos, ou seja, da forma descrita por Alexy. A efetivação de uma determinada conseqüência dar-se-á somente num segundo passo, após a aplicação da norma de estrutura e das leis da colisão e da ponderação, da constatação da relação de precedência condicionada e do peso do princípio.

Nenhuma norma pode ser posta no sistema, seja pelo legislador em sentido estrito, seja pelo juiz (na prolação de uma sentença), seja pelo administrador (na edição de um ato administrativo), seja pelo particular (na elaboração de um contrato), sem a observância dos princípios. Estes só atuam quando da elaboração de uma norma jurídica. Assim, os princípios serão sempre invocados ou para feitura de uma lei, ou para prolação de uma sentença ou por força de um contrato, etc. Trata-se de *normas de estrutura* que, conforme brilhantemente afirma Dworkin, enunciam razões condutoras do argumento em uma certa direção necessitando de uma decisão particular. Essa decisão particular é a edição de uma norma jurídica.

Tanto Dworkin como Alexy limitam a aplicação dos princípios às decisões judiciais. Evidente o equívoco. O legislador, ao editar uma lei, deve observar os princípios e efetuar a lei de colisão, da mesma forma que o juiz. Daí a precisa constatação de Canotilho de que toda regra jurídica é a concretização de um princípio. Toda norma jurídica, inclusive a lei, deve, portanto, ao ser

63. A incidência é aptidão das normas para serem aplicadas. A incidência da norma se dá com sua aplicação. Nesse sentido, v. Carvalho, 1999, p. 6. Observa-se que a concepção aqui tomada é distinta da adotado por Pontes de Miranda, em seu monumental *Tratado de Direito Privado*, t. I, 1ª ed., p. 52, item 3.

editada observar os princípios e ser submetida à lei de colisão e de ponderação, caso haja interesses contrapostos.

O princípio, em sua hipótese normativa, descreve justamente a edição de uma norma jurídica qualquer, seja ela qual for. Toda norma introduzida no sistema privilegia determinado princípio em detrimento de outro. A escolha do princípio beneficiado pela concretização e do princípio afastado deve dar-se de acordo com as leis da colisão e da ponderação. O legislador em sentido amplo, dessa forma, tem a função de considerar todos os princípios existentes e, diante das circunstâncias fáticas e jurídicas, apurar qual deve prevalecer.

5. Conclusões

1. Direito é um termo análogo referente a cinco realidades distintas: ciência, norma, faculdade, justiça e fato social. Para seu estudo, no entanto, imprescindível efetuar-se um corte metodológico e indicar sob qual prisma será considerado. Tomou-se o direito como norma, mais precisamente, como o conjunto de normas jurídicas vigentes atualmente no Estado Brasileiro. O direito positivo brasileiro, por sua vez, consiste numa linguagem prescritiva contraposta à linguagem descritiva da Ciência do Direito. A linguagem do direito positivo compõe-se de um conjunto de enunciados prescritivos dos quais são extraídas as normas jurídicas. A linguagem da Ciência do Direito é composta por um conjunto de enunciados descritivos. Ambos os conjuntos compõem uma ordenação dotada de uma unidade, ou seja, um sistema. O sistema do direito positivo foi tomado como objeto da análise proposta.

2. Norma foi conceituada como padronização, por meio da abstração, da ocorrência de determinado fenômeno. Possui duas espécies: as normas naturais, obedientes ao princípio da causalidade, e as normas de comportamento, obedientes ao princípio da imputação. As normas de comportamento, ao contrário das naturais, não ligam por um vínculo causal determinadas conseqüências às hipóteses descritas, mas sim por um vínculo deôntico (dever-ser). Essas normas impõem determinados comportamentos independente da vontade dos destinatários, possuindo, assim, *imperatividade*. As normas jurídicas são espécies de normas de comportamento dotadas, portanto, de imperatividade e, ao contrário das demais, de *autorizamento*. Só as normas jurídicas autorizam os lesados pelo não cumprimento dos mandamentos nelas expressos a exigir que os violadores cumpram esses mandamentos. Daí a definição de norma jurídica: um imperativo autorizante.

3. Os textos normativos são os suportes físicos das normas jurídicas, não se confundindo com elas. Nos textos visualizam-se um conjunto de grafemas impressos no papel, configuradores do plano da expressão ou dos significantes. Ao ler esses grafemas o leitor efetua uma primeira abstração: associa o grafema ao seu significado. Nesse passo o leitor passa do plano da literalidade textual ao plano dos conteúdos ou semântico. Num terceiro momento, após identificar o significado do enunciado, efetua uma segunda abstração: a partir da análise de todo o sistema, identifica a norma jurídica, visualizando os eventos descritos e as conseqüências a ele imputadas. O conjunto de todas as normas jurídicas extraídas dos textos normativos compõe o *sistema normativo stricto sensu*. As normas, assim, são elaboradas pelo jurista a partir da leitura dos textos positivos. O legislador elabora o texto e não a norma, quem cria a norma é o jurista. Este elabora dois sistemas, um prescritivo, correspondente ao conjunto de normas jurídicas extraídas dos textos legais, e outro descritivo, correspondente ao conjunto de prescrições elaboradas sobre essas normas jurídicas.

4. Toda norma é suscetível de formalização, ou seja, de redução a termos lógicos. A definição proposta é insuficiente, pois não permite identificar com precisão cada imperativo isoladamente. Norma é a expressão irredutível de manifestação do deôntico e essa expressão é revelada por sua estrutura lógica. A estrutura apresentada por Kelsen (NP à S), dada a não realização da conduta deve ser a sanção, foi reformulada por Cóssio. Este apresentou a norma como um juízo disjuntivo em que a norma primária (endonorma) é seguida de uma norma secundária (perinorma): (F à P e NP à S). A terceira estrutura examinada foi a de Paulo de Barros Carvalho, Eurico Marcos Diniz de Santi e Maria Rita Ferragut. Para os renomados juristas a norma é composta por um juízo disjuntivo composto por três subnormas: a norma primária dispositiva, a norma primária sancionadora e a norma secundária. As duas primeiras têm caráter material e a última tem caráter processual. Eis a estrutura lógica completa apresentada por eles: D {[A à Rd (Sa,Sp)] . [(-Rd (Sa,Sp)) à Rs(Sa,Sp)] . [(-Rd (Sa,Sp)) v (-Rs (Sa,Sp)] à Rp(Sa,Sj,Sp)}.

5. Essa estrutura foi adotada efetuando-se apenas dois esclarecimentos. Nem a coatividade nem a coercitividade são essenciais à norma jurídica, o que a caracteriza enquanto tal é o autorizamento. A norma secundária prevista na estrutura adotada decorre do autorizamento de todas as normas jurídica. Além disso, a generalização do direito subjetivo deve ser combatida. Adotou-se o conceito de *situação jurídica*, proposto por Pietro Perlingieri, tomando-a como categoria que caracteriza o agir. As normas jurídicas descrevem em suas conseqüências não apenas uma relação jurídica, mas duas situações jurídicas e uma relação entre elas. Assim, toda norma jurídica apresenta duas ordens de conseqüências: os chamados *efeitos unilaterais*, constitutivas de situações jurídicas, e o chamado *efeito bilateral*, constitutiva de uma relação jurídica entre as duas situações constituídas. A doutrina permite a diferenciação entre as várias espécies de situações jurídicas, tanto ativas (direito subjetivo, direito potestativo, faculdade, interesse legítimo, *status*, função), como passivas (dever, estado de sujeição, ônus, resistência) e, portanto, a diferenciação entre relações jurídicas de colaboração e relações jurídicas de subordinação. Fixada a estrutura lógica completa da norma jurídica, para facilitar a análise a seguir empreendida, reduziu-se a norma a sua primeira parte, pressupondo-se, no entanto, o desdobramento em sua estrutura completa.

6. Definida a norma jurídica e apresentada sua estrutura lógica efetuou-se sua classificação. Dividiu-se o todo obtido pela definição para, em incessante processo cognitivo, empreender nova definição. Observou-se que a eleição de critérios classificatórios é arbitrária, não havendo critérios certos ou errados, mas úteis ou inúteis aos objetivos propostos. Elegeu-se dois critérios classificatórios, a partir da doutrina de Norberto Bobbio. O primeiro tomou as normas sob o aspecto formal, dividindo-as a partir da singularidade ou universalidade de seus elementos essenciais: o objeto e os destinatários. O critério apresentou quatro espécies normativas: normas gerais, singulares, abstratas e concretas. O segundo critério eleito tomou as normas sob o aspecto substancial, ou seja, da forma como regulam as condutas intersubjetivas. Apresentaram-se duas espécies normativas: as normas de comportamento e as normas de estrutura. A denominação revelou-se deficiente posto que todas as normas regulam comportamentos. Essa deficiência, todavia, não impediu que se prestasse para identificação de espécies distintas: certas normas voltam-se diretamente para regulação das condutas intersubjetivas, outras se voltam indiretamente para regulação dessas condutas e diretamente para regulação da produção das primeiras. As primeiras são as normas de comportamento, as segundas, normas de estrutura. Estas regulam o comportamento do legislador, mas apenas como meio para regularem o comportamento que efetivamente se quer regular.

7. Três normas de estrutura foram analisadas: as *normas de competência*, os *veículos introdutores de normas* e os *princí-*

pios. Em relação às primeiras, reduziu-se cinco dos seis significados apresentados por Tárek Moyses Moussallem a apenas um significado: as normas de competência e de competência-qualificação, a relação jurídica de competência, as normas de produção normativa, de competência-garantia, de procedimento e de produção jurídica consistem em apenas uma norma jurídica: a norma de competência que, ao descrever no antecedente um evento hipotético, a necessidade de se editar uma norma, imputa a esse evento duas situações e uma relação jurídica, descritas no conseqüente. O legislador tem a função de editar a norma e seguir determinado procedimento e a comunidade está sujeita à norma a ser editada. Passou-se à análise dos veículos introdutores de normas, extraídos da enunciação-enunciada e consistentes em normas gerais e concretas que se reportam à enunciação. Finalmente, chegou-se ao objeto central da análise apresentada: os princípios jurídicos. Estes foram tomados como normas de estrutura em que no antecedente descreve-se o evento da elaboração de uma norma jurídica qualquer e no conseqüente, a situação do legislador que tem a função de observar o princípio e a situação da comunidade que tem o direito a essa observância.

8. Dos textos normativos são extraídos três conjuntos de juízos: o primeiro é extraído de um conjunto de grafemas expressos no texto, são os *princípios expressos*; os demais grafemas expressos no texto compõem o segundo grupo, do qual são extraídas as *regras*; e do significado de um conjunto desses grafemas, que compõe o segundo grupo, é extraído pelo intérprete o terceiro conjunto de juízos, dos quais decorrem os chamados *princípios implícitos*. Há um postulado que não pode ser afastado pelo jurista: não há texto normativo que não seja componente de norma jurídica. Assim, todo o enunciado, seja de regra, seja de princípio, constitui ou compõe uma norma. A partir desse axioma indagou-se se os enunciados dos princípios compõem as normas jurídicas extraídas dos enunciados das regras ou constituem normas jurídicas autônomas.

9. Tradicionalmente a doutrina contrapunha os princípios às normas entendendo aqueles como as chaves-mestras, os alicerces, os fundamentos do sistema, a partir dos quais as normas eram formadas. O significado científico aproximou-se do significado natural do signo princípio. Analisando a valiosa contribuição dada por Ronald Dworkin, Robert Alexy e J. J. Gomes Canotilho foi possível enfrentar aquela indagação: os princípios consistem em normas jurídicas autônomas, em contraposição às denominadas *regras jurídicas*. A conclusão deu-se a partir da diferenciação entre princípios e regras.

10. Ronald Dworkin apresentou dois relevantes critérios de diferenciação. Os princípios e as regras são padrões que indicam a decisão a ser tomada, mas a orientação oferecida pelas regras, ao contrário da oferecida pelos princípios, obedece à regra do tudo-ou-nada, ou seja, ocorrido no mundo fenomênico o evento descrito no antecedente da regra, esta deve ser aplicada, salvo se for considerada inválida ou nela for introduzida uma exceção. Se os eventos descritos no antecedente dos princípios ocorrem nem por isso são exigíveis, necessariamente, as conseqüências previstas. Pode ocorrer que o princípio não seja aplicado, sem ser declarado inválido e sem haver a introdução de cláusula de exceção. Os princípios apenas enunciam razões em uma certa direção, necessitando de uma decisão particular.

11. A segunda diferenciação proposta é a diferente dimensão de peso ou de importância que possuem os princípios, ao contrário das regras. Esse peso só é auferível diante do caso concreto. Por força disso, a solução de um conflito entre regras é diferente da solução de um conflito entre princípios. No primeiro caso, o conflito resolve-se por força de uma regra do sistema que invalida uma das regras conflitantes ou a toma como exceção. No segundo caso o conflito é resolvido por meio de uma contraposição dos princípios conflitantes e, diante do caso concreto, a constatação de qual dos princípios possui peso maior. O outro simplesmente é afastado, nada impedindo que, posteriormente, numa nova contraposição, em circunstâncias distintas, possa prevalecer.

12. Robert Alexy conceitua os princípios como mandados de *optimização* que ordenam que algo deva ser realizado na maior medida possível de acordo com as circunstâncias fáticas e jurídicas. Já as regras são *determinações* no âmbito do fático e do juridicamente possível. O autor analisa a colisão de princípios e o conflito de regras, nos mesmos termos que Dworkin. Inova, no entanto, ao elaborar a lei da colisão: dados dois princípios contraditórios, P1 e P2, a solução do conflito entre eles é solucionada mediante o estabelecimento de uma *relação de precedência* (P) *condicionada* (C). Assim, diante do caso concreto, aplicando-se a lei de colisão, extrai-se do princípio uma regra jurídica: se um princípio P1, sob as circunstâncias C, precede ao princípio P2 — (P1 P P2) C — e se de um princípio P1 sob as circunstâncias C resulta a conseqüência R, então vale a regra que contém C como hipótese e R como conseqüência (C à R). Enquanto as regras são *razões definitivas*, os princípios são *razões prima facie*, posto que podem sempre ser afastados por razões opostas.

13. Para Paulo de Barros Carvalho, entretanto, os princípios diferenciam-se das regras apenas por possuírem elevada carga valorativa. Apesar de reconhecer-se a íntima vinculação entre princípios e valores, no entanto, sem desprestigiar o entendimento do mestre, optou-se pela distinção proposta por Alexy. Princípios diferenciam-se dos valores por apresentam caráter deontológico (âmbito do dever-ser), ao contrário daqueles que apresentam caráter axiológico (âmbito do bom). Paulo de Barros, no entanto, apresenta relevante questão: afirma que a categoria dos princípios está à mercê da ideologia do intérprete, não sendo passíveis de controle racional. A doutrina de Alexy apresenta resposta satisfatória: em oposição ao *modelo de decisão*, em que vigora a arbitrariedade do intérprete, deve vigorar o *modelo da fundamentação* em que a escolha do enunciado de preferência será racional se a motivação for racional, por intermédio desta controla-se aquela. Limitando o subjetivismo, sem eliminá-lo totalmente, Alexy apresenta a *lei da ponderação*: quanto maior for o grau de não satisfação ou de afetação de um princípio, tanto maior tem que ser a importância da satisfação do outro.

14. Paulo de Barros Carvalho classifica os princípios em princípios-valores e princípios limites-objetivos. Naqueles impera o subjetivismo, nestes o objetivismo. A classificação, contudo, não resiste a apurada análise. Aplicando-se aos princípios limites-objetivos os critérios apresentados por Dworkin e Alexy, percebe-se claramente que não se trata de princípios e sim de regras, tradicionalmente denominadas princípios. O nome dado ao instituto não tem o condão de modificar-lhe a natureza jurídica. Assim, por exemplo, é evidente que a regra do tudo-ou-nada aplica-se ao chamado princípio da anterioridade. Apesar da denominação tem natureza de regra, a ele aplicando-se tudo que sobre a regra afirmou-se. Concluiu-se, assim, que somente os chamados princípios-valores são efetivamente princípios jurídicos.

15. A teoria dos princípios estruturantes de J. J. Gomes Canotilho foi a última peça para compreensão da estrutura normativa dos princípios. Segundo o autor, as normas apresentam diversas densidades semânticas: há princípios pouco densos, chamados *estruturantes*; princípios um pouco mais densos, chamados *princípios gerais fundamentais*; princípios mais densos chamados *princípios constitucionais especiais* e finalmente as normas de máxima densidade, as *regras jurídicas*. A acentuada abertura e pouca densidade exigem outras normas para obtenção de maior significado, precisão e, portanto, possibilidade de incidência no mundo fenomênico: as normas necessitam de *concretização*. Segundo o autor, toda regra concretiza um princípio jurídico e princípios mais densos concretizam os menos densos. Não há hierarquia, contudo, entre as normas, posto que estão num *processo bi-unívoco de esclarecimento recíproco*.

16. A partir das doutrinas expostas tornou-se possível diferenciar a fenomenologia da incidência das regras da fenomenologia da incidência dos princípios. Enquanto aquela se dá pela *subsunção*, esta se dá pela *ponderação*. Ocorrido o evento descrito na hipótese e levada a ocorrência ao conhecimento do aplicador do direito, a aplicação da regra é imperiosa. Diverso ocorre com os princípios que se sujeitam à lei de colisão e da ponderação. Ressaltou-se, no entanto, que a estrutura lógica da regra formulada pela lei da colisão quando da aplicação do princípio nada tem a ver com sua estrutura lógica, abstratamente considerada. Tomado abstratamente, independentemente do caso concreto, o princípio é uma *norma jurídica de estrutura*. No antecedente descreve-se a introdução de uma norma jurídica no sistema, a descrição é genérica e abrange todas as normas a serem introduzidas, e no conseqüente a imputação de uma relação jurídica entre o legislador e a comunidade em que aquele tem a função de observar o mandado de optimização e a comunidade o direito a essa observância. A observância desse mandado efetiva-se de acordo com a ponderação dos interesses contrapostos, ou seja, na forma descrita por Alexy. Essa norma de estrutura tem como destinatário o legislador em sentido amplo: o legislador em sentido estrito, o juiz, o administrador, e até o particular devem observá-la ao introduzir uma norma no sistema.

São Paulo, 2003.

Referências bibliográficas

ALEXY, Robert (2002). *Teoría de los Derechos Fundamentales*. 2ª ed., 3ª reimpr., Madri, Centro de Estudios Políticos y Constitucionales.

ALVES, Alaôr Caffé (2002). *Lógica: Pensamento Formal e Argumentação*. 2ª ed., São Paulo, Quartier Latin.

BOBBIO, Norberto (2001). *Teoria da Norma Jurídica*. Trad. Fernanda Pavan Baptista e Ariani Bueno Sudatti, São Paulo, Edipro.

______ (1999). *Teoria do Ordenamento Jurídico*. Trad. Maria Celeste Cordeiro Leite dos Santos, 10ª ed., Brasília, Ed. UnB.

BONAVIDES, Paulo (2000). *Curso de Direito Constitucional*. 9ª ed., São Paulo, Malheiros Editores.

CANARIS, Claus-Wilhelm (2002). *Pensamento Sistemático e Conceito de Sistema na Ciência do Direito*. 3ª ed., Lisboa, Fundação Calouste Gulbenkian.

CANOTILHO, J. J. Gomes (2000). *Direito Constitucional e Teoria da Constituição*. 4ª ed., Coimbra, Almedina.

CARRAZZA, Roque Antonio (2002). *Curso de Direito Constitucional Tributário*. 18ª ed., São Paulo, Malheiros Editores.

CARVALHO, Paulo de Barros. *Língua e Linguagem*. Programa de Pós-Graduação em Direito, Pontifica Universidade Católica de São Paulo. Não publicado.

______ (1992). "O princípio da segurança jurídica em matéria tributária", *Revista de Direito Tributário* 61/74-90, São Paulo.

______ (1999). *Direito Tributário: Fundamentos Jurídicos da Incidência*. 2ª ed., São Paulo, Saraiva.

______ (2002). *Curso de Direito Tributário*. 14ª ed., São Paulo, Saraiva.

______ (2002). *Teoria da Norma Tributária*. 4ª ed., São Paulo, Max Limonad.

COPI, Irving M. (1978). *Introdução à Lógica*. 2ª ed., São Paulo, Mestre Jou.

DINIZ, Maria Helena (1995). *Curso de Direito Civil Brasileiro*. 11ª ed., São Paulo, Saraiva.

DWORKIN, Ronald (2002). *Levando os Direitos a Sério*. Trad. Nelson Boeira, São Paulo, Martins Fontes.

ESPÍNDOLA, Ruy Samuel (2002). *Conceito de Princípios Constitucionais*. 2ª ed., São Paulo, Ed. RT.

FERRAGUT, Maria Rita (2001). *Presunções no Direito Tributário*. São Paulo, Dialética.

FERRAZ JÚNIOR, Tércio Sampaio (1995). *Introdução ao Estudo do Direito: Técnica, Decisão, Dominação*. 2ª ed., São Paulo, Atlas.

FONTES, André (2002). *A Pretensão: Como Situação Jurídica Subjetiva*. Belo Horizonte, Del Rey.

MAXIMILIANO, Carlos (1997). *Hermenêutica e Aplicação do Direito*. 16ª ed., Rio de Janeiro, Forense.

MELLO, Celso Antônio Bandeira de (2001). *Curso de Direito Administrativo*. 13ª ed., São Paulo, Malheiros Editores.

MIRANDA, Pontes de (1999). *Tratado de Direito Privado*. t. I, 1ª ed., São Paulo, Bookseller.

MONTORO, André Franco (1994). *Introdução à Ciência do Direito*. 22ª ed., São Paulo, Ed. RT.

MOUSSALLEM, Tárek Moyses (2001). *Fontes do Direito Tributário*. São Paulo, Max Limonad.

PEIRCE, Charles S. (2000). *Semiótica*. 3ª ed., São Paulo, Perspectiva.

PERLINGIERI, Pietro (2002). *Perfis do Direito Civil: Introdução ao Direito Civil Constitucional*. Trad. Maria Cristina De Cicco, 2ª ed., Rio de Janeiro, Renovar.

QUEIROZ, Luís César Souza de (2002). *Sujeição Passiva Tributária*. 2ª ed., Rio de Janeiro, Forense.

REALE, Miguel (2002). *Filosofia do Direito*. 19ª ed., São Paulo, Saraiva.

SANTI, Eurico Marcos Diniz de (2001). *Lançamento Tributário*. 2ª ed., 2ª tir., São Paulo, Max Limonad.

TELLES JÚNIOR, Goffredo Silva (1985). *O Direito Quântico*. 6ª ed., São Paulo, Max Limonad.

VILANOVA, Lourival (2000). *Causalidade e Relação no Direito*. 4ª ed., São Paulo, Ed. RT.

LICITAÇÃO: TÉCNICA E PREÇO — CRITÉRIO DE AVALIAÇÃO DA FASE DE PRÉ-QUALIFICAÇÃO DISTINTO DO EDITAL DA LICITAÇÃO — MINIMIZAÇÃO EXTREMA DO FATOR PREÇO — NULIDADE

CELSO ANTÔNIO BANDEIRA DE MELLO

Titular da Pontifícia Universidade Católica de São Paulo — PUC/SP

O Consórcio *X* expõe-nos os fatos abaixo, formulando a seguir:

Consulta

"1. Em setembro de 2003 a Empresa Brasileira de Infra-Estrutura Aeroportuária — INFRAERO lançou três Editais de Pré-Qualificação para a contratação da execução das obras e serviços de engenharia de construção do novo terminal de passageiros, dos sistemas de acessos viários, do estacionamento de veículos, do pátio de aeronaves, da segunda pista de pouso e decolagem, da torre de controle e GNA, da seção contra-incêndio, da central de utilidades, e das obras complementares e da elaboração dos projetos executivos, dos Aeroportos de Vitória-ES, Goiânia e Macapá (documentos em anexo).

"2. Nesse instrumento convocatório, a INFRAERO determinou no item 9.9 que o tipo de licitação escolhido é o de técnica e preço, contudo, estabeleceu peso de 40% para a proposta de preços e 60% para a proposta técnica, construindo apenas os seguintes critérios de avaliação das propostas técnicas e de preços:

> 9.9 Na Fase de Julgamento das Propostas Técnicas e de Preços (Fase II), será adotado o seguinte procedimento:
>
> a) serão abertos os envelopes contendo as propostas técnicas apresentadas pelas licitantes pré-qualificadas e feita a avaliação e pontuação dessas propostas de acordo com os critérios definidos no instrumento convocatório da Fase II — Propostas Técnicas e de Preços, que considerem a capacitação e a experiência da proponente e a qualidade técnica da proposta, compreendendo os seguintes quesitos:
>
> a.1) Conhecimento do problema;
>
> a.2) Plano de Garantia da Qualidade;
>
> a.3) Planejamento do Projeto Executivo;

a.4) Estratégia de Execução do Empreendimento, incluindo plano de ataque, cronograma, histograma etc.;

a.5) Logística de Implantação de Empreendimento;

a.6) Estrutura Organizacional;

a.7) Conformidade dos Sistemas e Equipamentos Especiais;

b) Uma vez avaliadas e pontuadas as Propostas Técnicas, proceder-se-á à abertura das Propostas de Preços das licitantes que tenham atingido a pontuação técnica mínima e feita a avaliação e valoração das propostas de preços, de acordo com os critérios estabelecidos no instrumento convocatório da Fase II;

c) A classificação das proponentes far-se-á com base na média ponderadas das pontuações das propostas técnicas e de preços, de acordo com os seguintes pesos:

NF = [(0,60 IT):(0,40 IP)]

Onde:

NF = Nota Final da licitante

IT = Índice Técnico da proposta da licitante

IP = Índice de Preço da proposta da licitante

9.10 Na Fase de Apresentação das Propostas Técnicas e de Preços (Fase II), a licitante pré-qualificada poderá apresentar sua proposta para construção das obras considerando solução alternativa de engenharia de execução dos serviços.

"3. Ultrapassada a Fase de Pré-Qualificação, no dia 19 de maio e 22 de junho desse ano, a Consulente obteve judicialmente cópia dos Editais da Fase II, para construção dos Aeroportos de Vitória, Goiânia e Macapá.

"4. Ao estudar o conteúdo destes editais da Fase II, em especial dos seus itens 10 e 11, verificou haver, além de uma ampliação das especificações previstas para 'Avaliação e Pontuação das Propostas Técnicas', um profundo desnaturamento nas características do Tipo de Licitação que havia sido anunciado na Fase I.

"Com efeito, por força das novas disposições, ocorreu uma autêntica e substancial mudança nos pesos de 40% e 60% para as propostas de preço e técnica, ainda que externamente mantida sua aparência inicial. Ou seja: foi criada uma completa falta de proporcionalidade na valoração entre estes dois aspectos. Ao introduzir um fator limitativo do relevo atribuível às variações das ofertas de preço, a proposta técnica adquiriu uma prevalência tal, que o fator preço converteu-se em elemento praticamente irrelevante.

"5. Os Editais da Fase II, no item de Avaliação e Pontuação das Propostas de Preços prevêem o seguinte:

11.5 Às propostas de Preços aceitas em conformidade com os itens 11.3 e 11.4 a Comissão de Licitação atribuirá o Índice de Preço de cada Licitante, de acordo com os seguintes critérios:

$IP = 1.000 \times (X_1 \div X_2)$

e

$X_1 = (V_0 + M) \div 2$

Onde:

IP = Índice de Preço da Proposta da Licitante;

X_1 = constante definida a partir da fórmula acima;

V_0 = valor global do Orçamento de Referência atualizado da INFRAERO;

M = média dos valores globais propostos pelas Licitantes;

X_2 = valor global proposto pela Licitante.

"O expediente utilizado para converter o preço em fator praticamente irrelevante é o que consta do item seguinte, a saber:

11.5.1 Para fins de pontuação, o quociente (X_1 / X_2) terá o seu valor máximo limitado a 1,10 (hum inteiro e um décimo).

"6. Isto significa um evidente limitador máximo do peso da proposta de preço, pois, de acordo com suas fórmulas, a INFRAERO valoriza de forma igual os licitantes que ofertarem 10%, 20%, 30% ou mais de desconto em relação ao orçamento do órgão.[1]

1. Importa exemplificar com base na seguinte simulação: tomando-se o orçamento atualizado da INFRAERO para o Aeroporto de Vitória no valor de R$ 320.000.000,00, em que a média das propostas dos licitantes esteja próxima ao do or-

"7. Igualmente, não haverá diferença na pontuação se o mesmo licitante der descontos de 10%, 20%, 30%, 40% ou mais em sua proposta, pois receberá a mesma pontuação de 440 pts., desestimulando claramente a redução do valor final da obra para a INFRAERO.[2]

"8. Como consectário lógico inevitável, o critério de avaliação das propostas de preços não guarda a proporção de 40% em relação à totalidade de pontos a serem obtidos nas referidas Concorrências, diferentemente do que previsto no Edital de Pré-Qualificação.

"9. De outra feita, no critério de avaliação das propostas técnicas, a proporção de 60% é implacável, reduzindo proporcionalmente a cada ponto retirado do licitante.

"10. Portanto, há uma situação em que a redução dos pontos da proposta técnica não será recuperada proporcionalmente, na ordem de 60%/40%, com a diminuição do valor da proposta de preço ofertada.

"11. Sendo certo que a avaliação técnica inevitavelmente comporta algum teor de subjetivismo, na medida em que se atribui a ela uma influência que beire o limite do decisivo, parece estar contrariada uma diretriz fundamental da lei de licitação.

"Isto posto indaga-se:

"I — Há ilegalidade na construção de um critério de avaliação previsto no Edital da Fase II muito diferente daquele previsto na Fase de Pré-Qualificação?

"II — É possível a licitante pré-qualificada impugnar o Edital da Fase II contra o novo critério de avaliação das propostas?

"III — Há ilegalidade na fórmula estabelecida pelo Edital da Fase II para a avaliação das propostas técnicas e de preços e conseqüentemente no critério de classificação dos licitantes?"

Às indagações respondo nos termos que seguem.

Parecer

1. Licitação é um procedimento através do qual o Estado e suas entidades auxiliares, desejando adquirir, locar, alienar, contratar, conceder, dar em permissão bens ou serviços, convoca publicamente interessados na apresentação de propostas segundo condições e critérios de julgamento previamente estabelecidos e divulgados, a fim de eleger, dentre elas, a mais satisfatória.

O procedimento em apreço, consoante previsão da Lei 8.666, de 21.6.1993, que fixa as normas gerais de licitação e contratos em todo o País, para a Administração direta, indireta e entidades por elas controladas, tem que se desenvolver com o máximo de clareza, transparência e publicidade. O art. 3º expressamente afirma sua sujeição ao princípio da publicidade e o § 3º deste artigo estabelece que: "A licitação não será sigilosa, sendo públicos e acessíveis ao público os atos de seu procedimento, salvo quanto ao conteúdo das propostas, até a respectiva abertura".

De seu turno o art. 4º, confere aos que dela participem: "direito público subjetivo à fiel observância do procedimento estabelecido nesta Lei, podendo qualquer cidadão acompanhar o seu desenvolvimento, desde que não interfira de modo a perturbar ou impedir a realização dos trabalhos".

Tal é o empenho legal na correção dos certames licitatórios que o art. 41, § 1º, dispõe que: "Qualquer cidadão é parte legítima para impugnar edital de licitação por irregularidade na aplicação desta Lei (...)".

çamento, não haverá diferença de pontuação IP entre licitantes que oferecerem propostas nos valores R$ 224.000.000,00; ou R$ 256.000.000,00 ou R$ 288.000.000,00.

2. Outro exemplo: tomando-se o mesmo orçamento e média das propostas acima, não haverá diferença de pontuação IP para o licitante que oferecer proposta no valor de R$ 224.000.000,00; ou de R$ 256.000.000,00, ou de R$ 288.000.000,00.

Como se não bastasse a supra mencionada disposição, o art. 113, § 1º, ao qual de resto o preceptivo anteriormente citado faz expressa alusão, estatui: "Qualquer licitante, contratado ou pessoa física ou jurídica poderá representar aos Tribunais de Contas ou aos órgãos integrantes do sistema de controle interno, contra irregularidades na aplicação desta Lei, para os fins do disposto no artigo".

Além disto, a teor do art. 109 da Lei, o participante de licitação tem direito a insurgir-se contra os atos praticados em seu decurso, mediante diferentes instrumentos, conforme o caso, tais o recurso, a representação ou o pedido de reconsideração. Os diversos preceptivos mencionados exibem de maneira muito clara e explicitamente manifestado o intento normativo de proporcionar do modo mais amplo possível os meios de controle da lisura da licitação, ensejando que seja devassada a intimidade administrativa, a bem do fiel cumprimento dos propósitos que animam dito instituto.

2. O instituto se inspira no propósito de assegurar igualdade entre todos os que pretendam travar negócio com o Poder Público e simultaneamente de obter, graças à competição instaurada, o melhor que poderia conseguir, estribado na idéia óbvia de que os concorrentes, movidos pelo empenho em vencer o certame, se esforçarão por superar-se reciprocamente na oferta de vantagens ao promotor da licitação. Demais disto, por via deste expediente, forceja-se por assegurar a moralidade administrativa, contrapondo-se tanto a perseguições como — e, sobretudo — a favoritismos que, se fora livre a contratação, poderiam existir, motivados pelas mais diversas razões, desde as partidárias ou de amizade até as mais interesseiras e desonestas.

É luminosamente claro que, para atingir os enunciados propósitos, é de fundamental importância que os critérios de julgamento devam ser *os mais objetivos possíveis*, pois, se, inversamente, derem ensanchas a um alto teor de subjetivismo por parte dos julgadores, comprometem-se, por inteiro, os objetivos da licitação, a qual, em tal caso, reduzir-se-ia a uma simples farsa.

3. A própria Lei 8.666, de 21.6.1993, em seu art. 3º, declara que a licitação se destina "a garantir a observância do princípio constitucional da isonomia e a selecionar a proposta mais vantajosa" do mesmo passo em que estabelece que será julgada na conformidade dos princípios que arrola, dentre os quais menciona, além dos princípios da "igualdade" e da "impessoalidade", o da "moralidade", "da probidade administrativa" e do "julgamento objetivo".

Note-se o quanto a lei encarece os valores que inicialmente assinalamos como sendo inspiradores do instituto: em um único artigo, este 3º, precitado, refere-se ao tema do respeito à igualdade por três vezes (isonomia, igualdade e impessoalidade), ao da moralidade duas vezes (moralidade e probidade administrativa) e, quanto à necessidade de julgamento objetivo, sobre ser nele mencionada, reaparece em diferentes passagens da lei.

Assim, o art. 40, ao enunciar o que obrigatoriamente terá de constar do Edital, refere, no item VII, critério para julgamento com "*parâmetros objetivos*"; o art. 44 estatui que, no julgamento das propostas a Comissão levará em consideração os "*critérios objetivos*" definidos no edital ou convite, os quais não poderão contrariar os "princípios estabelecidos por esta lei" e seu § 1º, para impedir "que seja elidida, ainda que indiretamente a igualdade entre os licitantes" "veda a utilização de qualquer elemento, critério ou fator sigiloso, secreto, subjetivo". O art. 45 determina que "o julgamento das propostas será *objetivo*". Assim também, o art. 42, § 5º, ao contemplar licitações cujo objeto seja financiado por agência oficial ou organismo financeiro multilateral de que o Brasil faça parte, admite sejam adotadas normas e procedimentos destas entidades, inclusive quanto ao critério de seleção da proposta mais vantajosa, quando por elas exigida para o financiamento ou doação, mas desde que "não conflitem com o princípio do *julgamento objetivo*". De seu turno, o art. 30, § 8º, cogitando de obras, serviços e compras de grande vulto e alta complexidade técnica, nas quais é exigível do licitante a apresentação de metodologia de execução para fins de aceitação ou não impõe que esta avaliação se efetue mediante "*critérios objetivos*".

4. Neste afã de buscar sempre o máximo de objetividade, a Lei 8.666, como se depreende dos arts. 45 e 46, estabeleceu que a regra geral em matéria de critério de julgamento das licitações (que a lei bizarramente denominou de "tipos de licitação") é o do *menor preço* (ou, no caso de alienação de bens ou concessão de direito real de uso, o do maior lance ou oferta) visto que os demais, ou seja, "melhor técnica" e "técnica e preço" só são admitidos nas hipóteses expressamente previstas.

Com efeito, é o critério do menor preço (tal como o do maior lance ou oferta nas respectivas hipóteses) aquele que assegura efetivamente e de modo cabal o cumprimento rigoroso do princípio do julgamento objetivo. Só por este meio se consegue uma objetividade absoluta.

Deveras, sempre que se recorre a apreciações técnicas como fator interferente no julgamento de proposta, há inevitável e ineliminavelmente algum teor de subjetivismo.

5. Assim, precisamente para circunscrever as hipóteses em que houvesse risco de minoração do teor de objetividade no julgamento, a lei, no art. 46 dispôs que: "Os tipos de licitação melhor técnica ou técnica e preço serão utilizados exclusivamente para serviços de natureza intelectual, em especial na elaboração de projetos, cálculos, fiscalização, supervisão e gerenciamento e de engenharia consultiva em geral e, em particular, para a elaboração de estudos técnicos preliminares e projetos básicos e executivos, ressalvado o disposto no § 4º do artigo anterior" (que está reportado à contratação de bens e serviços de informática).

Afora isto, abriu ainda uma restritíssima possibilidade que é a contemplada no § 3º do mesmo artigo, dispondo: "Excepcionalmente, os tipos de licitação previstos neste artigo poderão ser adotados, por autorização expressa e mediante justificativa circunstanciada da maior autoridade da Administração promotora constante do ato convocatório, para fornecimento de bens e execução de obras ou prestação de serviços de grande vulto majoritariamente dependentes de tecnologia nitidamente sofisticada e de domínio restrito, atestado por autoridades técnicas de reconhecida qualificação, nos casos em que o objeto pretendido admitir soluções alternativas e variações de execução, com repercussões significativas sobre sua qualidade, produtividade, rendimento e durabilidade concretamente mensuráveis, e estas puderem ser adotadas à livre escolha dos licitantes, na conformidade dos critérios objetivamente fixados no ato convocatório".

Donde, nestes casos, por óbvio, é dever da Administração promotora do certame envidar o máximo de esforços para regular sua apreciação de modo a cercear até o limite do possível o ingresso deste elemento perturbador da objetividade, pois, dessarte concorrerá na direção estimativa apontada como correta pela lei e, até onde seja exeqüível fazê-lo, se eximirá daquilo que ela, no § 1º do art. 44, expressamente aponta como indesejável: elemento, critério ou fator subjetivo.

6. Ao arrolar os "tipos de licitação", no § 1º do art. 45, a Lei 8.666 dispõe:

> Para os efeitos deste artigo, constituem tipos de licitação, exceto na modalidade concurso:
>
> I — a de menor preço — quando o critério da seleção da proposta mais vantajosa para a Administração determinar que será vencedor o licitante que apresentar a proposta de acordo com as especificações do edital ou convite e ofertar o menor preço;
>
> II — a de melhor técnica;
>
> III — a de técnica e preço;

IV — a de maior lance ou oferta — nos casos de alienação de bens ou concessão de direito real de uso.

Observando-se o disposto na seqüência dos artigos percebe-se que a partir do tipo I (menor preço), os "tipos" II (melhor técnica) e III (técnica e preço) vão em um crescendo de sacrifício de objetividade no julgamento.

7. Sem embargo, ao contrário do que a terminologia pareceria indicar, a modalidade "melhor técnica", é, na verdade, uma variante do menor preço, pois será vencedor aquele que, tendo obtido nota técnica mais alta, se disponha a baixar o preço até igualar a oferta de preço menor (art. 46, § 1º, itens I a III).

Ao respeito deste "tipo de licitação", em obra teórica averbamos: "No julgamento pela *melhor técnica*, diversamente do que o nome sugere, a seleção da proposta mais vantajosa é a que resulta de uma *negociação* que culmina pela escolha daquela que, tendo alcançado índice técnico comparativamente mais elevado do que o de outras, seu proponente concorde em rebaixar a cotação que havia feito até o montante da proposta de menor preço dentre as ofertadas. Como nem sempre o autor da proposta de melhor nota técnica concordará com dito rebaixamento, só o fazendo quem lhe esteja imediatamente abaixo ou o subseqüente, e assim sucessivamente, claro está que nem sempre será escolhida a proposta da melhor técnica, ao contrário do que sugere a denominação dada pela lei a este 'critério' de julgamento (ou 'tipo' de licitação, para usar da terminologia normativa). Veja-se que, se nenhum dos autores das propostas tecnicamente melhor alocadas aquiescer em reduzir o preço, terminará por ser escolhida a de menor preço, conquanto tecnicamente inferior a todas demais" (*Curso de Direito Administrativo*, 17ª ed., Malheiros Editores, 2004, pp. 555 e 556).

Em síntese: o certo é que, em qualquer hipótese, a vencedora será a de menor preço, seja ou não tecnicamente superior às demais, havendo, todavia, um inequívoco benefício para as propostas tecnicamente melhores, pois a elas, é que se concederá a oportunidade de vitória, pois, obedecida a ordem de precedência em que se hajam alocado, será outorgada àquela que igualar a oferta de preço mais baixo.

8. Já o tipo "técnica e preço", diversamente das anteriores modalidades, não confere primazia decisiva ao preço, com o que, em relação às duas outras, se afasta maximamente da objetividade. Isto porque o julgamento dar-se-á pela conjugação da nota conferida à técnica com a nota conferida ao preço. Nas palavras do § 2º, inciso II, do art. 46: "a classificação dos proponentes far-se-á de acordo com a média ponderada das valorizações das propostas técnicas e de preço, de acordo com os pesos preestabelecidos no instrumento convocatório".

Dessarte, além da introdução de algum inevitável teor de subjetivismo atinente à aplicação das notas técnicas, comparecerá também, já agora por ocasião da elaboração do edital, um novo subjetivismo: o relativo à proporção que será irrogada ao fator preço na composição da nota final. Há, ainda, o risco de que este inconveniente venha a comparecer também na notação atribuível às diferentes variações de preço que se estamparão nas distintas propostas.

À vista de tudo o que foi dito em relação aos princípios da licitação e à exigência do julgamento objetivo, acredita-se ser conclusão de meridiana clareza a de que, maiormente neste tipo de licitação, a administração pública não só estará obrigada a confinar qualquer subjetivismo ao limite do possível como também a de que o certame será nulo se tiver havido incursão em qualquer deslize por força do qual haja sido ampliado algum teor de subjetivismo que teria sido possível evitar.

9. Registre-se que ao admitir licitação suscetível de ser decidida pela conjugação dos fatores técnica e preço, a lei de licitações deixou absolutamente claro que o "tipo" em questão foi concebido para hipóteses em que é de fato seu propósito que tanto um quanto outro sejam levados em concorrente consideração. Trata-se de algo óbvio, de evidência solar. Isto significa, portanto, que, de fora parte a apreciação dos aspectos técnicos, a lei exige que se atribua importância verdadeiramente ***significativa*** *às variações de ofertas de preço residentes nas diversas propostas*, para fins de conferir, na avaliação deste fator, posição de primazia, em relação a quaisquer outras, à oferta que cotar o preço mais baixo.

Vale dizer: para que ambos os fatores sejam devidamente tomados em conta, como pretende a lei, é da mais exuberante clareza que, no concernente ao preço, os distintos valores ofertados pelos concorrentes terão de representar um elemento de relevo, de tal sorte que os proponentes haverão de ser nitidamente diferençados na conformidade das vantagens econômicas que lhes discriminem as ofertas. É de equivalente evidência que o objetivo da lei ao consignar o preço como um dos componentes da nota final, foi o de buscar que os afluentes ao certame se esmerem em rebaixar ao máximo que possam o montante da oferta, para que o Poder Público despenda o mínimo possível com a obra, bem ou serviço.

Corolário evidentíssimo disto é o de que, ao formular o edital e ao especificar nele os elementos determinantes da valoração econômica das propostas, não é dado à Administração desfigurar este objetivo legal, seja (a) atribuindo desde logo, em termos substanciais, ainda que não nominais, um peso relativo pequeno ao fator preço, seja (b) estabelecendo, não importa por qual expediente ou fórmula, um desestímulo ao rebaixamento máximo das propostas ou — o que seria igualmente uma grosseira fraude — (c) fixando uma discriminação modesta entre os preços propostos, de molde a minimizar o reflexo de suas variações na notação a lhes ser atribuída ou (d) indiferenciar, a partir de certo patamar, as distinções de preço, ensejando que proposta economicamente mais vantajosa que outra receba qualificação equivalente à que for atribuível a ofertas de valor mais alto.

10. Com efeito, o primeiro destes expedientes, dependendo da intensidade em que for utilizado (quando o peso atribuído ao preço é demasiadamente pequeno) pode inclusive corresponder à criação, por via indireta, de um novo "tipo de licitação" (o que é proibido pela lei: § 5º do art. 45), qual seja, o de licitação decidida praticamente só pela nota técnica. Deveras, quando a lei contempla um "tipo" de licitação por "técnica e preço", está obviamente implícito um certo equilíbrio entre um e outro fator.

Demais disto, tendo-se em conta a manifesta preocupação legal com a objetividade do julgamento, que só se obtém de modo absoluto na aferição com base no preço, é de presumir que o peso atribuído ao fator preço deva ser, normalmente, no mínimo igual ao atribuído à técnica. Ressalvam-se, apenas, hipóteses em que ponderáveis razões justifiquem alteração deste equilíbrio.

Deveras, uma vez que o julgamento da parte técnica não tem como coartar integralmente certo subjetivismo por parte dos julgadores, desequilibrar a ponderação em prol da parte técnica é caminhar em direção antinômica àquela que decorre da lei e por isto somente pode ser aceita em circunstâncias muito especiais.

Assim, vício com relação ao examinado neste tópico conduz à nulidade do edital.

11. Quanto ao segundo expediente — o de adotar critério desestimulador do esforço máximo do concorrente em rebaixar sua oferta de preço — salta aos olhos que contraria fundamentalmente o sentido da inclusão do preço como fator de julgamento. Com efeito, qualquer pessoa com coeficiente normal de inteligência é capaz de entender que o objetivo da Administração ao contemplar o fator preço, é o de obter a oferta mais baixa possível, desde que se contenha nos limites da exeqüibilidade. Logo, qualquer providência conducente, por minimamente que seja, a desestimular este esforço demandável do proponente, representa precisamente a antítese do propósito legal. Donde, vício desta ordem, como é claro a todas as luzes, implicaria nulidade do edital.

12. Quanto ao terceiro expediente, o de configurar situação em que o critério de *valoração das ofertas de preço* (isto é, o equivalente lógico de "notas") deixe de cumprir integral e rigorosamente esta função, pelo uso de manejos diversos que aportam neste resultado, sua nulidade é cristalinamente reconhecível e se apresenta como vício particularmente censurável por revelar intento ardiloso, propósito sorrateiro de burla da lei.

Com efeito, estando em pauta o fator preço, o elemento discriminador das propostas reside exata e precisamente em uma rigorosa diferenciação delas em função do *quantum* ofertado. Donde, se as diferenças de montante não se refletirem correlata e correspondentemente nos respectivos índices de preço, isto é em suas valorações (que são os equivalentes lógicos das notas), o modelo legal estará fraudado. Logo, quando não se privilegiar de modo sensível e gradativo as ofertas mais baixas em contraste com as mais altas e, sobretudo, se não ficar garantida a primazia da proposta que houver apresentado o menor preço, o modelo legal ficará inteiramente corrompido e subvertido.

Assim, estabelecer critério de avaliação que resulte em discriminação modesta nas valorações de propostas de ofertantes que ofereceram quantitativos de preço distintos, ou — pior ainda do que isto — dar como equivalentes, a partir de um certo patamar, tanto aquela que ofertou o valor mais baixo quanto propostas de valor maior, corresponde a dissolver a importância do fator preço, desnaturando por inteiro o relevo que a lei lhe quis dar. Com efeito, em tal hipótese, aquela que haja sido, deveras, a vencedora no preço, fica destituída deste qualificativo e igualada à que tenha ofertado preço menos satisfatório. Isto, bem se percebe, abica literalmente na antítese da avaliação com base no fator preço; portanto, é simplesmente uma fraude ao tipo de licitação em causa. Consiste, portanto, em procedimento de nulidade grosseira, manifesta, escandalosa mesmo.

O caso concreto

13. As considerações teóricas até aqui feitas com amparo na índole do instituto da licitação, com a fisionomia que lhe deu a Lei 8.666, fazem com que a apreciação do caso concreto se apresente com a mais extrema simplicidade. É que as respostas às indagações formuladas na Consulta já estão praticamente enunciadas, por serem conseqüências lógicas irrefragáveis dos pontos que foram firmadas com base nas normas gerais de licitações e contratos administrativos residentes na mencionada lei.

14. A primeira indagação questiona se há ilegalidade na construção de um critério de avaliação previsto no Edital da Fase II, completamente distinto daquele que fora previsto na Fase de Pré-Qualificação.

Foi visto e acentuado que o certame licitatório deve ser algo claro, transparente, portanto incapaz de fazer irromper surpresas inopinadas para o participante. É que este terá de pautar e definir sua conduta, suas opções, sua decisão mesma de afluir ou não à licitação, em vista dos termos compostos pelo promotor da disputa. Disto resulta, então, claro e hialinamente claro que o Edital da Fase II jamais poderia, sem burlar a justa expectativa do licitante, introduzir um critério de avaliação muito desgarrado daquele que estava prometido no Edital de Pré-Qualificação.

A introdução de um elemento por força do qual a significação das ofertas de preço tornou-se quase irrisória, desmentindo inteiramente a relação 60% para a técnica e 40% para o preço, constituiu-se em um completo desvio da linha de avaliação indicada. Com efeito, tendo sido limitado (item 11.5.1 do Edital) o quociente $X_1 \div X_2$, para fins de pontuação, ao valor máximo de 1,10 (um inteiro e um décimo), o peso concernente à melhor das ofertas de preço ficou reduzido a praticamente nada; foi cifrado a um montante irrelevante para a decisão dependente do preço, havendo, com isto, a correlata perda de sua significação para fins de atribuição da nota final. Houve, pois, um desvirtuamento completo daquilo que fora apresentado no Edital de Pré-Qualificação, desorientando-se, então, o licitante, pois a partir dos dizeres daquele documento não era possível presumir que se cometeria depois um tal atentado contra o tipo de licitação técnica e preço. É, pois, livre de qualquer dúvida ou entredúvida que ocorreu flagrante ilegalidade na construção de um critério de avaliação da Fase II muito diverso do apontado na Fase de Pré-Qualificação.

15. A segunda questão da Consulta indaga se licitante pré-qualificada pode impugnar o Edital da Fase II contra o critério de avaliação das propostas.

Consoante deixou-se anotado já no item 1 deste Parecer, numerosos dispositivos da Lei 8.666 encarecem o direito de fiscalização e de insurgência contra violações de suas normas. Foram colacionados preceptivos (arts. 41, § 1º e 113, § 1º) que conferem até mesmo a terceiros, alheios ao certame, titulação para impugnar edital de licitação ou denunciar irregularidades seja ao Tribunal de Contas seja a órgãos de controle interno.

Quanto aos licitantes, o pré-mencionado art. 113, § 1º, também os refere. Além disto, o art. 4º reconhecendo-lhes expressamente direito público subjetivo à fiel observância do procedimento estabelecido na lei, obviamente fez presumir a recorribilidade contra medidas que o contrariem. Finalmente, o art. 109 arrola diversos instrumentos de insurgência contra irregularidades. Assim, é induvidoso que licitante pré-qualificado pode impugnar administrativa ou judicialmente o Edital da Fase II, insurgindo-se contra o novo critério de avaliação das propostas.

16. A terceira indagação da Consulta fere o ponto central da questão que nos foi submetida. Em rigor, tudo o que se desenvolveu ao longo dos itens precedentes concorre para exibir a nulidade até mesmo ostensiva da fórmula estabelecida pelos Editais da Fase II para a avaliação das propostas técnicas e de preços e conseqüentemente do critério de classificação dos concorrentes.

A INFRAERO optou pela modalidade licitatória em que o teor de objetividade no julgamento é o mais baixo dentre os possíveis; ou seja: escolheu a modalidade "técnica e preço" que, como se viu, é a mais propícia dentre todas ao ingresso de algum subjetivismo, dado que é impossível objetividade absoluta quando em pauta o fator técnica. Ao indicar a ponderação dos fatores técnica e preço, também optou pelo rumo que ensejava valorização maior do fator onde existe este inevitável ingresso de subjetivismo. Irrogou o peso de 60% à avaliação das propostas técnicas contra 40% atribuível às propostas de preço.

Foi, contudo, ao tratar da valorização das distintas ofertas de preço que incorreu em ilegitimidades óbvias, repontando com clareza, a minimização da importância do fator preço em contraste com o fator técnica, com o que se maximizou o tópico onde se infiltra o subjetivismo em detrimento do outro tópico no qual se exponencia a objetividade. Pior que isto, ao fazê-lo, procedeu de maneira claramente incompatível com a correta avaliação do fator preço. Desde logo, em contraste com a maneira como disciplinou a pontuação do fator técnica, estabeleceu uma limitação para a pontuação decorrente das variações nas ofertas de preço. Como conseqüência lógica, este fator, ficou liminarmente desvalorizado no confronto com o fator técnica, pois, ao contrário dele, não se pode extrair todas as potenciais diferenças nas ofertas dos concorrentes e também sua repercussão na nota final, já que, no concernente a preços, a partir do limite fixado na cláusula 11.5.1, todas as propostas se igualam. Disto decorrem algumas outras conseqüências manifestamente incompatíveis com a higidez do critério.

Desde logo, é óbvio que os licitantes ao invés de serem estimulados ao máximo para rebaixar as ofertas de preço, são desestimulados a fazê-lo, pois não poderão extrair daí o proveito que naturalmente lhes adviria: a primazia para quem fizer a melhor cotação. Assim, este encaminhamento do edital à toda evidência contraria o objetivo do julgamento pelo preço, que é o de prestigiar a melhor cotação. Donde, desfigura a avaliação do fator preço, despojando-o de seu caráter essencial, isto é, daquele que lhe confere a identidade própria. Os exercícios que instruem a Consulta fazem uma demonstração prática de tal distorção.

17. Sem embargo, a nulidade desta maneira de disciplinar a matéria emerge exponencialmente na consideração de que, na avaliação de preço, o que se busca é exata e precisamente o preço mais baixo e, de conseguinte, àquele que o ofertar se outorga a posição mais elevada, isto é, a prevalência entre todos os demais que fizeram oferta economicamente menos vantajosa. Dessarte, a fixação de um limite a partir do qual as diferenças de preço são havidas como irrelevantes, isto é, não computáveis para fins de discriminar os concorrentes, significa renegar a própria essência do julgamento concernente a avaliação do preço. Ou seja: igualar a pontuação de licitantes cujas ofertas são umas maiores do que outras corresponde a aniquilar o verdadeiro critério de preço.

Corolário disto é o de que, indiretamente, fica criado um novo "tipo de licitação", tipo não previsto (e por isto proibido, a teor do art. 45, § 5º): o tipo em que sob a capa aparente de técnica e preço, o fator preço não exprime o que lhe é inerente, contentando-se com uma certa relatividade nesta matéria.

Deveras, é a própria lei de licitação que exprime, com todas as letras, o objetivo e a forma de julgamento da licitação de menor preço — e conseqüentemente o objetivo e forma de avaliar o fator preço na licitação de técnica e preço. Reitere-se a dicção do art. 45, I, onde está caracterizada a licitação de menor preço. *Sic*:

> I — a de menor preço, quando o critério de seleção da proposta mais vantajosa para a Administração determinar que *será vencedor* o licitante que apresentar a proposta de acordo com as especificações do edital ou convite e *ofertar o menor preço.*

A violação do critério foi estampadamente adotada pela INFRAERO. Eis, pois, que é flagrante a nulidade do critério de julgamento adotado pelos Editais da Fase II, na medida em que, como foi dito, contradiz profundamente os objetivos que devem ser perseguidos na avaliação de preço. Chega a surpreender a audácia de tal conduta levando-se em conta a severidade da legislação com seus transgressores.

18. Basta lembrar que o art. 10 da Lei 8.429, de 2 de junho de 1992, conhecida como a lei repressora da improbidade administrativa, em seu art. 10, inciso VIII, assim dispõe:

> Constitui ato de improbidade administrativa que causa lesão ao erário qualquer ação ou omissão, dolosa ou culposa, que enseje perda patrimonial, desvio, apropriação, malbaratamento ou dilapidação dos bens ou haveres das entidades referidas no art. 1º desta Lei, e notadamente:
>
> (...);
>
> VIII— frustrar a licitude de procedimento licitatório ou dispensá-lo indevidamente.

Ora, realizar licitação na conformidade de regras violadoras da legislação regente da matéria e fazê-lo de modo a *desprezar vantagens econômicas residentes em ofertas de menor preço*, é frustrar a licitude do procedimento licitatório e implica, quando menos, a possibilidade de um *prejuízo patrimonial* para uma entidade que se encontra entre as catalogadas no art. 1º da Lei 8.429.

A sanção para este tipo de conduta é a prevista no art. 12, II, a saber:

> Independentemente das sanções penais, civis e administrativas cabíveis, previstas na legislação específica, está o responsável pelo ato de improbidade sujeito às seguintes cominações:
>
> I — (...);
>
> II — na hipótese do art. 10, ressarcimento integral do dano, perda dos bens ou valores acrescidos ilicitamente ao patrimônio, se concorrer esta circunstância, perda da função pública, suspensão dos direitos políticos de cinco a oito anos, pagamento de multa civil de até duas vezes o valor do dano e proibição de contratar com o Poder Público ou receber benefícios ou incentivos fiscais ou creditícios, direta ou indiretamente, ainda que por intermédio de pessoa jurídica da qual seja sócio majoritário, pelo prazo de cinco anos.

19. Isto tudo posto e considerado, às indagações da Consulta respondo:

I — Sem dúvida, a construção de um critério de avaliação previsto no Edital da Fase II muito diferente daquele previsto na Fase de Pré-Qualificação, constitui-se em uma ilegalidade.

II — Licitante pré-qualificada tem o mais indiscutível direito de impugnar o Edital da Fase II contra o novo critério de avaliação das propostas.

III — Há manifesta e indiscutível ilegalidade na fórmula estabelecida pelo Edital da Fase II para a avaliação das propostas técnicas e de preços e conseqüentemente no critério de classificação dos licitantes.

É o meu parecer.

São Paulo, 2 de julho de 2004.

DESVIO DE PODER NA ANULAÇÃO DE ATO ADMINISTRATIVO

ADILSON ABREU DALLARI

Professor Titular de Direito Administrativo da PUC/SP

1. A questão em exame

O tema do presente estudo é o cabimento da via mandamental para a correção do desvio de poder na anulação de ato administrativo ou de contrato administrativo, quando possível deduzir dos fatos comprovados de plano a irregularidade do comportamento administrativo.

Existem situações nas quais o desvio de poder somente pode ser comprovado por meio de ampla produção de provas, inclusive pericial. Em tais casos, não há que se falar em mandado de segurança. Em outros casos, porém, e não são poucos, o desvio de poder pode ser demonstrado por meio de inferências retiradas da documentação apresentada com a inicial.

O problema está em que não há como "provar" diretamente o desvio de poder, que se caracteriza, exatamente pelo disfarce, pelo embuste. Quando for possível comprovar diretamente a má conduta, não há desvio de poder, mas, sim, pura e simples arbitrariedade.

O que motivou o estudo dessa questão é a freqüência com a qual atos de outorga são indevidamente anulados pela Administração, mas tal anulação acaba sendo mantida pelo Poder Judiciário, que não se convence ou não quer se convencer da ocorrência de desvio de poder.

Muitas vezes, um contrato que está sendo regularmente executado, por um pretexto qualquer, é anulado. Outras vezes, uma licença qualquer (por exemplo, para edificar ou lotear), não obstante a regularidade do processo de outorga é sumariamente anulada. O mais comum é a anulação do procedimento licitatório, quando o vencedor não é do agrado da Administração, quando ao vencedor é exigida uma "contribuição" indevida, ou, ainda, quando o objetivo é gerar uma situação artificial de emergência, ensejando uma contratação direta, sem licitação.

A imensa dificuldade na correção do desvio de poder pela via mandamental está na desmedida aplicação, pelo Poder Judiciário, do princípio da presunção de legitimidade dos atos administrativos. Existe um desconhecimento, lastimavelmente quase generalizado, de que essa presunção é precaríssima. Ela vale apenas para dizer que a Administração não precisa, normalmente, que um terceiro ateste a legitimidade de seus atos. Mas essa presunção vigora apenas e tão-somente enquanto a validade do ato não for contestada. Havendo contestação, cabe à Administração demonstrar que agiu corretamente.

É absolutamente manso e pacífico o entendimento no sentido de que a Administração Pública, no exercício da autotutela, pode anular atos administrativos por ela mesma praticados. Isso é incontestável. Tal prerrogativa já está consolidada pela Súmula 473 do Supremo Tribunal Federal:

> A administração pode anular seus próprios atos quando eivados de vícios que os tornam ilegais, porque deles não se originam direitos; ou revogá-los, por motivo de conveniência ou oportunidade, respeitados os direitos adquiridos e ressalvada, em todos os casos, a apreciação judicial.

Não se contesta a existência desse poder, mas sim, o mau uso dele; o desvio de poder no exercício dessa prerrogativa. Muitas vezes, para prejudicar ou favorecer alguém, a Administração simplesmente alega ter mudado de entendimento: concedeu uma licença ou realizou um procedimento licitatório, mas, depois, anula o ato ou o processo, sob a justificativa de que decidiu alterar seu entendimento a respeito de algum detalhe formal.

A falta de fundamento para tal anulação é destacada por Hely Lopes Meirelles ao dizer que "a mudança de interpretação da norma ou orientação administrativa não autoriza a anulação de atos anteriores praticados, pois tal circunstância não caracteriza ilegalidade, mas simples alterações de critérios da Administração, incapaz de invalidar situações jurídicas regularmente constituídas" (*Direito Administrativo Brasileiro*, 25ª ed., p. 192).

Não é sem razão que o art. 2º, XIII, da Lei 9.784/1999 (Lei geral de processo administrativo no âmbito da administração federal) veda a aplicação retroativa de nova interpretação.

Obviamente, a Administração pode mudar de opinião. Não pode, porém, fazê-lo retroativamente, para desconstituir situações jurídicas regularmente constituídas. Muito especialmente na ausência de fato superveniente relevante.

2. *Limites ao poder de anular*

Não se nega que a Administração pode anular seus atos, desde que o faça fundamentadamente. Entretanto, não basta invocar motivos, pois qualquer ato anulatório pode ser justificado. O problema está na consistência, na pertinência, na correlação lógica entre os motivos alegados e o ato praticado.

Por pura preguiça ou desconhecimento da matéria, existem juízes que se dão por satisfeitos ao verificar que a Administração apresentou uma justificativa para a anulação. Outros entendem que a verificação da consistência da justificativa apresentada demanda uma dilação probatória. Poucos se dão ao trabalho de retirar do contexto fático comprovado de plano as possíveis inferências.

Por exemplo, o juiz tem o dever de desconfiar de uma licitação anulada após conhecido o vencedor. Não é possível aceitar como normal um ato anulatório praticado mediante avocação não justificada. Anular licitação ou contrato, para, em seguida, celebrar um contrato emergencial, é algo que merece exame bem aprofundado. Em todos esses casos é essencial examinar se a desconstituição está devidamente justificada pela real necessidade de salvaguardar interesse público objetivamente demonstrável.

A doutrina e a jurisprudência não aceitam a *anulação* desvinculada da necessidade de satisfação do interesse público. *Ninguém mais sustenta que qualquer vício jurídico determina o inexorável dever de anular o ato administrativo, sem qualquer outra consideração*. A validade de um ato jurídico é de natureza referencial; depende das circunstâncias e conseqüências. Desde longa data afirmam os franceses: "pas de nullité sans grief" (não há nulidade se não houver dano).

A doutrina nacional no mesmo sentido é copiosa, conforme se passa a demonstrar, a começar pelo magistério de Seabra Fagundes, do alto de sua reconhecida autoridade jurídica e moral: "A infringência legal no ato administrativo, se considerada abstratamente, aparecerá sempre como prejudicial ao interesse público. Mas, por outro lado, vista em face de algum caso concreto, pode acontecer que a situação resultante do ato, embora nascida irregularmente, torne-se útil àquele mesmo interesse" (*O Controle dos Atos Administrativos pelo Poder Judiciário*, 6ª ed., Saraiva, 1994, pp. 39 e 40).

Obviamente, nem sempre um ato viciado pode ser mantido. A regra é no sentido de que não o seja. Mas, diante de certas circunstâncias, atendidas determinadas condições, que são expostas por Marcia Walquíria Batista dos Santos ("Revogação e anulação no procedimento licitatório", in *Estudos sobre a Lei de Licitações e Contratos*, São Paulo, Forense Universitária, 1995, p. 139), não há razão para, inexoravelmente, automaticamente, desconstituir o ato praticado: "Convém observar, por fim, que os conceitos de atos nulos e anuláveis extraídos do direito civil não se aplicam, na íntegra, ao direito administrativo. Em razão de tal circunstância, um ato mesmo ilegal, poderá ser mantido se: a) a sua anulação for mais prejudicial ao interesse público que sua manutenção (ou convalidação); e b) não decorrer de dolo, nem causar prejuízo ao erário ou a terceiros".

Na verdade, a decisão de anular ou manter o ato maculado por vício formal vai depender do exame aprofundado de cada caso concreto, mas, sempre, em função da melhor forma de satisfazer o interesse público: "Embora o poder e dever de anular permaneçam plenos para qualquer ato eivado de ilegalidade, é possível que em determinadas circunstâncias e ante a pequena gravidade do vício, a autoridade administrativa deixe de exercê-lo, em benefício do interesse público, para que as conseqüências do desfazimento em si e sua repercussão não acarretem maior prejuízo que a subsistência do ato; em tais casos, a autoridade deverá sopesar as circunstâncias e as repercussões, até mesmo sociais, do desfazimento, no caso concreto, para decidir se o efetua ou se mantém o ato" (Odete Medauar, *Direito Administrativo Moderno*, São Paulo, Ed. RT, 1996, p. 180).

Até mesmo Celso Antônio Bandeira de Mello (*Curso de Direito Administrativo*, 13ª ed., Malheiros Editores, 2001, p. 419), cuja reverência ao princípio da legalidade é deveras conhecida, não hesita em afirmar que, em certas circunstâncias, é a manutenção do ato viciado que serve para dar aplicação concreta a esse princípio:

"Não brigam com o princípio da legalidade, antes atendem-lhe ao espírito, as soluções que se inspirem na tranqüilização das relações que não comprometem insuprivelmente o interesse público, conquanto tenham sido produzidas de maneira inválida. É que a convalidação é uma forma de recomposição da legalidade ferida.

"Portanto, não é repugnante ao direito administrativo a hipótese de convalescimento dos atos inválidos."

Uma das primeiras e mais vigorosas manifestações nesse sentido, e que já se tornou clássica, também pela reconhecida autoridade de seu eminente autor, que soube magistralmente proceder a um contemperamento de princípios jurídicos, extraindo daí um dever de não anular, é a seguinte: "É importante que se deixe bem claro, entretanto, que o dever (e não o poder) de anular os atos administrativos inválidos só existem quando no confronto entre o princípio da legalidade e o da segurança jurídica o interesse público recomende que aquele seja aplicado e este não. Todavia, se a hipótese inversa verificar-se, isto é, se o interesse público maior for de que o princípio aplicável é o da segurança jurídica e não o da legalidade da Administração Pública, então a autoridade competente terá o dever (e não o poder) de não anular, porque se deu a sanatória do inválido" (Almiro do Couto e Silva, "Princípios da legalidade da Administração Pública e da segurança jurídica no Estado de Direito contemporâneo", *RDP* 84/61, out.-dez. 1987).

Paulo Neves de Carvalho, ("Os atos administrativos em espécie: conteúdo, forma, revogação e anulação", *Boletim de Direito Administrativo* 10/651) de maneira direta e objetiva, salienta que o norte, para a tomada de decisão, há de ser sempre o interesse público: "uma das idéias mais importantes é a de que na avaliação dos fatores da nulidade, na avaliação do ato administrativo, há que sopesar, confrontar, sempre, a situação posta por intermédio do ato que se diz viciado com a presença do interesse público, isto é, não se invalida apenas em nome de uma desconformidade do ato administrativo com a regra legal, mas ele vai se desfazer ou não em razão da presença do interesse público".

Outro reconhecido mestre do Direito Administrativo, enfocando especificamente o procedimento licitatório, área na qual os administradores inescrupulosos contam a seu favor com a demora das soluções judiciais, destaca a questão da irrelevância do vício cometido:

"Pergunta: O que é necessário para que haja nulidade do processo?

"Resposta: Segundo decidiu o STJ, a nulidade de um processo deve-se '(...) à conjunção de dois requisitos: a irregularidade e a lesão ao Estado. Irregularidades formais — meros pecados veniais — que não comprometem o equilíbrio entre os licitantes nem causam prejuízo ao Estado não conduzem à declaração de nulidade' (STJ, MS 1.113, *DJ* 18.5.1992, p. 6.957)" (Carlos Pinto Coelho Motta, *Eficácia nas Licitações e Contratos*, 6ª ed., Belo Horizonte, Del Rey, 1997, p. 254).

Até mesmo o Supremo Tribunal Federal, desde longa data, já entendeu que não se deve anular o ato, quando o vício deveras existe for irrelevante para o interesse público: "Irregularidades formais, sanadas por outro meio, ou irrelevantes por sua natureza, não anulam o ato quer já criou direito subjetivo para terceiro" (STF, RMS 9.545-SC, Rel. Ministro Prado Kelly, *RDP* 10/159).

A orientação firmada pela doutrina e pela jurisprudência foi captada pelo legislador. A Lei 9.784/1999 (Lei geral de processo administrativo), em seu art. 55, diz que devem ser convalidados os atos que apresentem defeitos sanáveis e "não acarretarem lesão ao interesse público nem prejuízo a terceiros".

Em resumo, diante de um ato administrativo anulatório, fundamentado em vício meramente formal, sem lesão a legítimos interesses de terceiros, praticado sem correspondência com a satisfação do interesse público, emerge para o julgador o dever de declarar a nulidade do ato administrativo anulatório, restaurando a situação jurídica anterior. Isso pode e deve ser feito no âmbito do mandado de segurança, pois, na maioria dos casos, o direito da parte não sobrevive às delongas do procedimento ordinário.

3. Desvio de poder

Desvio de poder é uma ilegalidade disfarçada; é uma ilicitude com aparência de legalidade. Ao vício propriamente jurídico agrega-se o vício ético; o embuste, a intenção de enganar. Pelo desvio de poder violam-se, simultaneamente, os princípios da legalidade e da moralidade administrativa.

Em razão dessa intenção do agente, diversa da finalidade com a qual se anuncia que o ato foi praticado, a doutrina costuma designar o desvio de poder também como desvio de finalidade. Usando essa nomenclatura, Diógenes Gasparini (*Direito Administrativo*, 2ª ed., Saraiva, 1992, p. 59), assim expõe o que é o desvio de poder:

"De fato, ocorre desvio de finalidade quando o agente exerce sua competência para alcançar fim diverso do interesse público. Vale dizer: o agente público que somente pode praticar ato ou agir voltado para o interesse público acaba por praticar ato ou atuar para satisfazer a um interesse privado. É o que ocorre quando o agente público desapropria para vingar-se de seu desafeto político que é o proprietário do bem expropriado, ou quando determina a construção de uma escola para valorizar o plano de loteamento de seu correligionário. Nessas hipóteses costuma-se dizer que o desvio de finalidade é genérico: o interesse passa de público para particular.

"Ainda há desvio de finalidade quando a autoridade administrativa vale-se de um dado instrumental jurídico destinado por lei a alcançar um certo fim para obter outro, ainda que de interesse público."

Com sua insuperável clareza, o saudoso Hely Lopes Meirelles (*Direito Administrativo Brasileiro*, 15ª ed., Ed. RT, 1990, p. 92) assim descreve esse fenômeno: "O desvio de finalidade ou de poder se verifica quando a autoridade, embora atuando nos limites de sua competência, pratica o ato por motivos ou com fins diversos dos objetivados pela lei ou exigidos pelo interesse público. O desvio de finalidade ou de poder é, assim, a violação ideológica da lei, ou, por outras palavras, a violação moral da lei, colimando o administrador público fins não queridos pelo legislador, ou utilizando motivos e meios imorais para a prática de um ato administrativo aparentemente legal".

Linhas adiante, esse mesmo notável mestre resume o problema em exame neste estudo, qual seja o da dificuldade de correção judicial dessa conduta ilícita e imoral: "O ato praticado com desvio de finalidade — como todo ato ilícito ou imoral — ou é consumado às escondidas ou se apresenta disfarçado sob o capuz da legalidade e do interesse público. Diante disto, há que ser surpreendido e identificado por indícios e circunstâncias que revelem a distorção do fim legal, substituído habilidosamente por um fim ilegal ou imoral não desejado pelo legislador. A propósito já decidiu o STF que 'Indícios vários e concordantes são prova'. Dentre os elementos indiciários do desvio de finalidade está a falta de motivo ou a discordância dos motivos com o ato praticado. Tudo isto dificulta a prova do desvio de poder ou de finalidade, mas não a torna impossível se recorrermos aos antecedentes, do ato e à sua destinação presente e futura por quem o praticou".

O desvio de poder nunca é confessado, somente se identifica por meio de um feixe de indícios convergentes, dado que é um ilícito caracterizado pelo disfarce, pelo embuste, pela *aparência* de legalidade, para encobrir o propósito de atingir um fim contrário ao direito, exigindo um especial cuidado por parte do Poder Judiciário.

A única forma de desvendar a ocorrência de desvio de poder é pelo exame dos motivos alegados para a prática do ato. Por isso é que a motivação (explicitação dos motivos) deve ser concomitante ao ato, pois, mais tarde, posteriormente, sempre será possível apresentar uma justificativa, mais ou menos consistente.

Daí a importância do princípio da motivação, em qualquer processo administrativo, em qualquer tomada de decisão administrativa, inclusive e principalmente em matéria de licitações e contratos. Sobre esse assunto, na confortável companhia de Sérgio Ferraz, já tivemos oportunidade de salientar o seguinte:

"O princípio da motivação determina que a autoridade administrativa deve apresentar as razões que levaram a tomar uma decisão. 'Motivar' significa explicitar os elementos que ensejaram o convencimento da autoridade, indicando os fatos e os fundamentos jurídicos que foram considerados.

"Sem a explicitação dos motivos torna-se extremamente difícil sindicar, sopesar ou aferir a correção daquilo que foi decidido. Sem a motivação fica frustrado ou, pelo menos, prejudicado o direito de recorrer, inclusive perante o Poder Judiciário. Não basta que a autoridade invoque um determinado dispositivo legal como supedâneo de sua decisão; é essencial que aponte os fatos, as inferências feitas e os fundamentos de sua decisão, pois, conforme a conhecida lição de Giorgio Balladore Palieri, no

Estado de Direito não existe apenas a exigência de que a autoridade administrativa se submeta à lei; é essencial que se submeta também à jurisdição.

"Isso é bastante salientado por Lúcia Valle Figueiredo em artigo publicado sob o título 'Estado de Direito e devido processo legal' (*Direito Administrativo* 1/171), no qual afirma que a falta de motivação viola as garantias constitucionais do acesso ao Poder Judiciário, do devido processo legal, do contraditório e da ampla defesa, constituindo-se, portanto, em vício gravíssimo.

"No passado já houve quem sustentasse que a motivação era dispensável no caso da prática de atos discricionários. Atualmente tal entendimento é absolutamente insustentável diante da evolução doutrinária e jurisprudencial quanto ao conceito e significado da discricionariedade. Já se tem claro que discricionariedade não se confunde com arbítrio, pois nunca é absoluta, sendo indiscutivelmente sujeita a controle judicial (pelo menos para se aferir se houve, ou não, desbordamento de seus limites). Sem a motivação do ato discricionário fica aberta a possibilidade de ocorrência de desvio ou abuso de poder, dada a dificuldade ou, mesmo, impossibilidade de efetivo controle judicial" (Sérgio Ferraz e Adilson Abreu Dallari, *Processo Administrativo*, Malheiros Editores, 2001, pp. 58 e 59).

É preciso insistir em que a falta de motivação é vício autônomo, ensejando, por si só, a nulidade do ato praticado. Pelo menos há de ficar perfeitamente claro que a motivação seródia, a apresentação dos motivos depois de praticado o ato, deve ser objeto de exame especialmente cuidadoso.

Em qualquer caso, porém, de alegação de desvio de poder, é dever do juiz esmerar-se no exame da consistência dos motivos invocados, não sendo suficiente apenas constatar que motivos foram apresentados. Isso é o que já vem dizendo, desde longa data, com precisão e elegância o consagrado Caio Tácito:

"É por meio da análise criteriosa da motivação do ato administrativo, dos indícios veementes que definem da conferência entre os motivos invocados e os resultados alcançados ou pretendidos que o desvio de poder virá à tona.

"Longe de ser um erro grosseiro e ostensivo, ele se distingue pela sutileza com que procura esconder-se sob a capa de regularidade, esmerando-se o agente em ocultar a desfiguração substancial do ato administrativo.

"É mister, assim, que o intérprete não se contente com a letra dos motivos determinantes, mas mergulhe em seu espírito, atente a suas omissões e contradições, pondere a veracidade e a proporcionalidade dos meios em razão do fim colimado, preferindo, em suma, verificar sob a roupagem do ato os verdadeiros contornos de sua ossatura" (Caio Tácito, *Direito Administrativo*, Saraiva, 1975, p. 133).

Preocupados em realmente fazer Justiça, setores mais avançados e mais preparados do Poder Judiciário já abandonaram a apreciação meramente formal ("burocrática", no pior sentido) para investigar as razões pelas quais os atos administrativos são produzidos e a pertinência lógica entre a ação e o motivo invocado, valendo-se, para isso, da apreciação da razoabilidade.

Cabe verificar, cuidadosamente, em cada caso, se há, efetivamente, um feixe convergente de indícios da ocorrência de alegado desvio de poder. Nesse exame, é extremamente significativa a circunstância de que, a mesma autoridade, anteriormente, afirmou a plena validade do ato por ela praticado. É evidente o desvio de poder quando essa anulação é feita sem qualquer justificativa para a mudança de opinião, sem qualquer provocação. Mas quando uma justificativa é apresentada, é preciso verificar se os motivos invocados para a mudança de orientação merecem ou não acolhimento.

Muitas vezes, as supostas nulidades serodiamente apontadas são meros pretextos, aos quais se pretende dar o *status* de motivos determinantes da prática do ato de anulação. Não é fácil distinguir uma coisa da outra, motivo pelo qual é preciso tirar todas as ilações de detalhes que podem servir como indícios.

Por exemplo, é extremamente relevante cotejar o comportamento da autoridade no específico caso em exame, com decisões adotadas em casos análogos. Logicamente, algo não pode ser e não ser ao mesmo tempo. Se casos análogos foram considerados lícitos, a decretação de nulidade de apenas um deles é, sim, um indício de desvio de poder.

Não é a mesma coisa, não tem o mesmo valor, não podem ser considerados equivalentes perfeitos um parecer emitido por um órgão de assessoramento permanente e independente, e a manifestação de um assessor temporário de confiança. Não que este seja necessariamente faccioso e intelectualmente desonesto, mas não há dúvida que o dever de fidelidade à autoridade assessorada e a instabilidade da função recomendam um especial cuidado no exame da alegação de desvio de poder.

Especialíssimos cuidados devem merecer os casos de avocação, quando o processo administrativo é retirado de uma procuradoria ou outro órgão permanente e independente e decidido no âmbito do gabinete da autoridade competente. Em tais casos é absolutamente essencial examinar a motivação da própria avocação, pois o desvio de poder pode estar no próprio deslocamento da sede de decisão.

Não se desconhece que ninguém pode ser considerado culpado senão após decisão final, transitada em julgado. Mas não deixa de ser significativo, para a composição do feixe de indícios, o exame da vida pregressa da autoridade a quem se imputa a prática de desvio de poder. Qualquer agente público pode ser vítima de acusações improcedentes. Mas não é normal que alguém esteja envolvido em uma pluralidade de casos de improbidade administrativa. Essa circunstância, por si só, não comprova o desvio de poder, mas deve servir como um alerta ao juiz, para que não tome como verdadeiras, acriticamente, sem maiores cuidados, sem uma verificação mais aprofundada, as razões apresentadas.

Em resumo, não se pode exigir, para a comprovação do desvio de poder, uma prova cabal, definitiva, inquestionável. Se isso existir, não se estará mais diante do desvio de poder, mas, sim, da simples arbitrariedade. A capacidade para perceber o desvio de poder marca a diferença entre um juiz e um amanuense togado.

4. Viabilidade do mandado de segurança

É sempre difícil evidenciar o desvio de poder, em qualquer ação judicial, mesmo no rito ordinário. No âmbito do mandado de segurança, a única diferença é que as evidências devem ser extraídas da documentação oferecida de plano, com a inicial, que pode ser completada com os documentos cuja apresentação, pela autoridade coatora, tenha sido requerida. O maior problema, entretanto, está no errôneo entendimento, ainda existente, no tocante ao significado da expressão "direito líquido e certo", que figura no inciso LXIX, do art. 5º, da Constituição Federal, que se transcreve:

> LXIX — conceder-se-á mandado de segurança para proteger direito líquido e certo, não amparado por *habeas corpus* ou *habeas data*, quando o responsável pela ilegalidade ou abuso de poder for autoridade pública ou agente de pessoa jurídica no exercício de atribuições do Poder Público.

A expressão "direito líquido e certo" é inegavelmente equívoca ou, no mínimo, imprecisa, ensejando dúvidas interpretativas. Ela possivelmente só foi mantida no texto atual da Constituição Federal por razões históricas, para manter a expressão utilizada quando o mandado de segurança foi introduzido no direito brasileiro. Naquela ocasião, instaurou-se a controvérsia sobre seu significado, que somente foi desvendado pelo trabalho conjunto da doutrina e da jurisprudência ao longo do tempo.

O Eminente Ministro Carlos Mário da Silva Velloso, ao tratar especificamente do "Conceito de direito líquido e certo" (in *Curso de Mandado de Segurança* (coletânea), Ed. RT, 1986, p. 75), descreve o problema suscitado pela redação do texto constitucional de 1934 e esclarece como se chegou ao entendimento atual:

"Nos primórdios do mandado de segurança, a partir de sua instituição, em nível constitucional, em 1934, chegou-se a entender que direito líquido e certo fosse aquele que não demandasse maiores considerações, ou que não ensejasse dúvida, sob o ponto de vista jurídico, o que não oferecesse complexidade, de fácil interpretação, o 'direito translúcido, evidente, acima de toda dúvida razoável, apurável de plano sem detido exame, nem laboriosas cogitações', lecionou Carlos Maximiliano ('Parecer', *Jornal do Comércio* de 28.8.1934, *apud* Castro Nunes, *Do Mandado de Segurança*, 6ª ed., Rio, Forense, p. 90), o que levou Castro Nunes a afirmar que 'entendidas desse modo as palavras do texto constitucional, só as questões muito simples estariam ao alcance do mandado de segurança', critério simplista e subjetivo, pois 'a questão que parecesse simples a juiz, difícil e complicada poderia ser para outro, menos enfronhado no assunto'" (Castro Nunes, ob. cit., p. 90).

"Foi o Ministro Costa Manso quem, em 1936, ofereceu o conceito científico de direito líquido e certo, ao lecionar que a Constituição, quando falava em direito, se referia a direito subjetivo, que decorre de uma relação fático-jurídica. No voto que proferiu no MS 333, de 9.12.1936, disse o Ministro Costa Manso que, 'se é certo o fato, certo será o direito, porque certa é sempre a lei'".

Atualmente, quem tem alguma familiaridade com a matéria já conhece o entendimento que foi se afirmando cada vez mais e que hoje já é havido como pacífico qual seja o de que "líquido e certo" deve ser o substrato fático do qual decorre o direito, conforme expõe um dos mais consagrados tratadistas da matéria:

"Direito líquido e certo é o que se apresenta manifesto na sua existência, delimitado na sua extensão e apto a ser exercitado no momento da impetração. Por outras palavras, o direito invocado, para ser amparável por mandado de segurança, há de vir expresso em norma legal e trazer em si todos os requisitos e condições de sua aplicação ao impetrante: se sua existência for duvidosa; se sua extensão ainda não estiver delimitada; se seu exercício depender de situações e fatos ainda determinados, não rende ensejo à segurança, embora possa ser defendido por outros meios judiciais.

"Quando a lei alude a direito líquido e certo, está exigindo que esse direito se apresente com todos os requisitos para seu reconhecimento e exercício no momento da impetração. Em última análise, direito líquido e certo é direito comprovado de plano. Se depender de comprovação posterior, não é líquido nem certo, para fins de segurança. Evidentemente, o conceito de liquidez e certeza adotado pelo legislador do mandado de segurança não é o mesmo do legislador civil (CC, art. 1.533). É um conceito impróprio — e mal-expresso — alusivo a precisão e comprovação do direito quando deveria aludir a precisão e comprovação dos fatos e situações que ensejam o exercício desse direito.

"Por que exigir situações e fatos comprovados de plano é que não há instrução probatória no mandado de segurança" (Hely Lopes Meirelles, in *Mandado de Segurança, Ação Popular, Ação Civil Pública*..., 16ª ed., Malheiros Editores, pp. 28-29).

Tal entendimento está efetivamente cristalizado pela jurisprudência dos tribunais superiores, não sendo o caso de enumerar acórdãos nesse sentido, mas, sim, apenas, registrar alguns deles a título de ilustração, o que fazemos com o precioso auxílio de Theotônio Negrão (*Código de Processo*

Civil, 30ª ed., Saraiva, 1999, LMS 1.533/51, art. 1º, nota 25):

"Art. 1º, 25. Direito líquido e certo é o que resulta de fato certo, e fato certo é aquele capaz de ser comprovado de plano (*RSTJ* 4/1.427, 27/140), por documento inequívoco (*RTJ* 83/130, 83/855, *RSTJ* 27/169), e independentemente de exame técnico (*RTFR* 160/329). É necessário que o pedido seja apoiado 'em fatos incontroversos, e não em fatos complexos, que reclamam produção e cotejo de provas' (*RTJ* 124/948; neste sentido: *STJ-RT* 676/187). Não se admite a comprovação *a posteriori* do alegado na inicial (*RJTESP* 112/225): 'com a inicial, deve o impetrante fazer prova indiscutível, completa e transparente de seu direito líquido e certo. Não é possível trabalhar à base de presunções' (STJ, 2ª T., RMS 929-SE, Rel. Ministro José de Jesus Filho, j. 20.6.1991, negaram provimento, v.u., *DJU* 24.6.1991, p. 8.623). Permite-se, todavia, o pedido liminar de exibição de documento (v. art. 6º, parágrafo único).

"À complexidade dos fatos não exclui o caminho do mandado de segurança, desde que todos se encontrem comprovados de plano" (*STF-RT* 594/248).

"Quando a lei alude a direito líquido e certo, está exigindo que esse direito se apresente com todos os requisitos para seu reconhecimento e exercício no momento da impetração. Em última análise, direito líquido e certo é direito comprovado de plano. Se depender de comprovação posterior, não é líquido e nem certo, para fins de segurança" (RMS 2.072-1-RJ, Rel. Ministro Garcia Vieira, *RSTJ* 7/178).

"No mandado de segurança é imprescindível a demonstração de prova pré-constituída, pois o direito líquido e certo pressupõe fatos induvidosos, comprovados de plano" (RMS 202-PA, Rel. Ministro Hélio Mosimann, *RSTJ* 3/141).

Mas é absolutamente indispensável advertir que fatos certos permitem que deles se retirem diferentes inferências. No caso de desvio de poder, a primeira inferência será certamente a de plena regularidade da situação jurídica constituída ou desconstituída, pois é elemento essencial de seu conceito exatamente a aparência de legalidade. Somente uma análise mais aprofundada dos mesmos fatos incontroversos, com especial atenção para com as circunstâncias nas quais eles se deram, é que vai possibilitar a percepção da ocorrência de desvio de poder.

Não é trabalho fácil. Somente são bem-sucedidos os juízes cultos, experientes, atentos, dedicados, enquanto os despreparados e negligentes (que lamentavelmente existem, em qualquer instância) se contentam com a mera aparência. A falta de empenho, a preguiça, o excesso de formalismo burocrático no exame dos casos em que é argüido o desvio de poder acaba por estimular a corrupção. A simples remessa às vias ordinárias, com a denegação do mandado de segurança, já milita no mesmo sentido, pois os maus administradores sempre contam com a perda do interesse, o arrefecimento do entusiasmo ou o puro desânimo do lesado com o decorrer do tempo.

É exatamente nos casos de exercício abusivo de competência discricionária que o mandado de segurança se agiganta como vigoroso instrumento de restauração do direito e realização da justiça. Quem faz essa afirmação, com o necessário vigor é Carlos Roberto de Siqueira Castro (*O Devido Processo Legal e a Razoabilidade das Leis na Nova Constituição do Brasil*, Forense, 1989, pp. 336-337): "Não é crível, nem jurídico, que os administrados sujeitos a vínculos obrigacionais com a Administração Pública possam sofrer danos mercê de intermitentes e atabalhoadas alterações de juízos de oportunidade e conveniência por parte dos agentes do Poder Público. A segurança das relações jurídicas reclama um mínimo de coerência e firmeza nas decisões administrativas, que não podem transformar-se em marola de mandos e desmandos desinfluentes para o atingimento das superiores finalidades do serviço público. Mais grave, ainda, resultará a violação de direitos subjetivos de terceiros por razões espúrias e discriminatórias, como é o caso de perseguição ou do favoritismo administrativo e de todas as demais modalidades teratológicas de conduta que caracteriza o desvio de poder pela Administração Pública. Esse reprovável desvirtuamento de finalidade no exercício das atribuições legalmente deferidas aos agentes estatais exige pronta e rigorosa correição judicial, inclusive pela via heróica do mandado de segurança, sempre que presente a liquidez e certeza de direito mediante a demonstração, de plano de indícios sérios da malversação da competência administrativa".

O invocado princípio da segurança jurídica ou da estabilidade das relações jurídicas é, na verdade, um superprincípio, pois a ordem jurídica, o conjunto da legislação administrativa e todo o aparato judiciário servem exatamente para sua realização em concreto. Por essa razão, sempre que houver a desconstituição de uma situação jurídica será preciso muito cuidado na análise do assunto. Esse cuidado deve ser redobrado quando houver alegação de desvio de poder e, em tais casos, sendo certos os fatos, deve o juiz esmerar-se no trabalho de retirar inferências, especialmente no mandado de segurança, que pode vir a ser o melhor instrumento de correção de condutas simultaneamente ilícitas e imorais.

ESTUDOS E COMENTÁRIOS

ALGUMAS NOTAS SOBRE A CONCESSÃO DE RODOVIAS

FLORIANO DE AZEVEDO MARQUES

Doutor pela USP. Professor-Doutor do Departamento de Direito Público e do Estado da Faculdade de Direito da Universidade de São Paulo. Advogado

Algumas notas sobre regime de concessão de rodovias. A exploração do potencial econômico agregado a bem público. O regime jurídico de concessão de rodovias no Estado de São Paulo.

As questões que nos são trazidas envolvem aspectos jurídicos bastante desafiadores. A nova fase, inaugurada no regime de concessões desde a segunda metade da década passada, e as novas perspectivas de exploração estatal das utilidades públicas impõem novas e mais descortinadas abordagens sobre temas como a concessão de serviços e bens públicos, as diferentes relações jurídicas travadas pelo Estado com particulares, tendo por objeto estes bens, a cobrança de preços públicos, entre outros.

Certo está que não se pretende aqui erguer um tratado sobre o tema. Necessário, porém, rever algumas posições cristalizadas na doutrina e mesmo na jurisprudência. É o que tentamos fazer.

Algumas notas sobre regime de concessão de rodovias

Muita confusão se tem feito entre concessão de serviço público e concessão de bem público. Existe, em Direito, um regime especial de exploração de utilidades públicas[1] pelo Estado, que é o regime de concessão.[2] Ele se caracteriza, enquanto gênero,

1. Tomamos de empréstimo o conceito de *public utilities* do direito americano para poder designar, a um só tempo, bens, serviços e direitos públicos exploráveis pelos particulares sob o regime de concessão.

2. Nas palavras nunca assaz lembradas de Oswaldo Aranha Bandeira de Mello, reportando-se à lição de alemães e franceses, em gênero a concessão "conota somente os atos administrativos de delegação a terceiro, por parte da Administração Pública, de poderes e deveres que lhe competem, para, em seu lugar, e sob sua fiscalização, desempenhar certos cometimentos, em nome e conta própria" (in *Princípios Gerais de Direito Administrativo*, 2ª ed., Forense, 1979, pp. 547 e 548). Embora preciosa a lição do mestre, não vemos mais como se aplicar, nos dias de hoje, a dicotomia entre ato administrativo constitutivo e ato administrativo translativo que desenvolvera ele para apartar as duas espécies de concessão. No meu entender, é hoje cabível e pertinente a

pela transferência a um particular do direito de explorar, em regime de direito público, uma atividade ou um ativo de titularidade do poder público, por sua conta e risco, por prazo certo e determinado. Embora inúmeras discussões doutrinárias caibam sobre o tema, é esse o núcleo essencial caracterizador da concessão.[3]

Trata-se, por óbvio, de um negócio jurídico, bilateral e convencional,[4] pelo qual o poder público outorga a um particular o direito de explorar, economicamente e em regime público, algo de que a pessoa jurídica de direito público é titular, assumindo o ente privado, em contrapartida, uma obrigação de fazer ou pagar.

A confusão entre o gênero concessão e a espécie concessão de serviço público se deve, na origem, à grande influência da doutrina francesa, mormente da assim chamada "*escola de serviço público*", Duguit e Jèze à frente. Como é sabido, esta escola doutrinária sustentava, não sem um forte ranço jusnaturalista, que a gestão pública (é dizer, tanto a função como os meios detidos pelo poder público) teria sua razão de ser no provimento das necessidades da vida coletiva, vale dizer, das atividades imprescindíveis à coesão social. E, como todas estas prestações de fruição coletiva corresponderiam a serviços públicos, erigia-se tal noção como critério central de delimitação do direito administrativo.[5]

Segue daí que, se a administração pública tinha sua existência vinculada à prestação de serviço público, não haveria por que existirem bens de titularidade do poder público não afetos à prestação de serviço público. Ainda na esteira deste raciocínio, que marcou o juspublicismo francês no qual nossa doutrina se abeberou, não haveria sentido em outra concessão de utilidade pública que não fosse concessão de serviço público, razão de ser do Estado.

Outras tradições jurídicas rumaram por veredas diversas. Cite-se nesta toada toda a tradição do direito público anglo-saxão.[6] O fato é que não necessariamente todos os bens e direitos titularizados pelo poder público estão vinculados à prestação de um serviço público, entendida como uma atividade cuja fruição contínua e permanente o Estado se compromete (por força constitucional ou legal) a assegurar a toda a gente. É o Estado titular de um enorme plexo patrimonial que nem sempre está afetado ao uso de qualquer um do povo, ou a uma utilização específica. Ensina-nos a lei civil[7] que existem outros bens (dominicais) que, embora públicos, não são utilizados nem no exercício de uma função pública, nem muito menos na prestação de um serviço público.

Para não divagarmos muito, podemos nos ater à doutrina clássica. Tradicionalmente, dentro do instituto jurídico da concessão, residem dois tipos distintos de outorga. Temos, de um lado, a concessão de um serviço público,[8] que pressupõe a outorga a um particular da exploração de uma dada atividade de relevância coletiva, definida como tal no ordenamento jurídico.

concessão de uso como um ato administrativo translativo, para me utilizar da terminologia de Oswaldo Aranha.

3. Ver Arnoldo Wald e outros, *O Direito de Parceria e a Nova Lei de Concessões*, Ed. RT, 1996.

4. Laubadère nos diz, em lição talhada para a concessão de serviço público, mas aplicável tranqüilamente ao regime geral: "É bom destacar a necessidade de que uma convenção seja concluída para que se possa falar em concessão: um acordo marca o ponto de partida entre as partes" (cf. *Traité des Contrats Administratifs*, t. I, 2ª ed., LGDJ, 1993, p. 291).

5. Ver neste sentido, Odete Medauar, *O Direito Administrativo em Evolução*, Ed. RT, 1992, p. 36.

6. Ver como interessante referência ilustrativa sobre o assunto o artigo de Soto Kloss, "Existe un derecho administrativo ingles?", in *Revista de Administración Pública* 70/113-182, Madri, 1973, páginas cujo conhecimento devemos a Odete Medauar.

7. Ver neste sentido o art. 65 do Código Civil Brasileiro.

8. Esta com previsão expressa e direta no art. 175 da Constituição Federal.

De outro, há a concessão de bem público, envolvendo a outorga do uso privativo de um bem de titularidade pública (de uso comum, especial ou bem dominical). Ambas as concessões se colocam dentro de uma mesma modalidade de relacionamento entre o Estado e os particulares, a relação de parceria, de que a concessão é forte instrumento.[9]

Embora o constituinte só tenha feito referência expressa à concessão de serviço público (art. 175), não lhe passou despercebida a concessão de bem público. Tanto é assim que no art. 21, XII, temos referida apenas a exploração no regime de concessão (regime geral, gênero) de utilidades públicas que envolvem desde serviços públicos (radiodifusão, navegação aérea, transporte ferroviário etc.) até bens públicos (como instalações de energia elétrica — alínea *b* — e portos — alínea *f*). Existisse apenas a concessão de serviços públicos, esta locução já constaria do *caput* do inciso XII. Ausente ela restou porque o regime de exploração por concessão envolve uma plêiade de utilidades públicas, não serviços. Aliás, a razão de prescrição expressa no art. 175 para os serviços públicos se deve ao fato de que tais serviços são atividades econômicas em sentido amplo.[10] Como o constituinte fez uma opção pela livre iniciativa, cabia-lhe apartar as atividades econômicas que seriam titularizadas pelo Estado. Já quanto aos bens públicos, isso não se faz necessário, pois a titularidade estatal já torna estes ativos *res extra comercio*.

É verdade que a concessão de serviço público enseja, subjacentemente, a transferência da posse de bens públicos inerentes à prestação do cometimento (*v.g.*, bens reversíveis) ou mesmo a utilização de bens públicos outros, que não do domínio do poder concedente.[11] De igual modo, ao conceder o direito de uso de bem público, normalmente estará o poder concedente impondo ao particular a obrigação de realizar algumas atividades (ou seja, executar serviços) imprescindíveis à conservação do bem ou necessárias à sua adequada utilização (uso conforme às condições e finalidades pelas quais foi outorgada a concessão).[12]

O que faz diferir uma da outra concessão é a natureza da utilidade pública cuja exploração é deferida ao particular. Numa, o uso do bem é acessório. Noutra, a realiza-

9. Escrevi: "4. Tal caráter de parceria se revela, antes de mais nada, pelo fato de que o contrato em tela permite que a coletividade desfrute de uma comodidade — disponha de albergue contra as intempéries enquanto aguarda o meio de transporte coletivo — sem que o Poder Público desembolse recursos com isto. A viabilização econômica da empreitada fica a cargo do particular, que vai buscar seu ressarcimento junto a outros entes da iniciativa privada, *v.g.*, aqueles que querem fazer publicidade" (ver meu "Concessão de serviço público: dever de prestar serviço adequado e alteração das condições econômicas — Princípio de atualidade — Reequilíbrio através da prorrogação do prazo de exploração", in *Revista Trimestral de Direito Público* 22/107, 1998).

10. Ver neste sentido Eros Roberto Grau, *Interpretação da Ordem Econômica na Constituição*, Ed. RT, 1989.

11. Como ocorre, por exemplo, com o uso de bem público municipal pelas concessionárias de serviços públicos de distribuição de energia elétrica. Neste sentido ver Zelmo Denari, "A utilização privativa dos bens públicos", in *Cadernos de Direito Tributário e Finanças Públicas* 8/230, Ed. RT, jul.-set. 1994.

12. Tomemos um exemplo do direito civil. Ninguém discute que o comodato é o negócio jurídico que envolve a tradição de uma coisa infungível, a título gratuito (cf. art. 1.248 do CCB). Muito bem, a própria lei civil prescreve que o comodatário possui, adjacentemente à obrigação de devolver a coisa quando solicitado pelo comodante, o dever de "conservar, como se sua própria fora, a coisa emprestada" (art. 1.251). Há, portanto, subjacente ao uso da coisa dada em comodato, uma obrigação adjeta de realizar os serviços inerentes à conservação e utilização do bem, interditada inclusive a pretensão de ressarcimento pelos dispêndios havidos neste mister (art. 1.254). Dito de outro modo, a cessão do uso de um bem envolve a realização de atividades, sem por isso transformar um comodato em prestação de serviços.

ção de serviços é ancilar. Sendo traço essencial (eu diria, até, o principal marco definidor) do regime de concessão a exploração de uma dada utilidade pública por conta e risco do particular (concessionário), entendemos que a chave para se distinguir a concessão de bem da concessão de serviço será a detecção de qual seja a utilidade pública específica e predominantemente explorada no âmbito da concessão.

Se a comodidade fruível pela coletividade (o objeto da concessão) é uma atividade humana, definida em lei como de relevância tal que o poder público assume o ônus de garantir sua disponibilidade contínua e universal à coletividade, temos a concessão de um serviço público.

Se, doutro modo, cuida-se a comodidade de um bem público (ou seja, se é o bem de domínio do poder público disponibilizado que dá margem econômica à exploração concedida), é de concessão de bem público que se trata.

Não olvidamos da relação que a prestação de um serviço público guarda com a detenção de uma dada infra-estrutura (a noção de rede) e, portanto, do atrelamento entre detenção do bem afeto com a possibilidade de prestação de serviço. Porém, a moderna concepção de serviço público caminha na firme trilha de apartar a titularidade dos bens necessários à atividade (propriedade de rede, da infra-estrutura empregada) do direito de prestar o serviço.[13]

A apartação se tem feito assegurando a exploração industrial dos excedentes de redes, obrigando a interconexão entre redes de prestadores distintos ou ainda incentivando a implantação de redes por particulares não licenciados para prestar serviços.

Tal tendência, forte em setores que têm passado por reformulações profundas (especialmente energia e telecomunicações), permite-nos cada vez mais acreditar que a doutrina e o direito positivo laboram em equívoco ao tratar, de forma indistinta, as duas espécies de concessão, sem levar em conta a peculiaridade da utilidade pública objeto principal da outorga concedida.

Dito isso, cremos poder adentrar um pouco no regime de concessão de rodovias. Registramos, desde logo, nosso entendimento no sentido de que, quando tratamos de rodovias, estamos cuidando primacialmente de concessão de bem público que envolve, como toda cessão do direito de uso de um bem, a realização de atividades ancilares (conservação, aperfeiçoamento, organização do uso, ampliação do bem). Ao usuário importam as características e as condições do bem — *v.g.*, estrada. A operação, conservação, os serviços de apoio, servem de incremento, de adjunção, ao objeto principal: o leito trafegável, o bem público rodovia.

Dizemos sempre que, se tivermos duas estradas paralelas, uma de pista simples muito bem operada, com sofisticado serviço de apoio ao usuário e socorros a cada quilômetro e outra, de quatro pistas e moderno traçado, sem qualquer serviço de suporte, será bastante provável que o usuário opte pela segunda em detrimento da primeira. Isso porque, na concessão rodoviária, relevante é a qualidade do bem fruível. Secundário (ainda que não irrelevante) é o serviço que a ele se acopla.

Tanto assim é que, ao menos no Estado de São Paulo, a política tarifária utilizada desde os editais toma por base não a qualidade dos "serviços prestados" e sim as características do bem concedido. De certo, pois, as tarifas utilizadas são quilométricas e tomam por base um fator de multiplicação que varia consoante o número de pistas de cada rodovia. Ora, prova melhor da predominância do bem sobre o serviço não poderia haver, vez que a remuneração tarifária variará em face da qualidade do bem subjacente à concessão e não da qualidade do serviço nela oferecido.

13. Sobre o tema, ver meu "Utilização de bem público para instalação de redes aplicadas à prestação de serviços de telecomunicações", in *RT* 764, ano 88, jun. 1999, especialmente pp. 105 e ss.

Inobstante isso, vários marcos regulatórios das concessões rodoviárias referem-se a "concessão dos serviços públicos" quando cuidam das concessões rodoviárias. Detectamos três causas para isso. A primeira, legado histórico ancestral de uma certa concepção de direito administrativo, conforme acima divisamos.

A segunda, também fruto de legado histórico, se prende à discussão doutrinária que se fez quando, na década de 1970, surgiram as primeiras experiências de cobrança de pedágio. Naquela época existia a Taxa Rodoviária Única, que tinha por fato gerador "a legalização da propriedade do veículo, em condições de circular no território nacional",[14] taxa esta que não foi recepcionada pela Constituição de 1988. Como vigia aquela taxa, discutia-se uma suposta bitributação pela cobrança de outra quantia de quem circulasse pelas estradas pedagiadas. Debatia-se, portanto, a natureza da cobrança de pedágio o qual, para alguns, tinha também natureza jurídica de taxa.[15] A polêmica foi superada com a afirmação do entendimento, sustentado a partir de parecer histórico de Hely Lopes Meirelles,[16] de que improcedia a alegação de bitributação, pois a cobrança de pedágio decorria da prestação de um serviço público específico, divisível, de fruição não compulsória. Ficou, porém, a herança doutrinária (que, se bem lida a sua lição, nem mesmo Hely pretendia sustentar) de que a cobrança de pedágio se prendia à prestação (conservação, manutenção do leito rodoviário) e não ao uso em si de um bem público especial.

A terceira razão é de ordem legislativa. Ao regulamentar o art. 175 da Constituição (que trata da concessão de serviço público) o legislador normatizou o regime de concessão como se ele se referisse apenas a serviço público. Tanto é assim que amesquinhou o poderoso instituto da concessão de obra pública, atrelando-o necessariamente à prestação subseqüente de um serviço público (cf. art. 2º, III, da Lei 8.987/1995).[17] O fato é que a Lei federal levou grande parte da doutrina a tratar, como coisa única e indivisa, a concessão de serviço público e a concessão de obra pública.[18]

14. Ver neste sentido, Decreto-lei Federal 999, de 12.9.1969.

15. Há quem ainda siga sustentando este ponto de vista, como adiante aludiremos. Sobre esta posição, ao nosso ver equivocada, minoritária na doutrina, ver Roque Antonio Carrazza, *Curso de Direito Constitucional Tributário*, 11ª ed., Malheiros Editores, p. 340.

16. Ver "Pedágio — Condições para sua cobrança", in *Estudos e Pareceres de Direito Público*, v. 1, Ed. RT, pp. 323 e ss. Neste estudo precursor, Hely defendia também a necessidade de vias alternativas para possibilitar a cobrança de pedágio. Tentava assim contornar a alegação de que, com a exigência de tal paga, cerceava-se o direito de ir e vir do cidadão. Tal preocupação, ao meu ver, restou superada à luz do expresso permissivo constitucional constante do art. 150, V, da Carta Maior.

17. Perdeu-se aqui uma preciosa oportunidade. O fato é que o poder público pode lançar mão da concessão de obra pública sem necessariamente cometer ao particular a prestação de um serviço público. Exemplifico. Imagine que o poder público eleja como prioridade que o Brasil seja sede de uma competição esportiva internacional e que, para tanto, se tenha de construir estádios e ginásios. O Estado não dispõe de recursos, mas há interesse na iniciativa privada em financiar estas obras. Não seria necessário transformar a prática desportiva em serviço público. Bastaria que o Estado licitasse junto à iniciativa privada a implantação destas praças esportivas, outorgando-lhe o direito de explorar tal bem (alugando-o, vendendo publicidade estática etc.), sem prejuízo da sua utilização, em alguns períodos do dia, com atividades oficiais de treinamento, promoção esportiva, assistência ao menor etc.

18. Neste sentido, tecnicamente melhor é a Lei Estadual Paulista 7.835/1992, que definiu corretamente a concessão de obra pública como algo distinto e independente da concessão de serviço público. Fê-lo assim no seu art. 2º, II: "concessão de obra pública: a delegação contratual, a empresa individual ou coletiva ou a consórcio de empresas, da construção, reforma, ampliação ou conservação e da exploração pelo concessionário, por sua conta e risco e por prazo certo, de obra públi-

Apesar disso (e dos editais e contratos de concessão rodoviária insistirem em referir à inusitada "concessão de serviços públicos de exploração de rodovias"), o que colhemos do direito positivo vai em sentido contrário. Em nenhum texto legal vemos prevista a existência de tal serviço público, bem entendido aqui como "atividade material fruível diretamente pelos particulares".[19]

Na Constituição Federal não colhemos previsão da existência de um serviço público de exploração rodoviária. No art. 21, XII, *e*, encontramos alusão aos "serviços de transporte rodoviários interestadual e internacional", porém aqui estamos diante de típica prestação de atividade fruível: o serviço de transporte de indivíduos de uma para outra localidade situada em Estados ou países diferentes. Trata-se da concessão de linhas de ônibus (empresas prestadoras dos serviços de transporte de passageiros). Na Constituição do Estado, encontramos disposição similar (art. 158, parágrafo único) agora tratando do transporte coletivo metropolitano.

Não só inexiste prescrição constitucional prevendo o tal "serviço público de exploração de rodovias", como a única referência ao tema, que encontramos na Constituição Federal, reporta à concessão de bem e não de serviço. Deveras, no art. 150, V, vemos previsto, ainda que em local inadequado,[20] que se pode cobrar tarifas (espécie de preço público[21]) "pela utilização de vias conservadas pelo Poder Público". Note-se que a cobrança está adstrita ao uso e não à prestação da atividade (serviço).

No prisma infraconstitucional também colhemos disposições a reforçar nosso entendimento. A Lei Federal 9.472/1995 prevê a possibilidade de exploração no regime de concessão "*de vias federais*" e não de "*serviços públicos*" afetos a rodovias federais. Ou seja, a exploração autorizada pela lei é do bem ("*vias federais*") e não de qualquer atividade ("*serviço*") afeta a elas.

Nem se diga que a concessão de rodovias caracterizaria serviço público em função da Lei Complementar 100/1999 (de 23.12.1999) ter incluído, no rol de serviços

ca destinada ao uso do povo, remunerada basicamente pela cobrança de tarifas dos usuários".

19. Ver Benedicto Porto Neto, *Concessão de Serviço Público no Regime da Lei 8.987/1995*, Malheiros Editores, 1998, pp. 18 e ss.

20. Com efeito. Não sendo tarifa espécie do gênero tributo, nada tinha o constituinte que tratar do tema dentro do Capítulo *Da Ordem Tributária*. Tal pecadilho, erro técnico que tem se repetido em nossas últimas Constituições, dá fôlego aos que sustentam, equivocadamente, ser a tarifa espécie de taxa, tendo, pois natureza tributária.

21. Sobre o tema, ver Rosa Maria Galán Sánchez, "El concepto de 'prestación patrimonial de carácter público' y los precios públicos", in "Cadernos de Direito Tributário", *Revista de Direito Tributário* 58/68-79, ano 15, out.-dez. 1991; Javier Martín Fernández, "Los precios públicos y el principio de reserva de ley desde una perspectiva constitucional", in *Revista de Derecho Financiero y de Hacienda Pública*, Editorial de Derecho Financiero, Editoriales de Derecho Reunidas, Madri, pp. 365-398; Fernando Casana Merino, "Los sujetos obligados al pago en las tasas y en los precios públicos", in "Cadernos de Direito Tributário", *Revista de Direito Tributário* 57/7-12, ano 15, jul.-set. 1991; Luiz Francisco del Giudice, "Taxa e tarifa", in *Lex — Jurisprudência dos Tribunais de Alçada Civil de São Paulo* 109/6-8, ano 22, 3º bimestre, mai.-jun. 1988; Antonio Cayón Galiardo, "La recaudación en vía de apremio de los precios públicos", in "Cadernos de Direito Tributário", *Revista de Direito Tributário* 56/50-56, ano 15, abr.-jun. 1991; J. J. Ferreiro Lapatza, "Preços públicos — A nova fiscalização, um modo de ilidir a Constituição?", in "Cadernos de Direito Tributário", *Revista de Direito Tributário* 44/7-10, ano 12, abr.-jun. 1988; Cícero Caldas Neto, "'Preço público' e 'taxa': algumas considerações", in *Revista de Informação Legislativa* 135/267-270, ano 34, jul.-set. 1997, Brasília, Sub-Secretaria de Edições Técnicas do Senado Federal; Aurélio Pitanga Seixas Filho, "Caracteres distintivos da taxa e do preço público", in *Revista Forense* 323/49-54, ano 89, jul.-set.; Ana María Pita Grandal, "El concepto legal de precio público", in "Cadernos de Direito Tributário", *Revista de Direito Tributário* 58/80-89, ano 15, out.-dez. 1991.

passíveis de tributação de ISS, a exploração de rodovia mediante cobrança de preço dos usuários. Ora, em que pese a discutível constitucionalidade da prescrição, não nos parece que ela tenha o condão de transformar concessão de bem em concessão de serviço público. Tanto é assim que permaneceu vigente no Decreto-lei 406, de 31.12.1968, a prescrição do art. 11 que torna isentos de ISS os serviços de engenharia contratados por concessionárias de serviços públicos. Na verdade, se se admitir a cobrança de ISS prevista na Lei Complementar 100, há que se reconhecer que fato gerador da cobrança são os serviços adjetos à exploração do bem, atividades estas relacionadas no item 101 da lista de "*serviços tributáveis*".

Em suma, exploração de rodovia não é serviço público coisíssima nenhuma. A atividade de exploração nenhuma relevância coletiva tem. A exploração da rodovia, enquanto tal, interessa apenas ao particular e é a contrapartida que o concessionário tem por conservar, ampliar, manter e gerir a coisa pública rodovia. Se entendermos, como de fato entendo, que o substrato material[22] necessário à caracterização do serviço público deve ser uma necessidade pública a ser atendida pela produção de uma dada comodidade ou utilidade de fruição coletiva, tem-se que a exploração (enquanto atividade) em si não possui relevância coletiva, interessando primordialmente ao particular. Não pode caracterizar, assim, serviço público.[23]

Temos claro, portanto, que o negócio jurídico concessão de rodovia é distinto da concessão de um serviço público. A concessão de rodovia envolve a concessão de um bem público segundo a qual o Estado delega ao particular o direito de explorar todas as potencialidades[24] deste bem, devendo, em contrapartida, assumir obrigações de interesse da coletividade, tais como: construir, conservar ou ampliar o bem; dotá-lo de melhores condições operacionais; prover os meios para que os demais administrados dele se utilizem de forma organizada e adequada; responsabilizar-se pela observância das regras de utilização impostas pelo poder concedente, entre outras.

As concessionárias de rodovias não prestam serviço público propriamente. Incumbem-se, isto sim, de realizar uma série de serviços necessários à plena utilização do bem pelos demais administrados, e que possibilitam, ainda, remunerar o particular (concessionário) a quem foi outorgado o direito de exploração do uso do bem.[25]

22. Ver neste sentido Maria Sylvia Zanella Di Pietro, *Direito Administrativo*, 4ª ed., Atlas, p. 85.

23. Ilustrativa é a lição de Alice Gonzalez Borges: "Não se trata bem disso. Tais espécies contratuais não estarão gerindo serviço público, na medida em que não estarão propiciando diretamente o oferecimento de utilidade ou comodidade material fruível pelos administrados. Faltam-lhes, demais disso, alguns dos requisitos essenciais que configuram a delegação de certa parcela de poderes públicos, com sua coorte de prerrogativas e sujeições especiais, indispensável à gestão do serviço público e própria das concessões: delegação, essa, que coloca os concessionários de serviços públicos em uma posição especial em nosso direito, relativamente à responsabilidade civil por danos causados a terceiros, ao poder de promoção de desapropriações e de instituição de servidões administrativas, bem como ao exercício de certos poderes de polícia necessários para a gestão dos serviços. Ora, nada disso aparece em tais contratos. Ousaríamos dizer que, no máximo, as atividades que constituem o objeto desses contratos são as de *meros auxiliares da gestão de serviços públicos*" (cf. "Eclosão de novas formas híbridas de contratos administrativos, com base na legislação de concessões de serviços públicos", in *Nova Dimensão Direito Administrativo: Repertório de Estudos Doutrinários e Jurisprudenciais*, v. 1, São Paulo, NDJ, 1997, p. 19).

24. Vale dizer, todas aquelas que estiverem previstas nos instrumentos regulatórios, especialmente o contrato. Pode-se conceder o uso de um bem público de forma parcial, reservando a possibilidade de algumas explorações comerciais remanescerem com o poder público.

25. Note-se aqui que a concessão de uso de bem público implica, sempre, em um privilégio a

Têm as concessionárias, por prazo certo e determinado, o direito de explorar comercialmente o potencial econômico do bem que lhe foi transferido (não alienado, pois o domínio do bem permanece com o poder público), podendo extrair receitas da cobrança pela sua utilização principal (tarifa de pedágio dos veículos que por ela trafegam) e também por outros usos ancilares (exploração de publicidade, uso de parcela do bem para exploração de atividades de suporte, implantação de redes de suporte a serviços públicos, servidões de passagem, e outras tantas utilizações agregadas).

Todas estas notas não são perfunctórias para a questão central aqui debatida. Tratando-se a concessão de rodovias de concessão de uso de bem público, temos que foi transferido ao particular (concessionárias) o direito de explorar todo o potencial econômico atrelado ao bem público concedido (*v.g.*, os assim ditos "sistemas rodoviários"). Parcela desta exploração recebeu tratamento regulatório bastante estrito (ou seja, a exploração da finalidade específica da rodovia mediante a cobrança de pedágio dos usuários). Outras formas de exploração, embora genericamente admitidas, receberam tratamento mais lasso, menos regulado (como é o caso da auferição de receitas acessórias).

Porém, ficam já postas as duas mensagens principais deste tópico: a) a concessão de rodovias cuida da concessão de bem público, implicando na outorga ao particular do direito de explorar toda a potencialidade econômica deste bem, nos termos do prescrito no contrato;[26] b) dentro da exploração do bem público rodovia, cabe à concessionária explorar não só a finalidade precípua do bem (tráfego rodoviário), como também todas as potencialidades econômicas que lhe são associadas, independente de se discutir se estas atividades são ou não relacionadas a serviço público.

A exploração do potencial econômico agregado a bem público

A crise de financiabilidade do Estado é, sabemos, em grande medida fruto da crise econômica. Mas esta não é sua causa exclusiva. A incapacidade de investimentos do Estado é também fruto de uma enorme incapacidade de gestão.[27] O Estado, em todas as esferas, possui um enorme acervo patrimonial, pleno de potencialidades econômicas, que simplesmente é desperdiçado por falta de criatividade institucional. Claro que, nas estreitas lindes do presente,

um particular, mas nem sempre a exclusividade na utilização do bem. O caráter privativo do uso, elemento caracterizador da concessão de bem, não deve ser entendido, portanto, como sinônimo de exclusividade. Se o poder público concede o uso de um bem dominical (um terreno, por exemplo) para uma empresa nele instalar uma indústria apta a gerar empregos, o privilégio se traduz em exclusividade (não poderei adentrar aquele imóvel sem autorização da concessionária — *v.g.*, a indústria). Porém, se a concessão for de uso do ginásio esportivo *retro* exemplificado ou de um parque, terei que apenas a concessionária poderá explorar comercialmente o bem, mas qualquer um do povo poderá adentrar ao bem concedido, pagando preço ou não (no caso da exploração se bastar com a venda de espaços publicitários no local). Tanto o uso privativo não se confunde com uso exclusivo, que o Tribunal de Justiça de São Paulo considerou constitucional lei municipal que outorgou concessão de uso de bem público de uso comum (viário interno a loteamento) para fins de preservação ambiental (cf. ADI 047.068-0, TJSP). Ver neste sentido, Diogo Freitas do Amaral, *A Utilização do Domínio Público por Particulares*, Lisboa, 1965, p. 46.

26. "Na concessão de uso o concessionário, como já foi dito, ora recebe poderes de gestão dominial, passando a fazer as vezes da Administração Pública, ora detém meros poderes de uso, que exerce em seu próprio nome e interesse" (cf. Raimundo Nonato Fernandes, "Da concessão de uso de bens públicos", *Revista de Direito Administrativo* 118/5, out.-dez. 1974).

27. Para uma panorâmica sobre o tema, ver os textos coletados por Luiz Carlos Bresser Pereira e Peter Spink (orgs.), *Reforma do Estado e Administração Pública Gerencial*, 2ª ed., FGV, 1998.

não caberia muita digressão sobre tão apaixonante tema. Tratemos apenas da exploração de potencial econômico agregado aos bens públicos.

É matéria pacífica na doutrina a possibilidade do poder público outorgar concessão de bem público, definida pela mais básica doutrina como "o contrato administrativo pelo qual o Poder Público atribui a utilização exclusiva de um bem de seu domínio a particular, para que o explore segundo sua destinação específica. O que caracteriza a concessão de uso e a distingue dos demais institutos assemelhados é o caráter contratual e estável da outorga do uso do bem público ao particular, para que o utilize com exclusividade e nas condições convencionadas com a Administração".[28]

Ou seja, por meio da concessão de bem público a Administração outorga a um particular o direito de explorar, por sua conta e risco, um bem público, de forma estável e privativa, mas não necessariamente prejudicial ao uso de outrem,[29] determinando condições e requisitos para utilização (e eventual exploração) do bem pelo particular outorgado.

Bem é verdade que a doutrina sempre pensou em bens imóveis quando tratou de concessão de uso de bem público. O Código Civil Brasileiro, por seu turno, define os bens públicos, afirmando que assim o são "os de domínio nacional pertencentes à União, aos Estados ou aos Municípios" (art. 65). Mais adiante (art. 66) classifica tais bens em (i) *de uso comum* (bens imóveis de utilização geral da coletividade); (ii) *de uso especial* (edifícios e terrenos – *v.g.*, bens imóveis — aplicados a serviço do poder público); e (iii) *dominicais* (bens patrimoniais do poder público, objeto de direito real ou pessoal deste).

É óbvio, então, que o conjunto de bens públicos de titularidade do Estado é integrado por bens imóveis e móveis, tangíveis e intangíveis, estes últimos necessariamente bens dominicais.[30]

Se é vastamente admissível a concessão de uso de bem público imóvel, menos possível não seria a concessão do uso (exploração comercial) de bens móveis, mesmo quando intangíveis (simples direitos ou potenciais econômicos agregados a uma dada utilidade pública). Lembremos que o CCB arrola, dentre os bens móveis, direitos reais sobre bens móveis (art. 48, I), os direitos de obrigação (art. 48, II) e os direitos de autor (art. 48, III).

Ora, quando uma entidade pública desenvolve uma pesquisa ao cabo da qual há um invento patenteável, os direitos de exploração desta patente integram o plexo de bens de titularidade do poder público e podem, portanto, ser objeto de concessão onerosa de uso por um particular (uma indústria, um laboratório, ou coisa que o valha). O direito conferido por organismo internacional de explorar uma posição orbital integra o plexo patrimonial da União. O mercado de um país ou um determinado fundo de comércio criado por força de uma inversão pública geram direitos que pertencem à coletividade representada pelo Estado e podem, pois, ser entregues à exploração de um particular que por isso pague.

Nenhum observador esclarecido negaria, hoje, que o maior patrimônio da República Popular da China é seu abissal mercado interno e que o seu governo tem sido hábil em negociar com o ocidente, a alto custo

28. Cf. Hely Lopes Meirelles, *Direito Administrativo Brasileiro*, 15ª ed., p. 431.

29. O que, como vimos em nota precedente, não interdita a outorga de outras concessões assemelhadas sobre bens congêneres.

30. Apenas a título de ilustração, recordemos que o art. 111 da Lei Federal 8.666/1993 prevê a transferência obrigatória de direitos autorais relativos aos projetos ou serviços técnicos contratados pela Administração, até mesmo com a cessão dos direitos de uso desta propriedade intelectual. Estes direitos, com inegável valor patrimonial, passam a integrar o plexo de bens públicos da respectiva esfera estatal.

político e financeiro, o direito de ir lá explorar este monumental potencial econômico.

Do mesmo modo, ninguém imaginaria que o grupo liderado pela Bell South pagaria 2,7 bilhões de Reais em troca do uso de subfaixa de freqüência por outra razão que não a enorme demanda reprimida (mercado potencial) por telefonia celular na Região Metropolitana de São Paulo. Na verdade, o que o consórcio que originou a operadora BCP comprou, à gorda paga, foi o direito de explorar o mercado paulistano de consumidores da telefonia celular. Tanto é assim que a mesma subfaixa de freqüência foi licitada na Região 8 (Estados do norte do país) por alguns parcos milhões de Reais, valor ínfimo se comparado ao prêmio auferido para a Região Metropolitana de São Paulo.

Temos, então, que a consagrada concessão de uso de bem público pode ter por objeto a outorga a particular do direito de exploração, por sua conta e risco, de uma dada utilidade ou comodidade públicas (bem dominical, móvel e intangível de titularidade do Estado), fazendo-o a título oneroso, por prazo certo e determinado e mediante prévia licitação.

Como vimos acima, o traço essencial do regime geral da concessão está em transferir ao particular a exploração, por sua conta e risco, de uma utilidade ou comodidade pública (serviço, bem, direito, prerrogativa, potencial econômico), exigindo dele o cumprimento de obrigações (p. ex., atendimento de compromissos de interesse da coletividade, universalidade na exploração, regras de continuidade, respeito aos consumidores ou usuários etc.).

A crise fiscal e a exigüidade de recursos para fazer frente aos investimentos públicos prenotam a imprescindibilidade da Administração Pública potencializar o regime de concessões (de cessões, licenças ou outros congêneres[31]) de modo não só a contar com o concurso de particulares para prover necessidades coletivas (utilidades públicas), como também para auferir receitas de fontes não impositivas (não tributárias), explorando uma enorme gama de oportunidades e potenciais econômicos que, outrora, ou eram desperdiçados ou eram apropriados por parcelas mais astutas da sociedade (legado do velho Estado patrimonialista).

Justiça seja feita, esta perspectiva já era cogitada por Geraldo Ataliba e Celso Antônio Bandeira de Mello desde o início da década de 1990.[32] O segundo doutrinador, há mais de um lustro, publicou estudo demonstrando a viabilidade da execução de "*obra pública a custo zero*",[33] porquanto custeada pela própria exploração da melhoria.

De fato, o poder público possui uma enorme capacidade de alterar a realidade social e econômica, criando oportunidades, atribuindo valor a bens e direitos e viabilizando a exploração de atividades econômicas que, sem investimentos públicos, inexistiriam.

Tomemos como exemplo a construção de um anel viário em torno de uma grande metrópole, de forma a interligar rodovias sem necessidade de que o tráfego pesado curse o viário local.[34] Bem poderia o poder

31. No Estado de São Paulo, o legislador já se apercebeu desta perspectiva. A Lei Estadual 9.361/1996, que criou o Programa Estadual de Desestatização, contém autorização legal para o cogitado. Com efeito, o seu art. 3º, VIII, diz que o PED será implementado com utilização, dentre outros instrumentos, da cessão, licença ou conferência de direitos derivados de concessão de serviços públicos. Embora o Poder Executivo ainda seja tímido em fazê-lo, já se colhem algumas experiências alvissareiras neste sentido. Por exemplo, é digna de nota a tentativa das empresas estatais paulistas em ceder, onerosamente, o direito de uso da malha metro-ferroviária com vistas à implantação de redes de fibra óptica.

32. Ver neste sentido as conclusões do Seminário Internacional "Iniciativa privada e serviços públicos", in *RDP* 98/91, pp. 219 e ss.

33. Cf. *Revista Trimestral de Direito Público* 3/32 e ss., 1993.

34. Devo o exemplo a Geraldo Ataliba que me convenceu, pouco antes de se ir, da tão inesgo-

público, ao promover as expropriações, declarar de utilidade pública uma faixa excedente, concedendo o direito de uso destes imóveis aos empreendedores privados que lá queiram instalar estabelecimentos comerciais voltados a explorar o mercado criado com a construção do Rodoanel. Com o valor obtido nestas transações, poder-se-ia recuperar parcela das inversões realizadas. Assim como também se poderia transferir o ônus de construir a própria obra à iniciativa privada, cometendo-lhe também o direito de explorar este potencial acessório ao bem viário.[35]

Quando o Estado implanta uma obra de infra-estrutura viária, está criando um enorme valor econômico agregado. Em uma palavra, seu investimento produz uma mais-valia econômica no entorno. Como ensina Hugo de Brito Machado, "da obra pública resultam vantagens gerais para toda a comunidade, mas resulta uma vantagem especial para os proprietários de imóveis no local em que se encarta. Não é justo que estes proprietários usufruam dessa valorização, decorrente de obra realizada com o dinheiro do Tesouro Público. O equivalente a essa valorização imobiliária há de retornar ao Tesouro".[36]

De fato, tais obras, sobremodo as mais vultosas, alteram radicalmente a situação das propriedades lindeiras. Onde antes se tinha sítios e fazendolas, ter-se-ão terrenos adjacentes a rodovias com intenso tráfego de longo percurso. Do investimento estatal (inversão na infra-estrutura rodoviária) advirá um enorme potencial econômico residente na exploração de atividades ligadas àquele tráfego. A instalação de postos de abastecimento, hotéis, revendas de caminhões, parques de reparos mecânicos, postos de seguradoras de veículos, borracharias, lojas de equipamentos automotivos, restaurantes, e tudo mais que a criatividade empresarial permitir, se faz possível apenas porque a ação estatal fez por construir uma estrada.

O fato é que em nossa tradição de Estado patrimonialista, tal mais-valia é apropriada pelo agente privado mais hábil, ágil ou com quem o Rei mais se afeiçoe. O potencial econômico criado pelo investimento público (é dizer, custeado por recursos captados de toda a gente) é apropriado por alguns poucos particulares a quem, discricionariamente, se permite ou admite explorá-lo.

Porém, este potencial econômico (verdadeiro fundo de comércio gerado pelo investimento estatal) constitui também ele um bem público, ainda que intangível.

Em certas oportunidades, o Estado cria mercados. Ao construir uma rodovia, o Estado produz um mercado de bens e serviços ligados ao tráfego para lá cursado. Justo é que o potencial econômico deste mercado seja apropriado pelo poder público, diretamente ou por delegatário seu (o qual, necessariamente, deverá pagar por isso). Em su-

tável quanto inexplorada potencialidade dos mecanismos alternativos de financiamento das inversões estatais em infra-estrutura.

35. Neste sentido, vem a precisa lição de Celso Antônio Bandeira de Mello: "Isto posto, é bem de ver que a realização de obras públicas pelos meios aduzidos é plenamente factível mediante 'contratos administrativos', obedecido o regime geral deles (Decreto-lei Federal 2.300, de 21.11.1986, Lei Estadual 6.544, de 22.11.1989) pactuando-se, entretanto, com autorização legislativa, que a retribuição do contratado pelos encargos assumidos não se fará por uma contrapartida em dinheiro versada pelo Poder Público, mas pelo trespasse integral ou parcial da área do imóvel não afetada à utilização pública, mediante transferência da propriedade, ou enfiteuse, concessão de direito real de uso ou simplesmente concessão de uso — conforme a viabilidade econômica do negócio — a fim de que o empreendedor se remunere através da comercialização ou exploração do imóvel, segundo o que seja estipulado" (cf. "Obra pública a custo zero", in *Revista Trimestral de Direito Público* 3/34, 1993).

36. Ver "O fato gerador da contribuição de melhoria", in *Repertório IOB de Jurisprudência* 20/93, 2ª quinz. out. 1993, p. 406.

ma, não mais se pode admitir que o, digamos, *excedente econômico* criado pelo investimento público seja apropriado pelo agente privado de maior sorte, astúcia ou relacionamento.[37]

Existem dois instrumentos complementares que vislumbramos para permitir que o Estado se assenhore, ao menos em parte, do potencial econômico criado por suas intervenções em infra-estrutura. Um, já clássico na Lei e na doutrina, mas de rara utilização prática, é a contribuição de melhoria. O outro, que aqui mais nos interessa, é a cessão onerosa do direito de exploração deste potencial econômico, entendido como um bem público intangível.

A contribuição de melhoria, prevista no art. 145 da Constituição Federal, como é sabido, serve para ensejar que o proprietário de um imóvel valorizado pela obra pública ressarça, pela via tributária, o Estado da valorização que lhe beneficiou, até o limite de tal valorização. Tem, portanto, um caráter retrospectivo e se presta a permitir ao Estado a apropriação de parcela da valorização (mais-valia) criada com o empreendimento público. É, outrossim, um mecanismo a ser utilizado uma só vez, no limite da vantagem patrimonial auferida pelo particular.

Outra ordem de mecanismos tem a ver com a exploração pelo ente estatal do potencial econômico criado pelo seu investimento. Cuida-se aqui da exploração deste potencial agregado (mais-valia) ao longo do tempo, potencializando tal excedente. Aqui nos referimos à cobrança pela exploração de um direito, de uma marca ou de uma patente de titularidade estatal (como no caso do invento fruto de pesquisa desenvolvida com recursos públicos).

Aludimos à cobrança de preços públicos pela exploração de atividade econômica em bens de uso especial (p. ex., a exploração do negócio de alimentação em rodoviárias, aeroportos ou estações ferroviárias). Falamos também da exploração de verdadeiros "*fundos de comércio*" gerados pela criação indireta de mercados por força da ação estatal (como ocorre com a cobrança de preço para autorização de exploração de atividade postal no Projeto de Lei para Reestruturação do Setor Postal Brasileiro). Trata-se aqui de mecanismos prospectivos, que permitem até mesmo cogitar de tal exploração como forma não só de ressarcir o investimento público, como também de gerar excedentes econômicos apropriáveis pelo Estado.

Retomemos ao caso do potencial econômico agregado às rodovias. Como já dito, por força da utilização do bem público rodovia, advém várias oportunidades de negócio que podem, e devem, ser exploradas pelos particulares. Um posto de combustíveis, por certo, tem o seu valor estimado em função das suas instalações, mas também, e fundamentalmente, da sua localização e da capacidade de gerar receitas (ter clientes). Este potencial de atrair clientela depende, naturalmente, da carteira de clientes desenvolvida pelo proprietário (o nível de fidelidade que cria junto a sua clientela em função do seu preço, qualidade de atendimento, diferenciais comerciais, propaganda etc.), mas também depende da localização do posto. É regra neste seguimento, por exemplo, que um estabelecimento de esquina tem mais valor do que outro, localizado em rua de mão única ou próximo a uma curva.

Temos, pois, que a localização do estabelecimento interfere no potencial econômi-

37. Como leciona Ives Gandra, "Nada mais injusto que um pequeno grupo de munícipes ou contribuintes sejam os usufrutuários de obras públicas pagas por toda a comunidade, através de impostos, que, à saciedade, devem ser endereçados àqueles serviços, cujo nível de generalidade, no interesse público e social, justifica a plena participação da comunidade como um todo. Obra que pode ser financiada por contribuição de melhoria e o é através de impostos, sobre demonstrar desequilibrada política tributária, gera indiscutível injustiça fiscal, condenável desde que, no século XVII, encontraram os ingleses a solução tributária mencionada para obras que beneficiam mais a uns do que a outros" (ver "A contribuição de melhoria no sistema constitucional brasileiro", in *Repertório IOB de Jurisprudência* 13/94, 1ª quinz. jul. 1994, p. 259).

co do negócio. O volume de tráfego carreado na rodovia é o diferencial econômico que é explorado pelo posto de combustíveis, pelo restaurante ou pela oficina mecânica. E o acesso destes estabelecimentos à rodovia não tem característica de mera passagem para se atingir a via pública. Tem, isto sim, a função de meio de acesso ao mercado (fundo de comércio) produzido com investimento público. Assim como na lição de Ives Gandra acima reproduzida, não me parece justo que o Estado se quede impedido de exigir alguma remuneração para que um particular explore o valor agregado ao bem criado com recursos que são de toda a coletividade.

Mensagem principal que se pode extrair deste tópico, portanto, é que no caso de um bem público rodovia, existe associado ao bem material (estrada) um bem intangível representado pelo potencial de negócio atrelado ao tráfego rodoviário. E este bem intangível, uma espécie de fundo de comércio criado pelo investimento público, pode e deve ser explorado pelo poder público, ou por agente delegado seu, de modo a impedir que um excedente econômico criado com recursos da coletividade sirva para beneficiar apenas parcela da sociedade. Estes poderosos mecanismos devem ser incrementados e difundidos, inclusive como forma de minorar a crise de financiabilidade do Estado.

Parece-nos deva ser neste quadrante enfrentada a *questio juris* objeto do presente trabalho.

O regime jurídico de concessão de rodovias no Estado de São Paulo

Embora os editais e os contratos do Programa de Concessão das Rodovias Paulistas aludam à concessão de serviço público, entendemos que os instrumentos regulatórios aplicáveis à concessão outorgada nos dão todos os elementos para concluir que a outorga por eles representada se refere aos direitos de exploração (uso privativo) de um bem público. Vejamos.

O objeto dos contratos vem definido como "a exploração do *sistema rodoviário*" o qual, por seu turno é descrito como "o conjunto composto, na situação atual, pelo *sistema existente* (atual conjunto de pistas de rolamento do Sistema Rodoviário, suas respectivas faixas de domínio e edificações, instalações e equipamentos nelas contidos) e, no futuro, pelas ampliações decorrentes dos serviços correspondentes às funções de ampliação". Temos, portanto, definido no contrato que o objeto da concessão é a exploração do Sistema Rodoviário, o qual é composto pela plenitude do bem público rodovia (incluindo expressamente a faixa de domínio). Praticamente idêntica é a definição constante do art. 2º, I, do Decreto 40.077/1995 e no art. 2º, *caput*, do Decreto 41.722/1997.

Se assim é, coloca-se certo que sobre todos os bens públicos integrantes do Sistema Rodoviário a concessão fez recair uma outorga de uso privativo,[38] em favor da concessionária (a quem se conferiu o direito de explorar os bens integrantes deste Sistema) de um bem (obra) pública.

Reforça este entendimento o disposto no contrato, segundo o qual integram a

38. Usamos aqui o conceito de "*uso privativo*" para diferençá-lo do uso exclusivo (em sentido de prejudicial, excludente, ao uso por outrem). Na acepção aqui utilizada, o uso privativo se aproxima da concepção de exclusividade esposada por Raimundo Nonato Fernandes que, há quase trinta anos, asseverava que a exclusividade no uso de bem público decorria "de um modo particular de fruição da coisa, que não coincide com o da generalidade dos habitantes e, por outro lado, do fato da atribuição a terceiro do poder de uso de seu titular originário. O poder de uso deve ser entendido no sentido de gozo das utilidades das coisas, cujo domínio permanece com a entidade concedente. Em alguns casos, o utente exerce também poderes de gestão, como ocorre nas concessões de minas e de obra pública" (in "Da concessão de uso de bens públicos", *RDA* 118/2, out.-dez. 1974).

concessão todos os bens vinculados ao sistema existente (lembrando: conjunto de pistas existentes, faixa de domínio e quejandos) e que foram transferidos à concessionária.

O negócio jurídico entabulado pela Administração Pública envolve, portanto, o direito de explorar todas as utilidades e potencialidades subjacentes àquilo que lhe foi outorgado (vale repisar, a exploração do Sistema Rodoviário). Isso envolve explorar não só os bens materiais arrolados na definição constante de cláusula contratual, como também os bens intangíveis com eles correlacionados. Aqui nosso entendimento não deflui exclusivamente do raciocínio já antes desenvolvido. Respalda-se mesmo na Lei.

Deveras. Ninguém pode afastar a aplicação à concessão das regras constantes da Lei Estadual 7.835/1992. Não fosse por ser ela tecnicamente muito mais elaborada que a Lei Federal 8.987/1995 seria porque os próprios contratos expressamente assim determinam (cf. legislação aplicável). Pois indo ao art. 32, II, da referida lei estadual de concessões encontraremos:

> Art. 32. O disposto nesta lei aplica-se à concessão de obra pública, atendidas suas peculiaridades e observados os seguintes preceitos:
>
> (...).
>
> II — além da tarifa, o concessionário de obra pública poderá ser remunerado, nos termos previstos no edital e no contrato, dentre outras fontes, pela renda proveniente de contribuições de melhoria instituídas pelo Poder Público, pela renda derivada da exploração, direta ou indireta, de áreas de serviço, lazer, repouso, na faixa de domínio da obra pública ou em zona integrada ao patrimônio público por desapropriação extensiva ou qualquer outra forma, bem como pela receita decorrente de projetos associados.

Temos, pois, na Lei a autorização genérica de compreensão nas receitas advindas da concessão de outras fontes não tarifárias (ou seja, fruto não da exploração direta do bem público rodovia — razão e ser do pedágio — mas da exploração indireta do seu potencial econômico agregado — rendas diversas de natureza não tarifária). Além disso, encontramos lá a previsão de auferição de receitas oriundas de "*projetos associados*" dentro dos quais, parece-nos claro, se situa a possibilidade de exploração do patrimônio intangível associado ao bem público rodovia. Dito de outro modo, não será necessário o poder público, por intermédio da concessionária, oferecer um serviço ao explorador de atividade comercial associada à rodovia para dele exigir uma paga, uma receita, correspondente ao direito de exploração de tal atividade.

A regulamentação (embora procurando reduzir tudo à condição de serviço) é clara ao admitir que tais explorações constituem receita aferível pela concessionária. O art. 6º do Regulamento da Concessão do Sistema Anhangüera-Bandeirantes (Decreto 40.077/1995) assim como o art. 7º do Regulamento da Concessão do Sistema Castello-Raposo (Decreto 41.722/1997) prevêem, ambos, que o direito outorgado às concessionárias envolverá a exploração de atividades prestadas por terceiros que não a concessionária que envolvam, entre outros, o abastecimento e reparo de veículos, alimentação e hospedagem para usuários, provisão de áreas de lazer e repouso para usuários.

Tais atividades, mister lembrar, estão expressamente compreendidas no direito de exploração do sistema concedido à concessionária, já que tais "*serviços complementares*" integram o objeto da concessão nos termos de cláusula contratual.

Temos, então, que, consoante o modelo adotado no Estado de São Paulo para a concessão dos sistemas rodoviários, às concessionárias foi outorgado o direito de exploração do Sistema Rodoviário como um todo, compreendendo a auferição de receitas não apenas pela utilização direta deste bem (uso da rodovia para sua finalidade precípua, mediante pagamento de pedágio) como também pela utilização, por terceiros que não a concessionária, do valor econômico associado à rodovia (mediante o pagamento de preços pelo acesso ao "*mercado potencial*" dos trafegantes pela rodovia, pela publicidade instalada no entorno, pela cobrança pelo uso da faixa de domínio etc.).

Foi para ter o direito a explorar todo este potencial econômico que as concessionárias pagaram e pagam um ônus, um prêmio, ao poder concedente. Lembremos que a concessão em apreço é onerosa e que, consoante prescreveu cláusula contratual, o preço pago pela outorga se prestou a remunerar o direito de exploração, por conta e risco das concessionárias, de todo o potencial econômico do negócio, não apenas a cobrança de tarifas dos usuários.

Firmamos então a principal conclusão deste trabalho: a concessão outorgada pelo Estado de São Paulo envolveu a outorga do direito de exploração dos respectivos Sistemas Rodoviários como um todo, compreendendo inclusive a exploração do seu potencial econômico agregado. Por esse direito as concessionárias já pagaram e prosseguirão pagando, mediante a transferência de porcentual da sua receita bruta.

O raciocínio acima desenvolvido tem, certamente, inúmeras conseqüências jurídicas e um desafio doutrinário.

As conseqüências vão desde a discussão sobre a constitucionalidade da cobrança de Imposto sobre Serviços (ISS) da cobrança de pedágios, até a aplicabilidade ou não da responsabilidade objetiva às concessionárias de rodovias (art. 37, § 6º, da Constituição). O desafio é que, a nosso ver, se está a necessitar de uma revisão da teoria do bem público no direito administrativo. Esse último, esperamos enfrentar em breve.

DISCRICIONARIEDADE, VINCULAÇÃO E SANÇÃO APLICÁVEL A SERVIDOR PÚBLICO

CELSO ANTÔNIO BANDEIRA DE MELLO

Titular da Pontifícia Universidade Católica de São Paulo — PUC/SP

1. Quem desempenha atividade pública exerce função. Conquanto a palavra função, em Direito, seja utilizada em acepções distintas, seu sentido mais relevante é precisamente aquele a que se reporta Enzo Capaccioli com dizer: "Un significato ben intelligibile de funzione è quello per cui si chiama funzione il potere il cui esercizio sia dovuto".

E logo em seguida: "quando si parla di 'funzione' nel senso in esame, si entende no tanto aggiungere, a quella di potere, uma nozione diversa, quanto sottolineare quella qualità del potere (pubblico) che consiste nella doverosità dell' esercizio" (*Manuale di Diritto Amministrativo*, v. I, Cedam, 1980, p. 250).

Estes mesmos caracteres estavam acentuados por Renato Alessi, quase no pórtico de seu *Sistema Istituzionale del Diritto Amministrativo Italiano*, nos seguintes termos : "Appunto il potere, statuale considerato in quanto diretto a queste finalità di interesse collettivo, ed in quanto oggetto di um dovere giuridico relativamente alla sua esplicazione, costituice uma funzione statuale" (3ª ed., Giuffrè Ed., 1960, p. 2).

Possivelmente a primeira caracterização de função nesta linha de idéias seja devida a Santi Romano, em seus *Principi di Diritto Costituzionale Generale* (Milano, 1945),[1] o qual foi colacionado pelo supracitado Renato Alessi.

2. Existe função quando alguém está investido no dever de satisfazer certas finalidades em prol do interesse de outrem, necessitando, para tanto, manejar os poderes requeridos para supri-las. Logo, tais poderes são instrumentais ao alcance das sobreditas finalidades. Sem eles, o sujeito investido na função não teria como desincumbir-se do dever posto ao seu cargo.

Função, em síntese, é o exercício no interesse alheio de um poder manifestado em conta de um dever legal. Na esfera pública o que existe são funções, logo trazem consigo o que os doutrinadores italianos qualificam como "doverosità".

Deveras, na esfera do Direito Público os poderes assinados ao sujeito não se apresentam como situações subjetivas a serem consideradas apenas pelo ângulo ativo. É que, encartados no exercício de "funções", implicam dever de atuar no interesse alheio — o do corpo social —, compondo, portanto, uma situação de *sujeição*. Vale dizer, os

1. O trecho onde o iluminado publicista refere o assunto, na edição brasileira dos *Princípios Gerais de Direito Constitucional*, traduzidos pela Profa. Maria Helena Diniz, está à p. 145 (Ed. RT, 1977).

titulares destas situações subjetivas recebem suas competências para as exercerem em prol de um terceiro: a coletividade a que servem. Eis porque, em obra teórica, conceituamos competência como "o círculo compreensivo de um plexo de deveres públicos a serem satisfeitos mediante o exercício de correlatos e demarcados poderes instrumentais, legalmente conferidos para a satisfação de interesses públicos".[2]

Conseqüência desta índole das competências públicas é que são de exercício obrigatório para os órgãos e agentes públicos. Vale dizer: exercitá-las não é uma questão entregue à livre decisão de quem as titularize. Não está em pauta um problema "pessoal" do sujeito, ao qual ele possa dar a solução que mais lhe apraz. Está sotoposto ao dever jurídico de atender a finalidade legal e, pois, de deflagrar os poderes requeridos para tanto sempre que presentes os pressupostos para seu desencadeamento.

3. Ao ressaltar este dever não se está a afirmar que inexistam casos nos quais a própria lei — que é a final, a delineadora da competência — haja deixado ao agente público o encargo de ajuizar sobre a conveniência ou não de mobilizar de forma positiva os deveres-poderes nela compreendidos. Isto é: ao invés de *exigir um provimento*, fosse ele no sentido A ou B, pode *facultar ao agente expedi-lo ou não*. Por exemplo: a Administração não é obrigada a desapropriar. Ela o fará nos casos em que repute necessária a mobilização deste poder jurídico. Há, pois, nisto uma apreciável margem de discricionariedade.

Em outras hipóteses, entretanto, o que, aliás, é freqüente, a lei giza de modo mais estrito o exercício da competência pública e estabelece que, perante certas hipóteses, a autoridade não está simplesmente liberada para agir, mas *obrigada* a fazê-lo, isto é *vinculada*.

Esta obrigação de agir, todavia, pode ter sido estipulada pela lei em face de situação cuja compostura será ou não reconhecível de maneira absolutamente objetiva, vale dizer, livre da interferência de qualquer margem de subjetivismo, por mínima que seja. Se a situação a que a lei se reporta *for apurável em termos de objetividade absoluta, haverá vinculação também no que a isto concerne* e, inversamente, uma *certa discrição se a sua identificação comportar algum espaço de avaliação subjetiva*. Veja-se: a lei poderia estipular que o Poder Público deverá atribuir um prêmio em dinheiro ao servidor que completar 20 anos de serviço sem nenhuma falta e sem qualquer anotação desfavorável em seu prontuário (situação aferível objetivamente). Poderia, contudo, estabelecer que dito prêmio será atribuível ao servidor que, tendo completado 20 anos de serviço, haja tido ao longo deste período conduta profissional de muito boa qualidade (situação cuja aferição comporta certa margem de subjetivismo).

4. Uma vez determinada a ocorrência do pressuposto fático em vista do qual a autoridade deveria agir (não importa se a compostura dele seja a de uma ou a de outra dentre estas duas hipóteses a que se acaba de aludir), surge para o órgão público *vinculação* quanto à obrigação de expedir o ato. Ou seja: mesmo no caso em que haja certo espaço de subjetivismo para verificação da ocorrência do pressuposto fático, se a Comissão encarregada de averiguar a "conduta profissional de muito boa qualidade" *concluir que os servidores A e B preencheram tal requisito*, irromperá para o Poder Público o dever de outorgar o prêmio em dinheiro, caracterizando-se vinculação quanto a isto. Se esta imaginária norma houvesse prefixado o valor de R$ 20.000,00 (vinte mil reais) para o imaginário prêmio ter-se-ia configurada *vinculação* (a) *quanto a expedição do ato*, (b) quanto à *natureza dele* (outorga de prêmio) e (c) quanto ao *conteúdo específico do ato* (valor do prêmio), ao passo que se apenas dispusesse que

2. *Curso de Direito Administrativo*, 14ª ed., Malheiros Editores, 2002, p. 126.

o prêmio seria de valor contido no intervalo entre R$ 5.000,00 (cinco mil reais) e R$ 20.000,00 (vinte mil reais), haveria margem de discrição quanto a este último aspecto — o do *conteúdo específico do ato*.

5. Com estas considerações deixa-se esclarecido com maior precisão o tema da "obrigatoriedade" do exercício da competência e os diversos ângulos pelos quais terá de ser examinada a competência para verificação dos aspectos vinculados e discricionários que podem estar aí envolvidos, conforme a disciplina que haja sido estabelecida na norma ou nas normas aplicandas. Encarece-se igualmente que são coisas distintas (e muito distintas):

(a) possuir a autoridade pública liberdade, perante certa hipótese, para agir ou deixar de agir em dado sentido, pois, mesmo presente a hipótese o administrador pode decidir-se em mais de um sentido, conquanto de modo necessariamente obsequioso à finalidade legal;

(b) não existir liberdade alguma em face de uma dada hipótese, ainda quando a configuração dela comporte certa margem de apreciação subjetiva. É que, uma vez exercitada sua apreciação concernente à existência do suposto normativo, haverá preenchido uma hipótese cuja integração dependia de adensamento entregue à compita da autoridade. É dizer: na lei existia um elemento ainda inconsistente e só corporificável em sua inteireza após a avaliação do agente público. Tornado consistente por esta avaliação, o mandamento incide com a compostura que tenha. Deveras, neste último caso — e ao contrário da situação anterior — se tiver havido o reconhecimento de que a hipótese se estampou, *o Poder Público passa do campo discricionário para o vinculado*. Vale dizer: não tem mais liberdade de opção, pois incide na vinculação estabelecida no mandamento. Fica adstrita a um tipo de comportamento já previsto impositivamente na lei, mesmo quando não exista precisão integral no conteúdo específico da providência a ser adotada, como ocorre nos casos em que o agente público deverá, ele próprio, graduar, dentro de um intervalo legalmente estabelecido, a extensão ou intensidade da providência a ser tomada.

6. Firmados estes pontos resta verificar qual a compostura da competência do agente público perante condutas nas quais seja reconhecível comportamento infracional de agente a ele subordinado administrativamente. Em suma: trata-se de saber se a aplicação de sanção ao faltoso, uma vez reconhecida a ocorrência de comportamento infracional, depende de uma decisão discricionária ou se, pelo contrário, a autoridade competente está adstrita a aplicá-la, ou seja, a isto vinculada, independentemente do fato de poder assistir-lhe, em diferentes casos, certa margem de discrição quanto à determinação da sanção específica que estimará adequada às circunstâncias.

Hely Lopes Meirelles responde com precisão a este questionamento, com dizer:

"*A responsabilização dos servidores públicos* é dever genérico da Administração e específico de todo chefe, em relação a seus subordinados.

"No campo do direito administrativo esse *dever de responsabilização* foi erigido em *obrigação legal*, e, mais que isso, em *crime funcional*, quando relegado pelo superior hierárquico, assumindo a forma de condescendência criminosa (CO, art. 320). E sobejam razões para esse rigor, uma vez que tanto lesa a Administração a infração do subordinado como a tolerância do chefe pela falta cometida, o que é um estímulo para o cometimento de novas infrações" (*Direito Administrativo Brasileiro*, 15ª ed., Ed. RT, 1990, p. 408 — destaques do autor).

Diógenes Gasparini também anota que a atribuição disciplinar "se caracteriza como *dever-poder* da Administração Pública. Assim, ocorrida a infração e conhecidos os seus autores, não pode deixar a Administração Pública de puni-los, sob pena da autoridade competente incorrer no crime previsto no art. 320 do Código Penal (condescendência criminosa)" (*Direito Administrativo*, 5ª ed., Saraiva, 2000, p. 204 — destaque do autor).

Diogo de Figueiredo Moreira Neto igualmente acentua que violada a norma de conduta interna "surge um *ilícito administrativo* e, como resultado necessário, o dever de responsabilização, ou seja, de suscitar-se a repressão. Este dever, de natureza derivada, é tão imprescindível para o funcionamento de qualquer sistema disciplinar, que a lei penal, prevendo a possibilidade de indulgência do superior para com o subordinado infrator, erige a figura à categoria de crime: *condescendência criminosa*" (*Curso de Direito Administrativo*, 11ª ed., Forense, 1999, p. 232).

Não há necessidade de colacionar outros autores em abono desta conclusão até porque descaberia supor que a lei irrogou aos hierarcas o poder de decidir segundo seus próprios critérios ou, pior que isto, de seus humores, isto é, na conformidade das disposições subjetivas de simpatia ou antipatia, de bom ou mau estado de espírito dos superiores ou do maior ou menor ânimo para se desincumbirem de suas responsabilidades. É evidente que isto se incompatibilizaria radicalmente com o exercício de atividade pública, a qual está inteiramente atrelada às finalidades que a lei estabelece devam ser atendidas. De toda sorte, o mero fato da lei penal qualificar como crime a omissão em responsabilizar subordinado incurso em falta disciplinar é mais que suficiente para exibir o caráter vinculado da imposição da sanção.

Assim, cabe concluir que uma vez reconhecida pela autoridade competente que servidor público incorreu em comportamento infracional é obrigatória a aplicação da correspondente sanção.

O DESVIO DE PODER

RAFAEL MUNHOZ DE MELLO

Mestrando em Direito Administrativo na Pontifícia Universidade Católica de São Paulo.
Advogado em Curitiba

Introdução. 1. Função administrativa e finalidade: 1.1 A função administrativa; 1.2 A finalidade como elemento do ato administrativo. 2. O vício do desvio de poder: 2.1 Recapitulação; conceito de desvio de poder; 2.2 Origem histórica: 2.2.1 França e Itália; 2.2.2 A origem do desvio de finalidade no Brasil; 2.3 Configuração do desvio de poder: 2.3.1 Considerações preliminares; 2.3.2 Natureza do desvio de poder: vício de legalidade; 2.3.3 Modalidades do desvio de poder; 2.3.4 O problema da intencionalidade do agente; 2.4 A prova do desvio de poder. Conclusão. Referências bibliográficas.

Introdução

O desvio de poder é, dentre os vícios do ato administrativo, aquele que apresenta maior complexidade. De fato, tratando-se de desvio de poder todo tipo de dificuldade aflora, desde sua natureza até a prova de sua ocorrência no agir da Administração Pública.

Acresce que o desvio de poder está intimamente relacionado aos temas mais basilares do direito administrativo, e, bem por isso, dotados também de intensa complexidade. Impossível, com efeito, analisar o desvio de poder sem que se tenha nítida a noção de função administrativa e de discricionariedade, sem mencionar o tormentoso tópico da invalidade dos atos administrativos.

Não obstante a dificuldade do tema justifica-se seu estudo em decorrência do triste fato de ser o desvio de poder praticado cotidianamente pelos agentes públicos, em maior ou menor grau, seja nas altas esferas governamentais da União Federal seja no mais baixo escalão da hierarquia administrativa dos Municípios.

Inexplicavelmente, aliás, apesar de sua importância, poucas são as obras no direito administrativo pátrio dedicadas ao tema, fato que pode explicar a igualmente pequena aplicação jurisprudencial do desvio de finalidade como forma de controle dos atos administrativos.

Sem outra pretensão que não a de expor os caracteres jurídicos do desvio de poder, o presente estudo parte justamente da função administrativa e de sua relação com a finalidade legal (capítulo primeiro), passando em seguida aos elementos que configuram o vício ora em exame (capítulo segundo).

1. Função administrativa e finalidade

1.1 A função administrativa

Reza a Constituição Federal de 1988, já em seu art. 1º, parágrafo único, que "todo o poder emana do povo, que o exerce por meio de representantes eleitos ou diretamente, nos termos desta Constituição".

Trata-se de princípio caracterizador de um Estado Democrático de Direito, segundo o qual é o povo o titular do poder estatal e, ademais, personagem participativo da formação da vontade estatal, seja diretamente, seja através de representantes eleitos.[1]

Ainda que seja o povo o titular do poder estatal, o exercício de tal poder é em regra atribuído a órgãos estatais, na forma como o próprio povo estabelecer através do poder constituinte. O povo, portanto, atribui o exercício de diferentes *funções estatais* a determinados órgãos, que no limite da sua competência têm autonomia para exercê-las, sem subordinação aos demais entes estatais.

O conceito de função é de grande relevância para a compreensão do fenômeno do exercício do poder estatal. Consiste a função num plexo de poderes atribuído a determinado ente para que sejam tutelados interesses alheios. É dizer, quem exerce função busca a satisfação de interesses que não os próprios, mas sim de terceiros, através da utilização dos poderes que lhe são conferidos para tal fim. Veja-se a lição de Celso Antônio Bandeira de Mello: "Existe função quando alguém está investido no dever de satisfazer dadas finalidades em prol de interesses de outrem, necessitando, para tanto, manejar os poderes requeridos para supri-las. Logo, tais poderes são instrumentais ao alcance das sobreditas finalidades. Sem eles, o sujeito investido na função não teria como desincumbir-se do dever posto a seu cargo. Donde, quem os titulares maneja, na verdade, 'deveres-poderes', no interesse alheio".[2]

Os entes estatais exercem função. E nem poderia ser diferente, ao menos após a derrocada do Estado Absolutista. Afinal, se o poder pertence ao povo, que delega seu exercício a determinados órgãos, natural que estes o utilizem visando ao atendimento dos interesses do próprio povo. É com tal finalidade que ocorre a mencionada delegação, e não para que os agentes estatais utilizem o poder que lhes é conferido em interesse próprio, como se dele fossem titulares. Não o são, como visto.[3]

Dito isso, é preciso que se investigue quais são as funções estatais. A classificação clássica é a que identifica três diferentes funções: legislativa, jurisdicional e administrativa.[4] Não serão estudadas, aqui, as

1. José Afonso da Silva anota que "o Estado Democrático de Direito reúne os princípios do Estado Democrático e do Estado de Direito, não como simples reunião formal dos respectivos elementos, porque, em verdade, revela um conceito novo que os supera, na medida em que incorpora um componente revolucionário de transformação do *status quo*" (*Curso de Direito Constitucional Positivo*, 17ª ed., p. 116). Assim, num Estado Democrático de Direito também estão presentes os princípios do Estado Liberal de Direito, que surge com as revoluções burguesas dos séculos XVII e XVIII, a saber: submissão do Estado ao ordenamento jurídico, separação de poderes entre órgãos distintos e garantia de direitos individuais. Cite-se a lição de Fausto Cuocolo: "Stato di diritto è quello nel quale non solo ogni autorità è subordinatà al diritto, ma il diritto ha determinati contenuti, riconoscendosi ai cittadini le libertà civili e diritti pubblici subiettivi esperibili e tutelabili giurisdizionalmente anche nei confronti dello Stato" (*Istituzioni di Diritto Pubblico*, 10ª ed., p. 92).

2. *Curso de Direito Administrativo*, 12ª ed., p. 32.

3. Daí afirmar Ruy Cirne Lima, ao tratar da função administrativa: "administração, segundo o nosso modo de ver, é a atividade do que nao é o proprietário — do que não tem a disposição da cousa ou do negócio administrado" (*Princípios de Direito Administrativo*, 5ª ed., p. 22).

4. Já em Aristóteles é possível encontrar os traços dessa tripartição de funções (*A Política*, p.

diversas críticas encontradas na doutrina sobre a tripartição, pois o tema escapa dos limites e pretensões do presente trabalho.[5] Independentemente das críticas, adotar-se-á a tripartição clássica, em virtude de sua importância histórica, que a consagrou no pensamento do direito público,[6] e também em função de estarem as atividades legislativa, jurisdicional e administrativa presentes em todo e qualquer Estado,[7] como bem notou o jurista italiano Biscaretti di Ruffia: "L'esposta tripartizione presenta un valore universale: in quanto anche in uno Stato a governo assoluto, in cui tutte le funzioni statali facciano capo ad un solo organo, pur tuttavia, concettualmente, esse resteranno sempre differenziabili".[8]

238). Foi Montesquieu, todavia, que propugnou pela separação das três funções entre órgãos distintos, ao reconhecer que "todo se habría perdido si el mismo hombre, la misma corporación de próceres, la misma asamblea del pueblo ejerciera los tres poderes: el de dictar las leyes; el de ejecutar las resoluciones públicas y el de juzgar los delitos y los pleitos entre particulares" (*El Espíritu de las Leyes*, pp. 149-151).

5. Sobre o tema, ver em especial Francis-Paul Benoît, *Le Droit Administratif Français*, pp. 27-52. Ver ainda um apanhado dos diversos autores que dirigiram suas críticas à tripartição clássica em Clèmerson Merlin Clève, *Atividade Legislativa do Poder Executivo*, 2ª ed., pp. 31-34.

6. Tratando das críticas formuladas à tripartição clássica das funções estatais, ensina Balladore Pallieri: "Le obbiezioni del Kelsen e degli altri molti che con lui concordano, perdono ogni valore ove si tenga invece presente che quella tripartizione, se non ha un fondamento logico, ne ha invece uno storico rilevantissimo" (*Diritto Costituzionale*, 3ª ed., p. 82).

7. É verdade que há atividades estatais que não se enquadram em nenhuma das funções estatais clássicas. Não é menos verdade, entretanto, que a grande maioria dos atos praticados pelo Estado pode ser classificada como manifestação da função legislativa, jurisdicional ou administrativa, circunstância que torna útil a tripartição ora adotada. Deve-se ter em mente, todavia, que há exceções, as quais devem ser tratadas como tal.

8. *Diritto Costituzionale*, v. I, 2ª ed., p. 153.

Adotando-se a tripartição das funções estatais — legislativa, jurisdicional e administrativa — surge então novo problema: como distingui-las? Há, para tanto, três critérios: orgânico, material e formal.

O critério orgânico utiliza como elemento de discriminação o órgão que pratica a atividade. A função legislativa, assim é a exercida pelo Poder Legislativo, a jurisdicional pelo Poder Judiciário, e a administrativa pelo Poder Executivo.

Já o critério material distingue as funções segundo a natureza da atividade praticada no seu exercício. É irrelevante, aqui, o órgão que emana o ato; relevante é a natureza do próprio ato. De acordo com o critério material, a função legislativa consiste na edição de leis, entendidas como normas gerais e abstratas.[9] A função jurisdicional, por sua vez, é a atividade de solução de conflitos de interesses (lides) através da aplicação do direito ao caso concreto. E a função administrativa, por fim, é a atividade pela qual o Estado atende, de modo concreto e individual, os fins que lhe são próprios.

Nenhum dos dois critérios mencionados serve para um estudo jurídico do tema das funções estatais. Ao jurista há um único elemento de distinção relevante: o regime jurídico. E os critérios orgânico e material não permitem que atividades exercidas sob um mesmo regime jurídico sejam agrupadas sob uma mesma função estatal, ou pior, consideram como manifestação de uma mesma função atividades que, sob o enfoque do regime jurídico, diferem completamente.

Dois exemplos bastam para demonstrar a inaptidão dos critérios apontados para a ciência do direito. O critério material não permite que se distinga a edição de uma lei ordinária pelo Parlamento da edição de um

9. "La loi d'abord est une règle générale; et toute disposition qui n'a pas ce caractère n'est pas une loi, même si elle est édictée par un prétendu souverain" (Léon Duguit, *L'État*, t. I, p. 502).

regulamento pela Administração Pública, pois nos dois casos há norma geral e abstrata, e, portanto, função legislativa. Já o critério orgânico coloca sob um mesmo rótulo a criação da lei ordinária e a demissão de funcionário integrante da estrutura da Câmara dos Deputados, pois lá e cá o órgão é o mesmo: Poder Legislativo.

Resta, portanto, o critério formal, que é justamente o que considera como traço de distinção entre as funções estatais o regime jurídico peculiar de cada qual. Nesse sentido pode-se dizer, na esteira do pensamento de Francis-Paul Bénoit, que "une fonction est alors un ensemble de missions exercées selon un même régime".[10]

O regime jurídico da função legislativa caracteriza-se pela possibilidade de inovação primária da ordem jurídica e conseqüente derrogação de disposições em contrário, com submissão tão-somente ao texto constitucional. A função jurisdicional, por seu turno, tem seu regime jurídico peculiarizado pela ocorrência da coisa julgada, que torna imutável as decisões proferidas no curso de processo judicial.[11]

A função administrativa, por sua vez, também tem seu peculiar regime jurídico, que a difere das demais funções estatais. É a especial submissão à lei formal[12] que caracteriza a função administrativa, diversa da submissão imposta aos órgãos estatais que exercem as demais funções.

Com efeito, num Estado de Direito todos os entes estatais submetem-se ao ordenamento jurídico.[13] Trata-se do princípio da legalidade, que impõe aos próprios agentes estatais a observância das normas jurídicas.

Aos órgãos que exercem função administrativa também se aplica o princípio da legalidade, mas com uma peculiaridade: tais órgãos não só devem respeito ao ordenamento jurídico, mas somente podem agir quando expressamente autorizados por lei formal. No silêncio da lei não pode a Administração Pública agir; sem autorização legal não há espaço para o exercício da função administrativa. Daí a lição de Hely Lopes Meirelles: "enquanto na administração particular é lícito fazer tudo que a lei não proíbe, na Administração Pública só é permitido fazer o que a lei autoriza".[14]

A lei formal, editada no exercício da função legislativa, outorga competência aos órgãos que compõem a Administração Pública. A regra de competência pode disciplinar em maior ou menor grau a atividade administrativa, mas sempre o faz, fixando formas, motivos, finalidades etc. Os atos praticados no exercício da função administrativa somente são lícitos, e, portanto, válidos, se observarem fielmente a regra de competência editada pelo legislador.[15] Valem ser

10. Ob. cit., p. 40.

11. Oswaldo Aranha Bandeira de Mello, *Princípios Gerais de Direito Administrativo*, v. I, 2ª ed., p. 23.

12. Ao conceito de lei formal é irrelevante o órgão que edita a norma e o seu conteúdo. Importante é o regime jurídico: possibilidade de inovação primária da ordem jurídica, com submissão ao texto constitucional. Ou seja, lei formal é o ato praticado no exercício da função legislativa. Ou, nas palavras sempre autorizadas de Seabra Fagundes, é "todo ato emanado das entidades às quais a Constituição atribua função legislativa" (*O Contrôle dos Atos Administrativos pelo Poder Judiciário*, 4ª ed., pp. 34-35).

13. "É sabido que princípio característico e essencial do Estado de Direito é precisamente o de que o Estado se comporta em relação aos particulares na forma do direito, quer dizer, ligado pelas normas jurídicas, qualquer que seja sua fonte; e que, diversa e opostamente, no Estado-Polícia a atividade do Estado, incluindo aquela que está em imediata relação com os particulares, não se encontra sujeita, vinculada a qualquer norma jurídica de que os mesmos particulares possam exigir o cumprimento" (Afonso Rodrigues Queiró, "A teoria do 'desvio de poder' em direito administrativo", *RDA* VI/41).

14. *Direito Administrativo Brasileiro*, 21ª ed., p. 82.

15. "Les organes administratifs, obligés en raison de leur compétence d'appliquer la loi, ne sauraient agir *contra legem* ni *preter legem* mais

transcritas, a propósito, as seguintes palavras de Eduardo García de Enterría: "Toda acción administrativa se nos presenta así como ejercicio de un poder atribuido previamente por la Ley y por ella delimitado y construido. Sin una atribución legal previa de potestades la Administración no puede actuar, simplemente".[16]

Há assim inegável submissão da função administrativa à legislativa. Só há espaço para manifestação da primeira nas hipóteses em que haja prévia autorização legal, e nos estritos limites de tal autorização. Essa subordinação pode ser entendida tanto num sentido negativo como num positivo: a função administrativa não só deve ser exercida *conforme* dispuser a lei, mas também somente pode ser exercida *se* houver autorização legal.[17]

É possível analisar a subordinação da função administrativa à legislativa sob um duplo aspecto.

Sob a ótica da estrutura do ordenamento jurídico, hierarquizado e em forma escalonada, tal qual proposto por Hans Kelsen,[18] os atos administrativos resultam de atividade de *aplicação do direito* e são válidos se compatíveis, material e formalmente, com as normas que os antecedem (atos de *criação do direito*).[19]

A segunda análise possível leva em consideração o diferente papel desempenhado por órgãos administrativos e órgãos legislativos, especialmente num Estado Democrático de Direito.

Cabe à função legislativa eleger o interesse público que, num determinado momento histórico, é relevante para a comunidade. Inovando a ordem jurídica, a lei define o que é de interesse público, tendo como limite unicamente o texto constitucional.[20]

Em seu papel subordinado à lei formal, aos órgãos que desempenham função administrativa não cabe a escolha do que é

toujours *secundum legem*, c'est à-dire conformément à la loi et dans le cadre de celle-ci" (Michel Stassinopoulus, *Traité des Acts Administratifs*, pp. 18-19).

16. *Curso de Derecho Administrativo*, v. I, 8ª ed., p. 433.

17. "Tale subordinazione, che concreta il principio della necessaria legalità dell'attività amministrativa, va intesa anzitutto in senso negativo: vale a dire nel senso che l'attività amministrativa trova un limite formalmente insuperabile nella legge, la quale può porre divieti a determinate attività, tanto per quello che concerne le finalità da raggiungere, quanto per quello che riguarda i mezzi e le forme da seguirsi a tale scopo; ma va intesa, anche e soprattutto, in senso positivo: e questo non soltanto nel senso che la legge può vincolare positivamente l'attività amministrativa a determinate finalità od a determinate mezzi o determinate forme, ma altresì nel senso che (...) l'amministrazione, particolarmente per quanto concerne l'attività di carattere giuridico, può fare soltanto ciò che la legge consente" (Renato Alessi, *Principi di Diritto Amministrativo*, v. I, 4ª ed., p. 16).

18. Para Kelsen, "a ordem jurídica não é um sistema de normas jurídicas ordenadas no mesmo plano, situadas umas ao lado das outras, mas é uma construção escalonada de diferentes camadas ou níveis de normas jurídicas. A sua unidade é produto da conexão de dependência que resulta do facto de a validade de uma norma, que foi produzida de acordo com outra norma, se apoiar sobre essa outra norma, cuja produção, por seu turno, é determinada por outra; e assim por diante, até abicar finalmente na norma fundamental — pressuposta. A norma fundamental — hipotética, nestes termos — é, portanto, o fundamento de validade último que constitui a unidade desta interconexão criadora" (*A Teoria Pura do Direito*, 4ª ed., p. 310).

19. Segundo Eduardo García de Enterría, "el proceso de producción jurídica es un proceso de *legis executio* paulatina a partir de la norma fundamental; en la medida en que la Administración se inserta necesariamente en una fase de ese proceso no puede actuar más que ejecutando normas antecedentes" (ob. cit., p. 430).

20. "À questão 'que é interesse público?' poder-se-á responder de maneira singela: 'aquilo que a lei assim quis'. Interesse público, dentro de determinado ordenamento jurídico-positivo, é aquele a que a Constituição e a lei deram tratamento especial" (Lúcia Valle Figueiredo, *Curso de Direito Administrativo*, 4ª ed., p. 33).

interesse público. Tal definição já foi feita pelo legislador. Ao aparato administrativo do Estado compete adotar as medidas de atendimento do interesse público, previamente eleito pelo Parlamento, na forma estabelecida em lei. Veja-se a lição de Fernando Sainz Moreno. "en un Estado democrático y libre sólo al legislador corresponde fijar lo que conviene al interés público. El legislador, si es representante de la voluntad del pueblo, expresa por medio de su actuación legislativa la concepción que en cada momento prevalece del interés público. (...) No es misión de la Administración descubrir en cada momento y ante cada caso lo que conviene al interés público; su tarea, por el contrario, es concretar y aplicar la idea de interés público que la Ley expresa".[21]

Cite-se ainda a seguinte passagem da obra de Celso Antônio Bandeira de Mello, que bem demonstra a relação da função administrativa em face da legislativa: "Administrar é prover aos interesses públicos, assim caracterizados em lei, fazendo-o na conformidade dos meios e formas nela estabelecidas ou particularizadas segundo suas disposições".[22]

Em face do que foi exposto, pode-se definir função administrativa como a atividade estatal infralegal que visa ao atendimento dos interesses públicos eleitos pelo legislador, cujos atos são passíveis de controle pelo Poder Judiciário.[23]

1.2 A finalidade como elemento do ato administrativo

A conceituação de ato administrativo extrapola os limites do presente estudo. Considerar-se-á, aqui, ato administrativo como o resultado do exercício da função administrativa, acima definida. É, portanto, um ato estatal infralegal pelo qual o aparato administrativo do Estado busca atender os interesses públicos eleitos pelo legislador, e, ademais, sujeito ao controle jurisdicional. À sua conceituação, no modo proposto, não importa o conteúdo do ato, mas tão-somente sua posição no ordenamento jurídico. O ato administrativo, portanto, pode ser tanto individual e concreto (ato administrativo *stricto sensu*) como geral e abstrato (regulamento).[24]

Em poucos temas do direito administrativo encontra-se tamanha discrepância como a que reina acerca dos elementos do ato administrativo. Em geral, são aponta-

21. "Reducción de la discrecionalidad: el interés público como concepto jurídico", pp. 9-10. Em sentido semelhante é a lição de Georges Vedel: "Pour que la notion d'intérêt public soit juridiquement utilisable, il faut que soient déterminées les autorités qui ont compétence pour arbitrer entre les intérêts particuliers. (...) Pourtant, c'est généralement au législateur qu'il revient de définir avec la précision nécessaire la plupart des éléments composant l'intérêt public. (...) Le législateur ne se contente d'ailleurs pas en général de définir la fin d'intérêt public. Il définit aussi les règles juridiques selon lesquelles cette fin sera poursuivie: autorité compétente pour intervenir en la matière, moyens dont elle pourra user. Quant à l'Administration, elle n'est pas, en droit, compétente pour définir les fins d'intérêt public et en créer de nouvelles" (*Droit Administratif*, t. I, p. 174).

22. Ob. cit., p. 76.

23. A menção ao controle do Poder Judiciário é necessária em face do que dispõe o inciso XXXV do art. 5º da Constituição Federal. Note-se que a definição proposta é compatível com o ordenamento jurídico nacional, em decorrência dos seguintes dispositivos constitucionais: art. 5º, incisos II e XXXV (já mencionado); art. 37, *caput*; art. 84, inciso IV. Não se trata, porém, de definição de validade universal e intemporal. A definição de cada função estatal, como já foi dito, deve levar em conta o regime jurídico que lhe é próprio, e depende, pois, da análise do ordenamento jurídico de cada Estado.

24. "A ação administrativa vem a ser constituída por volições secundárias, em relação às volições primárias do legislador, para a realização dos fins por este prefixados. Estas volições secundárias são de duas ordens: umas genéricas, como as próprias leis a executar, outras individuais e concretas" (Afonso Rodrigues Queiró, *Lições de Direito Administrativo*, v. I, p. 66).

dos cinco elementos: competência (ou sujeito), motivo, finalidade, forma e objeto. Há, porém, posições doutrinárias as mais diversas: ora divergem os autores quanto à nomenclatura, ora quanto ao número de elementos. Autores há ainda que preferem nem usar a expressão elementos, manifestando sua opção por outras, como requisitos ou pressupostos dos atos administrativos.

O tema escapa dos limites do presente trabalho e, além disso, é inútil para o objeto ora estudado. Isso porque a finalidade — e o tema em discussão é o desvio de finalidade — é considerada pela grande maioria dos autores como elemento do ato administrativo, havendo nesse tópico pequena variação.[25]

E o que é a finalidade do ato administrativo?

Como foi dito, o legislador define o interesse público através do exercício da função legislativa. Ademais, é o legislador que atribui competências aos órgãos administrativos do Estado, que as devem exercer nos estritos limites legais.

Ao outorgar competência à Administração Pública, o legislador tem em mira um determinado interesse público que deverá ser atendido pela atuação administrativa. Ou seja, a competência é outorgada visando a uma específica *finalidade*, a um resultado que deve ser alcançado pelo ato praticado. Cite-se, uma vez mais, a preciosa lição de García de Enterría: "Los poderes administrativos no son abstractos, utilizables para cualquier finalidad; son poderes funcionales, otorgados por el ordenamiento en vista de un fin específico, con lo que apartarse del mismo ciega la fuente de su legitimidad".[26]

A finalidade é justamente o resultado visado pela lei que outorga competência à Administração Pública. É, em outras palavras, o objetivo que o ato administrativo deve alcançar, de acordo com o comando legal. Ou ainda, nas palavras de Celso Antônio Bandeira de Mello, "o bem jurídico objetivado pelo ato (...) o resultado previsto legalmente como o correspondente à tipologia do ato administrativo".[27]

Como é óbvio, a finalidade será sempre um interesse público: "o fim é, pois, aquêle interêsse público cuja realização a lei tem em vista ao conceder a determinada autoridade certo poder de agir", conforme a lição do mestre português Afonso Rodrigues Queiró.[28] Exercendo função, não haveria justificativa para o legislador outorgar competência aos órgãos administrativos com objetivo outro que o atendimento do interesse público. Pela mesma razão, não haveria fundamento para o agir da Administração Pública que não tivesse em mira o mesmo objetivo.

Cada ato administrativo tem uma finalidade própria, que deve ser alcançada através da sua edição. São sempre interesses públicos, vale repetir, mas que variam conforme o caso. Conforme lição de García de Enterría, o interesse público genérico "se matiza significativamente en cada uno de los sectores de actividad o institucionales como un fin específico (p. ej., en la potestad

25. Independente da questão terminológica, consideram a finalidade um elemento do ato administrativo os seguintes autores, dentre tantos: Celso Antônio Bandeira de Mello (ob. cit., pp. 347-348), Oswaldo Aranha Bandeira de Mello (ob. cit., pp. 521-522), Seabra Fagundes (ob. cit., p. 38), Eduardo García de Enterría (ob. cit., p. 544). Ver, em contrário, André Gonçalves Pereira, *Erro e Ilegalidade do Acto Administrativo*, pp. 108-109.

26. Ob. cit., p. 458. Para ficar na rica doutrina do direito administrativo espanhol, cite-se a brilhante passagem de Carmen Chinchilla Marin: "en toda actuación administrativa hay, por decirlo de una manera muy simple, un por qué y un para qué. La Administración actúa porque una norma la ha apoderado en ese sentido para que cumpla una finalidad de interés público concreta" (*La Desviación de Poder*, 2ª ed., p. 69).

27. Ob. cit., p. 347.

28. "A teoria do 'desvio de poder' em direito administrativo", *RDA* VII/69-70.

de policía, la seguridad pública, en las potestades sanitarias, la salubridad, etc.)".[29]

Assim, p. ex., a desapropriação de imóvel rural prevista no art. 184 da Constituição Federal, de competência privativa da União Federal (Lei Complementar 76/1993, art. 2º) tem por *finalidade* a realização de reforma agrária. Ou seja, a competência outorgada à União pelo referido diploma legal somente poderá ser exercida, licitamente, se tiver em mira tal objetivo, sob pena de invalidade, como adiante será analisado. Visando à reforma agrária não pode a União Federal lançar mão da competência outorgada pelo Decreto-lei 3.365/1941, que trata da desapropriação por utilidade pública, já que a finalidade legal, em tal caso, é distinta daquela.[30]

É verdade que nem sempre a lei que confere competência à Administração Pública é expressa ao determinar o interesse público cujo atendimento deve ser o objetivo do ato administrativo. Se pode a lei ser bastante precisa ao discriminar o interesse que está vinculado à competência administrativa, especificando a sua natureza (sanitário, econômico, estético etc.), pode também, por outro lado, simplesmente fazer referência ao interesse público, genericamente. É possível, ainda, que a lei refira-se ao interesse público de modo implícito.[31] Sempre haverá, entretanto, um interesse público como alvo do agir da Administração Pública.[32]

Esclarecido o conceito de finalidade, deve-se examinar outra questão tormentosa, a saber: há espaço para a discricionariedade na definição da finalidade do ato administrativo?[33]

29. Ob. cit., p. 544. No mesmo sentido a lição de Jean Rivero: "De modo geral, [a Administração Pública] só deve exercer as suas competências com vista à satisfação do interesse público, em virtude de um princípio geral do direito. De modo mais particular, os textos assinalaram a certas competências um fim preciso: os poderes de polícia têm por finalidade assegurar a manutenção da ordem, o processo de alinhamento tem por finalidade fixar os limites da via pública, etc." (*Direito Administrativo*, pp. 289-290).

30. De acordo com o art. 5º do Decreto-lei 3.365/1941, "Consideram-se casos de utilidade pública: a) a segurança nacional; b) a defesa do Estado; c) o socorro público em caso de calamidade; d) a salubridade pública; e) a criação e melhoramento de centros de população, seu abastecimento regular de meios de subsistência; f) o aproveitamento industrial das minas e das jazidas minerais, das águas e da energia hidráulica; g) a assistência pública, as obras de higiene e decoração, casas de saúde, clínicas, estações de clima e fontes medicinais; h) a exploração e a conservação dos serviços públicos; i) a abertura, conservação e melhoramento de vias ou logradouros públicos; a execução de planos de urbanização; o parcelamento do solo, com ou sem edificação, para sua melhor utilização econômica, higiênica ou estética; a construção ou ampliação de distritos industriais; j) o funcionamento dos meios de transporte coletivo; k) a preservação e conservação dos monumentos históricos e artísticos, isolados ou integrados em conjuntos urbanos ou rurais, bem como as medidas necessárias a manter-lhes e realçar-lhes os aspectos mais valiosos ou característicos e, ainda, a proteção de paisagens e locais particularmente dotados pela natureza; l) a preservação e a conservação adequada de arquivos, documentos e outros bens móveis de valor histórico ou artístico; m) a construção de edifícios públicos, monumentos comemorativos e cemitérios; n) a criação de estádios, aeródromos ou campos de pouso para aeronaves; o) a reedição ou divulgação de obra ou invento de natureza científica, artística ou literária; p) os demais casos previstos por leis especiais".

31. Renato Alessi, ob. cit., pp. 236-237.

32. Vale ser transcrita, aqui, a lição de Carmen Chinchilla Marin: "la búsqueda de ese fin que constituye la causa de cada acto y que, expresa o implícitamente, fija la ley, no siempre resulta fácil, ya que el interés general al que genéricamente sirve la Administración (art. 103.1 CE) tiene una manifestación específica en cada actuación administrativa, y es a esa finalidad a la que habrá que referir la desviación" (ob. cit., p. 126).

33. Entende-se por discricionariedade a margem de liberdade que o legislador atribui à Administração Pública para que esta defina, através de juízo subjetivo próprio *e dentro dos limites legais*, a melhor maneira de atender o interesse público eleito pelo legislador.

De início, importante mencionar que não existe propriamente ato administrativo discricionário. Isso porque a margem de liberdade de que dispõe a Administração Pública jamais é absoluta, ilimitada. Bem pelo contrário, há sempre vinculação na competência administrativa, menor ou maior. O legislador pode conferir certa liberdade aos órgãos administrativos, mas tal liberdade coexiste com a vinculação, que em hipótese alguma pode desaparecer. É dizer, a discricionariedade não se refere nunca ao ato administrativo em sua totalidade, mas apenas a alguns aspectos do ato. Transcreva-se, nesse sentido, a lição sempre precisa de Víctor Nunes Leal: "Conquanto não haja atos integralmente discricionários, entretanto para a prática de certos atos administrativos a Constituição e as leis costumam reservar à administração pública uma opção de conveniência e oportunidade. A opção de conveniência e oportunidade é que constitui o conteúdo discricionário do ato, mas, salvo no tocante a êsse ponto, o ato administrativo, em tudo o mais, se deve considerar vinculado".[34]

A doutrina costuma afirmar que a finalidade é elemento vinculado do ato administrativo.[35] A afirmação parece óbvia. Afinal, se a finalidade é o interesse público que a lei determina que a Administração Pública persiga ao exercer a competência que lhe foi outorgada, salta aos olhos que não há, aqui, liberdade de escolha alguma à disposição dos órgãos administrativos. Não é admissível que o órgão administrativo afaste-se do interesse público que está no fundamento da sua própria competência. Muito embora sejam verdadeiras tais afirmações, a análise não é tão simples como pode parecer num primeiro momento.

É sabido que o legislador, ao editar seus atos normativos no exercício da função legislativa, pode utilizar conceitos precisos e imprecisos. De fato, pode o legislador tanto dispor que "aos 21 anos completos acaba a menoridade" (Código Civil, art. 9º), como que constitui crime "raptar mulher honesta para fim libidinoso" (Código Penal, art. 219). No primeiro caso o conceito é preciso, não havendo espaço para juízo valorativo algum: em determinado dia o indivíduo completa 21 anos, e como conseqüência cessa a sua menoridade. Já no segundo exemplo o conceito utilizado pelo legislador é impreciso: definir o que seja

34. *Problemas de Direito Público*, p. 281. Deve ser transcrita ainda a lição de Léon Duguit a respeito: "A mon avis, on doit énergiquement affirmer que dans le droit français moderne, non seulement il n'y a pas d'acte arbitraire, mais qu'il n'y a pas d'acte discrétionnaire ou de pure administration. Quelque large que puisse être parfois le pouvoir d'appréciation de l'agent administratif, celui-ci ne peut jamais être déterminé par un but étranger à un service public, ni même par un but de service public sans doute, mais étranger aux services publics qu'avait certainement en vue la loi en lui donnant compétence" (*Traité de Droit Constitutionnel*, t. II, 2ª ed., p. 303).

35. É a opinião de García de Enterría: "En concreto puede decirse que son cuatro por lo menos los elementos reglados por la Ley en toda potestad discrecional y que no pueden dejar de serlo: la existencia misma de la potestad, su extensión (que nunca podrá ser absoluta, como ya sabemos), la competencia para actuarla, (...), y por último, el fin, porque todo poder es conferido por la Ley como instrumento para la obtención de una finalidad específica, la cual estará normalmente implícita y se referirá a un sector concreto de las necesidades generales, pero que en cualquier caso tendrá que ser necesariamente una finalidad pública" (ob. cit., p. 446). Semelhante é a lição de Hely Lopes Meirelles: "a finalidade do ato administrativo é aquela que a lei indica explícita ou implicitamente. Não cabe ao administrador escolher outra, ou substituir a indicada na norma administrativa, ainda que ambas colimem fins públicos. Neste particular, nada resta para escolha do administrador, que fica vinculado integralmente à vontade legislativa" (ob. cit., p. 135). No mesmo sentido ensina Caio Tácito: "A finalidade é um elemento de vinculação permanente da conduta administrativa: se pode haver discricionariedade no tocante à escolha dos motivos ou à determinação do objeto, em nenhuma hipótese ela ocorrerá em relação ao fim" (*Direito Administrativo*, p. 101).

mulher honesta depende da análise de uma série de fatores, muitos dos quais altamente subjetivos.

Importa ainda notar: no primeiro caso não haverá margem de dúvida alguma quanto à verificação do conceito; será apenas uma questão de definir datas, com base nas quais será possível afirmar, com certeza, que o indivíduo completou ou não 21 anos. Na segunda hipótese, pelo contrário, sempre será possível questionar a adequação do conceito ao caso concreto, sendo certo que em alguns casos a adequação ou inadequação será induvidosa, enquanto noutros haverá margem de dúvida quanto à subsunção do caso concreto ao conceito legal.

Tal indefinição é típica dos conceitos vagos, imprecisos, indeterminados. É que, como ensina Karl Engisch, na esteira do pensamento de Philipp Heck, os conceitos jurídicos indeterminados possuem um núcleo conceitual e um halo conceitual. No primeiro encontra-se uma zona de certeza positiva, e, por exclusão, outra negativa; já no segundo tem-se uma zona de incerteza.[36]

É justamente a zona de incerteza existente em todo conceito jurídico indeterminado que leva à conclusão de que há discricionariedade nos casos em que o legislador outorga competência utilizando-se de tais conceitos.[37]

É que na zona de incerteza não se pode determinar de modo categórico se a situação de fato é ou não subsumível ao conceito legal indeterminado. Pode ser ou pode não ser, conforme juízo subjetivo de quem analisa a norma. Seja qual for a opção, não se pode dizer, objetivamente, que seja errada. Em outras palavras: na zona de incerteza a determinação da adequação do conceito legal ao caso concreto decorre de análise subjetiva do aplicador da norma.

Ora, se o legislador utiliza conceitos jurídicos indeterminados para delimitar a competência administrativa, atribui ao agente administrativo o poder de definir se o fato concreto é ou não subsumível ao conceito legal. Faz parte da competência do agente administrativo, em tais hipóteses, definir se o caso concreto é ou não adequado ao conceito indeterminado contido na lei.

Esclareça-se, porém, que a liberdade do agente administrativo no seio dos conceitos jurídicos indeterminados não é, em hipótese alguma, absoluta. Como se disse, há uma zona de certeza em tais conceitos, na qual não há liberdade à disposição da Administração Pública. A liberdade surge apenas na zona de incerteza, em que não se pode afirmar de modo objetivo que se está ou não diante de um fato subsumível ao conceito legal. Apenas aqui há discricionariedade. Ou, nas palavras claras de Celso Antônio Bandeira de Mello: "a discricionariedade fica acantonada nas regiões em que a dúvida sobre a extensão do conceito ou sobre o alcance da vontade legal é ineliminável".[38]

Fixada a idéia de que há discricionariedade na competência delimitada através de conceitos jurídicos indeterminados, a coerência impõe o reconhecimento de que

36. "Que numa noite sem luar, pelas vinte e quatro horas, nos espaços não iluminados, domina a escuridão à nossa latitude, é uma coisa clara; dúvidas fazem já surgir as horas do crepúsculo" (*Introdução ao Pensamento Jurídico*, 5ª ed., pp. 173-174).

37. Daí a lição de Afonso Rodrigues Queiró: "a discricionariedade surge, assim, circunscrita aos conceitos de valor utilizados na norma jurídica, aos conceitos práticos (não teoréticos)" ("A teoria do 'desvio de poder' em direito administrativo", *RDA* VI/60-61). Em sentido contrário, ver Eduardo García de Enterría, ob. cit., pp. 448-455.

38. Ob. cit., p. 763. Em outra obra, ensina o mesmo Mestre: "o agente público estará sempre 'vinculado' ao campo de certeza positiva e ao campo de certeza negativa abrigado nas palavras em questão, pois não está autorizado a fazer delas uma intelecção desarrazoada, arbitrária, distinta do senso comum, liberta do sentido corrente que necessariamente lhes terá de ser reconhecido em dado tempo e lugar" ("'Relatividade' da competência discricionária", *RTDP* 25/14).

pode haver discricionariedade na delimitação da finalidade do ato administrativo. Basta, com efeito, que a finalidade seja veiculada através de conceito vago, impreciso. Isso não significa, obviamente, que será lícito ao agente administrativo perseguir finalidade diversa do interesse público tal qual eleito pelo legislador. Significa tão-somente que o agente é competente para delimitar *qual é* o interesse público que corresponde à finalidade do ato administrativo.[39]

Tome-se como exemplo lei que outorgue competência à Administração Pública para pôr fim a reuniões que causem danos à ordem pública. A finalidade, aqui, é manter a ordem pública. A definição de ordem pública, porém, depende de juízo subjetivo do aplicador da norma. Haverá, é certo, reuniões que obviamente não causarão transtorno algum à ordem pública (zona de certeza negativa), e outras que induvidosamente causarão (zona de certeza positiva). Em tais casos não há que se falar em discricionariedade. Havendo espaço para dúvida, porém, estar-se-á diante de competência discricionária, no tocante a esse ponto específico do ato administrativo.

2. O vício do desvio de poder

2.1 Recapitulação; conceito de desvio de poder

Conforme foi afirmado no capítulo anterior, a função administrativa é subordinada à legislativa. Com efeito, só é possível à Administração Pública agir *se* houver lei formal que lhe outorgue competência, e mais, nos precisos limites da lei autorizadora.

A lei formal, também foi dito, outorga competência aos órgãos administrativos do Estado tendo em mira um específico interesse público, que deve ser o alvo da atuação administrativa. Tem-se aqui a finalidade do ato administrativo, que é o objetivo (interesse público) que deve ser alcançado através do exercício da competência administrativa, de acordo com o comando legal.

Pois bem. Dito isso, é possível — e até mesmo intuitivo — definir o vício ora estudado: desvio de poder (ou de finalidade) é o exercício de uma competência administrativa tendo em mira finalidade diversa da que lhe corresponde segundo o comando legal.[40]

O ato praticado com desvio de finalidade é inválido, não podendo sequer ser objeto de convalidação.[41]

2.2 Origem histórica

2.2.1 França e Itália

O desvio de poder surge da criatividade jurídica do Conselho de Estado fran-

39. Nesse sentido, Celso Antônio Bandeira de Mello, *Curso...*, cit., pp. 758-760; Afonso Rodrigues Queiró, "A teoria do 'desvio de poder' em direito administrativo", *RDA* VI/78; Renato Alessi, ob. cit., p. 236.

40. "Il y a détournement de pouvoir lorsqu'une autorité administrative accomplit un acte de sa compétence mais en vue d'un but autre que celui pour lequel l'acte pouvait légalement être accompli" (André de Laubadère, *Traité de Droit Administratif*, t. I, 14ª ed., p. 538); "la desviación de poder es un vicio del acto administrativo que consiste precisamente en el ejercicio de potestades administrativas para fines distintos de los señalados por el ordenamiento jurídico" (Carmen Chinchilla Marin, ob. cit., p. 51); "entende-se por desvio de poder a utilização de uma competência em desacordo com a finalidade que lhe preside a instituição" (Celso Antônio Bandeira de Mello, *Discricionariedade e Controle Jurisdicional*, 2ª ed., 3ª tir., p. 56).

41. A possibilidade de convalidação é o critério mais relevante de distinção entre categorias de atos administrativos inválidos, o que levou Antônio Carlos Cintra do Amaral a rejeitar a nomenclatura tradicional — atos nulos e anuláveis — e ado-

cês, que buscava um instrumento para controlar a discricionariedade administrativa. Ampliando a abrangência do *recours pour excès de pouvoir*, chegou o Conselho de Estado ao *détournement de pouvoir*, figura que atualmente está difundida na doutrina não só da França, mas de diversos países, inclusive o Brasil.

O recurso de *excès de pouvoir* francês visa à anulação dos atos administrativos praticados em ofensa à lei.[42] Num primeiro momento, a anulação decorria tão-somente da incompetência do agente, para em seguida abranger também os casos de vício de forma. Tratava-se, então, de um recurso contra vícios externos de ilegalidade dos atos administrativos.

Na seqüência, o Conselho de Estado passou a aceitar o recurso para invalidar atos que padeciam de vícios internos de ilegalidade, que atingiam o motivo, o conteúdo e a finalidade do ato administrativo.[43]

Ao permitir que o recurso de excesso de poder fosse utilizado como instrumento para invalidar os atos administrativos viciados em sua finalidade, deu origem o Conselho de Estado francês à teoria do desvio de poder. Foram os célebres *arrêts Lesbats*, de 25 de fevereiro de 1864 e 17 de junho de 1865, que marcaram a adoção da nova orientação da jurisprudência francesa.

As mencionadas decisões anularam atos administrativos praticados pelo prefeito de Fontainebleau que, no uso de atribuição que lhe era conferida para disciplinar o transporte de veículos nas cercanias da estação ferroviária municipal, acabou utilizando-se da competência para garantir o monopólio do transporte a uma determinada empresa, indeferindo requerimentos de autorização formulados por outros interessados em prestar o serviço. Não sendo essa a finalidade legal, entendeu-se que os atos padeciam do vício de *détournement de pouvoir*, razão pela qual foram os mesmos anulados.[44]

Após décadas de utilização da figura do desvio de poder, que se tornou um dos mais eficazes instrumentos de controle da atividade administrativa, há quem aponte, na doutrina francesa, certa decadência do instituto.[45] A opinião, todavia, não é pacífica. Ocorre que a jurisprudência do Conselho de Estado francês, em sua evolução, acabou por admitir meios de controle da legalidade dos atos administrativos menos subjetivos do que o desvio de poder, e, portanto, de apuração mais fácil. É o caso, principalmente, do controle dos motivos do ato administrativo, que ocupou um espaço que antes era reservado ao *détournement de*

tar outra: atos convalidáveis e não-convalidáveis (*Extinção dos Atos Administrativos*, p. 66). Sobre a impossibilidade de convalidação dos atos administrativos maculados pelo desvio de poder, ver Weida Zancaner, *Da Convalidação e da Invalidação dos Atos Administrativos*, 2ª ed., 2ª tir., p. 76.

42. "Le recours pour excès de pouvoir fait partie du contentieux de la legalité. Cette proposition qui achève de préciser la nature du recours signifie que le juge de l'excès de pouvoir limite son contrôle à une confrontation entre l'acte critiqué et la règle de droit. Excès de pouvoir est synonyme d'illégalité" (André de Laubadère, ob. cit., p. 502).

43. Atualmente são quatro os "cas d'ouverture du recours pour excès de pouvoir": incompetência, vício de forma, violação da lei (vício de motivos e vício de conteúdo) e desvio de poder. Ver, a propósito, André de Laubadère, ob. cit., pp. 533-534; Jean Rivero, ob. cit., pp. 283-284; René Chapus, *Droit Administratif Général*, t. I, 14ª ed., p. 998.

44. Já em 19 de maio de 1858 (*arrêt Vernes*) o Conselho de Estado francês utilizara a noção de desvio de poder, muito embora sem utilizar a expressão que depois ficou consagrada, ao anular ato administrativo de prefeito municipal que proibia aos banhistas que trocassem de roupa em locais diversos dos estabelecimentos municipais criados com tal propósito. Entendeu o Conselho de Estado que tal proibição visava a aumentar a arrecadação municipal, já que pela utilização dos estabelecimentos municipais era cobrada uma taxa (cf. Carmen Chinchilla Marin, ob. cit., pp. 30-31).

45. Entre outros, Marcel Waline, *Droit Administratif*, 7ª ed., pp. 424-425; Jean Rivero, ob. cit., p. 292.

pouvoir. Parece ser exagerado, portanto, falar em decadência do instituto na jurisprudência francesa. Há, isso sim, a adoção de outras técnicas de controle, ao lado da técnica do desvio de poder, que ainda mantém sua importância.[46]

Na Itália o excesso de poder surge, ao menos no âmbito do direito administrativo, com a Lei de 2 de junho de 1889 (art. 24), que disciplinava as funções do *Consiglio di Stato*, atribuindo-lhe competência para julgar os recursos administrativos nos casos de incompetência, excesso de poder e violação à lei.[47]

À época, a jurisprudência francesa já criara o conceito de *détournement de pouvoir*, incluindo tal figura dentre os casos que permitiam o controle de legalidade dos atos administrativos através do recurso de *excès de pouvoir*. A jurisprudência italiana soube aproveitar, desde o primeiro instante, a inovação criada pelo Conselho de Estado francês. Assim, já a partir de 1889, com a edição do referido diploma legal, é exercido na Itália o controle do *eccesso di potere*, incluindo aí a figura específica do desvio de finalidade (*sviamento di potere*).[48]

O excesso de poder italiano não se restringe à figura do desvio de finalidade.[49] Pelo contrário, abrange uma grande quantidade de vícios dos atos administrativos, em especial os que decorrem do exercício de competência discricionária.[50] Podem ser destacados os seguintes: inexistência dos pressupostos de fato invocados, erro de fato, ilogicidade manifesta, injustiça manifesta, entre outros.[51]

Da jurisprudência e doutrina francesa e italiana o desvio de finalidade passou a ser adotado em diversos sistemas jurídicos, como o da Espanha, de Portugal, da Bélgica, dos Estados Unidos, do México e do

46. "Il est cependant certain que les arrêts annulant pour détournement de pouvoir sont devenus beaucoup plus rares qu'autrefois. Mais c'est pour une raison assez différente, à savoir, l'apparition (postérieur au détournement de pouvoir) d'autres moyens d'annulation qui permettent d'aboutir à l'annulation dans des espèces où on eût autrefois recherché le détournement de pouvoir et qui, donnant lieu à des appréciations moins subjective, offrent un terain plus favorable et sont, de ce fait, préférées par les plaideurs et par le juge. Plutôt que de déclin du détournement de pouvoir il vaut donc mieux parler d'une raréfaction expliquée par un transfert de moyens d'annulation" (André de Laubadère, ob. cit., pp. 542-543). No mesmo sentido, Eduardo García de Enterría, ob. cit., pp. 461-462.

47. O referido diploma legal foi substituído pelo *Regio Decreto* 1.054, de 26 de junho de 1924, que dispõe em seu art. 26, de modo semelhante ao que dispunha o art. 24 da Lei de 1889, o seguinte: "Spetta al Consiglio di Stato in sede giurisdizionale di decidere sui ricorsi per incompetenza, per eccesso di potere o per violazione di legge, contro atti e provvedimenti di un'autorità amministrativa o di un corpo amministrativo deliberante, (...)".

48. Guido Zanobini, ao fazer referência ao *détournement de pouvoir* francês, assim se manifesta: "Tale era il significato assunto dall'eccesso di potere nella giurisprudenza francese, quando l'espressione fu introdotta nella legislazione italiana con riferimento agli atti amministrativi; e in questo senso essa fù intesa ed applicata immediatamente dal nostro Consiglio di Stato" (*Corso di Diritto Amministrativo*, v. II, 8ª ed., p. 202).

49. Não são figuras iguais o *eccesso di potere* italiano e o *excès de pouvoir* francês. O *eccesso di potere* é uma das formas de ilegalidade dos atos administrativos, ao lado da incompetência e da violação à lei. O *excès de pouvoir* francês é o recurso utilizado para invalidar atos administrativos viciados, e abrange todas as formas de ilegalidade: incompetência, vício de forma, violação à lei, desvio de poder. Podem ser considerados sinônimos, entretanto, o *sviamento di potere* e o *détournement de pouvoir*.

50. De acordo com Renato Alessi, o excesso de poder abrange "i vizi inerenti alla violazione da parte dell' Amministrazione dei limiti posti alla sua potestà discrezionale" (ob. cit., p. 417).

51. Guido Zanobini, ob. cit., p. 202. Ver ainda Umberto Fragola, *Gli Atti Amministrativi*, 2ª ed., p. 161: "lo sviamento dal fine pubblico, la contraddizione, la disparità di trattamento, la motivazione illogica, la iniquità e la ingiustizia manifesta sono le forme più frequente di eccesso di potere".

Brasil, ao qual serão dedicados os próximos itens do presente estudo.[52]

2.2.2 A origem do desvio de finalidade no Brasil

No Brasil a adoção da teoria do desvio de poder foi bem mais tardia do que no continente europeu, infelizmente. Ainda que já no final do século XIX a Lei 221, de 20 de novembro de 1894, fizesse expressa referência ao excesso de poder como causa de invalidade de "medida administrativa tomada em virtude de uma faculdade ou poder discricionário", não houve, como ocorrera na Itália apenas cinco anos antes, a percepção da oportunidade que se abria ao controle dos atos administrativos, através da utilização da teoria já então consagrada no direito administrativo francês.

A verdade é que o silêncio sobre o desvio de poder marcou as primeiras décadas do século XX. Tal situação pode ser explicada pelo receio de que o Poder Judiciário invadisse a esfera de atuação da Administração Pública, ao examinar a compatibilidade do ato administrativo com a finalidade legal. Dúvida não há que o fato de na França e na Itália o controle da finalidade do ato administrativo ser exercido, principalmente, por órgão da jurisdição contenciosa-administrativa facilitou bastante a aceitação da teoria nos referidos países. Pelo contrário, a inexistência de um órgão de tal natureza no Brasil dificultou a importação da idéia desenvolvida pelo Conselho de Estado francês. Não faltou, aliás, quem afirmasse que a teoria do desvio de poder era compatível apenas com os sistemas que contemplassem um órgão de jurisdição administrativa, e, portanto, seria inaceitável no Brasil a sua adoção.[53]

Coube ao jurista potiguar Seabra Fagundes, figura que engrandeceu as letras jurídicas brasileiras do século XX, o tratamento mais aprofundado do desvio de finalidade como vício do ato administrativo. Já em 1941, na primeira edição de sua principal obra — nunca suficientemente elogiada —, *O Controle dos Atos Administrativos pelo Poder Judiciário*, arrolava Seabra Fagundes o desvio de finalidade entre os motivos de invalidação dos atos administrativos, reconhecendo que: "A atividade administrativa sendo condicionada pela lei à obtenção de determinados resultados, não póde a Administração Pública deles se desviar, demandando resultados diversos dos visados pelo legislador. Os atos administrativos devem procurar atingir as conseqüências que a lei teve em vista quando autorizou a sua pratica, sob pena de nulidade. Tratando, por exemplo, de desapropriação, a Carta Constitucional a permite para atender à necessidade ou utilidade pública. Decretada a expropriação de um imóvel no interêsse direto de pessôa privada, o ato será invalido por falta de finalidade legal. Terá havido aí desvio de finalidade, ou seja, o

52. Para uma visão do desvio de finalidade no direito comparado, ver Caio Tácito, ob. cit., pp. 90-98.

53. É o caso, p. ex., de Themístocles Cavalcanti, que ensinava: "Em nosso regime, sòmente a própria autoridade administrativa, dentro de sua competência legal, pode corrigir os vícios dos atos administrativos que decorrem do motivo determinante do ato, da sua justiça, oportunidade. Esta esfera é impenetrável à autoridade judiciária, adstrita à apreciação da legalidade do ato. Assim, não é tolerável entre nós a doutrina francesa, salvo para os efeitos criminais, aplicada quando o funcionário age dolosamente, usando de meios não admitidos pela lei, deformando, quanto aos seus fins e modo de proceder, uma atribuição legal" (*Tratado de Direito Administrativo*, v. II, pp. 294-25). Em outra passagem de sua obra, o insigne jurista afirmava, ao tratar especificamente do desvio de poder: "sòmente nos países onde existe o contencioso administrativo ou uma jurisdição administrativa própria e autônoma, seria possível penetrar na apreciação do ato discricionário, ou, em outras palavras, para usar uma terminologia muito de agrado dos autores alemães, abuso do poder discricionário" (*Tratado de Direito Administrativo*, v. VI, 2ª ed., pp. 160-161).

que os francêses chamam de *detournement de pouvoir*".[54]

Foi o mesmo Seabra Fagundes o relator do julgado que inovou a jurisprudência brasileira sobre o tema, ao invalidar ato administrativo praticado no exercício de competência discricionária em violação à finalidade legal. O aresto, do Tribunal de Justiça do Rio Grande do Norte, é considerado o *leading-case* no tocante à teoria do desvio de poder na jurisprudência pátria.[55]

Coincidentemente, o caso submetido à apreciação do Tribunal de Justiça potiguar em muito se assemelhava ao que fora apreciado pelo Conselho de Estado francês em 1864, dando origem ao *arrêt Lesbats*. Trata-va-se, com efeito, de mandado de segurança impetrado contra decisão administrativa que indeferira requerimento de empresa de ônibus que desejava prestar o serviço de transporte num determinado horário, em prejuízo de outra empresa, beneficiada pelo ato administrativo impugnado. Vale ser transcrito o seguinte trecho do voto proferido pelo eminente Seabra Fagundes: "o ato administrativo que fixou horários para as viagens de ida e vinda do terceiro ônibus do impetrante (10h. e 22h.), se depreende do exame conjunto das peças do processo, apesar de praticado no exercício de legítima competência (C. de Trânsito, arts. 56, § 2º e 57, *c*) e de ter objetivo lícito (coordenação dos transportes coletivos entre São José de Mipibu e esta Capital), peca por desvio de finalidade, pois longe de visar, como seria de supor, o exclusivo interesse público a um bom serviço de comunicações, o que teve em mira foi cercear a atividade do impetrante favorecendo o seu concorrente".[56]

Do ponto de vista legislativo, é curioso notar que o ordenamento jurídico pátrio sempre foi mais rico do que o francês, no que diz respeito ao vício de finalidade. Além da já citada Lei 221/1894, deve-se fazer menção à Lei 1.522, de 26 de dezembro de 1951, que em seu art. 28 alude ao desvio de poder, não para eivar de nulidade o ato administrativo, mas sim para sujeitar o agente que praticou o ato à destituição do cargo, sem prejuízo das sanções penais correspondentes.

Há que se fazer referência, ainda, à Lei 4.717, de 29 de junho de 1965, que disciplina a ação popular. Tal diploma legal, ao arrolar as hipóteses de nulidade dos atos administrativos, faz expressa menção ao desvio de finalidade (art. 2º, alínea *e*), definindo-o da seguinte maneira: "o desvio de finalidade se verifica quando o agente pratica o ato visando a fim diverso daquele previsto, explícita ou implicitamente, na regra de competência" (art. 2º, parágrafo único, *e*).

Há, portanto, no Brasil, embasamento jurisprudencial e legislativo à aplicação da teoria do desvio de poder, sendo de lamentar que sejam raros os atos administrativos invalidados por força de tal vício, não obstante seja prática corrente na vida administrativa brasileira a inobservância da finalidade legal no exercício das competências administrativas.[57]

2.3 Configuração do desvio de poder

2.3.1 Considerações preliminares

O vício de desvio de poder atinge a finalidade do ato administrativo, como vis-

54. *O Contrôle dos Atos Administrativos pelo Poder Judiciário*, 1941, p. 57.

55. Trata-se do acórdão proferido nos autos de apelação cível 1.422, em 28.7.1948, que se encontra publicado na *Revista de Direito Administrativo* 14/52.

56. *RDA* 14/69.

57. São de Celso Antônio Bandeira de Mello as seguintes palavras, que assentam como luvas à situação atualmente vivida em nosso país: "os casos de desvio de poder no País são incontáveis e parecem assentar-se na concepção ingênua, até mesmo primitiva, de que as autoridades, sobretudo as investidas em cargos políticos, são como que 'donos' dos poderes públicos enquanto titularizam ditos cargos. Assim, são corriqueiras e feitas de

to. O agente administrativo utiliza a competência que a lei lhe conferiu para atingir um fim diverso daquele que era visado pela norma. Ao agir em desrespeito à finalidade legal, a Administração Pública descumpre seu papel no ordenamento jurídico estatal, ultrapassando os limites de atuação da própria função administrativa. Nesse sentido pode-se dizer, com Maurice Hauriou, que o controle do desvio de poder marca "la subordination du pouvoir à la fonction".[58]

Note-se bem: no desvio de poder o agente é competente para praticar o ato administrativo, ou seja, existe lei formal que lhe outorgou poderes para, sob determinadas circunstâncias, agir para atingir fins específicos (sempre de interesse público). O vício decorre justamente da utilização da competência para o atendimento de fim diverso do estabelecido na lei.

Difere, pois, o desvio de poder da incompetência. Num caso há competência, mal utilizada; noutro, carece o agente administrativo da atribuição legal para agir. A propósito, merecem transcrição as palavras precisas de Francesco Carnelutti: "l'eccesso è qualità o attitudine del potere che esiste; l'incompetenza è espressione del potere che non esiste".[59]

É bem verdade que o desvio de poder pode ser reconduzido à incompetência, desde que se tenha uma concepção ampla de competência. Afinal, o agente recebe da lei formal poderes para utilizar sob determinadas circunstâncias (motivos), com o objetivo de alcançar um fim específico (finalidade), através de ato administrativo dotado de certo conteúdo e revestido de uma peculiar forma. É dizer, o agente é competente desde que respeite as diversas facetas da norma jurídica que lhe atribuiu o exercício da função administrativa.

Nesse sentido amplo, percebe-se que o agente somente tem competência para agir tendo em mira o fim previsto na lei que lhe outorgou o poder de editar o ato administrativo. Se age com outra finalidade, atuou fora da regra de competência. Na pena de ouro do jurista lusitano Afonso Rodrigues Queiró: "uma autoridade que prossegue fins ou interesses que não são os que a lei lhe comete, é claro que age num domínio em que é perfeitamente incompetente".[60]

Ainda nesse intróito do estudo da configuração do desvio de poder, deve-se dizer que não se trata de um vício exclusivo dos atos administrativos editados no exercício de competência discricionária. É verdade que sua criação, através da jurisprudência do Conselho de Estado francês, teve por objetivo justamente limitar o poder discricio-

público, ameaças de utilização da própria competência para 'retaliar' adversários políticos ou opositores que, no uso regular de competências públicas em outras esferas (como as estaduais ou municipais) ou como cidadãos resistem às orientações políticas do Governo Federal as quais, muitas vezes, padecem de ilegitimidade gritante ou escandalizam pela tolice, sobretudo nos dias que correm" (*Discricionariedade...*, cit., p. 68).

58. *Précis de Droit Administratif et de Droit Public*, 10ª ed., p. 455.

59. "Eccesso di potere", *Rivista di Diritto Processuale Civile* I/33. No mesmo sentido a lição de Oswaldo Aranha Bandeira de Mello: "o desvio de poder se restringe aos casos de exercício por órgão da Administração da sua competência em desrespeito ao fim a que essa competência está sujeita, que o direito objetivo lhe demarcara. Destarte, transborda do poder que lhe fora confiado. É um controle *sui generis* de vício de competência, diferente dos praticados pelos órgãos administrativos incompetentes. Nestes, o agente não tem os poderes para praticar o ato, porque lhe falta atribuição. Lá, ele tem atribuição, e, portanto, poderes para praticar o ato, mas o efetiva tendo em vista fim diferente do cogitado pela ordem jurídica ao lhe confiar essa atribuição, e, conseqüentemente, o poder de atuar" (ob. cit., pp. 484-485). Ver, ainda, Celso Antônio Bandeira de Mello, *Discricionariedade...*, cit., pp. 57-58.

60. "A teoria do 'desvio de poder'...", cit., *RDA* VII/58. Em sentido semelhante, Celso Antônio Bandeira de Mello, *Discricionariedade...*, cit., pp. 61-62: "não há competência — em última instância — senão quando concorrem todos os requisitos legais que lhe delineiam a concreta compostura",

nário da Administração Pública. Mas não se deve descartar que atos vinculados possam ser viciados pelo desvio de finalidade.

Veja-se que tanto no caso de competência discricionária como no de competência vinculada está a Administração Pública obrigada a observar a finalidade legal.[61] Não há aqui qualquer distinção entre uma categoria de atos e outra. Por essa razão não há motivo para a exclusão de atos vinculados da seara do vício de desvio de finalidade, muito embora seja raro encontrar um caso de tal situação.[62]

Cite-se o exemplo invocado por Celso Antônio Bandeira de Mello, que bem ilustra a possibilidade de desvio de poder na prática de ato administrativo vinculado. Imagine-se norma jurídica que imponha às autoridades administrativas o dever de dispersar bandos de ciganos, e que ainda esclareça que se considera bando o agrupamento de mais de 15 ciganos. Confrontado o agente administrativo com um grupo de 15 ciganos, formado por um casal, seus 12 filhos e a mãe do chefe de família, ser-lhe-ia lícito dispersar o grupo invocando a hipotética norma jurídica? Parece claro que não, pois a finalidade de tal norma não seria colocar fim a grupos familiares, mas sim a agrupamentos que viessem a causar danos à ordem pública. Nas palavras do Mestre paulista: "não sendo finalidade da regra repressiva em causa desagregar um núcleo familiar, o ato que o dissolvesse corresponderia à 'utilização de uma competência com fim diverso daquele em vista do qual foi instituída', ou seja, incidiria em desvio de poder".[63]

61. "Todo ato administrativo tem por escopo o interêsse geral. É a regra a que está sujeita tôda autoridade administrativa. Disto resulta que o desvio de poder é uma causa de ilegalidade suscetível de afetar todos os atos administrativos, sem exceção alguma" (José Cretella Júnior, *Do Desvio de Poder*, p. 57).

62. Nesse sentido, Carmen Chinchilla Marin, ob. cit., pp. 83-90.

63. *Discricionariedade...*, cit., p. 72.

2.3.2 Natureza do desvio de poder: vício de legalidade

O desvio de poder é, como se conceituou acima, o exercício de uma competência administrativa tendo em mira finalidade diversa da que lhe corresponde segundo o comando legal. É dizer, é um vício que decorre da inobservância de um comando legislativo, qual seja, o que determina à Administração Pública que busque o atendimento de um fim específico no exercício da competência que lhe é outorgada.

Trata-se, portanto, de ofensa à lei, e justamente no ponto que lhe é mais relevante, que revela o seu espírito e razão de ser no ordenamento jurídico: a finalidade. Sendo assim, salta aos olhos que o desvio de poder é um vício de legalidade.[64]

É certo que a violação à lei, no desvio de finalidade, é menos óbvia da que ocorre nos casos de incompetência ou vício de conteúdo do ato administrativo. É que a finalidade legal, que invariavelmente é um interesse público, nem sempre é muito clara, como já foi referido no presente estudo. Por essa razão é comum a afirmação de que o desvio de finalidade atinge o espírito da lei, demonstrando a idéia de fluidez que se confere ao elemento teleológico do ato administrativo.

Bem por isso foi defendido na França, em certo período, que o desvio de poder seria na verdade um vício de moralidade, e não de legalidade. Foi Maurice Hauriou o principal defensor de tal idéia, seguida e desenvolvida por Welter. Ensinava Hauriou, com efeito: "Le véritable cas de détournement de pouvoir, c'est l'excès de

64. "El vicio de desviación de poder es un vicio de estricta legalidad. Lo que se controla a través de esta técnica es el cumplimiento del fin concreto que señala la norma habilitante y ese control se realiza mediante criterios jurídicos estrictos y no mediante reglas morales" (Eduardo García de Enterría, ob. cit., p. 459).

pouvoir dans l'exercice du pouvoir discrétionnaire. On comprend par là que l'ouverture du détournement de pouvoir ne se confonde pas avec celle de la violation de la loi. La loi ne peut jamais lier entièrement le pouvoir discrétionnaire, celui-ci ne peut être entièrement lié que par la moralité administrative. (...) L'esprit général de la loi administrative n'est pas autre chose que la moralité administrative, de même que l'esprit général de la loi civile n'est pas autre chose que la moralité privée".[65]

De acordo com a tese defendida por Hauriou, portanto, a violação ao espírito da lei, que seria a marca do desvio de finalidade, não se confundiria com a própria violação à lei. Tal concepção seria, em suas palavras, um abuso "de la notion de la violation de la loi".[66] Tratar-se-ia de uma violação à moralidade administrativa, coisa bem diversa, segundo o autor, da ilegalidade.

A concepção de que o desvio de finalidade seria um controle da moralidade administrativa foi rechaçada pela doutrina francesa mais moderna. Jean Rivero chegou a afirmar que a tese defendida por Hauriou representava "uma visão muito estreita" da legalidade.[67]

Dúvida não há de que a tese defendida por Hauriou é juridicamente insustentável, e, ademais, perigosa.

Insustentável porque parte de uma concepção estreita da legalidade e de sua relação com a finalidade. Ora, a finalidade é uma das facetas da legalidade do ato administrativo. A lei que outorga competência à Administração Pública tem em mira um específico interesse público, eleito no exercício da função legislativa, e que deve ser necessariamente objetivado através da edição do ato administrativo. Sendo exercida a competência visando à finalidade diversa da legal, a lei é contrariada de modo frontal, e justamente em aspecto de grande relevância, que é o teleológico, razão de ser do diploma legal, ou seu espírito, para utilizar expressão do próprio Hauriou.

A ofensa ao espírito da lei é uma forma de ilegalidade, talvez até mais grave do que as demais, muito embora mais sutil. É a opinião de Marcel Waline: "En réalité, le détournement de pouvoir permet de sanctionner des violations de l'esprit de la loi qui respectent la lettre de celle-ci. C'est la application de l'idée que 'la lettre tue et l'esprit vivifie': le esprit doit être préféré à la lettre dans l'interprétation d'une loi. Mais la violation de l'esprit d'une loi est encore une violation de la loi; ainsi, le détournement de pouvoir est encore une forme d'illégalité".[68]

Deve-se mencionar, ainda, a inaceitável confusão entre Moral e Direito, na qual se assenta a doutrina ora criticada. Para o jurista, a atividade dos agentes administrativos deve ser pautada pela legalidade, razão pela qual, sob a ótica da ciência do direito, uma determinada conduta é lícita ou ilícita. *Tertium non datur.*[69] Daí serem ina-

65. Ob. cit., pp. 455-456. M. Welter, em tese na qual desenvolveu a idéia de Hauriou, foi ainda mais claro: "Le contrôle de la moralité administrative n'est plus une appréciation de légalité puisque le but n'est pas examiné à la seule lumière de la disposition légale. (...) Il existe donc à côté de la légalité des mesures administratives, sanctionnée par le recours pour violation de la loi proprement dit, une moralité administrative sanctionnée notamment par le recours pour détournement de pouvoir" (*Le Contrôle Juridictionnel et la Moralité Administratif*, tese, Nancy, 1929, pp. 73 e 75, *apud* Christian Pelletier, *L'Appréciation de la Légalité des Actes Administratifs par le Juge Répressif*, pp. 142-143).

66. Idem, p. 456.

67. Ob. cit., p. 290.

68. Ob. cit., p. 426.

69. Ao criticar a teoria do espaço jurídico inexistente, defendida por Santi Romano, ensina o jurista italiano Norberto Bobbio: "a primeira impressão de que uma liberdade juridicamente irrelevante não exista nasce do fato de que Romano, para definir essa liberdade e para distingui-la da liberdade jurídica (considerada como esfera do lícito) chama-a de esfera daquilo que não é nem

ceitáveis as teses de que "la loi ne peut jamais lier entièrement le pouvoir discrétionnaire, celui-ci ne peut être entièrement lié que par la moralité administrative",[70] ou de que "le contrôle de la moralité administrative n'est plus une appréciation de légalité puisque le but n'est pas examiné à la seule lumière de la disposition légale".[71]

Não quer isso dizer que a moralidade seja irrelevante para a ciência do direito. Sua importância, entretanto, ao menos para o jurista, decorre exclusivamente de sua inserção no ordenamento jurídico. Afigure-se o exemplo brasileiro: a Constituição Federal, em seu art. 37, consagra o princípio da moralidade. Em função de tal previsão constitucional, os agentes estatais estão juridicamente obrigados a exercer suas competências em acordo com valores eticamente aceitáveis. Mas isso ocorre porque a moralidade administrativa, no ordenamento pátrio, é princípio jurídico. Citem-se as palavras de Celso Antônio Bandeira de Mello, que a propósito do princípio da moralidade administrativa ensina o seguinte: "De acordo com ele, a Administração e seus agentes têm de atuar na conformidade de princípios éticos. Violá-los implicará violação ao próprio direito, configurando ilicitude que assujeita a conduta viciada a invalidação, pois tal princípio assumiu foros de pauta jurídica, na conformidade do art. 37 da Constituição".[72]

A concepção defendida por Hauriou é, ademais, perigosa, pois pode ser utilizada como argumento para mitigar o controle jurisdicional da finalidade do ato administrativo, já que tal controle funda-se na legalidade. O magistrado verifica a compatibilidade do ato administrativo em face do ordenamento jurídico. Se a finalidade é considerada não um elemento da legalidade, mas sim da moralidade, não há espaço para o exercício da função jurisdicional no controle desse importante aspecto do ato administrativo.

Isso ocorreu na França, fato lamentado pelo próprio Welter, paladino da tese que identifica a finalidade com a moralidade, em passagem de sua obra que não ficou isenta da crítica feroz de Christian Pelletier, como se lê: "Regrets tardifs d'une inconséquence regrettable! Ou bien le détournement de pouvouir est un contrôle de légalité et entre, à ce titre, dans l'excès de pouvoir, ou bien il est un contrôle de la moralité, et, à ce titre, les tribunaux, dont la mission de juger et non d'administrer, ont parfaitement raison de s'abstenir de tout contrôle".[73]

O mesmo ocorreu na Espanha, em época bem mais recente, situação comentada de modo muito espirituoso por Santamaría Pastor: "Si se piensa que anular un acto administrativo por desviación de poder equivale poco menos que a llamar inmoral y sinvergüenza a la autoridad que lo dictó (lo cual no es en absoluto cierto), no es de extraño que los Tribunales contenciosos que así razonan se hayan mostrado reticentes a acoger este vicio en sus pronunciamientos".[74]

lícito e nem ilícito. Ora, como lícito e ilícito são dois termos contraditórios, não podem excluir-se mutuamente, porque, se não podem ser ambos verdadeiros, não podem também ser ambos falsos. E, portanto, não pode existir uma situação que não seja ao mesmo tempo nem lícita nem ilícita" (*A Teoria do Ordenamento Jurídico*, 5ª ed., p. 130).

70. Maurice Hauriou, ob. e loc. cits.

71. M. Welter, ob. e loc. cits.

72. *Curso...*, cit., p. 89. Vale ser transcrita, no mesmo sentido, a lição de Marçal Justen Filho sobre o princípio da moralidade administrativa: "Essa concepção não implica afirmar a identidade entre Direito e Moral. A tese envolve reconhecimento de que o ordenamento jurídico impõe a compatibilidade da conduta do agente público com determinados parâmetros éticos. A existência de um princípio jurídico da moralidade significa que algumas valorações morais do grupo são recepcionadas pelo Direito Público" ("O princípio da moralidade pública e o direito tributário", *RTDP* 11/45).

73. Ob. cit., p. 143.

74. "Renovación dogmática en torno de la desviación de poder como instrumento de control", *Revista Española de Derecho Administrativo* 2/3.

2.3.3 Modalidades do desvio de poder

O fim do exercício da competência administrativa é atender ao interesse público eleito pelo legislador. Daí ser possível afirmar que a finalidade é sempre um interesse público, conforme já explicado.[75] Também foi mencionado no presente estudo que, por vezes, o interesse público que deve ser atingido pela ação administrativa é especificado pela lei (interesse sanitário, econômico etc.). Além do interesse público genérico, portanto, há também um interesse público específico, vinculado à competência administrativa.

Pois bem. Com base em tal distinção entre o interesse público genérico e o interesse público específico a doutrina é unânime em diferenciar duas modalidades do desvio de poder. Na primeira o agente administrativo pratica o ato visando à finalidade totalmente estranha ao próprio interesse público; na segunda, muito embora o interesse visado seja público, é outro que não aquele ligado à competência conferida ao agente administrativo.[76]

Na primeira hipótese o agente competente pratica o ato não para atender o interesse público que fundamenta sua atribuição, mas sim para atingir interesses particulares, seus ou de outros. É o caso do ato praticado para prejudicar terceiros, ou beneficiar o próprio agente e seus comparsas. Enfim, atos inspirados no intuito de perseguir ou de privilegiar, sem que a perseguição ou o privilégio decorram do comando legal. Há aqui um vício de intenção, sendo o móvel do agente censurável.[77]

Se toda competência administrativa é atribuída para possibilitar o atendimento de um interesse público, a primeira modalidade de desvio de finalidade é vício dos mais graves. O agente administrativo descumpre o comando mais básico que deve nortear sua atividade de servidor do Estado, e que caracteriza o regime jurídico administrativo: a supremacia do interesse público sobre o privado.[78]

Já na segunda modalidade do desvio de poder, o agente administrativo não tem em mira interesse particular, mas sim interesse público, diverso, todavia, do interesse público que deve ser alcançado através do ato administrativo praticado.

Como visto, cabe ao legislador eleger os interesses públicos num determinado momento histórico do Estado. Cabe-lhe, ainda, outorgar competências aos agentes administrativos, às quais são ligados interesses públicos específicos. Se o agente competente edita o ato para atingir interesse público diverso daquele que está ligado à sua competência, pratica igualmente desvio de finalidade. Afinal, como ensina Caio Tácito, "não é a qualidade do fim, mas a sua natureza legal que legitima a prática ad-

75. Vale ser novamente transcrita a lição de Queiró: "o fim é, pois, aquêle interêsse público cuja realização a lei tem em vista ao conceder a determinada autoridade certo poder de agir" ("A teoria do 'desvio de poder'...", cit., *RDA* VII/69-70).

76. "Les modalités selon lesquelles peut se manifester le détournement de pouvoir sont très diverses; on peut cependant les grouper sous deux chefs en distinguant les deux types de but légaux auxquels l'activité administrative doit se conformer: le but d'intérêt général commun à tous les actes administratives; les buts particuliers, propres à chacun d'eux" (André de Laubadère, ob. cit., p. 539).

77. Não se deve confundir móvel com motivo do ato administrativo. O primeiro é a intenção do agente que pratica o ato, o objetivo particular que ele tem em mira ao exercer sua competência; o segundo é o pressuposto de fato ou de direito que justifica a edição do ato administrativo. Segundo Marcel Waline, "les motifs sont des faits ayant une existence objective et qui peuvent justifier une décision. Le mobile, au contraire, c'est le sentiment, le désir qui a inspiré l'auteur de l'acte" (ob. cit., p. 417).

78. Sobre o regime jurídico administrativo e, em especial, o princípio da supremacia do interesse público sobre o privado, ver Celso Antônio Bandeira de Mello, *Curso...*, cit., pp. 30-33.

ministrativa".[79] Vale ser invocada, ainda, a preciosa lição da Waline: "Il se peut que le législateur n'ait donné un certain pouvoir à une autorité administrative que pour atteindre un résultat déterminé, et l'usage de ce pouvoir dans tout autre but, même d'intérêt public, est alors illégal".[80]

Exemplo típico da segunda modalidade de desvio de finalidade é a utilização do poder de polícia para aumentar a arrecadação tributária do ente estatal. O aumento da arrecadação do Estado não é, a toda evidência, finalidade de interesse particular, mas sim de interesse público. Nem por isso deixa de se configurar o desvio, pois a competência outorgada à Administração Pública para exercer sua atividade de polícia não se presta a tal fim.

A segunda modalidade de desvio de finalidade é igualmente grave, por diversas razões.

Em primeiro lugar porque representa verdadeira usurpação da função legislativa pelo agente administrativo. De fato, se cabe ao legislador outorgar à Administração Pública competência para atingir uma finalidade pública específica, e se tal competência é utilizada visando a outra finalidade pública, na realidade o agente administrativo escolheu qual o interesse público que corresponde aos poderes que lhe foram conferidos, tarefa que ultrapassa os limites da função administrativa.[81]

Em segundo lugar porque coloca em risco a segurança jurídica dos indivíduos, que têm na lei a medida da competência da Administração Pública, inclusive no tocante à finalidade. Se a lei outorga competência ao agente administrativo para o atendimento de uma finalidade específica, os indivíduos têm a segurança de que tal finalidade somente será perseguida através de uma determinada espécie de ato administrativo, editado em uma forma própria e após o trâmite do respectivo — e também específico — procedimento administrativo.

Utilizando a sua competência para atingir outra finalidade pública, o agente administrativo surpreende o particular interessado, praticando ato administrativo sem as formalidades que seriam exigíveis tendo em vista a finalidade legal ligada à competência. E as formalidades, bem se sabe, são um importante limite à arbitrariedade.[82]

Diga-se, ainda, que nessa segunda modalidade do desvio de poder está inserido o *détournement de procedure*, tão comentado no direito administrativo francês.[83] Trata-se da utilização de um procedimento inadequado para atingir a finalidade legal, em função de alguma facilidade que decorre para a Administração Pública da não utilização do procedimento correto.

A questão é de grande importância, pois o procedimento é uma das garantias

79. Ob. cit., p. 102.

80. Ob. cit., p. 423.

81. "Não é facultado, em suma, ao administrador substituir o legislador, criando para a regra de competência quaisquer fins que lhe pareçam mais consentâneos, ou que, maliciosamente, introduza em detrimento da verdadeira finalidade" (Caio Tácito, ob. cit., p. 89).

82. "Repise-se que no Estado de Direito é garantia do administrado saber que o poder público está adstrito não só aos fins que de antemão a lei elegeu como prezáveis, mas também aos meios que adrede categorizou como sendo os próprios para suprir as finalidades consideradas valiosas tanto mais porque, nos tempos modernos, rara é a finalidade que não se inclua dentro do campo de objetivos que o Estado se propõe a tutelar" (Celso Antônio Bandeira de Mello, *Discricionariedade...*, cit., pp. 65-66).

83. Segundo Laubadère, tratando do tema do *détournement de procédure*, "il peut arriver q'un même résultat puisse être atteint au moyen de deux procédures organisées différemment et ayant chacune ses conditions propres d'application; le détournement de pouvoir apparaîtra ici lorsque l'administration cherchera à employer l'une des deux procédures à la place de l'autres alors que les conditions d'emploi de la première ne sont pas réunies mais parce qu'elle présentera pour elle des avantages et afin d'en profiter" (ob. cit., p. 541). Ver ainda, Marcel Waline, ob. cit., pp. 423-424; Jean Rivero, ob. cit., p. 291; René Chapus, ob. cit., pp. 1.031-1.032.

do indivíduo frente aos órgãos estatais. Estabelecido um procedimento para atingir uma determinada finalidade, a utilização de outro, menos gravoso para a Administração Pública, constitui lesão ao direito dos particulares interessados.[84]

A existência dessa segunda modalidade do desvio de finalidade coloca uma pá de cal sobre a tese de que o desvio de finalidade seria vício de moralidade, tal qual defendido por Hauriou. Não há, aqui, nada que se possa repreender do ponto de vista moral: o agente exerceu sua competência para atender o interesse público, mas não aquele interesse cujo atendimento lhe fora atribuído pela lei. Daí concluir André de Laubadère, ao tratar da tese de Hauriou: "Ce point de vue ne peut être retenu. Outre qu'il comporte confusion entre la morale et le droit, il tend à limiter le détournement de pouvoir aux hypothèses où l'auteur de l'acte administratif a agi avec une intention malveillante, de mauvaise foi; or, ce ne sont pas là les seuls cas de détournement de pouvoir; celui-ci se présente souvent sous la forme de l'emploi incorrect d'une procédure là où une autre procédure aurait dû être utilisée sans qu'il y ait eu de mauvaise foi ou d'immoralité dans l'agissement administratif".[85]

2.3.4 O problema da intencionalidade do agente

Há quem sustente que o desvio de poder é um vício subjetivo, que se configura nas hipóteses em que o agente administrativo deliberadamente exerce sua competência visando a atingir finalidade diversa da legal, seja com vistas a interesse privado, seja com vistas a interesse público diverso daquele que é tutelado pela norma aplicada.[86] Ou seja, o problema do desvio de finalidade residiria no móvel do agente, já que para sua configuração haveria a necessidade de que a intenção fosse sempre viciada.

Com base nas idéias até aqui expostas é intuitivo que se rejeite a tese mencionada. O vício do desvio de poder, embora seja decorrência, muitas vezes, de um vício no móvel do agente administrativo, nem sempre o é. Bem por isso parece mais acertado afirmar que o vício, na realidade, é objetivo. Vejamos.

Foi sustentado, com amparo na doutrina mais moderna do direito administrativo, que o desvio de finalidade é um vício de estrita legalidade. Ou seja, ao se afastar da finalidade ligada à sua competência, o agente administrativo contraria a lei, ofende o ordenamento jurídico. Em suma, age de modo ilícito.

Ora, o descompasso entre a finalidade visada pela norma jurídica e a finalidade do ato administrativo concreto pode ocorrer com ou sem a intenção do agente. É dizer, o móvel viciado não é essencial para que se configure o apartamento entre o exercício da competência administrativa e a finalidade legal. Pode ocorrer que o agente administrativo aja de boa-fé e, ainda assim, pratique ato que não se coaduna com a finalidade específica vinculada à sua competência. Da mesma forma, é possível

84. A importância fica ainda mais evidente se se tiver em mente o fato de que todo ato administrativo, já que oriundo do exercício de função estatal, decorre de um procedimento, na lição de Carlos Ari Sundfeld: "como a 'vontade' manifestada pelo Estado, na produção de seus atos (sejam legislativos, administrativos ou jurisdicionais), traduz sempre o exercício de função, segue-se que o processo é o modo normal de agir do Estado. Em outras palavras: a realização do processo é indispensável à produção ou execução dos atos estatais" (*Fundamentos de Direito Público*, 2ª ed., p. 166).

85. Ob. cit., p. 539.

86. "La primera nota que caracteriza a esa conducta de la Administración [desvio de poder] es su voluntariedad o intencionalidad, esto es, el apartamento del fin es querido y buscado por la Administración autora del acto (...). La esencia de la desviación de poder está precisamente ahí, en que la potestad se ejerce con la intención de servir a un fin distinto al que la legitima y que es la causa o razón del acto" (Carmen Chinchilla Marin, ob. cit., p. 118).

que o agente, com as piores intenções imagináveis, pratique ato administrativo que não padeça de vício algum em relação à finalidade, mormente nos casos de competência estritamente vinculada.

Enfim, importa é o fato objetivo de ter sido a finalidade legal desrespeitada, e não o móvel do agente. Afinal, na pena precisa do jurista gaúcho Ruy Cirne Lima, "o fim — e não a vontade — domina todas as formas de administração".[87] Isso porque, como ensina Celso Antônio Bandeira de Mello: "No direito público, a satisfação do escopo sobreleva a boa ou má intenção do sujeito que pratica o ato. Se o atendeu com bons ou maus propósitos, nada importa. Se o desatendeu com intentos lisos ou incorretos, praticou, igualmente, uma ilegalidade e o ato não pode prosperar".[88]

Considerar o desvio de finalidade um vício subjetivo é uma reminiscência indesejada da antiga e já superada concepção de que a finalidade não seria um aspecto da legalidade do agir administrativo, mas sim de sua moralidade. Tratando-se de um problema ético, importava verificar a intenção do agente, seu móvel viciado, que deliberadamente conspurcava a competência administrativa que o legislador lhe havia conferido. Aí sim fazia sentido considerar o desvio de finalidade um vício subjetivo.

Mas com a concepção mais moderna, segundo a qual o desvio de finalidade é vício de estrita legalidade, a intenção do agente perde relevância para a configuração do vício (não para sua averiguação). Releva, isso sim, verificar o efetivo apartamento entre o exercício da competência administrativa e a finalidade legal. E nada mais. "Lo que está en juego", já disse García de Enterría, "es la legalidad administrativa y no la moralidad del funcionario o de la propia Administración".[89]

A intenção do agente será relevante para a investigação do desvio de finalidade, em especial nos casos de competência discricionária — que é a grande maioria, reconheça-se. De fato, havendo discricionariedade, em especial na delimitação da própria finalidade legal, o desvio de poder apenas pode ser deduzido do móvel viciado do agente, pois não se terá elementos para averiguar se a finalidade do ato administrativo destoou ou não do comando legal. O vício da intenção, em tais hipóteses, gera a presunção *juris et de jure* de que houve vício de finalidade. O primeiro vício implica o segundo.

Note-se bem: o desvio de finalidade continua sendo um vício objetivo, que decorre do apartamento entre o exercício da competência administrativa e a finalidade consagrada na lei. A intenção viciada do agente é apenas indicativo de que tal apartamento ocorreu.[90]

2.4 A prova do desvio de poder

A grande dificuldade do controle jurisdicional do desvio de poder assenta na prova da ocorrência do vício.[91] Em geral,

87. Ob. cit., p. 22.

88. *Discricionariedade...*, cit., p. 73.

89. Ob. cit., pp. 459-460. E continua o Mestre da Universidade Complutense de Madrid: "por eso, precisamente, es por lo que la desviación de poder no se reduce a los supuestos en que el fin realmente perseguido es un fin privado del agente, sino que se extiende, como ya se ha dicho, a todos los casos en que, abstracción hecha de la conducta del agente, es posible constatar la existencia de una divergencia entre los fines realmente perseguidos y los que, según la norma aplicable, deberían orientar la decisión administrativa" (idem, p. 460).

90. "O que faz inválido o ato nestes casos é efetivamente seu descompasso com o escopo legal, porém tal descompasso é deduzido do fato do agente não haver direcionado sua conduta ao escopo devido. Em rigor, haverá presunção, *juris et de jure*, de que a intenção incorreta desemboca em desacordo do ato com seu fim próprio" (Celso Antônio Bandeira de Mello, *Discricionariedade...*, cit., p. 74).

91. Sobre a relação entre prova e direito administrativo, é muito interessante a seguinte passa-

como visto, o desvio de finalidade decorre da intenção viciada do agente detentor de competência discricionária. Em tais casos, é preciso analisar o móvel do agente, tarefa árdua porque quanto mais grave for o desvio, mais dissimulado será o agente.[92]

A primeira dificuldade que se apresenta ao magistrado confrontado com uma alegação de desvio de finalidade é a apuração da finalidade legal, ou seja, do interesse público que deve ser o alvo da competência administrativa.

Já foi mencionado que nem sempre a norma é clara e precisa ao determinar o interesse público específico que consubstancia a finalidade da competência administrativa. Se a lei é objetiva em alguns casos, não o é em outros, podendo mesmo ser omissa, hipótese em que o interesse público estará definido de modo implícito.[93]

Sendo imprecisa a finalidade, deve o magistrado interpretar a norma que outorgou competência à Administração Pública através dos critérios de hermenêutica consagrados. Deve, principalmente, atentar para a natureza da competência, que indicará, ao menos de modo genérico, qual a finalidade da competência administrativa. Assim, ainda que seja silente quanto à finalidade norma jurídica que outorgue a agente administrativo o exercício de poder de polícia, a natureza de tal competência permitirá ao magistrado deduzir, p. ex., que o aumento de arrecadação tributária extrapola o seu papel.[94]

A determinação da finalidade legal do ato administrativo é de extrema relevância para o controle do desvio de poder, pois pode ser suficiente para que o magistrado conclua pela ocorrência do vício e conseqüente anulação do ato. Com efeito, a prova do desvio de poder é negativa: é preciso provar que a finalidade legal não foi perseguida, não sendo necessária a prova da real finalidade do agente. Ou seja, para que se prove a ocorrência do desvio de finalidade, basta a demonstração de que o ato não foi praticado para atingir a finalidade prevista na norma jurídica.[95]

Tal possibilidade — não provar a finalidade do agente ao exercer sua competência — decorre da concepção adotada no presente trabalho, segundo a qual o desvio de finalidade é um vício objetivo de estrita legalidade. Sendo assim, não se torna necessário demonstrar qual o fim que foi efetivamente visado pelo agente administrativo,

gem do jurista francês Lavau: "il n'y a pas en droit de pouvoir discrétionnaire au profit de l'Administration, mais c'est l'insuffisance du régime des preuves dans la procédure du Conseil d'État, qui en fait, lui confère une puissance discrétionnaire" (G. E. Lavau, *Le Prétendu Pouvoir Discrétionnaire d'Exclure un Candidat d'un Concours Administratif*, J. C. P., 12.11.1953, I, 1.128, *apud* Jeanne Lemasurier, "La preuve dans le détournement de pouvoir", *Revue du Droit Public et de la Science Politique en France et a l'Étranger*, p. 36).

92. "En effet, lorsqu'une autorité administrative commet un détournement de pouvoir, elle est souvent de mauvaise foi; elle sait fort bien qu'elle trahit l'intention du législateur; aussi n'a-t-elle pas la naïveté d'indiquer les raisons inavouables qui ont inspiré son acte; elle dissimule ses véritables mobiles, que le juge doit alors rechercher d'après toutes les circonstances dans lesquelles l'acte a été pris; et cette preuve est très difficile à faire" (Marcel Waline, ob. cit., p. 418).

93. Renato Alessi, ob. cit., pp. 236-237.

94. "Le juge de l'excès de pouvoir déduit de la nature même de la compétence exercée les buts licites de cette compétence. L'exemple type est celui du pouvoir de police, qui, de par sa nature, ne peut être exercé qu'en vue d'un but de sécurité, tranquillité ou salubrité et non en vue de tel autre but d'intérêt général, par exemple d'un but financier" (André de Laubadère, ob. cit., p. 541).

95. "No siempre es fácil concretar el interés público que la norma ha establecido como objetivo a perseguir por el acto, juzgando las intenciones de la Administración, que ésta buscó conscientemente no atender al mismo, no debe exigirse también al administrado que concrete cuál era el fin al que quería realmente servir: si un fin público, pero distinto a aquél; si favorecer a una persona, si vengarse de otra, etc. Ello, además de difícil, puede resultar, en la mayoría de los casos, innecesario" (Carmen Chinchilla Marin, ob. cit., p. 128).

sendo suficiente que se demonstre que a finalidade legal não foi atendida.

Se tal possibilidade pode atenuar o problema da prova do desvio de poder em alguns casos, não a elimina. Afinal, como já dito e repetido, em muitas hipóteses, mormente de competência discricionária, o vício apenas é demonstrado através do móvel desviado do agente. O desvio de finalidade, em tais situações, é uma presunção *juris et de jure* da intenção viciada, o que não o torna, absolutamente, um vício subjetivo.[96]

Tem-se então uma nova dificuldade: apurar a real intenção do agente administrativo que exerceu a competência administrativa.

A análise da jurisprudência do Conselho de Estado francês mostra interessante evolução em tal tópico. Jeanne Lemasurier, autora de trabalho clássico sobre o tema, identifica quatro fases em tal evolução. Na primeira fase, a prova deve resultar unicamente dos termos do ato administrativo que se pretende tenha sido praticado com desvio de finalidade: "le libellé des articles et l'ensemble de ses dispositions devaient faire apparaître l'illégalité du but poursuivi par son auteur".[97] Na segunda, a prova deve ser colhida em todos os atos que integrem o procedimento administrativo que deu origem ao ato administrativo impugnado; o magistrado "examinera, par exemple, la correspondance, qui a précédé ou suivi l'acte attaqué, de même que les instructions des supérieurs hiérarchiques, en vertu desquelles la mesure a été prise".[98]

Até então o Conselho de Estado francês admitia que a prova do desvio de finalidade decorresse tão-somente do próprio ato impugnado e do seu respectivo procedimento administrativo. Percebe-se, com clareza, que sob tais restrições pouco poderia ser feito no tocante à prova do desvio.

A terceira e quarta fase mencionada por Lemasurier representam o verdadeiro avanço, que tornou efetivo o controle do desvio de finalidade. Na terceira, a jurisprudência francesa passa a admitir que a prova decorra de presunções extraídas dos elementos do procedimento, como tempo e lugar em que foi o ato praticado. Finalmente, na quarta fase, o Conselho de Estado admite que a prova resulte de circunstâncias exteriores ao litígio, mesmo que relacionadas a outros sujeitos que não os atingidos pelo ato impugnado.[99]

O avanço da jurisprudência do Conselho de Estado francês resulta da percepção de que a efetividade do controle do desvio de finalidade não é viável se forem exigidas provas contundentes da ocorrência do vício. Ao admitir que a prova do desvio decorra de presunções e circunstâncias externas ao ato administrativo, o Conselho de Estado francês abandonou o formalismo e tornou o controle do desvio de finalidade um meio efetivo de se obstar a arbitrariedade da Administração Pública.

De fato, a investigação do móvel do agente não permite, com raras exceções, que se chegue a uma prova contundente do desvio de finalidade. Por se tratar justamente de elemento altamente subjetivo, exigir prova cabal do vício do móvel significa relegar o desvio de finalidade a uma figura sem nenhuma relevância prática.

Daí assentar a doutrina que é suficiente para a prova do desvio de finalidade a existência de indícios que formem a convicção de que o agente exerceu sua competência tendo em vista fim outro que o interesse público específico tutelado pela norma jurídica. "La preuve du détournement de pouvoir

96. "O vício subjetivo não é a razão jurídica pela qual o ato é invalidado, mas é a razão bastante para depreender-se que, por força dele, se desencontrou com a finalidade a que teria de aceder" (Celso Antônio Bandeira de Mello, *Discricionariedade...*, cit., p. 74). Repise-se: a invalidade do ato decorre, sem exceção, do apartamento entre a finalidade legal e o exercício da competência.

97. Lemasurier, ob. cit., p. 59.

98. Idem, p. 60.

99. Ibidem, pp. 61-65.

résulte d'une conviction, non d'une constatation".[100]

Sobre o tema ensina García de Enterría: "Fácilmente se comprende que esta prueba no puede ser plena, ya que no es presumible que el acto viciado confiese expresamente que el fin que lo anima es otro distinto del señalado por la norma. Consciente de esta dificultad, así como de que la exigencia de un excesivo rigor probatorio privaría totalmente de virtualidad a la técnica de la desviación de poder, la mejor jurisprudencia suele afirmar que para que pueda declararse la existencia de esa desviación es suficiente la convicción moral que se forme el Tribunal".[101]

Os indícios podem ser os mais variados. Podem ser citados os seguintes: a ilogicidade do ato, a irrazoabilidade, a desproporcionalidade, o rompimento de uma cadeia de atos habitualmente editados pela Administração Pública, a contradição e insuficiência da motivação etc.[102] Deve-se mencionar ainda a quebra da isonomia, indício dos mais contundentes da ocorrência do desvio de finalidade. Se o ato administrativo nega algo que a outros interessados, nas mesmas circunstâncias, é conferido, muito provavelmente é editado com finalidade vedada pela lei, qual seja, a de discriminar.

Diga-se, por fim, que o papel do magistrado no controle do desvio de finalidade, e em especial no tocante à produção da prova do vício, não pode ser o de mero espectador, que aguarda que as personagens principais desenvolvam a trama perante seus olhos. O processo judicial tem funções próprias — sociais, jurídicas e políticas —, que não são condizentes com a figura de um simples árbitro desinteressado.[103] Quando mais em casos como o do desvio de finalidade, que representa uma odiosa arbitrariedade que afronta os princípios mais basilares de nosso ordenamento jurídico.

É patente que o indivíduo, na grande maioria das vezes, não dispõe de todos os meios para provar a ocorrência do desvio de finalidade. Mesmo porque a própria Administração Pública pode sonegar os elementos necessários à demonstração, p. ex., de que a orientação adotada no caso concreto é divergente da habitualmente acolhida pelo mesmo agente administrativo (quebra da isonomia), fato que demandaria acesso a um grande número de documentos internos, da própria Administração.

Assim, é preciso que o juiz utilize os poderes de que dispõe para investigar o ato administrativo impugnado, abandonando o mito do ônus da prova e exigindo da Administração Pública que apresente todos os documentos que se mostrem relevantes para o desfecho do caso concreto trazido ao Poder Judiciário. Tal atuação é a mais condizente com a moderna doutrina do direito processual civil,[104] e, sem sombra de dúvidas, com o ordenamento jurídico de um Estado Democrático de Direito.

Conclusão

1. De acordo com o critério formal, único relevante para a ciência do direito, já

100. Jeanne Lemasurier, ob. cit., p. 43. Jean Rivero, comentando a postura mais moderna do Conselho de Estado francês, aduz que o mesmo, no controle do desvio de finalidade, "procura menos uma prova manifesta que uma convicção, que pode resultar de um 'feixe de indícios convergentes'" (ob. cit., p. 292). Vale ainda ser transcrita a lição de Carnelutti: "Il vero è che l'eccesso di potere è un vizio occulto dell'atto, non un vizio apparente; è come una malattia, della qualle la diagnosi non si può far quasi mai (oserei togliere forse anche il 'quasi') direttamente, ma soltanto per sintomi" (ob. cit., p. 48).

101. Ob. cit., p. 460.

102. Ver, a propósito, Celso Antônio Bandeira de Mello, *Discricionariedade...*, cit., p. 80; Renato Alessi, ob. cit., p. 121.

103. Sobre as funções do processo, ver Cândido Rangel Dinamarco, *A Instrumentalidade do Processo*, 6ª ed., pp. 149 e ss.

104. Ver, a propósito, José Carlos Barbosa Moreira, "O Juiz e a prova"; José Roberto dos San-

que leva em consideração o regime jurídico, a função administrativa pode ser definida como a atividade estatal infralegal que visa ao atendimento dos interesses públicos eleitos pelo legislador, cujos atos são passíveis de controle pelo Poder Judiciário. Tal conceito não é intemporal e universal. Decorre do ordenamento jurídico pátrio, em especial das seguintes disposições constitucionais: art. 5º, incisos II e XXXV, art. 37, *caput*, art. 84, inciso IV.

2. A finalidade do ato administrativo é o objetivo que o exercício da competência deve ter em mira, de acordo com o comando legal. Será sempre um interesse público, mais ou menos detalhado pelo legislador. Sendo a finalidade veiculada através de conceito jurídico indeterminado, pode dar ensejo à discricionariedade administrativa, tão-somente na zona de incerteza do conceito utilizado pelo legislador.

3. Desvio de poder (ou de finalidade) é o exercício de uma competência administrativa tendo em mira finalidade diversa da que lhe corresponde segundo o comando legal. O ato administrativo maculado pelo desvio de poder é inválido, não sendo passível de convalidação.

4. O desvio de finalidade é uma criação do Conselho de Estado francês, que ampliou o conceito de *excès de pouvoir* para abranger o controle da finalidade do ato administrativo. No Brasil, deve-se a Seabra Fagundes a inserção mais aprofundada do desvio de finalidade, tanto na doutrina como na jurisprudência.

5. O desvio de poder é praticado por agente competente, que utiliza os poderes que lhe foram outorgados pela lei para atingir finalidade estranha ao comando legal. Tanto os atos decorrentes de competência discricionária como os de competência vinculada podem ser praticados com desvio de finalidade.

tos Bedaque, *Poderes Instrutórios do Juiz*, 2ª ed., em especial pp. 84-91.

6. É o desvio de poder um vício de estrita legalidade, que atinge um dos aspectos legais da competência administrativa, a saber, a finalidade. A tese que sustenta ser um vício de moralidade, outrora defendida na França, deve ser rejeitada.

7. Há duas modalidades de desvio de finalidade. Na primeira, o agente administrativo exerce sua competência tendo em mira finalidade totalmente estranha ao interesse público. Na segunda, a finalidade do ato administrativo praticado é um interesse público, mas diverso daquele que presidiu a outorga da competência ao agente.

8. O desvio de finalidade é um vício objetivo, que consiste no apartamento entre o exercício da competência administrativa e a finalidade legal. A intenção do agente não é relevante para a configuração do vício, mas apenas para sua averiguação, mormente nos casos de competência discricionária. Em tais casos, o móvel viciado gera presunção *juris et de jure* da ocorrência do desvio de finalidade.

9. A prova do desvio de finalidade é negativa: basta demonstrar que a finalidade legal não foi objetivada pelo exercício da competência, sendo desnecessária a prova de qual a finalidade efetivamente buscada pelo agente. Sendo necessária a investigação do móvel do agente, em especial nos casos de competência discricionária, não se deve exigir prova contundente do vício, sob pena de se tornar o desvio de finalidade figura sem nenhuma relevância prática. Deve-se recorrer a indícios que levem a uma convicção de que o agente teve em mira finalidade outra que a legal.

Referências bibliográficas

ALESSI, Renato. *Principi di Diritto Amministrativo*. v. I, 4ª ed., Milão, Giuffrè, 1978.

AMARAL, Antônio Carlos Cintra do. *Extinção do Ato Administrativo*. São Paulo, Ed. RT, 1978.

ARISTÓTELES. *A Política*. Trad. Nestor Silveira Chaves. São Paulo, Atena, s/d.

BANDEIRA DE MELLO, Celso Antônio. *Discricionariedade e Controle Jurisdicional*. 2ª ed., 3ª tir., São Paulo, Malheiros Editores, 1998.

__________. "'Relatividade' da competência discricionária". In *Revista Trimestral de Direito Público* 25/13-19, São Paulo, Malheiros Editores, 1999.

__________. *Curso de Direito Administrativo*. 12ª ed., São Paulo, Malheiros Editores, 2000.

BANDEIRA DE MELLO, Oswaldo Aranha. *Princípios Gerais de Direito Administrativo*. v. I, 2ª ed., Rio de Janeiro, Forense, 1979.

BARBOSA MOREIRA, José Carlos. "O Juiz e a prova". In *Revista de Processo* 35/178-184, São Paulo, Ed. RT, jul.-set. 1984.

BEDAQUE, José Roberto dos Santos. *Poderes Instrutórios do Juiz*. 2ª ed., São Paulo, Ed. RT, 1994.

BÉNOIT, Francis-Paul. *Le Droit Administratif Français*. Paris, Dalloz, 1968.

BISCARETTI DI RUFFIA, Paolo. *Diritto Costituzionale*. v. I, 2ª ed., Nápoles, Eugenio Jovene, 1949.

BOBBIO, Norberto. *Teoria do Ordenamento Jurídico*. Trad. Maria Celeste Cordeiro Leite dos Santos. 5ª ed., Brasília, UnB, 1994.

CARNELUTTI, Francesco. "Eccesso di potere". In *Rivista di Diritto Processuale Civile* I/33-55, Pádua, Cedam, 1924.

CAVALCANTI, Themístocles. *Tratado de Direito Administrativo*. v. II, 2ª ed., Rio de Janeiro, Freitas Bastos, 1948.

__________. *Tratado de Direito Administrativo*. v VI, 2ª ed., Rio de Janeiro, Freitas Bastos, 1951.

CHAPUS, René. *Droit Administratif Général*. t. I, 14ª ed., Paris, Montchrestien, 2000.

CLÈVE, Clèmerson Merlin. *Atividade Legislativa do Poder Executivo*. 2ª ed., São Paulo, Ed. RT, 2000.

CRETELLA JÚNIOR, José. *Do Desvio de Poder*. São Paulo, Ed. RT, 1964.

CUOCOLO, Fausto. *Istituzioni di Diritto Pubblico*. 10ª ed., Milão, Giuffrè, 1998.

DINAMARCO, Cândido Rangel. *A Instrumentalidade do Processo*. 6ª ed., São Paulo, Malheiros Editores, 1998.

DUGUIT, Léon. *L'État*. t. I, Paris, Albert Fontemoing, 1901.

__________. *Traité de Droit Constitutionnel*. t. II, 2ª ed., Paris, Boccard, 1923.

ENGISCH, Karl. *Introdução ao Pensamento Jurídico*. Trad. João Baptista Machado. 5ª ed., Lisboa, Calouste Gulbenkian, 1965.

FAGUNDES, Seabra. *O Contrôle dos Atos Administrativos pelo Poder Judiciário*. Rio de Janeiro, Freitas Bastos, 1941.

__________. *O Controle dos Atos Administrativos pelo Poder Judiciário*. 4ª ed., Rio de Janeiro, Forense, 1967.

FIGUEIREDO, Lúcia Valle. *Curso de Direito Administrativo*. 4ª ed., São Paulo, Malheiros Editores, 2000.

FRAGOLA, Umberto, *Gli Atti Amministrativi*. 2ª ed., Nápoles, Eugenio Jovene, 1964.

GARCÍA DE ENTERRÍA, Eduardo; FERNÁNDEZ, Tomás-Ramón. *Curso de Derecho Administrativo*. v. I, 8ª ed., Madri, Civitas, 1997.

HAURIOU, Maurice. *Précis de Droit Administratif et de Droit Public*. 10ª ed., Paris, Recueil Sirey, 1921.

JUSTEN FILHO, Marçal. "O princípio da moralidade pública e o direito tributário". In *Revista Trimestral de Direito Público* 11/44-58, São Paulo, Malheiros Editores, 1995.

KELSEN, Hans. *A Teoria Pura do Direito*. Trad. João Baptista Machado. 4ª ed., Coimbra, Armênio Amado, 1979.

LAUBADÈRE, André de; VENEZIA, Jean-Claude; GAUDEMET, Yves. *Traité de Droit Administratif*. t. I, 14ª ed., Paris, LGDJ, 1996.

LEAL, Víctor Nunes. *Problemas de Direito Público*. Rio de Janeiro, Forense, 1960.

LEMASURIER, Jeanne. "La preuve dans le détournement de pouvoir". In *Revue du Droit Public et de la Science Politique en France et a l'Étranger*. Paris, LGDJ, pp. 36-66, 1959.

LIMA, Ruy Cirne. *Princípios de Direito Administrativo*. 5ª ed., São Paulo, Ed. RT, 1982.

MARIN, Carmen Chinchilla. *La Desviación de Poder*. 2ª ed., Madri, Civitas, 1999.

MEIRELLES, Hely Lopes. *Direito Administrativo Brasileiro*. 21ª ed. (atualizada por Eurico de Andrade Azevedo, Délcio Balestero Aleixo e José Emmanuel Burle Filho), São Paulo, Malheiros Editores, 1996.

MONTESQUIEU, Charles de. *El Espiritu de las Leyes*. Trad. Nicolás Estévanez. Buenos Aires, Libertad, s/d.

MORENO, Fernando Sainz. "Reducción de la discrecionalidad, el interés público como concepto jurídico". In *Revista Española de Derecho Administrativo* 8/63-94, Madri, Civitas, jan.-mar. 1976 (no texto a referência de páginas é da versão eletrônica editada pela Civitas).

PALLIERI, G. Balladore. *Diritto Costituzionale*. 3ª ed., Milão, Giuffrè, 1953.

PELLETIER, Christian. *L'Appréciation de la Légalité des Actes Administratifs par le Juge Répressif*. Paris, LGDJ, 1954.

PEREIRA, André Gonçalves. *Erro e Ilegalidade no Acto Administrativo*. Lisboa, Ática, 1962.

QUEIRÓ, Afonso Rodrigues. "A teoria do 'desvio de poder' em direito administrativo". In *Revista de Direito Administrativo* VI/41-78, Rio de Janeiro, out. 1946.

__________. "A teoria do 'desvio de poder' em direito administrativo (cont.)". In *Revista de Direito Administrativo* VII/52-80, Rio de Janeiro, jan.-mar. 1947.

__________. *Lições de Direito Administrativo*. v. I, Coimbra, s/e, 1976.

RIVERO, Jean. *Direito Administrativo*. Trad. Rogério Ehrhardt Soares. Coimbra, Almedina, 1981.

SANTAMARÍA PASTOR, Juan Alfonso. "Renovación dogmática en torno a la desviación de poder como instrumento de control". In *Revista Española de Derecho Administrativo* 2/303-310, Madri, Civitas, jul.-set. 1974 (no texto a referência de páginas é da versão eletrônica editada pela Civitas).

SILVA, José Afonso da. *Curso de Direito Constitucional Positivo*. 17ª ed., São Paulo, Malheiros Editores, 2000.

STASSINOPOULUS, Michel. *Traité des Actes Administratifs*. Atenas, Institut Français d'Athènes, 1954.

SUNDFELD, Carlos Ari. *Fundamentos de Direito Público*. 2ª ed., São Paulo, Malheiros Editores, 1993.

TÁCITO, Caio. *Direito Administrativo*. São Paulo, Saraiva, 1975.

VEDEL, Georges. *Droit Administratif*. t. I, Paris, PUF, 1958.

WALINE, Marcel. *Droit Administratif*. 7ª ed., Paris, Sirey, 1957.

ZANCANER, Weida. *Da Convalidação e da Invalidação dos Atos Administrativos*. 2ª ed., 2ª tir., São Paulo, Malheiros Editores, 1996.

ZANOBINI, Guido. *Corso di Diritto Amministrativo*. v. II, 8ª ed., Milão, Giuffrè, 1958.

ATO ADMINISTRATIVO COMPLEXO[1]

WALLACE PAIVA MARTINS JUNIOR

Mestre e Doutor em Direito do Estado pela Faculdade de Direito da Universidade de São Paulo.
4º Promotor de Justiça da Cidadania da Capital do Ministério Público do Estado de São Paulo.
Professor de Direito Administrativo (Faculdade de Direito da Unisanta
e da Escola Superior do Ministério Público de São Paulo)

1. Introdução. 2. Ato complexo na teoria geral do Direito. 3. Ato complexo no direito administrativo comparado. 4. Ato complexo no direito administrativo brasileiro. 5. Ato complexo e ato colegiado. 6. Ato complexo e ato composto. 7. Ato complexo e procedimento administrativo. 8. Edição e extinção do ato administrativo complexo. 9. Ato complexo na jurisprudência (visão dinâmica-evolutiva).

1. Introdução

É tarefa árdua a própria classificação dos atos jurídicos, cuja definição sopesa uma variedade de critérios (como a unidade ou a multiplicidade dos elementos subjetivos ou objetivos do ato, a natureza causal ou abstrata, a forma, aos efeitos e a onerosidade) — sem significar que cada categoria seja um compartimento estanque, dado que um mesmo ato pode ser incluído em mais de uma categoria,[2] desde que não haja contradição categorial interna. Interessa a este estudo a primeira das classes sugeridas, que aborda a unidade ou pluralidade de vontades para formação do ato.

1. Seminário apresentado em 6.4.2000, no Curso de Pós Graduação (Doutorado) da Faculdade de Direito da Universidade de São Paulo, na disciplina "Direito Administrativo Comparado" ministrada pelo Professor Doutor Edmir Netto de Araújo.

2. Vicente Ráo, *Ato Jurídico*, São Paulo, Ed. RT, 1997, p. 36.

2. Ato complexo na teoria geral do Direito

O fundamento da teoria do ato complexo reside justamente no paralelismo das vontades, que, em concurso, não geram obrigações recíprocas e opostas entre as partes, como ocorre no contrato. Essa constatação da insuficiência da figura do contrato para explicar as situações em que a conjugação de vontades não produzia esses efeitos, conduziu a construção da teoria do ato complexo na Alemanha por Otto Gierke e Jellinek e na Itália por Vittorio Brondi, Silvio Trentin e Guido Zanobini.[3]

3. Edmir Netto de Araújo, *Do Negócio Jurídico Administrativo*, São Paulo, Ed. RT, 1992, p. 155.

Em termos da teoria geral do direito, no ato complexo *fundem-se diversas vontades de igual conteúdo para formação de uma vontade coletiva* (e, por isso, distingue-se do contrato, pois, neste há divergência de vontades de partes reciprocamente contrapostas com o estabelecimento de direitos e deveres, enquanto naquele há *convergência de vontades para produção de efeito igual e único perante terceiros sem criar direitos ou deveres entre os seus atores*) *para perseguição do mesmo fim*, tendo sido desenvolvido seu conceito com maior profundidade no direito administrativo.[4]

No ato composto, diferentemente, o fim e a atuação da vontade dos agentes dos vários atos *têm relação de dependência e não de unidade*.[5] Vicente Ráo se baseia em lição de Francesco Carnelutti, para quem o ato complexo é o resultante da unidade de atos plurais e se divide em coletivo e composto. Segundo essa opinião, quando *plures actus vertunt in unum*, a sede de coligação pode levar em consideração vários critérios (elementos fisiológicos ou teleológicos, fim ou atuação) e semelhante coligação pode consistir em *identidade ou dependência do fim ou da atuação das vontades*: se várias intenções tendem a um mesmo fim, há o ato coletivo; se, embora diversas as atuações ou o fim, dependem um do outro, há o ato composto. Dentre estes, situam-se os atos compostos unilaterais (a dependência do elemento teleológico se verifica em relação a algum dos atos combinados, que é o ato principal) e bilaterais ou recíprocos (correspondentes à antiga figura do contrato). Além disso, Ráo apresenta os atos de formação sucessiva que se aperfeiçoam pela verificação de outros, intercorrentes. A eficácia deste ato se adquire pela prática de todos os atos necessários à sua constituição (sucessivos e intercorrentes), retroagindo o efeito do último ato constitutivo praticado ao ato inicial, por isso denominado ato principal. Tais atos são caracterizados pela *complexidade constitutiva e sucessiva* (multiplicidade objetiva de vontades do mesmo ou mesmos agentes ou atos tendentes à produção do ato final visado),[6] distinta, portanto, do ato complexo, configurado pela *multiplicidade concomitante de elementos subjetivos de que emanam vontades paralelas*.

3. Ato complexo no direito administrativo comparado

A concepção do ato complexo deve-se a Otto Gierke[7] quando demonstrou que o estabelecimento de uma associação (não no sentido de pessoa jurídica, mas no de conjunção de vontades) não é contrato, mas ato coletivo unilateral, sendo, portanto, ele a "forma pela qual se manifesta a vontade definitiva do Estado, resultante do concurso de mais de um órgão, nenhum dos quais tem competência para manifestar isoladamente essa vontade" na análise da fundação de corporações.[8]

Na Itália, Guido Zanobini distinguiu o ato simples do complexo, indicando que o primeiro se concretiza na vontade de um único sujeito e de um único dos órgãos administrativos — inserindo neste âmbito os atos colegiados —, enquanto que o segundo *resulta do concurso de vontades de vários órgãos ou vários sujeitos da Admi-*

4. Cujos autores (Zanobini, Alessi, Sandulli e Lucifredi) excluem o procedimento, o controle estatal sobre as autarquías e os atos coletivos sem prejuízo da autonomia da vontade dos participantes (Vicente Ráo, ob. cit., pp. 57-58).

5. Vicente Ráo, ob. cit., pp. 58-60. Observa-se, portanto, que, para fins deste trabalho, o critério adotado de ato composto é da subespécie unilateral (acima referida).

6. Idem, ibidem. Observa-se, portanto, que o procedimento pode se acomodar nesta categoria (atos de formação sucessiva).

7. *Die Gnossenschafstheorie und Deutsches Rechtsprechung*, Berlim, Weidmannsch Buchhandlung, 1887.

8. *Apud* Sandra Julien Miranda, *Do Ato Administrativo Complexo*, São Paulo, Malheiros Editores, 1998, pp. 44-45.

nistração Pública, sendo requisitos indispensáveis do ato administrativo complexo *a identidade de conteúdo e a unidade de fins das diversas vontades*, que se fundem para formação de um *ato único*.[9] Guido Landi e Giuseppe Potenza demonstram que os atos administrativos podem admitir variedade de classificação com relação aos seus elementos essenciais e com relação a um destes — o sujeito — diferenciam-se os atos simples dos complexos. Com base nas doutrinas de Brondi, Borsi, Donati, Bracci e Gasparri, conceituam o ato complexo como aquele que "risulta dal concorso della volontà di più organi o di più soggetti della pubblica amministrazione", esclarecendo que o conceito é um dos mais debatidos na doutrina. Arrolam certos atos que não são certamente atos complexos: ato coletivo, contrato e procedimento administrativo. O primeiro porque apesar de consistir na manifestação de um ato único derivado de mais de uma vontade de conteúdo e finalidade iguais, mas estas conservam autonomia jurídica (nessa hipótese o vício de uma das vontades não influi sobre as demais); o segundo porque o encontro de vontades resulta da composição de interesses opostos das partes; e o terceiro porque resulta de uma sucessão de atos, cada um com sua própria individualidade, pré-ordenada a um ato final, sobre cuja validade ou eficácia tem efeito. No ato complexo, ao contrário, *a vontade dos diversos órgãos ou sujeitos concorrem a um só fim e se fundam em uma manifestação única* (o vício de uma das vontades concorrentes é vício do ato em sua unidade). A complexidade pode ser *interna ou externa*, tendo em conta os órgãos pertencerem ou não a mesma pessoa jurídica; *igual ou desigual*, considerando o valor jurídico (idêntico ou proeminente) entre as vontades concorrentes.[10]

9. *Corso di Diritto Amministrativo*, v. I, Milão, Dott. A. Giuffrè Editore, 1939, pp. 292-295.

10. *Manuale di Diritto Amministrativo*, Milão, Dott. A. Giuffrè Editore, 1997, pp. 192-193.

Roberto Lucifredi arrola como elementos do ato complexo o concurso de vontades com atividade homogênea, o exercício da mesma faculdade ou competência e o fim comum como síntese dessas vontades.[11]

Em Portugal, Marcello Caetano salienta que o ato é complexo quando "a aprovação de vários órgãos é necessária para a produção de um acto, incidindo a manifestação de vontade de cada um sobre o conteúdo do futuro acto".[12]

Na Argentina, Roberto Dromi caracteriza os atos complexos como "aquellos que se forman por el transcurso de voluntades de distintos órganos, a diferencia de los actos simples, que emanan de un sólo órgano, sea éste individual o colegiado" fornecendo como exemplos o concurso das vontades do Presidente da República e de um Ministro na edição de um decreto do Poder Executivo, além de indicar outros (nomeação, pelo Presidente da República, dos magistrados da Corte Suprema e dos tribunais federais inferiores, de ministros plenipotenciários e encarregados de negócios, com aprovação do Senado; referendo dos atos do Presidente pelos Ministros de Estado). Salienta que "estas voluntades que concurren a formar el acto complejo — que es un acto único", mas podem ser iguais (como no caso do Presidente da República e do Senado Federal) ou desiguais (como no caso do decreto do Poder Executivo), em que uma vontade é preponderante (Presidente da República) e a outra é subordinada (Ministro de Estado).[13]

4. Ato complexo no direito administrativo brasileiro

A demarcação do ato complexo não é, como se viu, exclusividade temática do di-

11. *Apud* Edmir Netto de Araújo, *Do Negócio Jurídico...*, cit., pp. 158-163.

12. *Manual de Direito Administrativo*, t. I, Coimbra, Livraria Almedina, 1997, p. 463, n. 189.

13. *El Acto Administrativo*, Buenos Aires, Ediciones Ciudad Argentina, 1997, p. 64.

reito administrativo, apesar de que nele se desenvolveu com maior profundidade. Apenas para situar um exemplo, Manoel Gonçalves Ferreira Filho observa que "considerada em sua elaboração, a lei ordinária, no Direito brasileiro, é um ato complexo" porque este existe "sempre que duas ou mais vontades homogêneas tendentes a um mesmo fim se fundem numa só vontade declarada, idônea a produzir efeitos jurídicos que não poderiam de modo algum produzir-se, se faltasse tal concurso de vontades".[14]

Na seara do direito administrativo, "é sensível a vinculação da doutrina brasileira à corrente tedesco-italiana", como expõe Elival da Silva Ramos ao destacar que o ato administrativo complexo "após o seu aperfeiçoamento pode ser visto como única declaração de vontade da Administração, posto que é modalidade de ato administrativo unilateral", verificando-se no processo de sua formação o concurso da vontade proveniente de mais de um órgão (individual ou coletivo). Tais vontades caracterizam atos administrativos, cujo destino é serem absorvidos completamente pelo ato administrativo decorrente da conjugação de vontades, admitindo-se variações quanto à preponderância das vontades (complexidade igual ou desigual) e quanto à unidade ou pluralidade de entidades administrativas (complexidade interna ou externa).[15]

Edmir Netto de Araújo conceitua o ato complexo como o resultante da "conjugação de vontades unitárias e coincidentes de pessoas diferentes, que ajustam entre si suas declarações paralelas para um determinado objetivo comum, e não só, mas, também, as manifestações/declarações de vontade emitidas, com as mesmas características, por órgãos diferentes da mesma pessoa política", com valores de vontade iguais ou desiguais (a predominância de uma delas faz parecer que as demais são meros acessórios ou pressupostos da vontade dominante) e com complexidade interna ou externa (esta decorrente de vontades unitárias diferentes, embora paralelas, emanadas de diferentes pessoas jurídicas, conjugando-se para atingir fim comum, podendo esta hipótese revelar caráter negocial).[16] Dentre os atos de complexidade interna exemplifica os atos subordinados a pareceres de órgãos consultivos, nomeações precedidas de indicações de órgãos técnicos ou não ou decorrentes de manifestações de vontade de diferentes Poderes constituídos, consórcios administrativos entre órgãos da mesma Administração e dentre os de complexidade externa arrola os convênios e consórcios administrativos (bilaterais ou multilaterais), porque os atos complexos serão ou não negócios jurídicos conforme a personalidade dos manifestantes de vontades e conforme o valor das declarações, pois, para que haja vontade unitária se pressupõe personalidade jurídica: sendo órgãos da mesma entidade, a vontade é unitária da entidade; sendo de diferentes entidades (com personalidade jurídica diversa) as vontades unitárias são diferentes, embora paralelas.[17] O certo é que o termo negócio jurídico não se reduz a contrato, em que as vontades são contrapostas e não coincidentes.[18]

Ato complexo é ato único, indiviso: resultante de vontades distintas e homogêneas (nenhuma das quais idônea a consti-

14. *Curso de Direito Constitucional*, São Paulo, Saraiva, 1996, p. 164. No mesmo sentido, sobre a lei e o decreto como atos complexos, pois, a primeira requer aprovação parlamentar e sanção (ou promulgação) exemplifica Lafayette Pondé ("Controle dos atos da Administração Pública", in *Revista de Direito Administrativo* 212/43, Rio de Janeiro, Renovar, abr./jun. 1998). No mesmo sentido (sobre a lei) Sandra Julien Miranda (*Do Ato Administrativo Complexo*, cit., p. 113).

15. "Do ato administrativo complexo no Direito brasileiro e italiano", in *Revista da Procuradoria-Geral do Estado de São Paulo* 32/175-177, São Paulo, dez. 1989.

16. *Do Negócio Jurídico...*, cit., pp. 155-156.

17. Idem, pp. 156-157.

18. Idem, p. 168.

tuir um ato administrativo à parte); seus atos específicos não produzem nenhum efeito isolado, senão quando simultaneamente se completam, integrados, escreve Lafayette Pondé.[19]

Sandra Julien Miranda explica que o ato administrativo complexo "é o que se aperfeiçoa pela fusão ou integração de vontades de órgãos diversos, de que decorre manifestação de um só conteúdo e finalidade. Se as vontades manifestadas não se revestem de igual valor jurídico decorrerá a complexidade igual ou desigual. Se as manifestações são de órgãos de uma só entidade ou entidades diversas, teremos a complexidade interna ou externa, respectivamente",[20] destacando que o requisito de unidade de conteúdo e fim é essencial e indispensável para distingui-lo de outras formas de concurso de vontades, como os atos coletivos, o contrato entre entes públicos, o controle estatal sobre as deliberações dos entes autárquicos, as convenções, os atos compostos, o acordo, o chamado ato-união etc. Por fim, ressalta que os atos bilaterais, como os contratos, não são atos complexos, porque não há cooperação e unidade de fins, mas, vontades em posição antitética de permuta.[21]

Portanto, na complexidade *interna*, a vontade que aparece é individual, do agente do órgão ou Poder, e na *externa*, é da pessoa jurídica ou jurídico-política. Na primeira, o ato é declaração de vontade do Estado, formada por manifestação da vontade dos agentes ou dirigentes. Na segunda ocorre a fusão de duas ou mais vontades (Estado e autarquia, Estado-membro e Estado-membro, Município e Município, Estado e Município etc.) de pessoas jurídicas distintas.

19. "Controle dos atos da Administração Pública", cit., p. 43.

20. *Do Ato Administrativo Complexo*, cit., p. 60.

21. Idem, pp. 116-117.

5. Ato complexo e ato colegiado

O *ato colegiado* consiste na manifestação de um ato único derivado de mais de uma vontade de conteúdo e finalidade iguais.[22] Em verdade, a vontade resultante no ato colegiado é unitária, porém, as vontades contribuintes podem ou não ser convergentes; a estrutura interna do órgão é colegiada e sua vontade é extraída pela vontade majoritária de seus componentes: isso decorre do princípio jurídico que considera o colegiado como órgão único.[23] Na essência, o ato colegiado é autêntico ato simples.

6. Ato complexo e ato composto

Já se viu acima a distinção entre ato complexo e composto, porém não custa reiterar, com base em Vicente Ráo, que no *ato composto* o fim e a atuação da vontade dos agentes dos vários atos *têm relação de dependência e não de unidade*.[24] No ato composto existe uma única manifestação de vontade de um único órgão dependente da verificação ou qualquer providência por outro para o tornar exeqüível. Nesse caso, "o ato já existe, mas só será posto em execução após tal providência".[25] A propósito, Maria Sylvia Zanella Di Pietro ensina que "os atos, em geral, que dependem de autorização, aprovação, proposta, parecer, laudo

22. Guido Landi e Giuseppe Potenza, *Manuale di Diritto Amministrativo*, Milão, Dott. A. Giuffrè Editore, 1997, pp. 192-193.

23. Guido Zanobini, *apud* "Do ato administrativo complexo no Direito brasileiro e italiano", in *Revista da Procuradoria-Geral do Estado de São Paulo* 32/175-177. Segundo Edmir Netto de Araújo, a marca dos atos colegiados é a complexidade interna no órgão pela mera adição de vontades (*Do Negócio Jurídico...*, cit., p. 162).

24. *Ato Jurídico*, cit., pp. 58-60.

25. Edmir Netto de Araújo, *Do Negócio Jurídico...*, cit., p. 157.

técnico, homologação, visto, etc., são atos compostos".[26]

7. *Ato complexo e procedimento administrativo*

O *procedimento administrativo* resulta de uma *sucessão de atos*, cada um com sua própria individualidade, *pré-ordenada a um ato final*, sobre cuja validade ou eficácia tem efeito.[27] Para Elival da Silva Ramos, distingue-se o ato administrativo complexo do procedimento administrativo porque este reúne *atos seqüenciados com objetivos próprios e efeitos autônomos*, enquanto o ato administrativo complexo (ainda que formado por sucessão) é integrado por atos que não possuem efeitos e objetivos autônomos, uma vez que se fundem completamente no ato resultante.[28] Segundo Edmir Netto de Araújo, o procedimento administrativo é a convergência contemporânea ou sucessiva de diversas declarações intermediárias (atos administrativos) para edição de um ato final, constituindo tão-somente *pressupostos e componentes de tal série encadeada em seqüência lógica em direção ao provimento final*.[29] O procedimento administrativo distingue-se do ato complexo, porque este ocorre quando a intervenção dos diversos órgãos administrativos se realiza simultaneamente no momento da resolução, enquanto aquele ocorre de forma sucessiva. Por derradeiro, Celso Antônio Bandeira de Mello cifra bem a diferença: as vontades consorciadas de órgãos diferentes não cumprem funções distintas, resultando numa identidade para um único fim que é o ato complexo; o procedimento administrativo é um complexo de atos com finalidades específicas, distintas, objetivando fim distinto daquele da declaração principal da vontade.[30] Além disso, o procedimento pode ter alguns ou todos os seus atos praticados pelo *mesmo* agente, e o ato complexo *não*.

8. *Edição e extinção do ato administrativo complexo*

É preciso tomar partido de uma concepção sobre os planos de existência, validade e eficácia do ato jurídico em geral e do ato administrativo em especial e, afinal, do ato administrativo complexo. Várias são as teorias a respeito. No entanto, interessa explorar o assunto sob uma ótica mais contemporânea decorrente da evolução crítica dispensada ao tema.

Sandra Julien Miranda anota que o ato administrativo complexo deve observar os requisitos essenciais sob pena de inexistência e seu nascimento ocorre com a vontade final declarada. E perfeito é o ato que está completamente formado, tendo exaurido todo o procedimento necessário para sua existência jurídica, ou seja, tendo completado todo o seu ciclo evolutivo.[31] A seguir, o ato estará sujeito à validade, na medida em que é formado e emanado conforme à lei. A invalidade do ato administrativo complexo deriva de vício de substância ou de forma, tendo em vista os pressupostos do ato, o procedimento, o conteúdo ou a expressão da vontade e será sempre total, pois o vício de uma das fases compromete o todo, diferentemente do ato composto em que o vício de uma parte atinge somente ela.[32] No plano da eficácia, o ato administrativo complexo deve atender a providências instrumentais ou a um elemento exterior para produção de seus efeitos, como a publicidade, a condição, a homologação.[33]

26. *Direito Administrativo*, São Paulo, Atlas, 1999, p. 185.

27. Guido Landi e Giuseppe Potenza, *Manuale*..., cit., pp. 192-193.

28. "Do ato administrativo complexo...", cit., pp. 175-177.

29. *Do Negócio Jurídico*..., cit., p. 157.

30. *Curso de Direito Administrativo*, São Paulo, Malheiros Editores, 1996, pp. 270-271.

31. Ob. cit., pp. 64-67.

32. Idem, pp. 68-70.

33. Idem, pp. 70-71.

A complexidade é fator de eficácia do ato? A manifestação concorde ou convergente de todos os sujeitos (órgãos, entidades ou agentes públicos) é requisito atinente à perfeição e validade do ato administrativo complexo, sem a qual ele não se aperfeiçoa. A manifestação da vontade do último órgão a ser ouvido não condiciona a eficácia da vontade inicial, porque esta, ainda que reputada como ato, necessita do concurso das demais, razão pela qual a falta de convergência de vontades para edição de ato único retira-lhe um elemento essencial. Será isto ineficácia do ato? Parece que de ineficácia não há que se cogitar, pois, se atribuiria ao ato complexo a característica própria do ato composto: isto é, a eficácia do ato principal ficaria na dependência de um ato acessório, subordinada à condição suspensiva (no caso, homologação ou aprovação).

No ponto, Sandra Julien Miranda invocando Caio Tácito, tendo como parâmetro o registro (ou julgamento da legalidade) de aposentadorias, reformas, pensões etc., adverte que "muito embora uma das formas típicas de ato complexo seja aquele sujeito à autorização ou aprovação de outra autoridade, a doutrina italiana costuma distinguir o ato complexo em que a aprovação integra a manifestação de vontade das formas de mero controle de legalidade, em que o ato, apesar de perfeito, depende para sua eficácia, de ação de outra autoridade, verdadeira condição suspensiva".[34] Por isso, Caio Tácito limita o conceito de aprovação aos atos típicos de controle, em que não há identidade de fins e conteúdo entre as duas manifestações de vontade, que, embora concorrentes, atendem a interesses distintos. O pronunciamento inicial, complementa, constitui um ato perfeito de eficácia condicionada à aprovação (juízo de legitimidade e oportunidade) ou ao visto (juízo de legalidade).

34. Idem, pp. 119-129.

Ora, no ato de controle o objetivo do controlador é a verificação da legalidade e do interesse público do ato já praticado, enquanto que no ato complexo o objetivo de quem "aprova" é, em essência, o mesmo: nomear alguém, realizar certo empreendimento etc.; nele, residualmente, há controle da legalidade e do interesse público, embora esse traço não seja o essencial.[35] No ponto, convém observar que o ato complexo tem essa característica porque apresenta uma convergência de atribuições ou competências, inspirada por vários motivos (como a participação na condução política da Administração Pública).

Em verdade, a linha de caracterização do ato complexo é tênue e situa-se numa zona cinzenta: entretanto, há um critério que permite identificá-lo quando a outra manifestação de vontade convergente (prévia, concomitante ou sucessiva) é requisito essencial de perfeição do ato (e se houver divórcio de vontades, o ato continua a ser complexo, mas não se aperfeiçoa, inclusive nas hipóteses de controle de legalidade ou de mérito, com maior ou menor densidade) e apartá-lo de outra categoria — o ato composto — em que a sucessiva manifestação de vontade não integra a estrutura do ato, porém condiciona a sua eficácia como circunstância extrínseca e externa à sua existência e validade (mesmo que seja expressão de controle de legalidade ou de mérito, de maior ou menor densidade). Não se pode, *tout court*, tomar a espécie do ato (homologação, aprovação, visto, autorização) para concluir por este ou aquele; soa indispensável diagnosticar a morfologia do ato.

35. Como será visto adiante na análise da jurisprudência, em caso de nomeação de magistrados dos tribunais federais e superiores, o Supremo Tribunal Federal já declarou que compete ao órgão encarregado da aprovação a apreciação, além dos aspectos políticos ou de conveniência ou de oportunidade, dos requisitos objetivos (expressos em texto normativo) que devem ser satisfeitos para tanto, com prejuízo do reexame judi-

Quanto à extinção, Sandra Julien Miranda anota que ela ocorre pelo vencimento do prazo fixado, pela ocorrência de condição resolutiva, pela realização do fim, pela renúncia, pela decadência, pela revogação e pela anulação e explica que "o princípio do paralelismo das formas obriga a que em seu desfazimento sejam ouvidos e consultados os mesmos órgãos que participaram de sua formação",[36] de sorte que o desfazimento deve ser emitido em ato único com o concurso de vontades de todos os órgãos administrativos envolvidos que o editaram.[37]

Consoante explica Roberto Dromi, nos atos complexos "el vicio de una de las voluntades concurrentes afecta el acto",[38] opinião compartilhada por Guido Landi e Giuseppe Potenza: o vício de uma das vontades concorrentes é vício do ato em sua unidade.[39]

No tocante à revogação, o ato administrativo complexo encontra a mesma barreira do poder revocatório dispensado ao ato administrativo em gênero (direitos subjetivos de terceiros, atos nulos, atos exauridos etc.) e em razão do princípio do paralelismo ou simetria das formas a revogação deve resultar da conjugação da vontade de todos os órgãos, agentes ou pessoas manifestantes das vontades convergentes para sua criação. Mas, adverte Sandra Julien Miranda, será revogável o ato administrativo complexo que ainda não tenha atingido o seu aperfeiçoamento.

Por fim, esclarece que são insuscetíveis de revogação ou anulação unilateral: os atos de controle e os atos dependentes de autorização.[40]

9. Ato complexo na jurisprudência (visão dinâmica-evolutiva)

São freqüentes, densos e polêmicos os julgamentos envolvendo o ato administrativo complexo, tendo em vista a adoção freqüente na legislação brasileira.

Inicialmente, destaca-se a tormentosa questão atinente ao registro das aposentadorias no Tribunal de Contas, tida como ato administrativo complexo, daí derivando a necessidade de sua anulação ser promovida pelo concurso da vontade da Administração Pública e do Tribunal de Contas.

O Supremo Tribunal Federal dedicou especial atenção ao assunto na sua evolução. Sob a égide da Constituição de 1967 com a redação dada pela Emenda 1/1969, denegou a ordem em mandado de segurança impetrado por juiz classista de Tribunal Regional do Trabalho contra decisão do Tribunal de Contas da União que julgou ilegal sua aposentadoria, porque "declarando a ilegalidade da concessão da aposentadoria, opera julgamento definitivo na esfera administrativa", descabendo ao Presidente da República sustar a execução do ato do Tribunal de Contas com decreto legislativo homologatório do Congresso Nacional. No julgamento, considerou que "o ato de aposentadoria é complexo e só se aperfeiçoa com o registro no Tribunal de Contas" nos termos do art. 72, § 8º, do citado diploma constitucional.[41] Em outra oportunidade, assentou, sob o pálio da mesma Constituição, que o Tribunal de Contas no exercício de sua função se limita à legalidade ou não da

cial, como acentuou o Ministro Aldir Passarinho (mandado de segurança 20.930-5-DF, Tribunal Pleno, *RT* 677/250), podendo recusar-se à nomeação se eivado o ato de ilegalidade, conforme registrou o Ministro Sepúlveda Pertence (mandado de segurança 22.323, Tribunal Pleno, *RDA* 205/221) ou até mesmo discordar do ato, como destacou o Ministro Carlos Velloso (mandado de segurança 22.323, Tribunal Pleno, *RDA* 205/217).

36. Ob. cit., pp. 88, 95.

37. Elival da Silva Ramos, "Do ato administrativo complexo...", cit., pp. 175-177.

38. *El Acto Administrativo*, cit., p. 64.

39. *Manuale...*, cit., pp. 192-193.

40. Ob. cit., pp. 106-109.

41. STF, mandado de segurança 19.973-DF, Tribunal Pleno, Rel. Ministro Bilac Pinto, m.v., 22.5.1974 (*RTJ* 77/29).

concessão da aposentadoria, sendo-lhe vedado determinar seu registro em termos diversos dos em que foi requerida e deferida.[42]

Mais recentemente, no império da atual Constituição de 1988 (art. 71, III), declarou que configura função constitucional de típico poder de controle a verificação da legalidade de aposentadoria com a determinação da efetivação ou não do registro (dependente da situação jurídica emergente do ato concessivo), não podendo inovar o título jurídico submetido a seu exame, mas podendo recomendar — se constatada ilegalidade no mesmo — ao órgão ou entidade competente a adoção das medidas necessárias para fiel cumprimento da lei, de modo a evitar a medida radical de recusa do registro e, se, o órgão ou entidade recusar-se a dar execução à recomendação, caberá ao Tribunal de Contas o pronunciamento definitivo sobre a efetivação do registro.[43] Quanto a esta faculdade de recomendação precedente ao julgamento da legalidade ou não pelo Tribunal de Contas, festejada pelo Relator Ministro Celso de Mello com base no art. 71, IX, da Constituição, tida como meio instrumental e etapa decisória saneadora preparatória da decisão final sobre o registro,[44] sofreu a crítica dos Ministros Moreira Alves e Francisco Rezek, cujo entendimento inclinava pela aplicação do art. 71, IX, somente na decretação da ilegalidade do registro, adicionado a sustação do ato impugnado se não cumprida esta (art. 71, X).

A observância do órgão ou entidade concedente ao pronunciamento da ilegalidade da aposentadoria pelo Tribunal de Contas decorre da força de convencimento jurídico de suas decisões, em razão de sua competência constitucional de controle, sem poder o Tribunal de Contas, no entanto, proceder a retificação e a negativa do cumprimento da decisão de ilegalidade sujeita a sustação do ato. Assentado nessas premissas, o Supremo Tribunal Federal destacou que "ainda hoje não é pacífica a questão em torno da natureza jurídica do registro, se constitui ato que integra o ato de concessão de aposentadoria, para formação de um ato único (ato complexo) ou se é ato autônomo de controle da legalidade, sem função integrativa, do qual depende a eficácia ou executoriedade definitiva do primeiro", referindo parecer mais acertada esta última posição, sustentada por Francisco Campos, segundo o qual "o registro pressupõe acabado, integrado e perfeito o ato administrativo — já dotado de uma executoriedade provisória — correspondendo a uma função de controle, que não colabora na formação do ato, sendo apenas condição de sua executoriedade definitiva", não cabendo ao Tribunal de Contas modificar o ato porque não lhe é dado substituir a competência do órgão ou entidade.[45]

Não se pode olvidar que o Supremo Tribunal Federal editou a Súmula 6.[46] Sua base está no "RMS n. 8.657, julgado em 6.9.1961, o Rel. Min. Víctor Nunes, em erudita exposição, demonstrou apoiado em Seabra Fagundes, que a aprovação do ato converte-o em procedimento da autoridade que o outorga. Sendo o ato, em tal caso,

42. STF, mandado de segurança 20.038-DF, Tribunal Pleno, Rel. Ministro Moreira Alves, m.v., 22.9.1976 (*RTJ* 80/394).

43. STF, mandado de segurança 21.466-DF, Tribunal Pleno, Rel. Ministro Celso de Mello, m.v., 19.5.1993 (*RTJ* 153/151).

44. "Assinar prazo para que o órgão ou entidade adote as providências necessárias ao exato cumprimento da lei, se verificada a ilegalidade."

45. STF, conflito de atribuições 40-DF, Tribunal Pleno, Rel. Ministro Marco Aurélio, v.u., 3.6.1993 (*RTJ* 149/324). Entretanto, em julgamento posterior, decidiu que "o ato de aposentadoria exsurge complexo, somente se aperfeiçoando com o registro perante a Corte de Contas" (RE 195.861-8-ES, 2ª T., Rel. Ministro Marco Aurélio, v.u., 26.8.1997, *DJU* 17.10.1997).

46. "A revogação ou anulação, pelo Poder Executivo, de aposentadoria ou qualquer outro ato aprovado pelo Tribunal de Contas, não produz efeitos antes de aprovada por aquele Tribunal, ressalvada a competência revisora do Judiciário."

do Tribunal de Contas, e não mais da autoridade administrativa, a competência para torná-lo sem efeito se desloca desta para aquele. Por isso, nessa hipótese, não pode ter qualquer efeito executório, nem mesmo condicionalmente, o ato anulatório emanado da autoridade administrativa, o qual representa apenas, a primeira etapa do processo de anulação".[47] Deste modo, mais recentemente, e resgatando a compreensão original da Súmula 6, o Supremo Tribunal Federal consente que a Administração Pública anule seu ato por motivo de ilegalidade, mas "esse ato de revisão é inoperante até que, assentindo nos seus motivos, de sua vez o registrasse o Tribunal de Contas, desfazendo o registro anterior", dado que ela não pode anular o registro do Tribunal de Contas, razão pela qual o ato anulatório não tem efeito antes de confirmado pelo Tribunal de Contas.[48]

No ponto, acórdão do Superior Tribunal de Justiça julgando recurso em mandado de segurança impetrado por servidora pública estadual cuja aposentadoria foi cassada por ato do Governador do Estado, sustentando a ilegalidade pela ausência do Tribunal de Contas, refutou o argumento sob o pálio de que "a recorrente fora aposentada como professora. O respectivo decreto é suficiente. O registro no Tribunal de Contas apenas condição de exeqüibilidade. Rememore-se a clássica distinção entre ato administrativo complexo e ato administrativo composto. O primeiro se constitui pela manifestação de vontade de mais de um órgão. O segundo forma-se pela atuação de um só órgão, todavia exeqüível com a aprovação de outro", ressaltando que "a cassação da aposentadoria, assemelhada à demissão, é da competência da autoridade que efetiva a nomeação. O Tribunal de Contas, na espécie, posteriormente, manifesta aprovação".[49] A decisão está correta na medida em que a manifestação do Tribunal de Contas não integra nem aperfeiçoa como elemento essencial o ato, cuja natureza revela ser composto e não complexo.

O Supremo Tribunal Federal julgando mandado de segurança impetrado contra a forma de cálculo do *quinto constitucional* (arts. 94 e 107, I e II, Constituição Federal),[50] decidiu na rejeição da preliminar de decadência que a investidura de juízes nos tribunais oriundos do *quinto constitucional*

47. Roberto Rosas, *Direito Sumular*, São Paulo, Ed. RT, 1986, p. 20. O autor entende que se trata de ato complexo e registra que a Administração Pública pode desfazer o ato pendente de aprovação no Tribunal de Contas porque o ato complexo não se completou, registrando precedentes nesse sentido (*RTJ* 58/382, 70/701) e também que a alteração fica condicionada à aprovação do Tribunal de Contas (*RTJ* 80/795).

48. STF, mandado de segurança 22.658-7-RJ, Tribunal Pleno, Rel. Ministro Sepúlveda Pertence, v.u., 10.9.1997, *DJU* 27.3.1998 (*JSTF* 236/161).

49. STJ, recurso em mandado de segurança 693-PR, 2ª T., Rel. Ministro Luiz Vicente Cernichiaro, v.u., 28.11.1990, *DJU* 25.2.1991. Em sentido contrário, qualificando o ato de aposentadoria como complexo, embora ressaltando sua execução a partir da publicação e não da decisão do Tribunal de Contas, "que aprecia sua legalidade e que não pode, nessa atividade fiscalizadora, modificar seu fundamento": STJ, REsp 1.560-RJ, 2ª T., Rel. Ministro Carlos Velloso, v.u., 5.2.1990, *DJU* 19.2.1990, p. 1.041.

50. Este importante precedente fixou que a norma do *quinto constitucional* é expressa na reserva dessa proporção aos membros oriundos da Ordem dos Advogados do Brasil e do Ministério Público, razão pela qual prevalece, para efeito do cômputo das vagas de promoção (provimento derivado) da carreira da Magistratura, nos Tribunais Regionais Federais, sobre a norma implícita de reserva de *quatro quintos* para os magistrados de carreira. Para assegurar a norma expressa, calcula-se, primeiro, *o quinto constitucional* reservado e se o número total não for múltiplo de cinco, arredonda-se a fração superior ou inferior ao meio para cima, sob pena de frustrar-se o *quinto constitucional*, tendo em vista que, pela hierarquia das normas, a norma do *quinto constitucional* é precedente e explícita, prevalecendo sobre a implícita que dela decorre (mandado de segurança 22.323-DF, Pleno, Rel. Ministro Carlos Velloso, v.u., 28.9.1995, *RDA* 205/212).

é ato complexo, a partir da elaboração de lista tríplice formulado pelo tribunal formou-se o ato (nomeação) com a adesão da vontade do Presidente da República, fechando o ciclo de fazimento do ato, de forma a aperfeiçoá-lo e completá-lo,[51] admitindo que o Presidente da República poderia devolver a lista se discordasse do ato normativo precedente (cálculo do *quinto constitucional*) do ato concreto (indicação em lista tríplice), porque não estaria obrigado a nomear dentro de uma lista ilegalmente feita.[52] Este entendimento põe-se de acordo com outros exemplos citados por Sandra Julien Miranda, como a nomeação dos Procuradores-Gerais de Justiça, dos Ministros do Supremo Tribunal Federal, alternando aspectos vinculados e discricionários e demonstrando a complexidade externa.[53] Aliás, em se tratando de ato complexo, o Supremo Tribunal Federal, de longa data, não se furta a manifestar que é possível o controle judiciário sobre nomeações decorrentes de atos complexos e que tanto os órgãos declarantes da vontade quanto o Poder Judiciário devem exercer o controle da legalidade sobre seus elementos vinculados.[54]

Julgando mandado de segurança impetrado por juiz de direito punido com demissão contra a decisão disciplinar proferida no processo pelo tribunal, o Superior Tribunal de Justiça reconheceu a ilegitimidade passiva do Tribunal de Justiça do Estado da Bahia, asseverando que a decisão disciplinar foi aperfeiçoada com o ato de demissão da lavra do Governador do Estado exarada nos termos do art. 27, § 8º, da Lei Complementar Federal 35/1979.[55] Em que pese ter reconhecido o caráter de ato complexo, da fundamentação do acórdão se colhe que "o aperfeiçoamento da demissão do juiz somente se formalizou e ganhou executividade com o decreto governamental, em moldes da chamada complexidade heterogênea".[56]

Negando o Corregedor-Geral da Justiça a dar posse a oficial do registro imobiliário nomeado por ato do Governador do Estado por proceder ao exame da ilegalidade do título da nomeação (descumprimento às condições do art. 208 da Constituição de 1967), o Superior Tribunal de Justiça desacolheu a pretensão deduzida no mandado de segurança impetrado contra a autoridade judiciária, reconhecendo a ocorrência de ato administrativo complexo e a possibilidade de exame de sua legalidade na oportunidade de manifestação do órgão emitente da vontade.[57]

51. Cf. voto do Relator Ministro Carlos Velloso (mandado de segurança 22.323-DF, Pleno, v.u., 28.9.1995, *RDA* 205/217).

52. "Temos entendido, entretanto, que o Presidente da República não está obrigado a nomear dentro de uma lista ilegalmente feita e, conseqüentemente, a responsabilidade lhe é imputável pela eventual ilegalidade. Assim decidimos, por exemplo, em três mandados de segurança de que tenho nota: MS 21.631 de que fui Relator (*Lex* 182/128); MS 21.814, Relator o Ministro Néri da Silveira (*Lex* 191/189); e, por último, MS 21.168, de que também fui Relator (*Lex* 192/139)" (cf. voto do Ministro Sepúlveda Pertence, mandado de segurança 22.323-DF, Pleno, Rel. Ministro Carlos Velloso, v.u., 28.9.1995, *RDA* 205/221).

53. Ob. cit., pp. 113-115.

54. STF, RE 167.137-8-TO, 2ª T., Rel. Ministro Paulo Brossard, v.u., 18.10.1994, *DJU* 25.11.1994; STF, mandado de segurança 20.930-5-DF, Tribunal Pleno, Rel. Ministro Carlos Madeira, m.v., 29.6.1989, *DJU* 28.6.1991 (*RT* 677/242, merecendo destaque, no particular, os votos dos Ministros Aldir Passarinho e Néri da Silveira, *RT* 677/250, 252).

55. "Se a decisão concluir pela perda do cargo, será comunicada, imediatamente, ao Poder Executivo, para formalização do ato."

56. STJ, recurso em mandado de segurança 2.626-7-BA, 5ª T., Rel. Ministro José Dantas, v.u., j. 7.3.1994, *DJU* 21.3.1994.

57. STJ, recurso em mandado de segurança 1.467-SP, 2ª T., Rel. Ministro Ari Pargendler, v.u., 4.3.1996. O acórdão cita como precedente o recurso em mandado de segurança 657-0-MG, 1ª T., Rel. Ministro César Asfor Rocha, *DJU* 7.2.1994.

A REPÚBLICA DE WEIMAR E A CONSTITUIÇÃO: LIÇÕES DE LIMITAÇÕES

Bruno de Souza Vichi

Mestrando da área de Direito do Estado da PUC/SP

1. Apresentação do tema. 2. Advertências iniciais. 3. República de Weimar e a sua Constituição: 3.1 Contexto histórico; 3.2 Contexto jurídico. 4. Definições de Constituição. 5. "Telos" Constitucional. 6. Dos limites da Constituição. 7. Realidade constitucional brasileira. 8. A experiência constitucional brasileira. 9. Comparações finais. 10. Conclusões. Bibliografia.

1. Apresentação do tema

"Na paisagem histórica do século XX poucas épocas e regimes políticos foram tão conturbados quanto o período englobado pela chamada República de Weimar. Durante quatorze anos, do final de 1918 ao início de 1933, a Alemanha fez a sua primeira experiência republicana em meio ao caos: greves, assassinatos políticos, tentativas de tomada do poder à direita e à esquerda, militarização dos partidos políticos e progressivo esvaziamento das instituições estatais".[1]

O período referido acima encontra sua identidade terminológica estritamente relacionada a um dos documentos jurídicos de significativo destaque do cenário histórico mundial do século passado: a Constituição de Weimar. Mas essa identidade supera a mera questão de terminologia. Inquestionavelmente vanguardista no tocante a jurisdicização dos direitos fundamentais,[2] sensivelmente impotente às transformações do contexto histórico alemão da época, muitos atribuem a Carta Magna alemã os louros pela mudança, em nível global, de paradigmas jurídicos relacionados à transformação dos direitos dos homens e das mulheres, outros tantos a ela conferem o ônus pela ascensão da principal chaga do século passado: o nazismo.

O presente trabalho, partindo do estudo do contexto histórico-político do período de Weimar (1918 a 1933) e de uma análise científica da Constituição, estabelece confrontos entre a experiência constitucional alemã do início do século e a experiência constitucional brasileira atual — Constituição brasileira de 1988.

As limitações da Constituição sob as clássicas acepções do "*telos* constitucional", é o resultado desta investigação científica.

1. Revista *Veja*, Caderno "Arte", 11.3.1987, p. 141.

2. Na companhia da Constituição mexicana de 1917.

2. *Advertências iniciais*

Qualquer comparação a respeito da situação social vivida nos anos de Weimar na Alemanha com a atual situação brasileira, exercida de maneira simplista e desavisada, pode levar a conclusões inadequadas.

Os fatores históricos que ensejaram a pobreza e o caos social na sociedade alemã e seu reflexo mais significativo — a eclosão do nazismo — possuem justificativas históricas que em larga medida se diferenciam do contexto social brasileiro, sob a égide da Constituição de 1988. Ademais, ainda que seja possível identificar certas semelhanças entre a problemática social alemã do início do século passado e a brasileira, a partir do final do século passado, não se pode concluir, apenas sob o olhar da possibilidade de interferência das Constituições nos seus respectivos Estados, que as conseqüências de tal situação nos levarão a uma experiência idêntica à alemã, ainda que sob vários aspectos estas mesmas Constituições apresentem semelhanças (principalmente quanto a generosidade referente aos direitos fundamentais).

Conforme se verá, o caos provocado pela derrota em uma guerra de proporções globais, a instabilidade política provocada pelas disputas entre os partidos políticos emergentes e, principalmente, a celebração do famigerado Tratado de Versalhes, acordo internacional do pós-guerra que imprimiu a Alemanha uma série de restrições políticas, militares e financeiras, foram fatores determinantes para o agravamento das condições sociais do Estado alemão, bem como para a viabilização do projeto nazista. Já a realidade brasileira foi marcada por uma experiência antidemocrática mal sucedida dos militares e, recentemente, em face à abertura de seu mercado interno e pela necessidade de obtenção recursos financeiros de agências econômicas internacionais, sensivelmente influenciada por políticas internacionais. Cite-se, a título de exemplo, o tão comentado e pouco conhecido *Consenso de Washington*.[3] Entretanto, não se verifica a possibilidade de ascensão de uma ideologia reacionária (a não ser por meio de um discurso reacionário voltado ao combate à criminalidade); pelo contrário, percebe-se um esgotamento em relação ao pensamento conservador brasileiro, com a ascensão gradativa de quadros políticos comprometidos com a causa social brasileira.

Com efeito, é preciso reconhecer que, em ambos os casos, a Constituição não representou, nem representa o fator determinante para a estabilização das relações sociais de um Estado.

3. *República de Weimar e a sua Constituição*

3.1 Contexto histórico

O período histórico-político conhecido como República de Weimar inicia-se após o término da 1ª Grande Guerra e perdura até o início do ano de 1933. Identifica-o o nome da cidade em que a Assembléia Constituinte alemã, responsável pela edição da Carta Magna da época, realizou seus trabalhos, Weimar, na Turíngia.

Para a melhor compreensão deste período, todavia, é importante voltar no tempo até o ano de 1871, em que a guerra franco-prussiana teve seu fim, com uma fragorosa derrota francesa para os alemães. É nesse mesmo período que se consolida o primeiro império alemão (1º *Reich*), sob a forma de uma confederação em que prevalecia a hegemonia prussiana.

A Alemanha permaneceu sob a regência de Bismark até o ano de 1890. A partir de então, inicia-se uma fase de rápida indus-

3. Receituário político-econômico elaborado pelas nações desenvolvidas com o fito de indicar às nações em desenvolvimento posturas econômicas visando à obtenção de empréstimos internacionais de instituições financeiras multinacionais.

trialização que perdura até os anos que antecedem o 1ª Guerra Mundial, trazendo significativos reflexos para o país. "A sua população aumentou vertiginosamente, passando de 41 milhões em 1871 a 49 milhões em 1890 e 67 milhões em 1914. O crescimento da população e o aumento do peso da indústria acarretaram a formação de uma classe operária numericamente compacta e concentrada em indústrias então modernas, nos ramos da siderurgia, química e eletrônica. Paralelamente deu-se um processo de urbanização de grande envergadura: enquanto em 1841 apenas 1/3 dos alemães vivia nas cidades, em 1910 eram 2/3 os que nela habitavam. A população de Berlim passou de 700 mil habitantes em 1867 para 4 milhões em 1913. Essa urbanização correspondia a um impressionante aumento numérico da classe operária em relação ao conjunto da população: em 1907, 44,3% eram operários e cerca de 68% eram constituídos de assalariados, incluindo os comerciários e os empregadores em serviços".[4]

É nesse período que nasce o Partido Comunista Alemão (KPD) e inicia-se o processo de consolidação do Partido Social-Democrata Alemão (SPD).

No ano de 1914 irrompe a Guerra. Contrariamente ao que ensinam os manuais de história sobre seu estopim — assassinato do príncipe herdeiro austríaco Francisco-Ferdinando, por um estudante na Bósnia, então anexada à Áustria-Hungria, duas foram as efetivas causas do embate. A primeira delas era a opressão sofrida pela expansão industrial alemã, que se debatia contra o rígido controle colonial do Terceiro Mundo exercido, sobretudo pela Inglaterra e pela França. A segunda era o problema das nacionalidades oprimidas, sensível na Polônia e na região dos Balcãs, e que ameaçava derrubar as fronteiras de vários impérios históricos como o austro-húngaro e o russo. Em meio a esta confrontação encontravam-se, de um lado, a França e o seu principal aliado, a Rússia dos czares, e de outro, a Alemanha e a Áustria-Hungria.

Com a vitória francesa sobre os alemães, a França pode experimentar o sabor da vingança, materializado no documento que selou as condições impostas pelos vencedores da Guerra: o Tratado de Versalhes.

"A conferência de paz iniciada em Paris, em janeiro de 1919, e sem a presença dos países derrotados, terminou por produzir um documento destinado a humilhar a Alemanha. Este texto foi entregue aos alemães em maio, com um prazo de 15 (quinze) dias para resposta. Tratava-se na verdade daquilo que eles chamaram *Diktat*, onde ficavam evidentes os anseios de revanche da França, derrotada pela Alemanha em 1871. Os aliados exigiam a entrega dos poucos territórios coloniais que a Alemanha possuía (Togo, Camerum e Sudeste africano) e de várias fatias do próprio território alemão: a Alsácia-Lorena, parte do Schleswig, uma saída para o mar para a nova Polônia através do chamado 'corredor de Dantzig' (hoje Gdansk), que cortava o país em duas partes, e um trecho da Baixa-Silésia, que viria a integrar a nova Tchecoslováquia; tudo num total de 1/8 do território alemão de 1/10 de sua população. Exigiam ainda a desmilitarização da margem esquerda do rio Reno, na fronteira oeste, a redução do exército a oficiais de carreira em um número não superior a 100 mil homens, a redução drástica do armamento, a quase destruição da marinha, a dissolução do Estado-Maior do exército, o direito de julgar alguns 'responsáveis de guerra', a proibição do *Anschluss* — unificação voluntária da Alemanha e da Áustria — e, por fim, a fixação de pesadas somas a serem estabelecidas em dinheiro e matérias-primas como reparações de guerra."

Pelo que se denota do conteúdo deste documento percebe-se que sua participação foi marcante durante todo o período da República de Weimar. Talvez essa terminolo-

4. Angela Mendes de Almeida, *A República de Weimar e a Ascensão do Nazismo*, 2ª ed., pp. 9 e 10.

gia devesse mesmo ser alterada de forma a espelhar exatamente a influência que o Tratado de Versalhes teve sobre a Alemanha de 1918 a 1933, em detrimento do peso da Constituição.

É valiosíssimo o comentário de Reinhard Rurup, que trata justamente do período inicial da República de Weimar, assinalando que "(...) A finales de junio había sido firmado el Tratado de Versailles, el 31 de julio fue aprobada la Constitución. Las disposiciones del tratado de paz parecían concretas en demasía y de graves consecuencias, los artículos de la Constitución, por el contrario, parecían abstractos y sin consecuencias inmediatas. La mayoría del pueblo hablaba del dictado de la paz y no de la Constitución".[5]

Antes ainda da celebração destes dois documentos de inquestionável relevo para a Alemanha do início do século passado, um acontecimento político de significativas proporções ocorria: a Revolução de 1918, que ensejaria a primeira experiência republicana deste país e viabilizaria a formação da Assembléia Constituinte genitora da Carta de Weimar.

Esse movimento teve como protagonistas principais a burguesia alemã, descontente pelo desprestígio que sofria em face dos reacionários generais alemães e os partidos políticos de origem proletária, dentre eles, o SPD, que consagraria sua hegemonia através da esmagadora superioridade eleitoral no pleito de formação da Assembléia Constituinte, sua dissidência, o Partido Social Democrata Independente (USPD) e o Partido Comunista Alemão (KPD).

Os fatos trazidos não deixam dúvidas de que a Alemanha ocupou destacada posição no contexto geopolítico mundial não somente pela participação direta nas duas guerras mundiais, mas em face da influência que exerceu, ao longo de todo o globo, no espaço de tempo entre elas, seja porque o movimento operário ganhou, na Alemanha, proporções significativas e, conseqüentemente, tornou-se um ambiente fértil para a propagação do ideário marxista, seja porque desde este período a Alemanha se situava entre as duas correntes ideológicas que polarizaram o globo ao longo do século passado: o capitalismo e o comunismo.

De 1919 a 1922 a Alemanha enfrentou um período de grande instabilidade econômica, em larga medida acarretada pelos termos do Tratado de Versalhes, ensejando a desvalorização do marco e a sensação pelas camadas médias de que o SPD era o grande responsável por tal situação. Ainda que se tenha tentado um "governo operário" formado por membros do SPD e do USPD com a complacência do KPD, como resposta à revolta de 1920 conduzida pela extrema direita (general Kapp do Partido Nacional Alemão e o general von Lutwitz), o ambiente político desarticulado na Alemanha acarretava tensões sociais, agravamento da condições miseráveis da população, bem como o surgimento de uma nova corrente política — nacionalista — formada pelo exército (anti-democrático e anti-republicano, desde seus altos escalões até as patentes mais rasas), pelos "corpos francos" (associações paramilitares e clandestinas, financiadas pelas grandes indústrias), bem como pelos tradicionais Partidos de direita — o Nacional Alemão e o Popular Alemão.

Angela Mendes de Almeida lembra ainda que: "um outro problema enfrentado pela Alemanha nesse período era o da inflação. Os dados da sua ascensão podem demonstrar os seus efeitos sobre a população: em 1919 o marco em papel-moeda valia 1/4 do marco-ouro; em 1920, 1/13; em 1921, 1/21; em janeiro de 1922, 1/50; em outubro de 1922, 1/1000; em janeiro de 1923, 1/40.000. As principais vítimas do processo inflacionário foram os assalariados e a classe média, que havia feito suas economias em dinheiro. Em compensação os

5. "Génesis y fundamentos de la Constitución de Weimar", in *Ayer* 5, *El Estado Aleman (1870-1992)*, Juan Jose Carreras Ares (ed.), p. 125.

meios financeiros, os proprietários rurais e os industriais nutriram-se da inflação".[6]

O ano de 1923 foi marcado pelo aguçamento da crise social, político e financeira alemã. Apesar da desaprovação dos ingleses e norte-americanos os exércitos franco-belgas ocuparam o Vale do Ruhr como forma de "garantir" o fornecimento de matéria-prima, visando ao pagamento das reparações de guerra. A maneira passiva como o primeiro-ministro alemão, Cuno, aceitou tal situação, o agravamento da miséria e o clima explosivo levaram novamente as massas, bem como a coalizão entre a social-democracia e a burguesia a derrubar o governo.

O novo governo compunha uma vasta coalizão nacional destinada a fazer face à crise e às dificuldades exteriores. Era chefiado por Gustav Stresemann, do Partido Popular Alemão, figura destacada por entender ser possível a convivência entre o capital e a república, e contava com quatro ministros social-democratas em postos-chave. Seus dois principais objetivos — um acordo com os aliados e a estabilização do marco —, contribuíram para a estabilização da República de Weimar durante os anos de 1924 a 1929. Isso não impediu, todavia, que, ainda em 1923, fosse deflagrado um golpe nacionalista fracassado liderado por Hitler e Ludendorff que acabou culminando na queda de Stresemann; este, por sua vez, passou a exercer a função de Ministro das Relações Exteriores. Era o início de um período de estabilidade.

Tal estabilidade alemã esteve intrinsecamente relacionada à mudança no curso da política internacional dos aliados em face da Alemanha. "Até fins de 1923 os Estados Unidos haviam permanecido no mais total isolamento, recusando inclusive participar da Sociedade das Nações. Mas tendo alcançado ao final da Primeira Guerra Mundial a posição de potência econômica e militar, o país sentiu a necessidade de abrir campo para investir os vastos capitais acumulados. Sob esse ponto de vista a Alemanha apresentava as melhores condições: falta de capital para investimento e uma forte capacidade produtiva potencial. O único senão era sua permanente crise política".[7] Com o apoio dos ingleses e diante da aparente estabilização da crise interna alemã, em abril de 1924 foi celebrado o Plano Dawes, pelo qual injetava-se capital na Alemanha, de forma a revitalizar a economia, recuperando seu índices de crescimento do pré-guerra (entre os anos de 1928 e 1929 as taxas de crescimento chegaram a 15%), bem como a vida social (nas arquitetura o movimento *Bauhaus*, no cinema o expressionismo, no teatro as peças de cunho político de Erwin Piscator, Ernst Toller e Bertolt Brecht, além do desenvolvimento da pintura, música e filosofia); todavia, tornava o país totalmente dependente da Bolsa de Nova York.

Cinco anos mais tarde, todavia, o *crash* da Bolsa de Nova York, a morte de Stresemann e o retorno da instabilidade política interna marcada pela incessável disputa entre os partidos de centro esquerda e esquerda (SPD, USPD, KPD) reabriram as feridas da crise alemã, agora de maneira implacável, viabilizando o espaço que era preciso para que a extrema direita divulgasse seu discurso fácil nacionalista. Nesse período a produção industrial teve uma queda da ordem de 33,2% e o número de desempregados, que em 1929 havia chegado em 3 milhões, atingiu o número de 6 milhões no início de 1932, o que correspondia a pouco menos de 1/3 dos assalariados. De notar que quase metade desses assalariados eram sindicalizados. Significa dizer que a crise econômica foi um golpe sobre a influência social que exerciam os sindicatos.

Em 1930 o deputado do centro católico Bruning assumiu como Primeiro Ministro. É o início da ruptura institucional for-

6. Angela Mendes de Almeida, ob. cit., p. 36.

7. Idem, p. 46.

mal. Sem a maioria no Congresso, Bruning passou indiscriminadamente a governar por meio de decretos, através do uso distorcido de um dispositivo constitucional, o art. 48. O SPD, que tinha maioria no Congresso, passou a fazer "vistas grossas", pois, temendo a ascensão da direita nazista ou ainda uma efetiva ruptura institucional por meio de um golpe, entendia essa prática como sendo um "mal-menor". Nesse período o Partido Nacional Socialista, liderado por Adolph Hitler, ganhou proporções significativas, obtendo a simpatia, quer do desesperado e desorientado proletariado (com o discurso de reforma agrária sem indenização, nacionalização dos *trusts* e responsabilização dos judeus-marxistas e republicanos pela crise), quer dos altos industriais (com o discurso xenófobo e de reserva de mercado e pelo fortalecimento da economia alemã). O KPD estava desorientado em face do endurecimento da política de Stalin, durante o período de 1927 a 1930. Ademais, subestimaram os nazistas. Para eles, "(...) A instalação da ditadura fascista aberta, destruindo todas as ilusões democráticas das massas e liberando-as da influência social-democrata, acelera o ritmo do desenvolvimento da Alemanha em direção à revolução proletária". Cite-se o fato de terem votado, juntamente com os nazistas, em 1931, pela dissoluçao do Congresso, via *referendum*, na Prússia.

Em verdade, o SPD, USPD e KPD — que só percebeu a consolidação do projeto nazista de Hitler muito "em cima da hora" — abriram um vácuo dentro do movimento proletário permitindo a ascensão do nazismo. No dia 29 de janeiro 1933, Hitler é indicado Chanceler da Alemanha e, em 24 de março de 1933, é decretada a Lei Plenipotenciária outorgando poderes absolutos ao ditador alemão e consolidando o processo de erosão constitucional.

3.2 Contexto jurídico

A primeira minuta da Constituição de Weimar foi elaborada pelo especialista de Direito Público berlinense Hugo Preuß, um liberal de esquerda, e contou com o suporte de vários cientistas consagrados, dentre eles Max Weber. Como objetivo principal, pode-se dizer que a Constituição de Weimar buscava consolidar o ideário social-democrata e instaurar uma República Parlamentarista.

Jorge Miranda, ao comentar sobre a Constituição de Weimar afirma que "(...) pode considerar-se o mais importante texto nessa altura concebido e espelha bem toda a mudança no modo de encarar os problemas políticos, sociais e econômicos do século XIX para o século XX. O seu interesse é múltiplo, quer no plano sistemático quer no da experimentação constitucional; e, por isso, ficaria registrada na história e no direito comparado".[8]

Estabelecia a Constituição que o Presidente que fosse eleito por sufrágio universal (art. 41), exerceria seu mandato por um prazo de sete anos, podendo ser reeleito (art. 43), e teria poderes para nomear e demitir o Chanceler e, sob proposta deste, os Ministros (art. 53); poderes para dissolver o Parlamento, embora uma só vez pelo mesmo motivo (art. 25); promulgar leis votadas em conformidade com a Constituição (art. 70) e poder submetê-las a referendo (art. 73); em caso de emergência, competindo-lhe decretar as medidas necessárias ao restabelecimento da lei e da segurança, podendo inclusive, para esse fim, suspender alguns dos direitos fundamentais (art. 48). Em contrapartida, pode o Presidente ser destituído por voto popular, precedendo deliberação da Assembléia por maioria de dois terços (art. 43).

Além disso, "(...) La Constitución de Weimar era la primera de un Estado moderno grande que introducía, con el plebiscito, formas de la democracia directa en un sistema parlamentario-presidencialista. Junto ao *referendum* (*Volksentscheid*) se puso la iniciativa popular (*Volksbegehren*), es de-

8. Jorge Miranda, *Manual de Direito Constitucional*, t. I, 4ª ed., p. 206.

cir, la iniciativa legislativa del pueblo. Es cierto que posteriormente se vio que la significación práctica de estas posibilidades constitucionales era más escasa de lo que se había creído al principio: durante el tiempo que duró la Republica sólo hubo siete intentos de implantar una ley por la vía de la iniciativa popular y los siete fracasaron. Sin embargo, justamente estas disposiciones pertenecen a las partes de la Constitución que dan lugar a su fama como 'una de las Constituciones más libres del mundo'".[9]

Quanto aos direitos fundamentais a Carta de Weimar inovou:

- direitos humanos invioláveis (homens e mulheres);
- poderes obedientes aos direitos fundamentais;
- restrição à direitos fundamentais só através de lei geral;
- tutela jurisdicional contra os atos ofensivos aos direitos fundamentais.

Além disso, assinala Jorge Miranda que "(...) Constituição de Weimar é sobretudo a primeira das grandes Constituições européias a interessar-se profundamente pela questão social, em contraste com a aparente neutralidade das Constituições liberais do século passado.

"Essa relevância constitucional dos problemas sociais traduz-se principalmente em: 1º) a regulamentação de domínios até então esquecidos, como o casamento (art. 119), a juventude (art. 120), a educação (arts. 142 e ss.); 2º) a atribuição aos cidadãos de direitos sociais; 3º) as limitações impostas ao princípio da liberdade contratual (art. 152) e à propriedade privada (art. 153), em virtude da função social que desempenham."[10]

De toda a Constituição, sem contar com as disposições finais e transitórias, dos seus 165 artigos, 56 tratam de direitos fundamentais.

É indiscutível, portanto, a notoriedade dos avanços trazidos pela Constituição de Weimar atinentes aos direitos fundamentais. Por outro lado, conforme se pode notar de seu comentário transcrito anteriormente, o jurista alemão Reinhard Rurup chama a atenção para o fato de que a Carta Magna alemã era indiscutivelmente bem-intencionada, todavia, sua concretização encontrava embaraços, seja pelo seu distanciamento da realidade político-social alemã da época, seja porque o seu nascedouro foi marcado pela manifestação caoticamente democrática dos partidos responsáveis pela sua elaboração, fazendo de seu produto um projeto social de natureza manifestamente fragmentada. Com efeito, "Teniendo en cuenta el hecho de que la Constitución de Weimar había sido creada por una coalición de partidos, con la colaboración incluso de aquellos que estaban en oposición radical, la parte de los derechos fundamentales no podía pasar a fin de cuentas de ser una retahíla de las más diversas reivindicaciones, una yuxtaposición de normas y de ideas sobre objetivos socialistas, liberales, confesionales y conservadoras. No se logró dar al nuevo Estado un 'rumbo' claro. Los derechos fundamentales no formaban un programa cerrado, sino, por así decirlo, una oferta polifacética, para que eligiera libremente en el futuro aquella fuerza política que tuviera más fuerza en cada caso. No era un 'proyecto de una República democrática', sino más bien un baluarte contra más movimientos subversivos, un instrumento para mantener el *status quo*".[11]

Por fim, importa notar o teor do famigerado art. 48 da Constituição de Weimar — estabelecendo poderes para o Presidente governar através de decretos. Seu § 1º outorgava ao Presidente o direito de obrigar a um Estado, por meio das Forças Armadas a cumprir as obrigações que foram impostas pela Constituição do *Reich* ou pelas leis estaduais. Além disso, o § 2º estabele-

9. Juan José Carreras Ares, ob. cit., p. 151.

10. Jorge Miranda, ob. cit., p. 208.

11. Juan José Carreras Ares, ob. cit., p. 155.

cia que o Presidente poderia, em caso de risco à segurança e a ordem pública do *Reich,* tomar as medidas necessárias para restabelecê-las, se necessário com o uso das Forças Armadas. Por este fim poderiam ser suspensos direitos fundamentais.

Não obstante a afirmação de que a ruptura institucional formal se deu a partir dos anos 1930, é imperioso notar que a situação de deturpação do espírito da Constituição permeou todo o período de crise alemã durante as duas grandes guerras. Nos primeiros anos da crise foi feito uso excessivo e desmedido de decretos, substituindo o caminho da via legislativa. Até 1925 já haviam sido expedidos 135 decretos de urgência. O art. 48 da Constituição conferiu ao Presidente a função de guardião da Constituição, mas, ao mesmo tempo, por esse artigo, conferiu a possibilidade de miná-la. Também por esta Constituição se fez uma outra opção pelo Poder Executivo e não pelos representantes do *Reichstag*, pois era o primeiro que definia o que era "estado de emergência".[12]

Diante de todo o exposto, e, apesar de sua louvável intenção social, a Constituição de Weimar é reflexo de um momento político conturbado; é resultado de uma revolução fracassada, não de uma revolução coroada pelo êxito.

É indiscutível que a Constituição de Weimar trouxe inequívocos avanços na seara dos direitos fundamentais. Por outro lado, é evidente o seu descompasso com a realidade alemã do pós-guerra. Por mais que suas disposições fossem vanguardistas e bem-intencionadas, não foram suficientes para reverter o cenário alemão do início do século passado. Nada mais do que compreensível. De que adianta uma Constituição "criada em laboratório" em meio a um contexto social opressivo, marcado por golpes, revoluções e principalmente por restrições externas de ordem político-financeira advindas de uma devastadora guerra perdida. A Constituição de Weimar não se encaixava ao contexto alemão de sua época.

Reinhard Rurup desfecha que: "Y aunque se reconoce el esfuerzo por crear una 'Constitución ejemplar por antonomasia', se la valora a fin de cuentas como una simples creación de laboratorio, que a causa de la 'errónea instauración de instituciones constitucionales fundamentales' habría contribuido esencialmente a la incapacidad de funcionamiento del sistema parlamentario desde 1930. Si Preuß argumenta, refiriéndose a la Constitución del *Reich* de Bismarck, que la calidad de una Constitución se demuestra no en los buenos, sino en los malos tiempos, naturalmente debería ser válido este argumento también para su propia creación y, en el último término, no se puede dejar de advertir que la Constitución de Weimar no constituyó un dique efectivo contra la 'disolución' de la República y la *Machtergreifung*, la toma del poder por los nazis. Sin embargo, hay que guardarse de exigir más de la cuenta de esta — o de cualquier — Constitución: una Constitución no puede sustituir jamás a la actuación política, sino sólo ser un presupuesto mejor o peor de ella. Por lo regular no sirve de mucho intentar responsabilizar a una Constitución del fracaso de un sistema político, más bien habrá que investigar las estructuras sociales, las responsabilidades políticas y las situaciones decisorias concretas para descubrir las causas reales".[13]

Na mesma linha de raciocínio o constitucionalista português Jorge Miranda ao

12. Nitidamente aqui se percebe a necessidade de uma consciência jurídica, que se manifeste em todas as instituições sociais e que opere por todos os meios e agentes políticos em condições de interferir na realidade social de um Estado como forma de concretizar o *telos* constitucional. O Prof. Celso Antônio Bandeira de Mello em brilhante palestra ministrada na Câmara Municipal da Cidade de São Paulo registrou seu pensamento a esse respeito, a ser melhor apresentado a seguir.

13. Juan José Carreras Ares, ob. cit., p. 127.

discorrer sobre a Carta de Weimar assevera que:

"Não bastam as fórmulas constitucionais, por melhores que sejam, para prevenir ou resolver os problemas políticos — e isto deve ser, para os juristas, suficiente convite à humildade.

"Como a corrupção da Constituição de Weimar foi, a justo título, uma das causas da conquista o poder pelos nacional-socialistas, no segundo pós-guerra haveria de ser mais forte a consciência das limitações dos sistemas jurídico-formais, assim como se haveria de procurar colher as lições da provação porque a Alemanha tinha acabado de passar."[14]

As considerações apresentadas acima dão conta dos limites dos quais não escapa uma Constituição. Qual a sua finalidade, então? Como não frustrar sua razão de ser?

De forma a responder adequadamente tais indagações, mister se faz reportar-se as lições da doutrina consagrada.

4. Definições de Constituição

A Constituição é um dos objetos da ciência jurídica com maior número de definições, em face da sua natureza singular e das funções que exerce dentro do ordenamento jurídico.

Desde longa data a doutrina se debate na busca de uma definição para a Constituição que se sustente nas mais diversas teorias de Direito. Canotilho define-a como sendo o "Estatuto jurídico do fenômeno político". José Afonso da Silva como sendo "Conjunto de normas que organizam os elementos do Estado". Para Heller, a Constituição enfeixa os "Princípios de Mediação entre o Estado e a Sociedade". Celso Bastos, sob um enfoque formal, conceitua a Constituição como "normas com especial solenidade", do ponto de vista material: "forças sociais, políticas, ideológicas que configuram o Estado" e, do ponto de vista substancial o "conjunto de normas estruturais de uma sociedade política".

Partindo-se da simplificada definição de José Afonso da Silva acima referida, mister se faz compreender o conceito de Estado, que na lição de Dalmo de Abreu Dallari, é uma *sociedade política*, cujos elementos são: *finalidade política* que "engloba a totalidade dos fatores dos homens"; *manifestações de conjunto ordenadas*, por meio de um ordenamento jurídico e *poder social*, que se define como sendo ordem jurídica soberana; e que tem por fim o bem comum de um povo situado em um determinado território.[15]

Diante da complexidade do sentido de Estado atribuído por Dalmo Dallari e admitindo-se que a Constituição representa um instrumento de organização dos elementos do Estado pelos quais se percebe não apenas uma identidade jurídica, mas, também, política, não há dúvidas de que muito se pode dizer a respeito da Constituição.

Para Ferdinand Lasalle,[16] por exemplo, as Constituições nada mais são do que os fatores reais de poder transcritos numa "folha de papel" pois, no seu entender, são os "fatores reais de poder" que representam a força ativa que informa todas as leis e instituições jurídicas vigentes, determinando que não possam ser, em substância, a não ser tal como elas são.

Com efeito, "constituem fatores reais de poder o conjunto de forças que atuam politicamente, com base na lei [na Constituição] para conservar as instituições jurídicas vigentes. Constituem esses fatores a monarquia, a aristocracia, a grande burguesia, os banqueiros e, com específicas e especiais conotações, a pequena burguesia e a

14. Jorge Miranda, ob. cit., p. 208

15. Dalmo de Abreu Dallari, *Elementos de Teoria Geral do Estado*, 17ª ed., p. 101.

16. Ferdinand Lassale, *A Essência da Constituição*, 4ª ed., p. 10.

classe operária, e o que elas representam da ciência nacional".

É célebre a resposta dada por Lassale à seguinte indagação que, diga-se, sintetiza sua concepção de Constituição: quando se pode dizer que uma Constituição escrita é boa e duradoura?

Diz ele: "A resposta é clara e parte logicamente de quanto temos exposto: Quando essa constituição escrita corresponder à constituição real e tiver suas raízes nos fatores reais de poder que regem o país.

"Onde a constituição escrita não corresponder à real, irrompe inevitavelmente um conflito que é impossível evitar e no qual, mais dia menos dia, a constituição escrita, a folha de papel, sucumbirá necessariamente, perante a constituição real, a das verdadeiras forças vitais do país."

Ainda que pareça simplista, tal concepção traz consigo a idéia de que a ordem jurídica maior não possui autonomia, "seria um mero instrumento escrito com o objetivo de coagir condutas através da ameaça de punições".

A compreensão juspositivista de Hans Kelsen sobre a Constituição limita-se a atribuí-la a condição de fundamento de validade das normas que compõem o ordenamento jurídico positivo. Por meio de sua *Teoria Pura do Direito*, em certa medida influenciada pelos episódios históricos que marcaram a Alemanha durante a República de Weimar até o desfecho da Segunda Guerra Mundial, Kelsen afasta da Constituição e das demais normas infraconstitucionais qualquer preocupação extrajurídica, uma vez que o Direito constitui um sistema fechado.

Em verdade, a racionalidade formal de Kelsen prioriza os "meios", elegendo a norma jurídica como sendo o objeto de sua proposta científica. Todo o pensamento kelseniano é fundado na validade da norma e não na sua eficácia. Da própria definição, cunhada a partir de seus textos, de que o Direito é um conjunto de normas que regem coercitivamente a vida em sociedade, é possível extrair-se que o objeto de análise científica do Direito é o elemento que o compõe — a norma — e não a finalidade a que ele se propõe, seja ela qual for. O Direito é um conjunto de normas (...) e não DEVE SER "um conjunto de normas que regem coercitivamente a vida em sociedade". Nesse sentido, o Direito não deve ser instrumento pelo qual (i) se viabiliza a organização de uma comunidade ou mesmo (ii) se justifica qualquer ideologia política, por mais que fundada em argumentos de liberdade, igualdade ou mesmo justiça. Para Kelsen, o Direito PODE trazer como resultado uma sociedade mais justa, mas essa não é a sua razão de ser.

De qualquer forma, Kelsen não despreza a relevância que a eficácia tem para o Direito. Em verdade, para Kelsen, a eficácia é condição de validade do Direito. O jurista alemão entende que o Direito é uma ordem social coercitiva e que, a eficácia, é a "força ou poder atrás da ordem". Ao tratá-lo assim — Direito como ordem social coercitiva — ele o concebe como uma "técnica social específica", com o propósito de ocasionar certa conduta dos homens, considerada pelo legislador como sendo "desejável". Para que uma ordem seja considerada válida é preciso que a conduta humana a que se refere esteja em conformidade com essa ordem. Todavia, daí confundir o Direito como veículo para a promoção de justiça, por exemplo, há uma diferença muito grande...

Muito antes de Lassale e Hans Kelsen, todavia, um outro enfoque era dado às "leis", nas quais se incluía a Constituição. Platão foi o primeiro a entendê-la como agente educador e programático, ou seja, instrumento de transformação da sociedade.

Pois bem. Colocando em contraposição justamente a compreensão de Lasalle com a concepção positivista, Willis Santiago Guerra Filho considera que: "(...), em ambos sentidos têm-se conceitos de Constituição infrutíferos, que tiram a ela [interpretação constitucional] qualquer importância, pois tanto uma constituição que é mero *flatus vocis* como aquela que se limite a descrever a ordem fundamental vigente na sociedade, mostram-se como perfeitamente inúteis e dispensáveis, correspondendo respectivamente, na conhecida classificação de Loewenstein, às Constituições 'nominalistas' e 'semânticas'".

Para esse mesmo autor: "O importante na identificação desses dois extremos é a possibilidade de elaborar uma solução de compromisso, pela qual se chega ao conceito de uma 'Constituição normativa', como aquela que realmente regula o processo político ao ser adotada efetivamente como critério para julgar a legalidade (ou ilegalidade) das relações de poder existentes, o que se não leva a modificar diretamente a realidade, não deixa de ser um fator de grande influência mediata para modificá-la. Nesse sentido, a Constituição aparece não só como o resultado do jogo daquelas forças, mas principalmente condicionando-os, que vai depender, em grande parte, da circunstância dela já trazer estabelecidos em seu próprio bojo os requisitos necessários à sua realização e efetivação". E, por fim, o autor conclui que: "(...) Trata-se, portanto, de uma via de acesso a modificações sociais através das instituições e com o seu fortalecimento, o que se torna de extrema necessidade em uma época como a nossa, onde o aparato da defesa estatal se encontra armado a um ponto que inviabiliza as revoluções populares, vistas no passado como a forma de resgatar a legitimidade e a normatividade do ordenamento jurídico, dando-lhe uma constituição em consonância com os anseios de transformação da sociedade".[17]

5. *"Telos" constitucional*

O nascimento do Estado Constitucional, ainda em 1215, com a edição da Magna Carta, assinada pelo Rei João Sem Terra, na Inglaterra, bem como a sua consolidação, já no século XVIII, nos Estados Unidos e na França, não deixam dúvidas de que o propósito original deste instrumento jurídico era impor restrições aos monarcas, retirando-lhe o caráter pessoal para outorgar-lhe fundamento legal, ou seja, limitação do poder. Essa é a concepção de constitucionalistas consagrados como Karl Loewenstein: "En sentido ontológico, se deberá considerar como el *telos* de toda constitución la creación de instituciones para limitar y controlar el poder político. En este sentido, cada constitución presenta una doble significación ideológica: liberar a los destinatarios del poder del control social absoluto de sus dominadores y asignarles una legítima participación en el proceso del poder".[18]

A percepção de que a Constituição tem um propósito ativo dentro do sistema social é marcadamente destacada pelos juristas da segunda metade do século XX. Se é verdade que alguns deles, como Niklas Luhmann, por meio de uma concepção sistêmica fechada do Direito entende que o propósito transformador da sociedade é estranho ao Direito, pois a ele compete simplesmente *garantir expectativas normativas*, através de uma postura *operativamente fechada* e apenas *cognicitivamente aberta*, outros, como Canotilho e Hesse, concebem o Direito e, em especial a Constituição, como um sistema aberto, absolutamente sensível às questões estranhas ao sistema jurídico que são internalizadas e juridicizadas retornando ao seu *ambiente* após um processo interpretativo e à luz do ordenamento jurídico como forma de concretização da Constituição (sistema de *inputs* e *outputs*).

Hesse fala no caráter *incompleto* da Constituição como forma de viabilizar sua normatização ao longo do tempo. Por mais que guarde estreita relação com o momento histórico de sua criação é vital que a

17. Willis Santiago Guerra Filho, "Metodologia jurídica e interpretação constitucional", *Revista de Processo* 62/134 e 135.

18. Karl Loewenstein, *Teoría de la Constitución*, p. 62.

Constituição mantenha-se aberta para viabilizar sua conformação com o contexto social ao longo do tempo. Nesse sentido insiste na necessidade de a Constituição manter-se *incompleta e mal-acabada* de forma a concretizar sua *força normativa.*

Em sua obra, Hesse deixa claro que a Constituição não representa apenas a consolidação de uma dada realidade, pois tendo em vista o seu caráter normativo, ela interfere nesta realidade. Não obstante, faz questão de registrar a obrigatória necessidade de a Constituição estar sempre adstrita à realidade de seu tempo. São dele as seguintes palavras: "Em síntese, pode-se afirmar: a Constituição jurídica está condicionada pela realidade histórica. Ela não pode ser separada da realidade concreta de seu tempo. A pretensão de eficácia da Constituição somente pode ser realizada se se levar em conta essa realidade. Graças ao elemento normativo, ela ordena e conforma a realidade política e social. As possibilidades, mas também os limites da força normativa da Constituição resultam da correlação entre ser (*Sein*) e dever ser (*Sollen*)".

Mas não se limita a isso. Ao fazer referência a Wilhem von Humbolt o referido constitucionalista alemão faz considerações acerca da necessidade de a Constituição guardar relação com o contexto histórico-social do seu respectivo Estado, a saber: "o 'Ninguna constitución política — afirma Humbolt en una de sus primera obras — puede prosperar aquella que surja del enfrentamiento entre ele azar y la razón', la que, con otras palabras, conecte con las circunstancias de la concreta situación histórica, relacionando sus condicionamientos con la regulación jurídica inspirada por los criterios de la razón. (...) A partir del conjunto de la disposición individual del presente — se dice más adelante — surge la consecuencia. Los provectos que la razón se esfuerza entonces por imponer, reciben (...) del objeto mismo al que se dirigen forma y modificación. Así puede alcanzar duración y resultar útiles. De aquella manera, aunque sean realizados, permanecen estériles para siempre (...). La razón tiene desde luego capacidad para conformar la materia existente, pero carece de fuerza para producirla nueva. Esta fuerza se basa exclusivamente en la naturaleza de las cosas, la razón verdaderamente sabia las mueve a actuar tratando de orientarlas. Así logra mantenerse modestamente. Las constituciones políticas no pueden injertarse en los hombres como se injertan árboles. Donde la naturaleza y el tiempo no han trabajado previamente es como sis se atasen flores con hilo. El primer sol de melodía las agosta".

E mais adiante, em consonância com Humbolt, Hesse arremata: "A través de estas frases Humbolt deja claros desde un primer momento los limites de la fuerza normativa de la Constitución. La Constitución — aquí en el sentido de 'constitución jurídica' — no puede tratar de construir ele Estado de modo por así decir teórico-abstracto, sin consideración a las circunstancias e fuerzas históricas, si no quiere permanecer 'eternamente estéril'. La Constitución no és capaz de engendrar nada que non se halle ya en la disposición individual del presente. *Donde estos presupuestos faltan, la Constitución no puede dar 'forma y modificación'; donde no es posible tampoco orientar dicha fuerza; donde la Constitución ignora las leyes espirituales, sociales, políticas o económicas de su época, carecerá del germen imprescindible de l fuerza vital, siendo incapaz de hacer que llegue a producirse ele estado que norma en contradicción con dichas leyes*" (destaques nossos).

"Pero con ello queda también precisado el carácter y posible medida de la fuerza vital y de actuación de la Constitución. La norma constitucional puede ser operante cuando trata de construir de cara al futuro las circunstancias radicadas en la estructura individual del presente, como dijo Humbolt en otra ocasión, consigue fuerza y prestigio cuando aparece determinada por el principio de necesidad. *Con otras palabras, la fuerza y la eficacia de la Constitución descansan en su vinculación a las fuerzas espontáneas y las tendencias vitales de la época, en su capacidad para desarrollar y coordinar objetivamente estas fuerzas, para ser por su mismo objeto, el orden global determinado, es decir, material de las relaciones sociales concretas*"[19] (destaques nossos).

A melhor prova acerca das considerações assinaladas se opera pela experiência da Alemanha sob a égide da Constituição de Weimar, indiscutivelmente marcada por uma conjunção de fatos políticos, militares e econômicos que em nada refletiam a artificialidade de uma Constituição feita em laboratórios, por cientistas que engendraram uma Carta imortalizada pela História pelo seu vanguardismo social, mas que pouco pode concretizar, em virtude de seu distanciamento da realidade alemã após a Primeira Grande Guerra.

Não basta que a Carta seja um documento cheio de boas intenções ou que proponha um projeto social para o Estado que seja impraticável em face das circunstâncias sociais, políticas, econômicas e culturais. Que o Estado deve desempenhar um papel ativo na sociedade, não há dúvidas. Vide por exemplo o art. 3º da Constituição brasileira que estabelece como objetivos fundamentais a (i) construção de uma sociedade livre; (ii) a garantia do desenvolvimento nacional; (iii) a erradicação da pobreza e da marginalização, bem como a redução das desigualdades sociais e regionais e (iv) a promoção do bem de todos, sem preconceitos de origem, raça, sexo, cor, idade e quaisquer outras formas de discriminação. Mas é preciso que essas finalidades sejam factíveis. Em outras palavras, a força normativa da Constituição somente se opera em um cenário em que seus dispositivos estejam sintonizados ao contexto social real, com aberturas estratégicas para sua conformação ao longo do tempo.

A Constituição de Weimar não logrou êxito nesse sentido, pois ignorou fatores concretos como as restrições de toda sorte do pós-guerra, projetando-se para um documento ideal, todavia, de consecução inviável. Mas principalmente, a Constituição de Weimar foi impotente diante de um momento de convulsão social que escorado nas disputas políticas e no agravamento das condições sociais da sociedade alemã fizeram eclodir a famigerada ideologia fascista. Diante do golpe sobre as instituições amparadas pelas forças políticas e pela manipulação das massas não há Constituição que resista. Algumas coisas escapam de seu espectro de atuação. Por mais soberana que seja a Constituição tem seus limites.

6. Dos limites da Constituição

Ao tratar da força normativa da Constituição, Konrad Hesse é enfático ao perceber seus limites. Em outra passagem, assevera que: "A Constituição jurídica logra conferir forma e modificação à realidade. Ela logra despertar "a força que reside na natureza das coisas" tornando-a ativa. Ela própria converte-se em força ativa que influi e determina a realidade política e social. Essa força impõe-se de forma tanto mais efetiva quanto mais ampla for a convicção sobre a inviolabilidade da Constituição, quanto mais forte mostrar-se essa convicção entre os principais responsáveis pela vida constitucional. Portanto, a intensidade da força normativa da Constituição apresenta-se, em primeiro plano, como uma questão de vontade normativa, de vontade de Constituição (*Wille zur Verfassung*).

"Constatam-se os limites da força normativa da Constituição quando a ordenação constitucional não mais se baseia na natureza singular do presente (*individuelle Beschaffenheit der Gegennwart*). Esses limites não são, todavia, precisos uma vez que essa qualidade singular é formada tanto pela idéia de vontade de Constituição,

19. Celso Ribeiro Bastos, *Curso de Direito Constitucional*, 20ª ed., p. 44, nota 4.

menos significativas hão de ser as restrições e os limites impostos à força normativa da Constituição. A vontade de Constituição não é capaz, porém, de suprimir esses limites. Nenhum poder do mundo, nem mesmo a Constituição, pode alterar as condicionantes naturais. Tudo depende, portanto, de que se conforme a Constituição a esses limites. Se os pressupostos da força normativa encontrar correspondência na Constituição, se as forças em condições de violá-la ou de alterá-la mostrarem-se dispostas a render-lhe homenagem, se, também em tempos difíceis, a Constituição lograr preservar a sua força normativa, então ela configura verdadeira força viva capaz de proteger a vida do Estado contra as desmedidas investidas do arbítrio. Não é, portanto, em tempos tranqüilos e felizes que a Constituição normativa vê-se submetida à sua prova de força. Em verdade, esta prova dá-se nas situações de emergência, nos tempos de necessidade."[20]

Ao tratar do Direito Constitucional, Hesse novamente reconhece os limites de seu objeto precípuo. Diz ele: "Isso significa que o Direito Constitucional deve preservar, modestamente, a consciência de seus *limites*. ***Até porque a força normativa da Constituição é apenas uma das forças de cuja atuação resulta a realidade do Estado. E esta força tem limites***. A sua eficácia depende da satisfação dos pressupostos acima enunciados. Subsiste para o Direito Constitucional uma enorme tarefa, sobretudo porque a força normativa da Constituição não está assegurada de plano configurando missão que, somente em determinadas condições, poderá ser realizada de forma excelente. A concretização plena da força normativa constitui meta a ser almejada pela Ciência do Direito Constitucional. Ela cumpre seu mister de forma adequada não quando procura demonstrar que as questões do poder, mas quando envida esforços para evitar que elas se convertam em questões de poder (*Machtfragen*)"[21] (destaques nossos).

Um outro tipo de limitação da Constituição está diretamente relacionada aos seus destinatários, e em especial àqueles que sofrem seu influxo direto e sobre os quais compete-lhe sua aplicação imediata: os agentes públicos (dentre eles os políticos) e os operadores do Direito. Como documento jurídico que é a Constituição depende de uma interpretação de pessoas, seu manuseio se opera por homens. Trata-se de mero instrumento de organização do Estado absolutamente dependente da vontade social em aplicá-la corretamente. Uma Constituição, por mais democrática que possa ser, necessita de concretização e este processo passa necessariamente pela interpretação daqueles a ela submetidos.

A preocupação de Konrad Hesse a esse respeito está evidenciada no tratamento dado a questão da ausência de regulamentação específica que tratasse de situações de emergência no âmbito político, econômico ou social na Constituição de Bohn, sucessora da Constituição de Weimar e promulgada no pós-guerra de 1949, tendo em vista a desastrada experiência a que se submeteu a República Alemanha com o uso indiscriminado e distorcido do malsinado art. 48 da Constituição de Weimar. Na hipótese de ocorrência de uma situação de emergência a solução ficaria entregue ao poder dos fatos. Para Hesse, "As medidas eventualmente empreendidas poderiam ser justificadas com base num estado de necessidade suprapositivo. Ressalte-se que o conteúdo dessa regra jurídica suprapositiva somente poderia expressar a idéia de que a necessidade não conhece limites. Tal proposição não conteria, portanto, regulação normativa, não podendo, por isso, desenvolver força normativa".[22]

Entende-se que a melhor resposta para esse tipo de situação seria dada pela inter-

20. Konrad Hesse, *A Força Normativa da Constituição*, pp. 21 e 25.

21. Idem, pp. 26-27.

22. Idem, p. 32.

pretação sistemática do ordenamento que oferecesse condições para a solução desta situação. De qualquer forma, o manuseio dos dispositivos constitucionais existentes à época estava adstrito ao legítimo interesse dos agentes públicos e operadores do Direito em concretizar o espírito constitucional. Sempre foi e será assim. Portanto, a efetividade da Constituição, seja em situações de omissão legislativa ou não, depende da manifestação volitiva de seus operadores, posto que o Direito é um instrumento de convivência entre os homens, cabendo somente a estes a sua efetiva aplicação. É nesse contexto que cabe falar no processo de conscientização jurídica.

O Prof. Celso Antônio Bandeira de Mello em palestra ministrada na Câmara Municipal da Cidade de São Paulo, em 1983, já tratou, de forma irretocável, como lhe é peculiar, deste assunto.[23] Inicialmente tratando do tema *Poder Constituinte,* ele passa a discorrer sobre questões de sociologia jurídica, enfrentando a questão acerca do papel do Direito na sociedade, como instrumento de transformações sociais ou de consagração da realidade. Nitidamente divergente da posição científica do Prof. Willis Santiago Guerra Filho referida anteriormente, são dele (Prof. Bandeira de Mello) as seguintes palavras: "Notoriamente normativista, criticado acerbadamente por ser normativista, e não obstante, eu não creio em Direito que altera a realidade. Para mim o Direito é superestrutura. Não tem nada a ver uma visão normativista, que, pretendo eu, é a visão científica do Direito, com a circunstância de alguém saber ou reconhecer que o Direito é uma superestrutura. Não é o Direito que modifica a realidade. O Direito é um dos instrumentos, modesto instrumento, de transformação da sociedade. O direito é acima de tudo um instrumento de consagração de uma dada realidade. Isto é que é o Direito, acima de tudo. Como o Direito não é o grande fator de transformação, as leis, as normas, não são fator social de alto poder. Que podemos nós da área jurídica esperar do ângulo político? Acho que podemos esperar a mudança de consciência jurídica".

Visível, para o administrativista, portanto, as limitações do Direito e, por via de conseqüência, do instrumento que lhe sustenta: a Constituição. Para ele o direito é uma superestrutura que, sozinha, pouco pode fazer para transformar a realidade social. A Constituição e o restante do ordenamento jurídico, por si só, não conseguem desfechar tal função. Para o Prof. Celso Antônio esse papel depende essencialmente de um processo de conscientização jurídica a ser iniciado pelos operadores do Direito até chegar à classe média, formadora de opinião das sociedades em geral.

Significa dizer, é preciso inicialmente extrair do bojo da Constituição aquilo que juridicamente ela pode oferecer pela via da interpretação constitucional e que esteja em sintonia com a ordem jurídica vigente e, ao mesmo tempo, com a realidade social, vez que o poder emana do povo e em nome dele deve ser exercido. E isso quem promove são os operadores do Direito, são os agentes públicos, aí incluídos os políticos. Mas só isso não basta. A consciência jurídica não deve ser apenas privilégio dos bacharéis, mas deve alcançar a camada social formadora de opinião: a classe média.

Apesar de as considerações do Prof. Celso Antônio Bandeira de Mello terem quase duas décadas, continuam sendo absolutamente apropriadas para o atual contexto histórico nacional.

7. Realidade constitucional brasileira

Conforme comentado anteriormente, a Constituição Brasileira de 1988, assim como a Constituição de Weimar, foi promulgada após um período conturbado, num contexto histórico de mudanças político-so-

23. Celso Antônio Bandeira de Mello, *Revista de Direito Constitucional*, pp. 66 a 104.

ciais. Instituto jurídico democrático, foi editada no período de abertura política tendo sido reconhecidamente precedida por um processo indiscutivelmente democrático que contou com a participação de diversas correntes ideológicas em que se discutiu amplamente os termos do documento jurídico mais alto do nosso ordenamento.[24] A Constituição brasileira reproduz a "fisionomia" do Brasil, consagrando a manifestação caótica e fragmentada de uma sociedade solidariamente desigual com interesses justapostos, em sua grande maioria conflitantes.

De fato, as semelhanças dos contextos históricos entre o período que antecedeu as Constituições brasileira (1988) e Alemã (1918) são consideravelmente tênues, pois apesar de marcados por períodos político-sociais conturbados em face da mudança de regimes políticos, as razões de tais contextos são significativamente diferentes (a Alemanha havia sido o foco central de uma guerra mundial, enquanto o Brasil passava por um período de redemocratização). O período que sucede a promulgação de tais Constituições, bem como o próprio conteúdo destes institutos jurídicos, todavia, apresentam semelhanças que merecem atenção em face da proposta deste trabalho.

Assim como a Constituição de Weimar, a Carta Magna brasileira é generosa no que tange a consolidação de direitos fundamentais, de todos os níveis — 1ª, 2ª e 3ª gerações — consagrando de forma clara seu propósito maior, encartado no Preâmbulo, que é a instituição de um Estado verdadeiramente democrático. Quanto ao contexto histórico social, o país desde sua promulgação vive um processo de agravamento das condições sociais, com aumento dos índices de criminalidade, altos índices de miserabilidade, processos de urbanização desenfreado e, da mesma forma que a Alemanha dos anos de 1923-1929, nos anos mais recentes, sensivelmente dependente das políticas internacionais em decorrência do processo de abertura política e comercial contemporâneo, bem como de densificação da globalização. As políticas públicas internas brasileiras são em larga medida determinadas em face de metas estabelecidas por organismos internacionais visando à obtenção de financiamentos para a viabilização de sua consecução. O país encontra-se inegavelmente dependente da política internacional e sujeito às intempéries do mercado financeiro internacional.

Chama a atenção o descompasso entre a generosidade dos dispositivos constitucionais brasileiros e a dura realidade da sociedade brasileira. Contrariamente ao que estabelece a Constituição, agrava-se o processo de desigualdades sociais e regionais[25] e cada vez mais distancia-se o projeto de construção de uma sociedade justa, sem pobreza e marginalização. Trata-se de objetivos fundamentais do Estado brasileiro (art. 3º) e não obstante, sua concretização nunca esteve tão distante.

Dispositivos como "saúde é direito de todos e dever do Estado" (art. 196), "a educação, direito de todos e dever do Estado e da família" (art. 205); "salário mínimo (...) capaz de atender as suas [do trabalhador] necessidades vitais básicas, e às de sua família com moradia, alimentação, saúde, lazer, vestuário, higiene, transporte e previdência social (...)" (art. 7º, IV) enfeixam vistosa "carta de boas intenções", mas ainda estão muito distante da realidade brasileira.

É verdade que a Constituição tem um papel educador e até certa medida prospectivo. Também é verdade, conforme leciona Canotilho, que não existem mais normas programáticas, pelo menos no sentido clás-

24. Sobre esse assunto cabe a referência aos comentários à Constituição de 1988 da lavra do Prof. Celso Bastos, em seu *Curso de Direito Constitucional*, 20ª ed., pp. 147 a 150.

25. O Brasil é o terceiro país do mundo em concentração de renda, segundo dados da UNICEF, de 2002.

sico que é atribuído a esta expressão, ou seja, não há mais normas constitucionais tidas como simples programas. Nesse sentido, vigoram por meio de uma vinculação permanente do legislador em concretizá-las. Outrossim, estas normas representam diretivas materiais permanentes, vinculando todos os órgãos concretizadores em qualquer dos momentos da atividade concretizadora (legislação, execução, jurisdição), bem como fixam limites negativos, sob a forma de inconstitucionalidade em relação aos atos que os contrariam. Por outro lado, quando a realidade concreta impede a empreitada coletiva visando à concretização de todos os dispositivos supramencionados, seja em função de restrições macroeconômicas alheias ao controle do Estado soberano seja em função questões políticas estranhas ao Direito, está-se diante de uma limitação à força normativa da Constituição.

Ressalvada a contextualização histórica diversa, décadas de diferença, não há como negar as semelhanças relativas às condições sociopolíticas entre as sociedades brasileira e alemã nos períodos considerados neste trabalho. Disso, obviamente, não se extrai que os riscos da sociedade brasileira são os mesmos suportados pela sociedade alemã pós-Weimar. Conforme, considerado anteriormente, todavia, é nítida a percepção de que à Constituição não pode ser atribuída nem o papel de agente principal na tarefa de transformação social, tampouco o suporte exclusivo para a estabilização das relações sociais de um Estado.

A título de exemplo, cite-se novamente, ainda que por exaustão, o uso indiscriminado do art. 48 da Constituição de Weimar, ainda na década de 1920, consubstanciando flagrante usurpação do espírito democrático da Constituição alemã, todavia, tal situação foi aceita passivamente pelas forças políticas da época, bem como pelas instituições jurídicas responsáveis pela guarda da Constituição. Situação semelhante se denota do uso desmedido das Medidas Provisórias ao longo do segundo mandato do Presidente Fernando Henrique Cardoso flagrantemente contrário à essência da Carta brasileira. Ainda que não se perceba qualquer tendência ideológica de extrema-direita por detrás desta conduta, não há como negar que a forma ditatorial como foram editados os incontáveis atos presidenciais com força de lei, sob a complacência e omissão do Supremo Tribunal Federal, expressam a manifestação corruptiva do regime democrático, objeto maior do Estado Constitucional.

De conseguinte, como fixar um critério objetivo de diferenciação entre a distorção dos conceitos de "relevância e urgência" encartados na Constituição brasileira e "estado de necessidade" do famigerado art. 48 da Carta de Weimar? Por óbvio, o crescimento do ideário nazista independia da corrupção do art. 48; contudo, não há como negar que a corrupção do sistema democrático constitucional viabilizou a consolidação do regime racista ariano. Uma vez usurpada a supremacia constitucional e os demais princípios atinentes ao constitucionalismo assume-se os riscos das variantes ideológicas dos detentores do poder...

Diante desta situação onde se coloca a Constituição? Qual o seu papel enquanto norma suprema do ordenamento jurídico?

Na lição de Konrad Hesse "El Derecho Constitucional crea reglas de actuación y decisión políticas; proporciona a la política directrices y puntos de orientación, pero sin que pueda substituirla. Por ello la Constitución deja espacio para la actuación de las fuerzas políticas".[26] Em outras palavras, a força normativa da Constituição encontra limites, seja não somente em face da mandatória necessidade de vinculação ao contexto social em que se insere, como também pela impotência em face de seus operadores e da omissão de seus guardiões.

26. Konrad Hesse, *Escritos de Derecho Constitucional*, p. 21.

8. *A experiência constitucional brasileira*

Sem prejuízo das comparações entre a realidade sócio-jurídica alemã e brasileira apresentadas anteriormente, oportuno se faz avançar na experiência constitucional brasileira e, diante das críticas feitas a nossa Carta, perceber, a partir das limitações da Constituição, quais as lições se podem extrair, em larga medida associadas ao processo de maturidade e conscientização jurídica.

Uma das críticas mais vorazes à Constituição brasileira atual é o seu caráter analítico. De fato, não há como negar que, no afã de tratar amplamente de todos os temas e interesses trazidos pelos diferentes grupos que participaram do seu processo de confecção, e talvez na tentativa de suplantar suas limitações intrínsecas, a Constituição acabou por conformar-se num emaranhado de normas ecléticas de forma a confundir a verdadeira missão do Estado brasileiro. Seu conteúdo é verdadeiramente fragmentado, justapondo normas para o contentamento das forças sociais com condições para interferir na agenda política brasileira. Nesse sentido, a doutrina constitucionalista é quase unânime ao classificar a nossa Carta Magna como sendo excessivamente detalhista em determinados aspectos materiais.

Ademais, destaca-se o caráter rígido da Constituição, sujeita a um processo estreito e rigoroso para os casos de alteração (emenda constitucional).

A questão que se coloca é saber se tais características da nossa Constituição Federal afetam a dinâmica social brasileira e/ou a governabilidade.

Em primeiro lugar, entende-se por dinâmica social o processo de inter-relacionamento entre as instituições brasileiras, incluídas aí os nossos Tribunais, a vontade popular, os agentes sociais representativos e os estatutos jurídicos. Por governabilidade entende-se um *status* social capaz de viabilizar condutas estatais compatíveis com a manutenção do funcionamento harmonioso das instituições brasileiras em relação à sociedade em que estão inseridas.

O fato de a Constituição Federal apresentar as características de analítica e rígida, numa análise superficial e estática, não suscita qualquer dúvida quanto a ausência de prejuízo à dinâmica social e a governabilidade, pois o fato de o texto constitucional apresentar tratamento detalhado sobre normas jurídicas de regulação social, normas estas de difícil alteração, pode parecer, apenas esclarecem e auxiliam o adequado funcionamento da sociedade.

Entretanto, esta situação muda se admitida a idéia de que a Constituição se insere num contexto social dinâmico, com variáveis de espaço e, principalmente, de tempo. E se isso é verdade, a condição analítica da Carta enseja um acúmulo de regras a conformar, mas ao mesmo tempo a dificultar o funcionamento do Estado brasileiro, dado o alto grau de complexidade normativa decorrente deste acúmulo excessivo de normas constitucionais. Some-se a isso o conseqüente aumento de questões constitucionais a serem levadas ao Tribunal máximo brasileiro, em detrimento do seu adequado funcionamento, que é o tratamento de questões de relevo no contexto nacional, dizendo o Direito em último grau. Direito este, cuja finalidade precípua, na lição de Niklas Luhmann, é garantir *expectativas normativas* nas sociedades complexas atuais.

Somado a isso, aponte-se a dificuldade de se alterar tal situação constitucional dada a rigidez do texto constitucional.

A despeito de tais considerações é preciso observar que a concretização do Direito se dá pelo exercício interpretativo inteligente, a ser promovido por todos operadores do Direito. Mesmo diante de um plexo excessivo de normas é absolutamente viável a conformação do Estado brasileiro ao seu papel precípuo encartado no seu Preâmbulo, bem como no seu art. 3º, já referido anteriormente. Trata-se de um processo de maturidade lento, todavia, absolutamente imprescindível para o exercício e consolidação de um regime verdadeiramente democrático.

Especificamente no que tange ao exercício da função jurisdicional do Supremo Tribunal Federal, vale notar, ainda, que a dinâmica social não está exclusivamente vinculada a ele. Significa dizer que o funcionamento da sociedade se dá, por vezes, de forma alheia a ação da Corte Suprema. Ou seja, a grande maioria de relações sociais que compõem a teia social brasileira sequer resvala na jurisdição deste Tribunal, diga-se, não porque sua essência não configure tema de natureza constitucional, até mesmo em virtude da abrangência excessiva do texto constitucional, mas porque o acesso à justiça institucional em larga medida não alcança grande parte da sociedade brasileira. As relações de poder entre os membros da sociedade brasileira muitas vezes se operam fora do âmbito das instituições classicamente consideradas.[27] O acúmulo de lides do Supremo Tribunal Federal decorre muito mais da cultura jurídica brasileira excessivamente inconformada e recursiva do que do caráter analítico da Constituição.

A questão da governabilidade, mais sensível à problemática da rigidez constitucional não deve perceber a dificuldade de alteração do texto constitucional como uma dificuldade de implementação de políticas públicas. Pelo contrário, deve aceitar esta condição como um desafiador instrumento de reafirmação e consolidação de maturidade política e, conseqüentemente, de legitimação do exercício de poder, embasada na idéia de que é a Constituição que enfeixa os ditames democráticos de organização e funcionamento do Estado brasileiro. Aos operadores do Direito, responsáveis pela doutrina e jurisprudência constitucional, compete a função de adequá-la à realidade brasileira ao longo da história.

Justificar a ingovernabilidade pela rigidez constitucional ou pelo seu caráter analítico, propondo-se, por exemplo, a revisão constitucional como panacéia para os males da sociedade brasileira é atribuir inadequadamente à Constituição a responsabilidade exclusiva pelos rumos do país, bem como sujeitar o Estado brasileiro a modismos e ideologias passageiras que arriscam o próprio Estado Democrático de Direito.[28]

Sobre esse assunto, Hesse adverte que "Igualmente perigosa para força normativa da Constituição afigura-se a tendência para a freqüente revisão constitucional sob a alegação de suposta e inarredável necessidade política. Cada reforma constitucional expressa a idéia de que, efetiva ou aparentemente, atribuiu-se maior valor às exigências de índole fática do que à ordem normativa vigente. Os precedentes aqui são, por isso, particularmente preocupantes. A

27. Cite-se a colocações de Michel Foucault no livro *Microfísica do Poder*, 14ª ed.

28. A título de comentário, o insigne Prof. Miguel Reale propôs em reunião do Conselho de Estudos Jurídicos da FCESP, em 17.6.1998, conforme publicado na *Revista Problemas Brasileiros*, set.-out. 1998, uma Emenda Constitucional, conforme dispõe o art. 60, § 2º, da Constituição Federal, para alterar o texto da Constituição por deliberações da maioria absoluta do Congresso, por meio de uma revisão constitucional (nos termos daquela ocorrida em 1993, por força de disposição constitucional expressa — art. 3º do ADCT), como forma de recuperar a situação sociopolítica atual "humilhante para a cidadania brasileira".

Em que pese o respeito ao ilustre jurista, quem garante que as eventuais mudanças advindas de uma revisão constitucional não padecerão dos mesmos problemas ora suscitados e serão questionados 10 anos mais tarde. A Constituição Federal brasileira de 1988 é a legítima manifestação do povo através do Poder Constituinte Originário e tal fato não pode ser ignorado sob pena do enfraquecimento do regime democrático brasileiro. Ademais, lembre-se que várias emendas constitucionais foram editadas a partir de 1995 e isso não significa que a cidadania brasileira tenha dado sinais efetivos de melhora.

freqüência das reformas constitucionais abala a confiança na sua inquebrantabilidade, debilitando sua força normativa. A estabilidade constitui condição fundamental da eficácia da Constituição".[29]

O uso abusivo das Medidas Provisórias e a Emenda Constitucional 32 que alterou seu regime jurídico é exemplo emblemático que corrobora o acima exposto. Em síntese, trata-se de distorcida manifestação do Poder Constituinte Derivado, visando coibir os abusos do Poder Executivo, uma vez que sua finalidade precípua é compatibilizar o texto da Carta com os avanços das sociedades complexas e não patrulhar os desmandos do chefe da nação. Desnecessário seria, pois, se fosse devidamente cumprido o texto original da Carta Magna.

Diante destes fatos que protagonizam a realidade político-social brasileira é mister destacar, ainda que por exaustão, a necessidade de conscientização jurídica de todos aqueles que operam pela Constituição, como forma de adequadamente concretizar o *telos* constitucional.

9. Comparações finais

De tudo o que se viu pelo presente trabalho, pode-se concluir que a Constituição de Weimar, apesar de reconhecidamente emblemática pelo seu vanguardismo no âmbito dos direitos fundamentais, inaugurando o novo curso para o constitucionalismo mundial, não foi capaz de reverter o quadro social dramático do pós-guerra dos anos 1920 e 1930, bem como conter a ascensão do nazismo.

A Constituição brasileira, apesar de ser produto de um processo de democratização, marcadamente generosa e consagrada pelo respeito aos direitos fundamentais de todas as gerações, bem como pelo projeto teórico de constituição de um Estado justo e igualitário, é acusada de inviabilizar o país ou, dito de outra maneira, é acusada de não conseguir viabilizar o país, dado ao seu caráter analítico e fragmentado.

Apesar de seus contextos históricos absolutamente diversos, ambas assemelham-se pelo descolamento em face de suas respectivas realidades sociais, sensíveis aos influxos de pressões internacionais em face das difíceis condições financeiras de suas respectivas economias, assim como sofrem reflexos do embate entre as forças políticas e sujeitam-se às ideologias políticas daqueles que exercem o poder. Com efeito, trata-se de efetiva corrupção de sistemas, conforme ensina Luhmann. Ressalte-se que a presente análise é de natureza empírica. Com efeito, não é assim que deveria ser, mas de fato, assim o é.

Conforme exaustivamente tratado anteriormente, a força normativa da Constituição encontra limites, basicamente vinculados à relação entre a Constituição e contexto social sobre o qual ela incide e a sujeição ao *animus* dos seus operadores e guardiãs, cabendo a eles, bem como a classe média formadora de opinião a sua efetiva concretização.

Como forma de solucionar os fracassos normativos alemão e brasileiro, cite-se, no caso alemão, o desenvolvimento da doutrina voltada aos princípios gerais do Direito, de forma a remediar as situações de corrupção e desvio do espírito constitucional.[30]

29. Konrad Hesse, ob. cit., p. 22.

30. Nesse sentido, importante destacar os comentários de Paulo Bonavides em artigo publicado na *RTDP* 7, de 1994, comentando a obra de Otto Bachof, *Normas Constitucionais Inconstitucionais?* Destaque-se, inclusive a seguinte passagem: "A Teoria do Direito Constitucional extrapositivo gerou-se das desilusões, na desonra e no desespero da crise de um país arruinado pela guerra. Bachof mesmo o confessa tacitamente no Prefácio à edição portuguesa de sua monografia, datada de 1977, onde ele dá a impressão cautelosa de querer justificar-se dos abusos e excessos a que, de necessidade, aquela doutrina poderá conduzir, em virtude de conter o germe da dissolução dos

No Brasil, cite-se a necessidade de uma Emenda Constitucional (n. 32) com o propósito de coibir as práticas atentatórias à Carta Magna brasileira por meio do uso indiscriminado da Medidas Provisórias.

Em ambos os casos específicos, buscou-se a via perfunctória, ignorando-se o caminho lento, porém sólido da maturidade e conscientização jurídica. Importante registrar, em tempo, que no caso alemão a tendência reversa tem se mostrado muito mais efetiva do que no Brasil.

10. Conclusões

A Constituição Federal não deve apenas buscar excelência acadêmica, mas refletir a realidade social com a pretensão transformadora e educativa de uma sociedade em desenvolvimento, ciente, todavia, das suas limitações. A experiência de Weimar comprova isso. Um caminho viável se dá pela via da interpretação pautada por uma conscientização jurídica.

Apesar de analítica e fragmentada a Constituição Federal brasileira não deixa de ser um espelho da sociedade brasileira (na mesma linha de Lassale). E isso é extremamente valioso. (Em parte, todavia, o mesmo se dizia da Constituição de Weimar.) Não obstante, é preciso extrair de seu bojo a sua racionalidade, compatível com seu contexto histórico, político, jurídico e social.

Nesse sentido, a consecução de sucessivas emendas constitucionais bem como propostas de revisão constitucional se apresentam como uma manifestação da imaturidade jurídica das nossas instituições que não conseguem através da interpretação "concretizar" o *telos* constitucional.

Não é apenas a Constituição que servirá de instrumento para a transformação do *status quo*. O discurso simplesmente voltado ao seu cumprimento até certo ponto se mostra ingênuo e fragilizado, pois, mesmo que se defenda o papel transformador da Constituição, seus dispositivos ainda não se coadunam com a nossa realidade histórico-social. Outrossim, ainda é incipiente a consciência jurídica dos operadores do Direito e dos agentes públicos.

A implementação de um Estado Democrático justo e igualitário não se opera somente pela utópica proposta de cumprimento das leis. A Constituição exige uma consciência que ainda não temos e precisamos aprender a construir. Não é somente através da Constituição, *per se*, que se interfere na realidade social. Ela contribui, mas não é tudo.

Não se pode esquecer dos limites da Constituição.

fundamentos do Direito Constitucional e da ordem jurídica positiva, embora sua inspiração jusnaturalista, depois do desastre de Weimar e da tragédia do nacional-socialismo seja a mais nobre possível".

Bibliografia

ALMEIDA, Angela Mendes de. *A República de Weimar e a Ascensão do Nazismo*. 2ª ed., Brasiliense, 1991.

BANDEIRA DE MELLO, Celso Antônio. *Revista de Direito Constitucional*. Forense, 1985.

BASTOS, Celso Ribeiro. *Curso de Direito Constitucional*. 20ª ed., Saraiva, 1999.

BONAVIDES, Paulo. *Revista Trimestral de Direito Público* 7, 1994.

CANOTILHO, J. J. *Direito Constitucional*. 5ª ed., Almedina, 1991.

DALLARI, Dalmo de Abreu. *Elementos de Teoria Geral do Estado*. 17ª ed., Saraiva, 1993.

FOUCAULT, Michel. *Microfísica do Poder*. 14ª ed., Graal.

GUERRA FILHO, Willis Santiago. "Metodologia jurídica e interpretação constitucional", *Revista de Processo* 62/91.

HESSE, Konrad. *A Força Normativa da Constituição*. Sérgio Antônio Fabris Editor, 2001.

______. *Escritos de Derecho Constitucional*. Centro de Estudios Constitucionales.

KELSEN, Hans. *Teoria Pura do Direito*. 3ª ed., Martins Fontes, 1991.

LASSALE, Ferdinand. *A Essência da Constituição*. 4ª ed., Rio de Janeiro, Lumen Juris, 1998.

LOEWENSTEIN, Karl. *Teoría de la Constitución*. Ed. Ariel.

LUHMANN, Niklas. *Direito da Sociedade*. Trad. Javier Torres Nafarrate.

MIRANDA, Jorge. *Manual de Direito Constitucional*. t. I, 4ª ed., Coimbra.

REALE, Miguel. *Revista Problemas Brasileiros*, set.-out. 1998.

REVISTA *Veja*, Caderno "Arte", 11.3.1987.

RURUP, Reinhard. "Génesis y fundamentos de la Constitución de Weimar", in *Ayer* 5, *El Estado Alemán (1870-1992)*. Juan José Carreras Ares (ed.), Madri, Marcial Pons, 1992.

GRÁFICA PAYM
Tel. (011) 4392-3344
paym@terra.com.br

REVISTA TRIMESTRAL DE
DIREITO PÚBLICO

DOUTRINA: ALTERAÇÕES DOS CONTRATOS ADMINISTRATIVOS – ECONOMICIDADE, RAZOABILIDADE E EFICIÊNCIA – ADILSON ABREU DALLARI • COMPETÊNCIA PARA JULGAMENTO DE AGENTES POLÍTICOS POR OFENSA À LEI DE IMPROBIDADE ADMINISTRATIVA (LEI 8.429, de 2.6.1992) – CELSO ANTÔNIO BANDEIRA DE MELLO • IMPROBIDADE ADMINISTRATIVA DE DIRIGENTE DE EMPRESA ESTATAL – CARLOS ARI SUNDFELD e JACINTHO ARRUDA CÂMARA • OS CONSÓRCIOS EMPRESARIAIS E AS LICITAÇÕES PÚBLICAS (Considerações em torno do art. 33 da Lei 8.666/1993) – EGON BOCKMANN MOREIRA • REPÚBLICA E DEMOCRACIA: ÓBVIOS ULULANTES E NÃO ULULANTES – JOSÉ ROBERTO VIEIRA • A RESPONSABILIDADE PATRIMONIAL DO ESTADO NA ATUAL JURISPRUDÊNCIA DO SUPREMO TRIBUNAL FEDERAL – JOSÉ SÉRGIO MONTE ALEGRE • A LICITUDE DA CESSÃO DE CONTRATO ADMINISTRATIVO E OPERAÇÕES SIMILARES E O MITO DO PERSONALISMO DOS CONTRATOS ADMINISTRATIVOS – FÁBIO BARBALHO LEITE • A SUPERVISÃO BANCÁRIA, EM GERAL E NO DIREITO PORTUGUÊS – JOSÉ SIMÕES PATRÍCIO • A ESTRUTURA NORMATIVA DOS PRINCÍPIOS – RICARDO MARCONDES MARTINS • ***PARECER***: LICITAÇÃO: TÉCNICA E PREÇO – CRITÉRIO DE AVALIAÇÃO DA FASE DE PRÉ-QUALIFICAÇÃO DISTINTO DO EDITAL DA LICITAÇÃO – MINIMIZAÇÃO EXTREMA DO FATOR PREÇO – NULIDADE – CELSO ANTÔNIO BANDEIRA DE MELLO • DESVIO DE PODER NA ANULAÇÃO DE ATO ADMINISTRATIVO – ADILSON ABREU DALLARI • ***ESTUDOS E COMENTÁRIOS***: ALGUMAS NOTAS SOBRE A CONCESSÃO DE RODOVIAS – FLORIANO DE AZEVEDO MARQUES • DISCRICIONARIEDADE, VINCULAÇÃO E SANÇÃO APLICÁVEL A SERVIDOR PÚBLICO – CELSO ANTÔNIO BANDEIRA DE MELLO • O DESVIO DE PODER – RAFAEL MUNHOZ DE MELLO • ATO ADMINISTRATIVO COMPLEXO – WALLACE PAIVA MARTINS JUNIOR • A REPÚBLICA DE WEIMAR E A CONSTITUIÇÃO: LIÇÕES DE LIMITAÇÕES – BRUNO DE SOUZA VICHI

MALHEIROS EDITORES